KB237590

이 민족위에 그리스도의 계절이

연세대학교 연합신학대학원 동문회

홍 재 철 목사

죤 스타트는 설교란 그때(Then)와 지금(Now)을 연결하는 것이라고 하였습니다. 그러므로 설교자는 본문에서 나오는 시대적 상황과 본문이 의도하는 구속사적 영감을 현재의 상황에 연결하는 능력이 있어야 합니다.

그러므로 설교자는 무릎으로 하나님께 기도하는 것은 물론이고 그때와 지금을 동시에 바라보는 특출한 통찰력과 예리한 영감이 있어야 된다는 것입니다.

살아있는 설교는 벽을 뚫고 들어가고, 바다를 건너고, 산 너머 있는 들판까지도 바라보게 되고, 영과 혼과 관절과 골수를 쪼개어 완전히 새 사람으로 만들게 하는 것입니다.

연세대학교 연합신학대학원 40주년 기념으로 "이 민족 위에 그리스도의 계절이"라는 기념설교집을 금번에 발간케 됨을 오직 하나님께만 영광을 돌립니다.

연세 40주년을 기념하기 위해 50개의 진주를 발견하기 위하여 수고한 많은 날이 있었지만 수고 위에 얻어진 진주는 수고한 댓가에 비해 너무나 값진 것이었음을 고백합니다.

　연세 교문을 나온 귀한 분들, 목회 현장에서 어떻게 성공적인 목회로 대한민국의 굴지의 교회를 목회 하시고, 현 시대의 영적 지도자로서 주를 위해 일하는 연세인의 모습 속에서 경의와 황홀함을 느끼며, 우리 하나님이 얼마나 기뻐하실까 생각하니 원고 하나 하나를 손질 하면서 큰 보람과 은혜를 입었음을 고백합니다.

　"A white wall is a fool's paper" "흰벽은 바보가 낙서하기에 알맞은 종이다"라는 말이 있습니다.

　말로는 쉽지만 그만큼 글로 표현 한다는 것, 더구나 책을 펴낸다는 것은 결코 쉬운 일이 아닌데도 바쁜 목회 일정 속에서 보내주신 귀한 연세인에게 감사의 말을 수없이 해도 부족합니다.

　설교집에 남은 간지는 연세의 역사적인 화보를 넣어서 연세 발자취를 뒤돌아 보게 하였습니다. 아무쪼록 이 책이 국립도서관, 대학교 도서관, 신학교 도서관, 일반 평신도에 이르기까지 폭 넓게 읽어져서 하나님께 영광 돌리게 되기를 기원드립니다.

동문회장　홍 재 철

이 양 호 원장

　연합신학대학원 창립 40주년을 기념하는 이 해에 동문들의 설교들을 모아 출판하게 된 것을 축하해 마지 않습니다.

　교회의 역사는 설교의 역사였다고 해도 과언이 아닐 정도로 설교는 교회에 큰 영향을 미쳤습니다. 설교가 흥왕할 때 교회도 흥왕하였고 설교가 쇠퇴할 때 교회도 쇠퇴하였습니다.

　강단에서 하나님의 말씀이 바르고 힘 있게 전파될 때 교회는 부흥하였고 사회는 도덕성을 회복하였습니다. 하나님의 말씀에 깊은 감동을 받은 설교자가 단 한 사람이라도 일어나면 그를 이어 많은 훌륭한 설교자들이 일어났습니다.

　초대 교회는 위대한 설교자들인 사도들로부터 시작하였기 때문에 설교의 역사에 있어서 가장 찬란한 시대였습니다.

　3세기에 오리겐, 키프리아누스를 이어 4세기에 크리소스톰, 아우구스티누스와 같은 위대한 설교자들이 설교의 역사에 있어서 황금 시대를 이루었습니다.

　그러나 동방에서는 크리소스톰의 죽음(407년)과 함께, 그리고 서방에서는 아우구스티누스의 죽음(430년)과 함께 설교의 쇠퇴기가 오게 됩니다. 강단에서 위대한 설교자들이 사라지면서 교회도 쇠락의 길을 가고 사회도 암흑의 길을 갔습니다.

　그러다가 버나드(1090~1153년)에 이르러 설교가 활력을 되찾으면서 교회도 활기를 되찾고 사회도 활력을 되찾게 됩니다.

버나드 이후 토마스 아퀴나스, 타울러, 위클리프, 후스, 사보나롤라 같은 쟁쟁한 설교자들이 강단을 빛내었습니다. 루터로부터 시작된 종교 개혁은 하나님의 말씀으로 돌아가자는 운동이었고, 예배에서 설교를 회복하려는 운동이었습니다.

그래서 어느 시기보다 설교가 강조되던 시기였습니다. 루터와 칼빈을 위시한 종교 개혁자들은 어느 시대 어느 누구에게도 뒤지지 않는 위대한 설교자들이었습니다.

칼빈은 설교에 있어서 1인칭 복수를 사용하기를 좋아하였습니다. '여러분은 이 말씀을 들으십시오' 하는 것이 아니라 "나를 포함하여 우리 모두가 이 말씀을 들읍시다" 하는 자세였습니다.

칼빈은 한 설교에서 이렇게 말하였습니다. "말은 내가 하지만 가르치는 분은 하나님의 성령이므로 나 자신이 들어야 합니다. 내 입에서 나오는 말씀이 내 머리에서가 아니라 위로부터 주어지지 않는다면 모든 다른 사람에게와 마찬가지로 나에게도 유익이 되지 못할 것입니다." 또 칼빈은 시편 설교에서 이렇게 말하였습니다. "우리가 다른 사람들을 가르칠 때 우리는 항상 배운다는 자세로 강단에 올라가야 합니다. 강단에 섰을 때 나는 단순히 다른 사람들이 내 말을 듣도록 말하지 않고, 내가 또한 하나님의 학생이 되어야 하며, 내 입에서 나오는 말씀이 내게 유익이 되어야 합니다. 그렇지 않으면 내게 화가 있을 것입니다."

이 번에 출판되는 이 설교집이 한국 교회의 강단을 한 단계 높이게 되기를 바랍니다. 이 설교집에 설교 원고를 보내 주신 동문님들께 깊은 감사를 드립니다. 또한 이 설교집을 출판하기 위해 노력하신 홍재철 연합동창회장님을 비롯한 여러분들께 심심한 감사를 드립니다

이 양 호 원장

김성광 목사
(강남교회)

홍재철 목사
(경서교회)

최낙중 목사
(관악교회)

김한배 목사
(광은교회)

염원식 목사
(남부산교회)

피종진 목사
(남서울중앙교회)

장인덕 목사
(대청교회)

박동기 목사
(동화교회)

장향희 목사
(든든한교회)

이규환 목사
(목양교회)

전희문 목사
(목포새한교회)

강근호 목사
(밀알교회)

원팔연 목사
(바울교회)

김경철 목사
(반석교회)

류수풍 목사
(배양교회)

김대동 목사
(분당구미교회)

최요한 목사
(분당남서울교회)

소강석 목사
(분당새에덴교회)

전화자 목사
(서울광성교회)

박영민 목사
(서울영광교회)

박용상 목사
(서진주교회)

박태희 목사
(성락교회)

엄기호 목사
(성령교회)

최재호 목사
(성현교회)

김헌수 목사
(소명교회)

한승설 목사
(수원영광교회)

주금용 목사
(수지남서울교회)

안희흥 목사
(신길제일교회)

황원택 목사
(신창교회)

이정익 목사
(신촌교회)

이병남 목사
(아브라함순복음교회)

한진희 목사
(안동동문교회)

신화석 목사
(안디옥교회)

김중기 박사
(연세대학교)

이양호 박사
(연세대학교)

김철한 목사
(오목천교회)

이무웅 목사
(우이제일교회)

권병오 목사
(원주반석교회)

임병우 목사
(이수성결교회)

김의중 목사
(인천작전동감리교회)

이용남 목사
(장석교회)

고재석 목사
(장정감리교회)

김월환 목사
(정부과천청사경비대교회)

이인건 목사
(주례교회)

한경수 목사
(수안감리교회)

박응순 목사
(주안중앙교회)

정영관 목사
(중앙교회)

엄신형 목사
(중흥교회)

조유준 목사
(천성교회)

유완기 목사
(천안남산교회)

연합신학대학원 창립40주년
50인 대표 기념 설교집

차 례

강 남 교 회

✢ 주소 : 서울특별시 강남구 대치동 951
✢ TEL : 02)556-1411
✢ E-mail : skkim422@hanmail.net
          skkim422@hosanna.net
✢ http://www.kangnam.or.kr

김 성 광 목사

학력 및 신력

- 한세대학교 졸업
- 한국외국어대학교 졸업
- 강남대학교 졸업
- 한국외국어대학교대학원 졸업 (M.A.)
- 연세대학교연합신학대학원 졸업 (M.A.)
- 뉴욕유니온신학대학원 졸업 (S.T.M.)
- 샌프란시스코신학대학원과
  한국장로회신학대학원 공동학위
- 목회학박사 (D.Min.)
- 연세대학교대학원 신학박사 (Ph.D.)

- 강남교회 창립
- 강남금식기도원(청평) 설립
- 기독교대한하나님의성회 제46차총회 총회장
- 한국기독교교회협의회 (K.N.C.C.) 공동회장
- 현 강남교회 당회장
    강남금식기도원 원장

앞으로 나가게 하라

출애굽기 14장 10~21절

바로가 가까와 올 때에 이스라엘 자손이 눈을 들어 본즉 애굽 사람들이 자기 뒤에 미친지라 이스라엘 자손이 심히 두려워하여 여호와께 부르짖고 그들이 또 모세에게 이르되 애굽에 매장지가 없으므로 당신이 우리를 이끌어 내어 이 광야에서 죽게 하느뇨 어찌하여 당신이 우리를 애굽에서 이끌어내어 이같이 우리에게 하느뇨 우리가 애굽에서 당신에게 고한 말이 이것이 아니뇨 이르기를 우리를 버려 두라 우리가 애굽 사람을 섬길 것이라 하지 아니하더뇨 애굽 사람을 섬기는 것이 광야에서 죽는 것보다 낫겠노라 모세가 백성에게 이르되 너희는 두려워 말고 가만히 서서 여호와께서 오늘날 너희를 위하여 행하시는 구원을 보라 너희가 오늘 본 애굽 사람을 또 다시는 영원히 보지 못하리라 여호와께서 너희를 위하여 싸우시리니 너희는 가만히 있을지니라 여호와께서 모세에게 이르시되 너는 어찌하여 내게 부르짖느뇨 이스라엘 자손을 명하여 앞으로 나가게 하고 지팡이를 들고 손을 바다 위로 내밀어 그것으로 갈라지게 하라 이스라엘 자손이 바다 가운데 육지로 행하리라 내가 애굽 사람들의 마음을 강퍅케 할것인즉 그들이 그 뒤를 따라 들어갈 것이라 내가 바로와 그 모든 군대와 그 병거와 마병을 인하여 영광을 얻으리니 내가 바로와 그 병거와 마병으로 인하여 영광을 얻을 때에야 애굽 사람들이 나를 여호와인줄 알리라 하시더니 이스라엘 진 앞에 행하던 하나님의 사자가 옮겨 그 뒤로 행하매 구름 기둥도 앞에서 그 뒤로 옮겨 애굽 진과 이스라엘 진 사이에 이르러 서니 저 편은 구름과 흑암이 있고 이 편은 밤이 광명하므로 밤새도록 저 편이 이 편에 가까이 못하였더라 모세가 바다 위로 손을 내어민대 여호와께서 큰 동풍으로 밤새도록 바닷물을 물러가게 하시니 물이 갈라져 바다가 마른 땅이 된지라

A. 앞으로 나아감에 대하여

첫째, 앞으로 나아감, 전진 / 뒤로 물러섬, 후퇴

프랑스의 과학자 루이 파스퇴르(Louis Pasteur)에게 농부들이 찾아와 닭들이 콜레라라는 병에 걸려서 죽어 간다며 도움을 요청했습니다. 그래서 파스퇴르는 연구를 시작했고, 마침내 콜레라에 걸린 닭에서 뽑

아낸 병원균을 잘 배양하고 보관했다가 다른 닭에게 주사했더니 면역이 생겨 콜레라에 걸리지 않는다는 사실을 알 수 있었습니다.

이렇게 파스퇴르는 면역 예방주사법을 발견해서 농장의 닭들에게 콜레라 예방주사를 놔 주기 시작했습니다. 파스퇴르는 이 예방주사로 수많은 돈을 벌어 엄청난 부자가 될 수도 있었지만 그렇게 하지 않고 무상으로 농부들에게 지원해 주었습니다.

프랑스 사람들은 이 일로 인해 파스퇴르를 위대한 과학자로 존경하게 되었습니다. 그래서 그의 70번째 생일에 모든 사람들이 생일잔치를 열어 그의 생일을 축하해주었고, "당신은 훌륭한 사람입니다. 존경받는 인물이요, 우리에게 큰 도움을 주었습니다."라고 경의를 표했습니다.

파스퇴르는 그 자리에 모인 사람들에게 다음과 같이 말했습니다. "여러분, 인생에 우연이라는 것은 없습니다. 갈팡질팡하지 말고 오로지 앞만 보고 나아가시기 바랍니다. 앞만 보고 나아가면 진리의 물줄기를 발견하게 됩니다. 성공과 행운은 준비된 사람에게 주어지는 것입니다."

여러분들도 전진하시기 바랍니다. 아무리 힘들고 어려워도 믿음과 희망을 가지고 나아간다면 여러분의 인생에도 성공과 행복이 열릴 것입니다.

둘째, 본문 배경 설명

본문말씀은 "홍해 기적 사건"을 기록한 이야기입니다.

이스라엘 민족은 요셉이 애굽의 총리로 있을 때, 기근을 피해 애굽의 고센 땅에 정착하게 되었습니다. 약 70명의 가족이 정착을 했는데 숫자가 점점 불어나서 수십만이 되고 수백만이 되어 온 애굽 땅에 번성하였습니다.

그러자 애굽의 바로 왕은 반란이 일어나 나라를 빼앗기게 될 것을 두려워하여 이스라엘 백성들에게 성을 짓고 국토를 개발하는 등의 중노동을 시키며 노예처럼 부리고 학대하였습니다. 이스라엘 백성들은 그러한 종살이의 고통이 너무 힘들어서 하나님께 "이 민족의 고난과 고통을 보시고 구원의 손길을 베풀어 주시옵소서" 하고 부르짖어 기도했습니다.

하나님께서는 그 기도에 응답하셔서 모세를 민족의 지도자로 세우시고 애굽 전역에 열 가지 재앙을 내리게 하셨습니다. 바로 왕은 장자가 죽는 열 번째 재앙을 당하고 난 후에야 비로소 "너희 백성의 갈 길로 가라" 하고 이스라엘 민족을 보내주었습니다.

그러나 바로 왕은 곧바로 노예로 부려먹던 이스라엘 백성을 놓아준 것이 아깝고 마치 빼앗긴 것 같은 생각이 들어서 다시 이스라엘 백성들을 잡아오기 위해 군사를 풀어 추격하기 시작했습니다.

이스라엘 백성들은 그 때 광야를 지나서 홍해 앞에 서 있었습니다. 앞에는 홍해요, 뒤에는 애굽의 병사라 이러지도 못하고 저러지도 못하는 상황에 처하게 되었습니다. 그런데 본문말씀을 보니 이스라엘 백성들은 그 상황에서 "애굽에 매장지가 없으므로 당신이 우리를 이끌어 내어 이 광야에서 죽게 하느뇨, 애굽 사람을 섬기는 것이 광야에서 죽는 것보다 낫겠노라" 하고 울부짖으며 원망하고 불평했습니다.

모세는 이스라엘 백성들을 향하여 "너희는 두려워 말고 가만히 서서 여호와께서 오늘날 너희를 위하여 행하시는 구원을 보라"고 말했습니다.

이스라엘 백성들은 죽을 것을 생각하고 원망하고 불평하고 절망에 빠졌지만, 모세는 하나님께 기도했습니다. 그러자 하나님께서 모세에게 "너희 이스라엘 백성을 앞으로 전진하게 하라 손을 내밀어 홍해를 가리키라"고 말씀하셨습니다.

모세가 하나님의 말씀대로 하자 홍해가 갈라졌습니다. 이미 하나님께서 이스라엘 백성들과 애굽 사이에 큰 구름과 어둠을 두시고 다시 공격하지 못하게 하셨기 때문에 이스라엘 백성들은 갈라진 홍해 사이로 안전하게 건널 수가 있었습니다. 이스라엘 백성들이 모두 건너고 난 후 모세가 다시 손을 바다를 향해 내밀자 큰 바람으로 인해 갈라졌던 홍해 바닷물이 쫓아오던 애굽 병사들 위로 내리 덮쳐 한 사람도 살지 못하고 모두 죽었다고 했습니다.

하나님께서 함께 하시면 우리는 반드시 승리합니다. 구원의 역사가 나타납니다. 은총이 나타납니다.

B. 앞으로 나아가게 하라

첫째, 당신이 우리를 이끌어내어 이 광야에서 죽게 하느뇨
– 죽겠다는 마음, 부정적인 사고, 절망

"바로가 가까와 올 때에 이스라엘 자손이 눈을 들어 본즉 애굽 사람들이 자기 뒤에 미친지라 이스라엘 자손이 심히 두려워하여 여호와께 부르짖고 그들이 또 모세에게 이르되 애굽에 매장지가 없으므로 당신이 우리를 이끌어 내어 이 광야에서 죽게 하느뇨 어찌하여 당신이 우리를 애굽에서 이끌어 내어 이같이 우리에게 하느뇨 우리가 애굽에서 당신에게 고한 말이 이것이 아니뇨 이르기를 우리를 버려 두라 우리가 애굽 사람을 섬길 것이라 하지 아니하더뇨 애굽 사람을 섬기는 것이 광야에서 죽는 것보다 낫겠노라"(출 14:10~12)

이스라엘 백성들은 바로와 그의 군사들이 쫓아오는 것을 보고 두려움에 떨며 낙심하여 "애굽 사람을 섬기는 것이 광야에서 죽는 것보다 낫겠노라"고 모세에게 말했습니다. 그들은 절망했습니다. 죽을 것을 생각했습니다. 죽기도 전에 미리 죽을 것을 생각한 것입니다.

성경말씀을 보면 이스라엘 백성들은 왜 그렇게 변덕이 심하고 겁이 많은지 모르겠습니다. 신광야에서는 먹을 것이 없다며 "주려 죽게 하는도다"하고 불평했고(출 16:3), 르비딤에서도 물이 없었을 때 목말라 죽겠다고 했습니다(출 17:3). 가데스바네아에서는 12명의 정탐꾼 중에서 10명의 부정적인 보고를 듣고 '이 광야에서 죽었더면 좋았을 것을' 이라고 모세와 아론을 원망하였고(민 14:2~3), 에돔땅을 둘러 지나가게 되었을 때에도 "이 광야에서 죽게 하는고"라고 하나님과 모세를 원망하였습니다(민 21:5). 하여튼 죽을 것만 생각했습니다.

그래서인지 '죽겠다, 죽겠다' 고 하는 사람들에게는 죽을 일이 생깁니다. 민수기 21장 말씀을 보면 땅 속에서 불뱀들이 나와 원망하고 불평하는 이스라엘 백성들을 물었습니다. 그것을 보고 모세가 기도하자 하나님께서 놋뱀을 만들어 장대에 달라고 하시고 그 놋뱀을 쳐다보는 사람은 나을 것이라고 하였습니다.

모세는 하나님의 말씀대로 놋뱀을 만들어 장대에 높이 달고 "놋뱀을 쳐다보십시오. 그러면 살 것입니다."라고 하였습니다. 그 말을 듣고 놋뱀을 쳐다본 사람은 살았지만 놋뱀을 보지 않은 사람은 불뱀의 독이 퍼져서 죽었습니다.

여러분, 죽겠다고 하지 말고 살겠다고 하시기 바랍니다. 절망에 처했을지라도 하나님께서 우리를 구원해주실 것을 믿음으로 인하여 우리는 하나님 앞에 감사해야 합니다. 찬송하고 기뻐해야 하는 것입니다.

미국의 로버트 슐러(Robert Schuller) 목사님은 "불가능한 일이 문제가 아니라 불가능하다는 생각이 더 문제이다."라고 말했습니다. 불가능한 일, 절망과 고통은 얼마든지 닥칠 수 있지만, 그것을 보고 우리가 어떤 생각을 하느냐 하는 것이 중요합니다.

우리가 잘 아는 독일의 작곡가 베토벤(Ludwig Van Beethoven)은 젊은 시절에 연애를 하다가 실연을 당한 적이 있습니다. 그는 낙심하여 자살을 하려고 정처 없이 걷다가 절벽에 서서 뛰어내리려고 하였습니다. 그런데 그 때 실연당한 것 때문에 죽어야 한다면 이 죽을 결심을 가지고 무엇을 못하겠느냐는 생각이 들었습니다. 그는 그 길로 돌아서서 음악에 목숨을 걸었고, 그의 모든 것을 다 바쳤습니다. 그래서 불후의 명작들을 남길 수 있었고, 세계적으로 존경받는 음악가가 되었습니다.

기독교는 인생을 즐겁게 변화시킵니다. 두려움과 불안, 공포 속에 빠져있는 사람에게 신앙과 믿음이 삶의 목적을 변화시키고, 예수 그리스도가 희망을 주고, 성경말씀이 인생의 진리를 깨닫게 하고, 하나님께서 축복을 주심을 알게 하는 것입니다.

독자 여러분, 불안과 두려움과 공포 속에 있다면 하나님께 기도하시기 바랍니다. 하나님의 말씀으로 진리를 깨달으시기 바랍니다. 죽겠다고 탄식하고 낙심하지 말고 하나님께 부르짖고 기도하면 하나님께서 희망을 주시고 믿음을 주시고 사랑을 주시고 은혜와 축복을 베풀어 주시는 것입니다.

둘째, 너희는 두려워말고 여호와께서 행하시는 구원을 보라
　－ 긍정적 사고, 하나님의 구원을 바라보라, 소망

"모세가 백성에게 이르되 너희는 두려워 말고 가만히 서서 여호와께서 오늘날 너희를 위하여 행하시는 구원을 보라 너희가 오늘 본 애굽 사람을 또 다시는 영원히 보지 못하리라 여호와께서 너희를 위하여 싸우시리니 너희는 가만히 있을지니라"(출 14:13~14)

이스라엘 백성들은 두려움과 공포 속에서 떨고 있었지만 모세는 하나님 앞에 기도했습니다. 오늘날도 기도하는 사람은 두려워하지 않습니다. 불안해하지도 않습니다.

모세는 이스라엘 백성들에게 애굽 사람들을 다시는 보지 않을 것이라고 하였습니다. 하나님께서 역사하시면 모든 원수, 적군들과 싸워 승리하게 되는 것입니다. 하나님께서 싸워주시기 때문입니다. 두려워하거나 불안해하지 말고 하나님께 기도하고 하나님께서 싸워주실 것을 인내하고 참고 기다리면 반드시 하나님께서 승리를 허락하여 주십니다.

오늘날 사람들은 기다리지 않습니다. 하나님께서 가만히 계시니까 내가 싸워야 한다고 생각합니다. 여러분, 하나님께서 싸우시는 것이 낫습니까? 우리가 싸우는 것이 낫습니까? 싸움은 하나님이 하시고 우리는 기도하며 기다려야 하는 것입니다. 자신이 나가서 싸우겠다고 하다가 실패하여 고통당하고 어둠 속에서 낙심하는 사람들이 얼마나 많습니까? 하나님으로 하여금 여러분의 적들과 싸우시도록 하시기 바랍니다.

역대하 20장 말씀을 보면 남유다의 4대 여호사밧 왕 때에 갑자기 주변에 있는 모압과 암몬, 마온의 국가들이 연합하여 남유다에 쳐들어왔습니다. 전쟁준비가 되어 있지 않은 상태에서 위기에 처한 여호사밧 왕은 백성들에게 금식하며 기도할 것을 선포하고 하나님 앞에 나가서 "우리를 치러 오는 이 큰 무리를 우리가 대적할 능력이 없고 어떻게 할 줄도 알지 못하옵고 오직 주만 바라보나이다(대하 20:12)"라고 하였습니다.

그러자 하나님께서 선지자를 통해서 "전쟁은 하나님께 속한 것이니 여호와가 구원하는 것을 보라"고 말씀하셨습니다. 여호사밧 왕은 유다 백성들과 함께 하나님께 감사를 드리고 영광을 돌렸습니다.

그리고 군대 앞에 성가대를 세워서 하나님을 찬양하게 하고 앞으로 나아갔을 때, 하나님께서는 모압, 암몬, 세일 자손들이 서로 싸우고 죽이게 하셔서 유다가 전쟁에서 승리하게 만들어 주셨습니다.

하나님께서 싸우시는 방법은 우리 인간이 싸우는 것과 전혀 다릅니다. 하나님은 하나님의 방법대로 역사하시는 것입니다. 하나님께 충성하시기 바랍니다. 하나님을 바라보는 여러분이 되시기를 주님의 이름으로 축원합니다.

마태복음 14장 말씀을 보면 예수님께서 한밤중에 물 위를 걸어서 베드로에게 왔을 때 베드로가 "만일 주시어든 나를 명하사 물 위로 오라 하소서"라고 하였습니다. 예수님께서 베드로에게 "오라" 하시자 베드로가 배에서 뛰어 내려 물 위를 걸어서 예수님께 갔습니다. 그런데 베드로가 바람이 불어 물결이 치는 것을 보고 겁을 먹자 물에 빠져갔습니다. 그러자 소리를 지르며 "주여 나를 구원하소서"라고 하였습니다.

예수님의 얼굴을 바라보지 않고 물결을 바라보기 때문에 겁이 나는 것입니다. 여러분, 두려울 때가 있습니까? 그럴 때는 이 세상의 환경과 문제를 바라보지 말고 예수님만 바라보시기 바랍니다.

예수님께서는 물에 빠져 소리 지르고 있는 베드로에게 가셔서 손을 내밀어 그를 붙잡으시며 "믿음이 적은 자여 왜 의심하였느냐"라고 하셨습니다. 의심하면 물에 빠지는 것입니다.

하나님께 맡기면 모든 어려움이 축복으로 바뀌는데 오늘날 사람들이 맡길 생각을 하지 않고 마치 자신이 하나님처럼 재판과 심판을 하며 해결사가 되려고 하기 때문에 문제가 일어나는 것입니다. 전문가이신 하나님께 모든 것을 맡기시기 바랍니다.

아르헨티나 출신의 천재적인 피아니스트 안나 마리아는 네 살 때부터 독주회를 가졌고, 세계적으로 천재라고 인정을 받았습니다. 18세가 되었을 때는 세계 곳곳에 다니며 연주를 하였고, 23세에는 음악대학의 교수가 되었습니다.

그런데 어느 날 교통사고로 뇌를 다쳤는데, 수술을 받아 목숨은 건졌지만 뇌의 기능이 마비되어 의사로부터 더 이상 피아노를 칠 생각을 하지 말라는 이야기를 들었습니다. 그러나 안나 마리아는 단념하지 않았습니다. 그의 어머니가 그에게 믿음을 주었기 때문입니다. 그의 어머니는 항상 그에게 "우리가 사는 것도 하나님의 영광이요, 우리가 가진 것도 하나님께 영광이요, 죽을 때까지 하나님의 영광이란다. 그러니 낙심하지 말고 하나님을 믿고 의지하고 최선을 다해라.” 하고 말해 주었습니다.

그래서 그는 다시 피아노 앞에 앉았습니다. 의사는 다시는 피아노를 칠 수 없을 것이라고 하였지만 그는 기도하며 계속해서 피아노를 쳤고, 수술 후 16년 만에 다시 재기하여 카네기 홀에서 연주를 하게 되었습니다. 그 후로 그는 열 차례 이상이나 카네기 홀에서 연주를 할 정도로 각광 받는 연주자가 되었습니다.

때로는 의사도 절망을 말합니다. 사람들도 안 된다고, 못한다고 말합니다. 그러나 그것보다 더 중요한 것은 하나님께서 어떻게 말씀하시느냐 하는 것입니다. 인간과 인간의 관계보다 더 중요한 것은 하나님과 나의 관계인 것입니다. 하나님의 음성을 들으시기 바랍니다. 하나님의 말씀을 들으시기 바랍니다. 하나님께 충성하는 여러분이 되시기를 주님의 이름으로 축원합니다.

세째, 앞으로 나아가게 하라
　– 앞으로 나아감, 전진, 적극적 실천, 행함

“여호와께서 모세에게 이르시되 너는 어찌하여 내게 부르짖느뇨 이스라엘 자손을 명하여 앞으로 나가게 하고 지팡이를 들고 손을 바다 위로 내밀어 그것으로 갈라지게 하라 이스라엘 자손이 바다 가운데 육지로 행하리라 내가 애굽 사람들의 마음을 강퍅케 할 것인즉 그들이 그 뒤를 따라 들어갈 것이라 내가 바로와 그 모든 군대와 그 병거와 마병을 인하여 영광을 얻으리니 내가 바로와 그 병거와 마병으로 인하여 영광을 얻을 때에야 애굽 사람들이 나를 여호와인 줄 알리라 하시더니 이스라엘 진 앞에 행하던 하나님의 사자가 옮겨 그 뒤로 행하매 구름 기둥도 앞에서 그 뒤로 옮겨 애굽 진과 이스라엘 진 사이에 이르러 서니 저 편은 구름과 흑암이 있고 이 편은 밤이 광명하므로 밤새도록 저 편이 이 편에 가까이 못하였더라 모세가 바다 위로 손을 내어민대 여호와께서 큰 동풍으로 밤새도록 바닷물을 물러가게 하시니 물이 갈라져 바다가

마른 땅이 된지라"(출 14:15~21)

이스라엘 백성들은 죽겠다며 불평하고 모세는 하나님께서 행하시는 일을 보라고 하였지만, 하나님께서는 앞으로 나아가라고 하였습니다. 기도할 때는 기도해야 하지만 일어나서 행동을 해야 할 때는 행동해야 한다는 것입니다.

하나님께서는 모세에게 손을 바다 위로 내밀라고 하셨습니다. 그러자 바닷물이 갈라졌습니다. 손을 내민 것은 모세지만 바닷물을 물러가게 하신 것은 하나님입니다. 이렇게 호흡이 잘 맞아야 합니다. 우리가 기도하면 하나님께서 응답하시고 우리가 앞으로 나가면 하나님께서는 역사하십니다.

이스라엘 백성들이 바다가 갈라져 드러난 마른 땅을 걸어서 바다를 다 건넜을 때 하나님께서는 다시 모세에게 바다 위로 손을 내밀라고 하셨습니다. 모세가 손을 내밀자 다시 바닷물이 흘러서 뒤쫓아 오던 바로의 군대를 다 덮고 하나도 남기지 않았다고 했습니다. 홍해가 이스라엘 백성들에게는 기적과 축복의 바다이지만, 애굽 사람들에게는 심판과 저주의 바다가 된 것입니다.

하나님과 함께 하시기 바랍니다. 하나님께 충성하시기 바랍니다. 하나님께 순종하는 여러분이 되시기를 주님의 이름으로 축원합니다.

여호수아 3장 6절 말씀에서 여호수아와 제사장들이 언약궤를 메고 요단강으로 들어갔을 때 요단강이 갈라진 것처럼 하나님의 말씀을 앞세워 나아가면 하나님께서 기적을 역사하시고 은총을 베풀어 주십니다. 그래서 뒤로 물러갈 생각을 하지 말고 앞으로 전진해야 하는 것입니다.

히브리서 10장 38절 말씀에 "오직 나의 의인은 믿음으로 말미암아 살리라 또한 뒤로 물러가면 내 마음이 저를 기뻐하지 아니하리라"고 하였습니다.

하나님 앞에 믿음을 가지고 나왔으면 앞으로 전진, 또 전진해야지 후퇴는 없는 것입니다. 여러분, 세상 사람들은 후퇴가 있지만 우리 믿음의 용사들에게는 후퇴가 없습니다. 우리가 하나님께 믿음을 가지고 기도하고 전진하면 하나님께서 우리의 믿음을 통해서 기적과 은총을 베풀어 주십니다.

사랑하는 독자 여러분!

스스로 반성하고 생각하여 진실된 믿음을 가져야 합니다. 하나님 앞에 충성을 다해 직분을 감당하게 하시고, 사업을 통해 개인의 욕심을 취하는 것이 아니라 하나님께 영광 돌리게 하시고, 물질과 시간과 정성, 모든 것을 다 바쳐서 하나님을 기쁘시게 하고 하나님께 충성을 다하게 해달라고 기도하시기 바랍니다.

여러분이 진실로 하나님 중심의 삶을 산다면 하나님께서는 여러분을 결코 내버려두지 않으시고 위기를 당할 때마다 구원과 축복과 은총을 베풀어주실 것입니다. 그 하나님과 함께 하는 여러분이 되시기를 주님의 이름으로 축원합니다.

심볼마크 :
진리와 자유, 천지인을 상징하는 연세교표입니다.

상징 :
연세대학교를 떠오르는 비상하는 독수리

연세의 노래

홍 재 철 목사

✝ 주소 : 경기도 부천시 오정구 고강본동 398-9
✝ TEL : (032)684-8241~5
✝ E-mail : hongjc33@hanmail.net
✝ http://www.kyoungseo.org

학력 및 신력

- 총신대 및 동 대학원 졸업
- 연세대 연합신학대학원 졸업
- 워싱턴 Colleage TH.D,Ch. D

- 민족복음화 운동본부 본부장 역임
- 광복 50주년 기념대회 준비위원장 역임
- 대한예수교장로회 합동 함남노회 노회장역임

- 한국기독교부흥협의회 실무회장,운영회장,지도위원(현)
- 한국기독교 남북 교류 협의회 이사장(현)
- 연세대 연합신학대학원 총 동문회장(현)
- 경서교회 당회장(현)
- 2001년 북한방문 봉수교회초청 설교
- 한국기독교 스카웃트연맹 총재
- 한국교회 축구협회(KCFA) 회장

깨어 있는 성도가 되자

그 때에 천국은 마치 등을 들고 신랑을 맞으러 나간 열 처녀와 같다 하리니 그 중에 다섯은 미련하고 다섯은 슬기 있는지라 미련한 자들은 등을 가지되 기름을 가지지 아니하고 슬기 있는 자들은 그릇에 기름을 담아 등과 함께 가져갔더니 신랑이 더디 오므로 다 졸며 잘쌔 밤중에 소리가 나되 보라 신랑이로다 맞으러 나오라 하매 이에 그 처녀들이 다 일어나 등을 준비할쌔 미련한 자들이 슬기 있는 자들에게 이르되 우리 등불이 꺼져가니 너희 기름을 좀 나눠 달라 하거늘 슬기 있는 자들이 대답하여 가로되 우리와 너희의 쓰기에 다 부족할까 하노니 차라리 파는 자들에게 가서 너희 쓸 것을 사라 하니 저희가 사러 간 동안에 신랑이 오므로 예비하였던 자들은 함께 혼인 잔치에 들어가고 문은 닫힌지라 그 후에 남은 처녀들이 와서 가로되 주여 주여 우리에게 열어 주소서 대답하여 가로되 진실로 너희에게 이르노니 내가 너희를 알지 못하노라 하였느니라 그런즉 깨어 있으라 너희는 그 날과 그 시를 알지 못하느니라

　　성경은 우리 인생을 나그네와 행인 같은 것이라고 벧전 2:11에 말씀하고, 야고보서 4:14에 보면 잠깐 보이다가 없어지는 아침 안개에 비유하고 있으며, 사 41:14에서는 우리 인간을 지렁이에 비유하신 것을 보면 벌레만도 못하고 한낱 미물 보다도 못한 것이 우리 인생이 아닌가 생각합니다.

　　그러므로 벧후3:8에 보면 사랑하는 자들아 주께서 하루가 천년같고 천년이 하루같은 이 한가지를 너희가 잊지 말라 했습니다. 평생토록 살 것 같고 천년 만년 살 것 같지만 생명을 주신 그분이 데려가시면 우리 인생은 끝장이 나버리고 아무리 원망스럽고 저주스러워서 살기 싫어 발버둥쳐도 생명을 주신 그분이 우리의 생명을 연장 하시면 우리는 이 세상을 살아가야 된다고 하는 것입니다.

그래서 시편90:9 말씀을 보면 우리에 모든 날이 주의 분노 중에 지나가며 우리의 평생이 일식간에 다하였다고 말씀합니다.

잠자고 나면 안녕이란 말씀처럼 잠자고 나면 있던 사람이 없어져버리고, 잠자고 나면 건강했던 사람이 병들어 버리고, 성공했던 사람이 망하여 하루 저녁 사이에 거지가 되기도 합니다. 참 세상은 일순간에 번개처럼 지나가 버리고 마는 것이 우리 인생인 것입니다.

그러기에 성경은 우리 인생들에게 "깨어 있으라 어느 날 너희 주가 임할는지 너희가 알지 못함이라"고 마태 24:42에 말씀합니다.

그러면 구체적으로 깨어 있는 종은 어떤 사람입니까?

첫째, 깨어있는 성도는 주님을 사모하는 마음이 있어야 합니다.

마태24:42에 보니까 그러므로 깨어 있으라. 어느날에 너희 주가 임하실련지 알수가 없는 것이라고 말씀하고 있습니다. 여러분, 그렇습니다.

사탄의 권세가 자리잡고 있는 이 험악한 세상에 늘 깨어 있어 하나님 나라를 사모하는 사람에게 복이 있다고 약속 하셨습니다.

마태 25:1 이하에 보면 열처녀가 신랑을 기다립니다. 슬기로운 다섯 처녀는 등불을 준비하고, 기름도 넉넉히 준비하고, 밤이 맞도록 신랑 맞을 준비를 합니다.

그러나 미련한 다섯 처녀는 평소와 같이 사용하던 등잔과 기름으로 신랑을 기다립니다. 신랑이 언제 올지 몰라 깊은밤 모두가 잠들고 말았습니다. 밤 중에 신랑 오신다는 소리에 모두 일어나 신랑 맞으러 나갔으나 슬기있는 자의 등과 기름은 넉넉하여 환히 밝히고 있었으나 어리석은 신부의 기름은 떨어져 온통 소동이 일어났습니다.

컴컴하고 어두운 곳에서 어떻게 신랑을 맞이할 수 있겠습니까? 대낮 같이 밝은 등불 비치고 있어야 신랑은 신부를 보고 사랑하는 나의 신부야 함께 춤을 추자고 할 것입니다.

그런데 보십시오. 기름을 넉넉히 준비한 슬기로운 다섯 처녀는 칠흑 같은 어두운 밤이라도 걱정 할 것 없습니다. 대낮 같이 밝은 등불 들고 신랑을 맞이할 것이며, 신랑도 신부를 알아보고, 내 사랑하는 자야 나와 함께 춤을 추자할 것입니다.

사랑하는 독자 여러분!

성경은 신랑을 우리 예수님이요 신부는 우리 성도를 가리 킵니다. 성도는 항상 예수 그리스도를 맞을 준비가 되어야 한다는 것입니다.

준비하는 성도에게 축복이 옵니다

준비하는 성도에게 은혜가 옵니다.

준비하는 성도에게 기적이 일어납니다.

준비하는 성도에게 능력이 나타납니다.

대학 들어갈 수험생이 준비 없이 어찌 원하는 대학에 들어 갈 수가 있겠습니까? 사모하는 마음이 없이 어찌 사랑을 받을 수가 있겠습니까?

기름을 준비한 슬기로운 다섯 처녀는 환한 등불을 비쳐들고 아, 내 신랑이 저기 오신다. 신랑 되신 그분은 내 아내 신부가 저기 있구나 하고 사랑을 속삭일수 있을 것입니다.

때늦은 열심을 다하는 어리석은 신부를 보십시오. 문을 두드리며 노크합니다. 신랑이여 신부인 내가 여기 있습니다. 아무리 불러도 대답이 없습니다. 목이 터져라 외치는 신부를 향해 신랑이 말씀합니다.

"내가 너희를 알지 못하노라 그런즉 깨어 있으라 너희는 그 날과 그 시를 알지 못하느니라"(마태 25:13).

사랑하는 독자 여러분!

신랑 되실 예수가 혹 밤에 오실지 혹 낮에 오실지 그리고 오늘 이 시간에도 우리에게 찾아 오실지 시끄럽고 복잡하게 찾아오신 것이 아니라 지금 이 시간 우리가 말씀을 듣는 중에도 혹 잠자던 중에도 꿈속에서도 언제 어느 때에 우리에게 찾아 오실지 모릅니다. 주님 맞이할 준비가 되어 있는 여러분이 되시길 예수님의 이름으로 축원드립니다.

둘째, 깨어있는 성도는 신앙의 잠에서 일어나라는 것입니다.

무더운 여름입니다. 우리의 신앙이 나태하기가 쉽습니다. 참으로 무슨 일이 언제 어느 때에 우리에게 일어날지 알수가 없습니다.

몇해 전 일입니다. 믿음 좋은 집사님 내외가 있었습니다. 교회 건축을 위해 작정하고 교회에서 두 부부가 철야 기도를 합니다. 두 아이가 있는데 잘자다 눈을 떠보니 엄마 아빠가 없었습니다. 잠결에 울면서 집을 나와 간다고 간 곳이 교회였습니다. 팬티만 입은 남매가 교회 문밖에 울고 있는게 아니겠습니까? 기도하다가 엄마가 깜짝놀랐습니다. 엄마 아빠가 교회에 가 있는 줄 어떻게 알았느냐고 했습니다. 아이들 대답이 엄마 아빠는 밤마다 기도하러 가니까 교회 있는 줄 알고 왔다는 것입니다.

그 후 1개월이 지났습니다. 두 부부는 여느 때와 다름없이 저녁에 기도하러 교회에 왔습니다. 잠에서 깬 아이들이 엄마 아빠가 없는 것을 알고 교회로 찾아왔습니다.

그 후 1시간 뒤 연립주택 전체가 불이 났습니다. "사람 살리라"고 아우성이며 미쳐 빠져 나오지 못한 사람은 죽었습니다. 동네 사람들이 집사님 집을 향해 외칩니다. "빨리 나오라"고 소방관들도 도저히 들어갈 수가 없이 연립주택 전소되고 말았습니다.

온 동네가 초상집입니다. 이 사실을 까맣게 모르는 집사님 내외는 애들과 같이 기도회를 마치고 집에 가니 모두가 잿더미가 되고 말았습니다. 황당합니다. 이 무슨 하나님의 은혜인고 그들의 입에서 원망 대신 감사의 환성이 흘러 나왔습니다. 그들이 주님의 몸된 교회 건축을 위해 기도하지 않았다면 어떻게 되었겠습니까?

사랑하는 독자 여러분!

믿음의 사람 기도의 사람을 하나님은 축복하십니다. 신앙의 잠에서 깨어있는 성도가 되시길 축원드립니다.

셋째, 깨어있는 성도는 주님의 심복이 되라는 것입니다.

우리를 가르켜서 성령의 사람, 예수의 사람, 하나님의 사람이라고 합니다.

회사에 직원들이 모여 하는 말이 저 사람은 사장님 사람이야 이런 말을 합니다. 때로는 자기들끼리 수근 거리다가도 사장님 사람이 오면 말을 그 치기도 하고 사장님 사람이라고 이유없이 미워하기도 합니다.

사장님 사람이란 말이 왜 나옵니까?

다른 사람에 비하여 충성하기 때문입니다. 심복을 가리켜 사장님의 사람이라고 합니다. 심복은 회사가 잘되면 함께 잘되고 회사가 어려워도 사장님에게 특별 배려를 받습니다.

심복은 순종하고 맹종한 사람을 말합니다. 월급을 더줘도 아깝지가 않습니다. 심복은 다른 사람에 비해 사장을 위해 더 많이 일하는 사람을 말합니다. 애사심이 강하여 희생 정신도 누구보다 강합니다.

그렇습니다. 사랑하는 독자 여러분!

우리는 누구입니까?

우리는 하나님의 심복입니다. 우리는 교회의 심복입니다.

세상에 수많은 소리가 있습니다. 이 우주에 억만가지 소리가 존재 합니다. 21C 최신형 기계를 통하여 3000년전 소리를 찾는다고 합니다. 을지문덕 장군의 소리, 이순신 장군의 소리를 찾는다고 합니다.

그러나 기계가 못찾는 소리가 있습니다. 하나님의 소리입니다. 하나님의 사람은 하나님의 소리를 들을 줄 압니다. 하나님의 소리는 최첨단 기계가 찾는 것이 아니라 하나님의 사람만이 찾을 수가 있는줄 믿으시기를 바랍니다.

넷째, 깨어있는 성도는 기도의 사람이 되라는 것입니다.

막 9:1이하에 보면 예수님께서 사랑하는 제자 베드로, 야고보, 요한이 셋을 데리고 변화산상에 올라 가셨습니다. 그리고 기도하시고 내려오시는데 막 9:16에보면 제자들이 이 벙어리 귀신들린 젊은이를 놓고 횡설수설 변론하고 있었습니다.

이때 우리 주님은 내가 언제까지 너희와 함께 있어야 되겠느냐 하시면서 벙어리 귀신 들린 아이를 위해 안수하시니 더러운 귀신이 거품을 물고 심한 경련을 일으키며 귀신이 도망 한 것을 보았습니다.

이때 사랑하는 제자들을 향해 믿는자에게는 능치 못 할 일이 없느니라(막 9:23)고 말씀하시니 제자들이 주여! 어찌하여 우리는 능히 귀신을 쫓아내지 못하였나이까 하니 주님은 말씀하십니다.

"기도 외에는 다른 것으로 이런 유가 나갈 수 없느니라"고 말씀하셨습니다.(막 9:29)

주일날 우리는 주일 성수를 지키기 위해서 성경을 들고 교회를 옵니다. 열심히 교회는 다니지만 기도가 없어요. 기도 생활이 없다는 말입니다. 믿음의 사람이라면 최소한 하루에 한시간 정도는 기도해야 되지 않겠느냐고 생각합니다.

사랑하는 독자 여러분!

나의 1시간의 기도가 다른 사람이 10시간의 평화를 누릴수 있다면 우리는 기도의 성공자가 될 것입니다. 우리의 한 시간의 기도가 100일의 근심을 면케되는 기도의 능력자가 되어야 할 것입니다.

주님께서도 인류의 대사를 놓고 게세마네 동산에서 기도하시지 않았습니까? 눅 22:44에 "주님께서도 힘쓰고 애써 더욱 간절히 기도하시니 땀이 땅에 떨어지는 피방울 같이 되더라"고 기록하고 있습니다.

이 때 제자들은 무엇을 하고 있었습니까? 제자들은 잠이 들었습니다. 베드로와 야고보, 요한 같은 최고의 제자들, 가장 예수님의 사랑을 받았던 제자들, 가장 신뢰를 받았던 제자들, 이런 제자들마저도 잠이 들었다는 것은 오늘 현대를 살아가는 우리들에게 무서운 교훈을 주는 말씀인지도 모릅니다.

사랑하는 독자 여러분!

하나님 앞에 사랑 받는 내가 기도없이 무엇으로 사랑을 받으려고 합니까? 기도 없이 어떤 방법으로 주님 곁에 가까이 가실려고 노력 하십니까? 예배에 참석한 것으로 우리는 사명을 다했다고 결코 말할 수는 없는 것입니다.

개인의 기도 시간을 정해 놓고 이 시간만큼은 내가 절대적으로 하나님의 종을 위하여 기도하는 시간을 갖고, 이 시간만큼은 절대적으로 온 교회의 성도의 평안과 안녕을 위하여 기도하는 시간을 갖고, 교회 안에 환자들이 없고, 병든자들이 없고, 실패한자들이 없도록 그일을 위하여 최소한도 하루에 1시간 정도는 기도하리라는 마음의 각오가 있을 때에 하나님께서는 나를 축복하신다는 사실을 믿으시기를 바랍니다.

우리의 신앙이 너무나 무사 안일 한지도 모릅니다. 너무나 태만한지도 모릅니다. 어떻게 되겠지. 내가 하나님의 사람인데 되겠지 하는 적당한 생각이 때로는 우리에게 큰 손해를 일으키고 손실을 입힐때가 있다는 것입니다.

산적한 많은 문제를 낳고도 우리는 세상 잠에 취해 있지 않느냐 이 말입니다. 오늘 이시간 무더운 여름 속에서 기도의 잠에서 깨어 날수 있기를 예수님의 이름으로 축원을 드립니다.

다섯째, 원수를 물리치라는 것입니다.

원수가 누구입니까? 원수가 사탄이라고도 하고 마귀라고도 하고 옛 뱀이라고도 하는 사탄이 우리의 모든 것을 방해합니다.

사탄의 사명이 무엇 입니까?

하나님의 사람들의 기도를 방해 합니다. 하나님의 사람의 예배의 출석을 방해합니다. 하나님의 사람들의 말씀 보는 것을 방해합니다. 봉사와 헌신을 방해합니다. 순종의 삶을 방해합니다.

정월초하루 어떤 분이 찾아 왔습니다. 목사님, 금년 꼭 내가 성경을 읽겠습니다. 제가 어디서부터 보는 것이 좋을까요. 아이구 집사님 고마워라. 내가 두손을 꼭 잡고 기도해 주었습니다.

하나님, 우리 집사님 성경을 보는 해로 정했다고 합니다. 너무너무 감사해요. 집사님 편하게 보기 좋은 곳이 시편입니다. 시편이 끝나고 나면 잠언서를 보시고 전도서를 보십시오. 그리고 난 다음에 창세기부터 한번 더듬어 올라가던가 아니면 애가를 읽으십시오. 그러면 은혜가 될 것입니다.

목사님, 중간 중간 읽기 싫어요. 창세기 1장부터 깨끗이 끝낼레요. 집사님 그렇게 해요. 6개월이 지나서 엊그제 물어 보았습니다. 집사님 성경 얼마나 봤어요. 창세기요, 창세기 어디까지 봤어요. 죄송해요. 1장보다가 말았어요. 왜 그랬어요.

TV는 열시간을 보아도 잠이 안옵니다. 종알 종알 이야기 한 것은 12

시간을 이야기 하는 것은 잠이 안옵니다. 그런데 성경만 보려고 하면 잠이 온답니다. 누가 누굴 낳고, 누구 낳고, 누구 낳고 지쳐서 못보겠데요. 그래서 읽다가 다시 1장으로 갔다가 중간쯤 읽다가 또 다시 1장으로 가고 이걸 10번도 더 했지만 넘어 가질 못하고 있습니다.

사랑하는 독자 여러분!

그렇습니다. 우리의 신앙이 그래요. 그렇다고 주님을 사랑하지 않습니까? 주님을 사랑합니다. 그러나 분명 그 사람은 예수님을 사랑하지만 마귀에게 졌습니다. 이겨 내 질 못했습니다.

여러분, 우리가 성경 안보잖아요. 구약의 어디를 찾으라면 온 성경을 다 뒤지는 사람이 있어요. 민망해 죽겠어요. 내가 이렇게 바라보고 있으면 죄송하고 미안하고 부끄러우니까 아무데나 펼쳐놓고 그게 찾은 것처럼 그러고 앉아 있어요. 이러면 안돼요. 끝까지 찾으라 이겁니다.

성경은 교회 올 때 펴놓는 교과서가 아닙니다. 우리의 생활의 지침서가 되고, 은혜의 지침서가 되고, 마귀를 때려잡는 유일 무이한 무기 인 줄 믿으시기 바랍니다.

신문을 보세요. 교통사고 당한 것 누가 사기 치고, 도둑질 한 것, 부도 난 것, 망한 것, 아주 즐거움으로 읽어요.

그러나 성경은 엎어만 놓으면 잠이 옵니다. 이유가 뭡니까?

마음은 원이로되 육신이 약합니다. 믿고 싶기는 싶지만 행함이 너무 없습니다. 원수가 찾아와서 우리를 괴롭힙니다.

그래서 벧전 5:8에 보니까 근신하고 깨어라, 너희 대적 마귀가 우는 사자와 같이 두루 다니며 삼킬자를 찾고 있다고 말씀하고 있습니다.

원수가 언제 찾아옵니까?

마 13:25에 보면 영혼의 깊은 잠을 잘 때 찾아와 우리 마음 밭에 가라지를 뿌려 놓고 간다고 하였습니다. 신앙의 잠, 나태의 잠을 잘 때 세상의 잠에 취했을 때 마귀가 여지없이 찾아옵니다.

사랑하는 독자 여러분!

마귀는 기도를 방해합니다. 마귀는 우리가 봉사하는 봉사의 손길을 방해합니다. 못하게 하는 것이 마귀입니다. 마귀는 사명을 감당하지 못하게 합니다. 마귀는 믿음 생활에서 우리를 나태하게 만듭니다. 종국에는 신앙생활 못하게 만듭니다. 그래서 마귀는 성도와 철천지 원수입니다.

왜요! 내 믿음을 도둑질해 가니까요. 지금까지 받은 은혜를 헌 신짝처럼 버리게 하니까요.

결론, 등잔과 기름을 준비하는 성도가 되어야 합니다.

본문 44절에 예비하라고 하셨습니다. 무엇을 예비하라고 하셨습니까?

등잔과 기름입니다. 등잔은 하나님의 말씀이요 기름은 성령입니다. 우리가 무엇을 하던지 어떤일을 당하던지 하나님 말씀으로 꽉 차 있고 성령으로 충만하면 어떤 괴물이 찾아 와도 능히 이기게 될 줄로 믿으시길 바랍니다.

기름을 준비하되 밤이 맞도록 다 쓰고 남을 만한 성령의 기름 준비하여 예수 그리스도의 이름으로 승리하는 성도가 되시기를 축원 드립니다.

최 낙 중 목사

대한예수교 장 로 회 **관 악 교 회**

✠ 주소 : 서울시 관악구 봉천6동 1691-34
✠ TEL : 02)889-7253, 872-6962
✠ E-mail : choinj@empal.com
✠ http://www.kwanak.or.kr

학력 및 신력

- 기독신학대학교 졸업
- 연세대학교 연합신학대학원 졸업
- 캘리포니아 신학대학원 졸업(D. Min)
- 필리핀 바위오중앙대학교 대학원졸업 (Ph. D)
- 천안대학교 (D.D)

- 대한예수교장로회 총 회장(합동정통) (1997-1999)
- 한국기독교총연합회 공동회장 역임 (1998-2000)
- 한국교회 청소년지도자대학 학장 (현재)
- 기독신학교 및 대학원교수 (현재)
- 관악교회 담임목사 (1972-현재)

소원을 이루는 큰 믿음

예수께서 거기서 나가사 두로와 시돈 지방으로 들어가시니 나안 여자 하나가 그 지경에서 나와서 소리질러 가로되 주 다윗의 자손이여 나를 불쌍히 여기소서 내 딸이 흉악히 귀신들렸나이다 하되 예수는 한 말씀도 대답지 아니하시니 제자들이 와서 청하여 말하되 그 여자가 우리 뒤에서 소리를 지르오니 보내소서 예수께서 대답하여 가라사대 나는 이스라엘 집의 잃어 버린 양 외에는 다른데로 보내심을 받지 아니하였노라 하신대 여자가 와서 예수께 절하며 가로되 주여 저를 도우소서 대답하여 가라사대 자녀의 떡을 취하여 개들에게 던짐이 마땅치 아니하니라 여자가 가로되 주여 옳소이다 마는 개들도 제 주인의 상에서 떨어지는 부스러기를 먹나이다 하니 이에 예수께서 대답하여 가라사대 여자야 네 믿음이 크도다 네 소원대로 되리라 하시니 그 시로부터 그의 딸이 나으니라

옛날 희랍사람들은 우리 인간을 가리켜 안드로포스(An-thropos)라고 하였는데 그 의미는 위를 바라보는 존재, 희망을 가진 존래란 뜻입니다.

에이브라함 메슬로우의 말과 같이 우리 인간에게는 단계적 욕구가 있습니다.

① 생존에 대한 욕구입니다.

죽지 않고 살고 싶은 욕구입니다. 삶에 대한 욕구보다 더 강렬한 욕구는 없습니다.

② 안전에 대한 욕구입니다.

좀 더 평안하게 살고자 하는 욕구입니다. 작은 승용차보다 큰 승용차가 작은 집보다는 큰 집이 더욱 편안합니다.

③ 자기 존재가치를 인정받고자 하는 욕구입니다.

사람은 자기가 누군가에게 필요한 존재가 되고 싶어합니다. 어린아이들은 집에서 그 부모님에게, 학생은 선생님에게, 회사원은 사장에게, 교인은 담임목사님에게 인정받고자 하는 욕구가 있습니다. 이런 욕구 충족을 위해 착한 마음을 가지며 실력을 쌓기 위해 노력하는 것입니다.

④ 자아실현의 욕구입니다.

자기가 평소에 꼭 하고 싶었던 일을 이뤄보고 싶은 욕구입니다. 어떤 이는 정치인으로, 어떤 이는 경제인으로, 문화인으로 혹은 사회를 위해 평생을 몸 바쳐 살고자 하는 욕구가 있습니다. 그러나 우리 인간에게는 또 다른 욕구 하나가 있습니다. 그것은 영생에 대한 욕구입니다. 어차피 죽는다면 천국에 들어가고 싶은 욕구가 있습니다. 그런데 세상만사는 자기 뜻대로 되지 않으므로 사람들은 고민하고 괴로워합니다. 살기를 원하지만 죽습니다. 안전을 원하지만 사고가 납니다. 사람들이 자기 존재 가치를 인정해주지 않아서 소외감을 갖습니다. 평생에 이뤄보고 싶은 일을 이루지 못합니다.

이는 우리 인간이 유한된 지식과 지혜와 능력으로 말미암아 한계상황을 뛰어넘지 못하기 때문입니다. 성경은 우리 인간의 온갖 불행이 본인의 죄 때문이라고 가르쳐 주고 있습니다.

시편 107장 10~11절에 " 사람이 흑암과 사망의 그늘에 앉으며 곤고와 쇠사슬에 매임은 하나님의 말씀을 거역하며 지존자의 뜻을 멸시함이라"고 하였습니다. 그런데 예수님은 죄인을 구원해 주시려 이 세상에 오셨습니다. 누구든지 예수를 주님으로 믿기만 하면 우리 인간이 못하는 일을 주님께서 이루십니다. 만일 우리가 큰 믿음을 가진다면 주님은 우리의 소원을 이루어 주십니다.

본문 28절에 "이에 예수께서 대답하여 가라사대 여자야 네 믿음이 크도다 네 소원대로 되리라 하시니 그 시로부터 그의 딸이 나으니라"고 하셨습니다. 마태복음 15장 21절로 28절까지 말씀은 한 가나안 여인이 주님 앞에 큰 믿음을 보임으로서 예수님이 그의 귀신 들린 딸을 깨끗이 고쳐주신 내용입니다.

성경은 각 사람의 운명이 예수님에 대한 믿음 여하로 결정된다고 가르쳐주고 있습니다. 예수님께서 소경의 눈을 뜨게 해주실 때에 네 믿음대로 되라 하셨고, 마가복음 9장 23절에서는 믿는 자에게는 능치 못하심이 없다고 하셨습니다. 문제는 각 사람의 믿음에 달려 있는 것입니다. 그렇다면 어떤 믿음이 소원을 이루는 큰 믿음일까요?

소원을 이루는 큰 믿음은 세 단계로 온전해 지는 믿음입니다.

첫째, 예수님 앞으로 나오는 것입니다.

22절에 "가나안 여자 하나가 그 지경에서 나와서"라고 하였습니다. 믿음이란 하나님의 부름에 응답하는 것입니다. 이사야 55장 1절 말씀에 "너희 목마른 자들아 물로 나아오라 돈 없는 자도 오라 너희는 와서 사먹되 돈 없이, 값 없이 와서 포도주와 젖을 사라"고 하셨습니다. 예수님은 마태복음 11장 28절에서 "수고하고 무거운 짐진 자들아 다 내게로 오라 내가 너희를 쉬게 하리라"고 하셨습니다.

예수님은 오늘날 문제의 사람들을 오라고 부르십니다. 예수님은 교회가 정한 예배시간에 우리를 부르십니다. 교회가 정한 예배에 참여하는 자가 예수님의 부름에 응답하는 사람입니다. 예수님은 요한복음 4장 23~24절에서 "아버지께 참으로 예배하는 자들은 신령과 진정으로 예배할 때가 오나니 곧 이때라 아버지께서는 이렇게 자기에게 예배하는 자들을 찾으시느니라. 하나님은 영이시니 예배하는 자가 신령과 진정으로 예배할찌니라"고 하셨습니다.

마가복음 5장 25절에서 34절까지의 말씀에는 예수님 앞에 나와서 자기의 병을 고침받은 여인의 이야기가 있습니다. "열 두 해를 혈루증으로 앓는 한 여자가 있어, 많은 의원에게 많은 괴로움을 받았고 있던 것도 다 허비하였으되 아무 효험이 없고 도리어 더 중하여졌던 차에 예수의 소문을 듣고 무리 가운데 섞여 뒤로 와서 그의 옷에 손을 대니 이는 내가 그의 옷에만 손을 대어도 구원을 얻으리라 함일러라. 이에 그의 혈루 근원이 곧 마르매 병이 나은 줄을 몸에 깨달으니라. 예수께서 그 능력이 자기에게서 나간 줄을 곧 스스로 아시고 무리 가운데서 돌이켜 말씀하시되 누가 내 옷에 손을 대었느냐 하시니, 제자들이 여짜오되 무리가 에워싸 미는 것을 보시며 누가 내게 손을 대었느냐 물으시나이까 하되 예수께서 이 일 행한 여자를 보려고 둘러 보시니 여자가 제게 이루어진 일을 알고 두려워하여 떨며 와서 그 앞에 엎드려 모든 사실을 여짜온대 예수께서 가라사대 딸아 네 믿음이 너를 구원하였으니 평안히 가라 네 병에서 놓여 건강할찌어다” 하셨고 그대로 되었습니다.

소원을 이루는 큰 믿음은 힘들고 어려워도 예수님이 계신곳으로 나오는 것입니다.

그러므로 히브리서 4장 16절에 “그러므로 우리가 긍휼하심을 받고 때를 따라 돕는 은혜를 얻기 위하여 은혜의 보좌앞에 담대히 나아갈 것이니라”고 하였습니다.

둘째, 부르짖어 간구하는 것입니다.

마태복음 15장 22절 말씀에 “가나안 여자 하나가 그 지경에서 나와서 소리질러 가로되 주 다윗의 자손이여 나를 불쌍히 여기소서 내 딸이 흉악히 귀신들렸나이다”라고 하였습니다. 여인은 예수님을 다윗의 자손이라고 불렀습니다. 다윗의 자손은 메시야의 대칭입니다. 구약성경에 예언하기를 이 땅에 구원자는 다윗의 혈통에서 그리고 다윗의 동네에서 탄생할 것이라고 예언하였으니 예수님이 바로 다윗의 자손, 즉 메시야인 것입니다.

각 사람의 소원을 이루어 주신 분은 주님이십니다. 예수님만이 유일한 구원자임을 아는 자는 예수님께 도움을 구합니다. 하나님은 믿는 자의 간구를 들으시고 소원을 이루어 주십니다. 예레미야 33장 2절과 3절 말씀에 “일을 행하는 여호와 그것을 지어 성취하는 여호와 그 이름을 여호와라 하는 자가 이같이 이르노라. 너는 내게 부르짖으라 내가 네게 응답하겠고 네가 알지 못하는 크고 비밀한 일을 네게 보이리라” 하셨고, 29장 12절과 13절 말씀에는 "너희는 내게 부르짖으며 와서 내게 기도하면 내가 너희를 들을 것이요 너희가 전심으로 나를 찾고 찾으면 나를 만나리라"고 하셨습니다.

에스겔 36장에는 여호와께서 이스라엘 백성에게 회복의 은혜를 약속하시되 저희들의 마음에서 굳은 마음을 제하고 부드러운 마음을 주시고 하나님의 신을 부어주며 경제 부흥과 환경개선과 부흥의 복을 약속하시면서 37절 말씀에서 "나 주 여호와가 말하노라 그래도 이스라엘 족속이 이와 같이 자기들에게 이루어 주기를 내게 구하여야 할찌라 내가 그들의 인수로 양떼 같이 많아지게 하되"라고 하셨으니 이는 우리가 믿음으로 간구해야 하나님의 약속이 이루어지게 하겠다는 것입니다.

사람들이 무엇을 얻지 못한 이유와 구하여도 받지 못한 이유가 무엇일까요? 야고보 4장 2절과 3절에서 "너희가 욕심을 내어도 얻지 못하고 살인하며 시기하여도 능히 취하지 못하나니 너희가 다투고 싸우는도다 너희가 얻지 못함은 구하지 아니함이요 구하여도 받지 못함은 정욕으로 쓰려고 잘못 구함이니라"고 하셨습니다. 그러므로 기도해야 합니다. 기도하되 믿음으로 간구해야 합니다.

마태복음 21장 22절에 "너희가 기도할 때에 무엇이든지 믿고 구하는 것은 다 받으리라 하시니라"고 하셨고, 야고보서 1장 5절로 8절에는 "너희 중에 누구든지 지혜가 부족하거든 모든 사람에게 후히 주시고 꾸짖지 아니하시는 하나님께 구하라 그리하면 주시리라 오직 믿음으로 구하고 조금도 의심하지 말라 의심하는 자는 마치 바람에 밀려 요동하는 바다 물결 같으니 이런 사람은 무엇이든지 주께 얻기를 생각하지 말라 두 마음을 품어 모든 일에 정함이 없는 자로다"라고 하셨습니다. 가나안 여인은 예수님 앞에서 나를 불쌍히 여기소서 라고 하며 매달렸습니다. 그는 문제를 귀신들린 자기 딸에게서 찾지 않고 자녀를 돌아볼 책임이 있는 어미된 자기가 문제라는 생각으로 나를 불쌍히 여기소서 라고 외친 것입니다.

그렇습니다. 영안이 열리면 자기 죄와 허물이 보입니다. 이런 사람이 죄를 자백하고 회개하므로 은혜를 받습니다. 이사야 선지자는 성령의 조명으로 입술이 부정한 자신을 보고 두려워 떨며 죄를 회개하므로 죄사함을 받았습니다. 이사야서 6장 5절에서 7절까지의 말씀에 "그 때에 내가 말하되 화로다 나여 망하게 되었도다 나는 입술이 부정한 사람이요 입술이 부정한 백성 중에 거하면서 만군의 여호와이신 왕을 뵈었음이로다 때에 그 스랍의 하나가 화저로 단에서 취한바 핀 숯을 손에 가지고 내게로 날아와서 그것을 내 입에 대며 가로되 보라 이것이 네 입에 닿았으니 네 악이 제하여졌고 네 죄가 사하여졌느니라 하더라"고 하셨습니다.

기도 응답을 가로막는 것은 회개치 않은 죄 때문입니다. 이사야서 59장 1절과 2절에서 "여호와의 손이 짧아 구원치 못하심도 아니요 귀가 둔하여 듣지 못하심도 아니라 오직 너희 죄악이 너희와 너희 하나님 사이를 내었고 너희 죄가 그 얼굴을 가리워서 너희를 듣지 않으시게 함이니"라고 하였습니다.

그러므로 베드로는 사도행전 3장 19절에서 "그러므로 너희가 회개하고 돌이켜 너희 죄 없이 함을 받으라 이같이 하면 유쾌하게 되는 날이 주 앞으로부터 이를 것이요"라고 하였습니다.

또한 잠언서 1장 23절 말씀에 "나의 책망을 듣고 돌이키라 보라 내가 나의 신을 너희에게 부어주며 나의 말을 너희에게 보이리라"고 하셨습니다.

우리 모두 양심에 거리끼는 죄를 자백하므로 죄사함을 받음으로 마음의 소원을 이루시기 바랍니다. 소원을 이루는 큰 믿음은 믿음으로 간구하는 것입니다.

셋째로, 결코 포기하지 않음으로 시험에 합격하는 것입니다.

믿는 자가 이 세상에서 당하는 시험에는 마귀로부터 오는 시험과 사람으로부터 오는 시험과 하나님으로부터 오는 시험이 있습니다.

① 마귀가 하는 시험은 유혹(temptation)입니다.

마귀는 감언이설(甘言利說)로 사람을 유혹하되 사람의 마음과 생각을 통해 시험합니다. 요한복음 13장 2절에 "마귀가 벌써 시몬의 아들 가룟

유다의 마음에 예수를 팔려는 생각을 넣었더니”라고 한 것을 보십시오.

그러므로 부정적인 생각, 하나님과 원수가 되는 육신의 생각을 조심해야 합니다. 사도 바울은 로마서 8장 5절에서 8절까지에서 “육신을 좇는 자는 육신의 일을 영을 좇는 자는 영의 일을 생각하나니 육신의 생각은 사망이요 영의 생각은 생명과 평안이니라 육신의 생각은 하나님과 원수가 되나니 이는 하나님의 법에 굴복치 아니할뿐 아니라 할 수도 없음이라 육신에 있는 자들은 하나님을 기쁘시게 할 수 없느니라”고 하였습니다. 마귀는 사람들의 마음속에 세 가지 부정적인 생각으로 들어옵니다. 그때에는 예수님의 이름으로 대적하여 물리쳐야 합니다.

② 사람으로 부터 오는 시험이 있습니다.

제자들은 부르짖는 여인에 대하여 못마땅히 여기며, 그를 돌려보내 버려야 한다고 말했습니다. 우리도 누군가로 부터 업신여김을 받을 때가 있습니다. 핍박을 받을 때도 있습니다. 그때에는 죄 없이 고난 당하신 예수님을 생각해야 합니다. 빌라도의 뜰에 서신 예수님. 갈보리산에서 십자가 지신 예수님을 생각하면 못견딜 것이 없을 것입니다.

③ 하나님으로부터 오는 시험입니다.

가나안 여인은 예수님께서 시험하셨습니다. 여인이 소리질러 간구하는데도 한 말씀도 대답지 아니하셨습니다. 그리고 예수님은 이스라엘의 잃어버린 양을 위해 오셨다며 외면하시더니, 자녀에게 주려한 떡을 개들에게 던짐이 마땅치 않다며 여인을 업신여겼습니다. 여인을 시험(test)하신 것입니다. 그때 여인은, 옳소이다마는 개들도 제 주인의 상에서 떨어지는 부스러기를 먹나이다 하며 매달리니, 예수님은 그에게 이르시되, “딸아 네 믿음이 크도다 네 소원대로 되리라” 하시니 즉시로 딸이 나았습니다.

큰 믿음이란, 예수님이 하신 시험에 합격하는 것입니다. 선을 행하다가 낙심치 않은자가 큰 믿음을 가진자입니다. (갈 6:9)

노벨평화상을 수상한 윈스턴 처칠이 그의 모교인 할로우대학에서 강연할때에, “학도들이여! 꿈에 도전하십시요. 그리고 결코 포기하지 마십시오. 결코!!! 결코!! (never give up never! never!)"라고 하였습니다. 하나님은 심지 견고한 자를 평강에서 평강으로 인도하십니다.(사 26:3)

결론

우리 주 예수그리스도는 모든 인생들이 안고 있는 문제의 해결사입니다. 온전한 믿음, 큰 믿음의 사람에게는 능치못함이 없습니다.(막 9:23) 소원을 이루는 큰 믿음의 사람은 예수님 앞에 나옵니다. 믿음으로 간구합니다.(마 21:22) 시험중에도 결코 포기하지 않습니다. 이같은 큰 믿음으로 소원을 이루시기 바랍니다.

광혜원 : 연세대학교 의과대학 병원의 시초이며 한국 최초의 현대식 병원(1885)

복원된 광혜원

김 한 배 목사

학력 및 신력

- 총회신학교 및 고려신학대학원 졸업
- 기독 신학대학원 목회대학원 졸업
- 켈리포니아 신학대학교 졸업

- 현 21세기 북방선교회 총재
- 현 21세기 성령운동본부 공동회장
- 현 한중 기독신학교 운영대표 이사장
- 광은교회 담임목사 / 광명,하안,일산,성전
- 광은기도원 원장

신앙생활의 장애물

히브리서 12장 1~2절

이러므로 우리에게 구름 같이 둘러싼 허다한 증인들이 있으니 모든 무거운 것과 얽매이기 쉬운 죄를 벗어 버리고 인내로써 우리 앞에 당한 경주를 경주하며 믿음의 주요 또 온전케 하시는 이인 예수를 바라보자 저는 그 앞에 있는 즐거움을 위하여 십자가를 참으사 부끄러움을 개의치 아니하시더니 하나님 보좌 우편에 앉으셨느니라

하나님의 은혜를 받고 믿음으로 살아가는 길에도 장애물은 있게 마련입니다. 때로는 그 장애물을 통해 더욱 강건한 믿음을 갖게 되지만 거기에는 전제되는 것이 있습니다. 그 장애물을 어떻게든 뛰어넘어야만 합니다.

운동장에서 달리기를 하는 선수는 달리기를 하는데 장애되는 것을 모두 벗어 버리고 가장 편한 모습으로 전력을 다해 달려야 이길 수 있습니다.

마찬가지로 우리 신앙 경주에 장애되는 요인이 무엇인지 알아서 그것을 뛰어넘어 승리하는 신앙생활을 해야 합니다.

내게는 신앙 장애물이 무엇이며, 어떻게 하면 그 장애물을 제거하겠는가 생각해 보고 장애물을 제거하는 능력을 받아 믿음의 경주에서 승리해서 하나님이 언약해 주신 복을 받는 그리스도인이 되어야 하겠습니다.

첫째, 신앙경주에 있어 장애물은 무엇입니까?

우리 앞에 놓인 장애물이 무엇인지 알아야 신앙 경주에서 승리할 수 있습니다.

① 십자가의 원수 되는 것이 신앙의 장애물입니다.

성도에게서 십자가는 하나님의 사랑과 구원의 능력입니다. 그런데 멸망 받을 사람에게는 십자가가 최고로 미련한 것입니다. 그러므로 주님께서는 십자가를 지고 나를 따르라고 말씀하셨습니다. 제자의 필수요건은 육이 죽고 예수의 모습으로 살며 사명을 완수하는 것입니다.

그러면 십자가의 원수는 무엇입니까?(빌 3:17~19)

바울 사도는 눈물로 십자가의 원수를 물리치라 했습니다. 이는 탐욕입니다. 사람이 자기 배를 가장 귀하고 가치 있게 생각하고, 자기 배를 하나님으로 삼는 행위입니다. 결국 하나님의 일을 생각지 못하게 하고 우리를 넘어지게 하는 사탄의 궤계입니다.

예수님께서 예루살렘에 올라가 장로들과 대제사장들과 서기관들에게 많은 고난을 받고 죽임을 당하고 제삼일 만에 살아나야 할 것을 제자들에게 비로소 가르치니 베드로가 예수를 붙들고 간하여 가로되 "주여 그리 마옵소서 이 일이 결코 주에게 미치지 아니하리이다"라고 했습니다.

그러나 예수님께서는 돌이켜 베드로에게 "사탄아 내 뒤로 물러가라 너는 나를 넘어지게 하는 자로다 네가 하나님의 일을 생각지 아니하고 도리어 사람의 일을 생각하는도다"라고 말씀하셨습니다. 십자가의 원수는 바로 인간적인 생각입니다.

② 이방인과의 교제도 신앙의 장애물입니다.

성도의 이방인과의 잘못된 교제는 세상과 짝을 짓는 것이므로 하나님과 원수 되는 것입니다.

여호수아 23장 12~13절에 여호수아는 가나안 정복 후 이스라엘 백성들에게 이방인과의 혼인에 대하여 조심할 것을 간곡히 부탁하고 있습니다. 이방인을 친근히 하여 더불어 교제하며 혼인하며 피차 왕래하면 올무가 되며 덫이 되며 옆구리에 채찍이 되며 눈에 가시가 되어서 필경은 멸절하게 됩니다.

그렇기 때문에 그리스도인은 이 세대를 본받지 말고 오직 마음을 새롭게 함으로 변화를 받아 하나님의 선하시고 기뻐하시고 온전하신 뜻이 무엇인지 분별하여 바로 서야 합니다.(롬12:2)

③ 원망하는 마음이 신앙의 장애물입니다(민 14:26~30)

원망하는 마음은 인간의 영광을 구하는 교만한 마음입니다.(롬 11:20). 이스라엘의 광야 40년 생활은 이스라엘 백성들의 원망에서 온 하나님의 진노였습니다. 모세는 아론을 원망했으며(출 15:24, 16:2~7, 민 16:41) 하나님을 원망했습니다.

민수기 14장 27절에 "나를 원망하는 이 악한 회중을 어느 때까지 참으랴 이스라엘 자손이 나를 향하여 원망하는 바 그 원망하는 말을 내가 들었노라"고 했습니다.

"너희 말이 내 귀에 들린 대로 내가 너희에게 행하리니 너희 시체가 이 광야에 엎드러질 것이라 이십 세 이상으로 계수함을 받은 자 곧 나를 원망한 자의 전부가…너희로 거하게 하리라 한 땅에 결단코 들어가지 못하리라" (민 14:28~30). 원망하면 천국에 가지 못합니다.

이스라엘 백성들은 원망 때문에 가나안에 들어가지 못하게 되고 불뱀의 심판을 받게 됩니다. "백성이 호르산에서 진행하여 홍해길로 좇아 에돔땅을 둘러 행하려 하였다가 길로 인하여 백성이 마음이 상하니라 백성이 하나님과 모세를 항하여 원망하되 어찌하여 우리를 애굽에서 인도하여 올려서 이 광에서 죽게 하는고 이곳에는 식물도 없고 물도 없도다 우리 마음이 이 박한 식물을 싫어하노라 하매 여호와께서 불뱀들을 백성 중에 보내어 백성을 물게 하시므로 이스라엘 백성 중에 죽은 자가 많은지라 백성이 모세에게 이르러 가로되 우리가 여호와와 당신을 향하여 원망하므로 범죄 하였사오니 여호와께 기도하여 이 뱀들을 우리에게서 떠나게 하소서 모세가 백성을 위하여 기도하매"(민 21:4~7). 그리하여 여호와께서는 장대에 불뱀을 만들어 달게 하셨습니다.

둘째, 믿음생활을 방해하는 장애물을 제거하는 방법은 무엇입니까?

① 말씀을 좋아하고 사랑해야 합니다.

시편 119편에 165절에 "주의 법을 사랑하는 자에게는 큰 평안이 있으니 저희에게 장애물이 없으리이다"라고 했습니다. 주님의 법은 말씀, 즉 성경입니다. 주님께서도 마태복음 4장 1~11절에 말씀의 능력으로 사탄의 시험을 물리치고 승리하셨습니다. 말씀을 사랑할 때 하나님은 평안을 주시며 장애물을 제거해 주십니다.

그러므로 그리스도인은 말씀을 주야로 묵상하며(시 1:2) 행해야 합니다. 잠언 6장 20~23절에 "내 아들아 네 아비의 명령을 지키며 네 어미의 법을 떠나지 말고 그것을 항상 네 마음에 새기며 네 목에 매라 그것이 너의 다닐 때에 너를 인도하며 너의 잘 때에 너를 보호하며 너의 깰 때에 너로 더불어 말하리니 대저 명령은 등불이요 법은 빛이요 훈계의 책망은 곧 생명의 길이라"고 했습니다. 말씀을 항상 경외하고 즐거워하고 사랑하고 찬양해야 합니다.

② 예수만 바라보고 나아가야 합니다.

믿음을 온전케 해주시는 예수 그리스도는 십자가에게 죽으셨다가 부활하시고 승천하사 다시 오시겠다고 약속해 주신 재림의 주님이십니다. 그러므로 세상을 바라보지 말고 예수 재림의 소망을 가지고 살아가야 합니다. 이 길은 성령을 좇아 행하는 길이요, 육신의 정욕을 죽이는 길입니다. 육체의 소욕은 성령을 거스르고 성령의 소욕은 육체를 거스르나니 영을 좇으며 생명과 평안을 얻으며 사는 길입니다.

③ 마음밭을 옥토로 기경해야 합니다(호 10:12)

마음밭을 기경하여 옥토로 만든다는 것은 의를 심어 긍휼을 거둔다는 것입니다. 믿음의 결실을 맺는다는 의미입니다. 예수님은 씨 뿌리는 비유를 통해 길가, 돌밭, 가시떨기를 갈아서 옥토를 만들어 좋은 결실을 맺으라고 권고해 주셨습니다. 그것은 알곡 신자가 되어야 천국에 갈 수 있다는 뜻입니다. 말씀으로 마음 밭을 갈며 기도로 기름지게 하고 성령의 영으로 옥토를 만들어야 합니다.

셋째, 믿음생활의 장애물이 제거된 결과는 어떠합니까?

믿음의 승리자는 축복을 받습니다.

① 의의 평강한 열매를 맺습니다(히 12:11).

의의 평강한 열매는 성도의 심령에 이루어지는 천국의 모형인데 의와 평강과 희락입니다(롬 14:17). 또한 성령의 열매를 맺습니다(갈 5:22~23).

② 하나님이 위에서 부르신 부름의 상을 받게 됩니다(빌 3:12~14).

선한 싸움을 다 싸우고 달려갈 길을 마치고 믿음을 지켰으니 의로우신 재판장이 언약하신 의의 면류관(딤후 4:7~8), 생명의 면류관(계 2:10), 영광의 면류관(벧전 5:4)을 약속대로 주실 것입니다(고후 5:10). 그날에 주 앞에 흠 없이 서게 되는 것입니다.

③ 믿음의 위인들이 받은 축복을 받게 됩니다(히 11:1~).

하나님은 믿음의 사람들을 위험에서 건져 주셨으며 믿음의 사람들과 함께해 주셨고(창 39:1~2), 황무지에서(신 32:9~10), 광야에서 호위하시고 보호, 인도해 주시며 책임져 주셨습니다.

이렇게 하나님이 함께하는 사람들은 범사에 형통했으며 주의 능하신 손길에 붙들려 물과 불 가운데서도 승리했습니다. 이것이 믿음생활의 장애물을 제거하고 승리한 자들이 받는 축복입니다.

사랑하는 독자 여러분!

잘 믿어 보려고 애를 쓰는 것이 중요합니다. 그러나 더욱 중요한 것은 내 안에 있는 믿음의 장애물을 제거하는 것입니다. 그래야 복음의 승리자가 될 수 있다는 귀한 진리를 오늘 주신 말씀을 통해 깨달았으면 이제 말씀대로 순종하고 실천하여 하나님의 축복을 받는 그리스도인이 되어야겠습니다.

염 원 식 목사

✚ 주소 : 부산광역시 수영구 남천2동 5-19번지
✚ TEL : 051)625-1981~3
✚ E-mail : yws@nambusan.or.kr
✚ http://www.nambusan.or.kr

학력 및 신력

- 총신대학교 신학대학원
- 총회 목회 대학원
- 연세대학교 연합신학대학원
- 미국 남캘리포니아 신학대학원
- 부산기독교협의회 대표회장
- 부산광역시 교경협의회장
- 부산지방경찰청 경목실장

- 부산 기독교 방송본부 시청자 위원장
- 부산신학교 교수
- 불가리아 개혁신학교 이사장
- 총회신학대학원 운영이사
- 총회신학원 15인 실행이사
- 총회 정책위원
- 전국 영남교직자회 대표회장
- 남부산교회 담임목사(25년)

마라에서 엘림으로

모세가 홍해에서 이스라엘을 인도하매 그들이 나와서 수르 광야로 들어가서 거기서 사흘길을 행하였으나 물을 얻지 못하고 마라에 이르렀더니 그곳 물이 써서 마시지 못하겠으므로 그 이름을 마라라 하였더라 백성이 모세를 대하여 원망하여 가로되 우리가 무엇을 마실까 하매 모세가 여호와께 부르짖었더니 여호와께서 그에게 한 나무를 지시하시니 그가 물에 던지매 물이 달아졌더라 거기서 여호와께서 그들을 위하여 법도와 율례를 정하시고 그들을 시험하실째 가라사대 너희가 너희 하나님 나 여호와의 말을 청종하고 나의 보기에 의를 행하며 내 계명에 귀를 기울이며 내 모든 규례를 지키면 내가 애굽 사람에게 내린 모든 질병의 하나도 너희에게 내리지 아니하리니 나는 너희를 치료하는 여호와임이니라 그들이 엘림에 이르니 거기 물샘 열 둘과 종려 칠십주가 있는지라 거기서 그들이 그 물 곁에 장막을 치니라

성경을 펼치면 거기에는 선택된 한 민족인 이스라엘 민족의 역사가 기록되어 있습니다. 그래서 자유주의 신학자들은 성경은 이스라엘이라고 하는 한 나라의 기록일 뿐이지 그 기록이 오늘날 이 시대를 사는 우리와는 아무런 상관이 없다고 말합니다. 그 말도 대단히 일리가 있는 말인 것 같습니다. "문화와 상황이 다른, 그 시대에 수 천 년의 시간을 넘은 그 시대의 이야기가 오늘을 사는 우리에게 과연 무엇이 유익하단 말인가?"라고 생각 할 수 있습니다.

그러나 성경은 분명히 밝혀 놓기를 이스라엘 한 민족의 역사를 성경에 기록하고 있는 그 이유는 말세를 사는 우리에게 경계로 기록하였다고 가르치고 있습니다

오늘 본문에서 이스라엘 백성은 출애굽한 후에 하나님의 기적으로 바

로의 손에서 놓임을 받고 애굽에서 빠져나온 후에 홍해라고 하는 난공 불락의 장애물 앞에 부딪치게 됩니다.

그러나 그들은 하나님께서 그 창일한 홍해 바닷물을 두동강을 내시고, 양편 물담벼락을 만들어 세우심으로 홍해를 마른 육지와 같이 걸어서 건넜다고 성경은 기록합니다.

사랑하는 독자 여러분!

우리가 성경을 읽을 때에 우리는 읽는다는 표현을 쓰지만 성경을 눈으로 읽는 것으로 성경을 올바르게 이해할 수 없습니다. 성경을 읽을 때에 가장 기본적인 자세는 성경속의 사건과 성경속의 사람과 성경속의 정황 속에 나 자신의 삶과 나 전부를 그 속에 던져놓고 성경을 대하는 것 그것이 성경을 바로 이해하는 것입니다.

홍해를 건너는 이스라엘 백성중에 "나 자신"을 그 속에 끼워놓고 생각해보면 홍해를 건넌 감격이 나 자신에게 와 닿습니다. 이스라엘 백성들은 그 홍해를 마른 땅 같이 건넜습니다. 그래서 출15장은 그들이 홍해를 건너와 이편에서 홍해를 건넌 감격을 모세의 노래로 기록되어 있습니다.

15:2절에 "여호와는 나의 힘이요 노래시며 나의 구원이시로다 그는 나의 하나님이시니 내가 그를 찬송할 것이요 내 아비의 하나님이시니 내가 그를 높이리로다"고 말씀하고 있습니다.

이는 하나님의 능력으로 그 홍해를 건너본 자만이 노래할 수 있는 찬양 입니다. "하나님은 과연 나의 힘이셨다. 하나님은 과연 나의 구원자이셨다. 하나님은 나의 반석이시다. 하나님을 내가 노래한다. 나의 하나님을 내가 찬양한다"라는 힘있고 위대한 체험의 찬양이었습니다.

그런데 홍해를 건넌 이 감격과 찬양이 이스라엘 백성들 속에 원망과 불평으로 바꿔진 모습을 볼 수 있습니다.

오늘 본문 22절은 이렇게 시작합니다. "모세가 홍해에서 이스라엘을 인도하매 그들이 나와서 수르광야로 들어가서" 홍해의 그 감격을 경험한 이스라엘 백성들은 이제 광야의 시대로 돌입하게 됩니다.

사랑하는 독자 여러분!

광야는 어떤 곳입니까? 광야에서 이스라엘 백성들이 자기 스스로 농사하여 하나님께 제사를 드렸다는 기록이 없습니다. 다시말해서 광야는 이스라엘 백성들 그 스스로의 힘으로 아무것도 할 수 없는 곳입니다. 광야는 이스라엘 백성들에게 있어서 영원한 장소가 아니라 지나가는 장소였습니다. 그러므로, 광야는 나그네의 장소입니다.

애굽이라는 곳에서 하나님이 이스라엘 백성들을 불러내어 홍해를 건너게 하시고 가나안이라는 특별한 목적지를 향해서 인도하여 가시는데 그 사이에 있는 이 광야는 밟고 지나가는 하나의 과정입니다.

한정된 시간 속에서 영원이라는 곳에 통과하는 하나의 장소이지 이 광야가 이스라엘 민족에게 안식처나 거주할 곳이 아니었습니다.

바울은 홍해를 건넌 사건을 고린도서에서 기록하기를 신약시대에 우리가 세례받는 것과 동일한 것으로 기록하고 있습니다.

고전 10:1~2에 보시면 "형제들아 너희가 알지 못하기를 내가 원치 아니하노니 우리 조상들이 다 구름 아래 있고 바다 가운데로 지나며 모세에게 속하여 다 구름과 바다에서 세례를 받고"

그렇게 기록하고 있습니다.

다시말하면 홍해라고 하는 사건은 한 개인의 인생에 애굽이라는 바로의 권세에서 놓임을 받으면서 세례를 받고 이제는 '바로' 의 권세와 상관이 없고 예수 그리스도와 젓붙임바 되었다는 하나의 상징적인 표현이 홍해의 사건입니다.

우리는 먹고, 입고, 자는 인간의 기본적인 의.식.주 문제에 관하여 충족하기 위해 광야에서 미친 듯이 헤메며 삽니다.

그래서 우리는 이것을 찾아 헤메지만 그게 쓴물일 경우가 얼마나 많습니까?

수단과 방법을 가리지 않고 돈을 모아 보았지만 돈이 우리에게 영원한 행복을 주지 못합니다. 세상 권세를 잡아 보겠다고 젊음을 바쳐 권세를 잡아 보았더니 그 권력이라고 하는 것이 영원한 것이 아니라는 쓴물을 마시게 됩니다.

세상은, 광야는 우리 삶의 현장입니다. 우리는 오늘 광야를 살아가고 있습니다.

"마라"라는 광야를 살아가는 우리가 만나는 어려움과 시련과 삶의 고

비들입니다. 성도가 잊지말아야 할 것은 광야는 우리가 안주하는 곳이 아니라는 사실입니다.

성도가 사는 이 세상은 광야인데 이것은 우리가 영원이라고 하는 시점을 향하여 통과하는 하나의 과정이지 이것이 우리를 평화롭게 하거나 영원토록 살 수 있는 그런 현장이 아니라는 것을 기억해야 합니다. 그래서 주님은 말씀하셨습니다.

요 3:37에 "누구든지 목마르거든 내게로 와서 마시라"

광야에서 마실물을 구하지 말라. 주님의 가르침이 그렇습니다.

사랑하는 독자 여러분!

우리의 영원한 갈증을 해결할 수 있는 물은 예수 그리스도 밖에 없습니다. 세상은 우리에게 쓴물을 먹이고 세상은 우리에게 신기루 같이 무엇을 내어 놓았지만 가서 잡아보면 마시지 못하여 버릴 수 밖에 없는 쓴물입니다.

오늘 우리가 가진 것 모두 중요합니다. 우리에게 필요합니다. 그러나 그것이 우리에게 영원한 만족을 줄 수 없습니다. 이런 상황에 부딪친 이스라엘 민족의 행동을 통하여 우리가 삼을 교훈이 무엇입니까?

첫째, 하나님의 은혜를 망각 했기 때문이었습니다.

본문 24절에 "백성이 모세를 대하여 원망하여 가로되 우리가 무엇을 마실까 하매"라고 말씀하고 있습니다.

사랑하는 독자 여러분!

홍해를 건넜던 이들의 감격이 사흘만에 원망으로 바뀝니다. 우리의 모습이 꼭 이와 같습니다. 백성이 모세를 대하여 원망하는 것은 하나님에 대하여 원망하는 것입니다. 왜 이들이 원망했으며, 왜 이들은 원망하는 자리에 이르렀을까요?

사람들의 원망하는 입이 얼마나 빠른지 모릅니다.

시 106:11~13의 말씀을 보시면 "저희 대적은 물이 덮으매 하나도 남지 아니하였도다 이에 저희가 그 말씀을 믿고 그 찬송을 불렀도다 저희가 미구(未久) 행사를 잊어버리며 그 가르침을 기다리지 아니하고"

왜 이들이 원망했느냐 하면 하나님이 그들에게 베푸신 구원의 은혜를 구속의 은총을 이들이 망각했기 때문에 이들의 입술이 하나님을 원망하는 자리에 이르고 맙니다.

사랑하는 독자 여러분!

하나님을 바라보는 우리의 시선이 하나님에게서 떨어져 버리면 우리는 하나님에 대해서 잊어버리게 돼 있습니다. 하나님을 바라보고 있는 동안에는 하나님이 우리를 애굽에서 구원해 내셨고 우리로 하여금 홍해를 육지같이 건너게 하셨고 인도하신 하나님이라고 기억하지만 우리의 시선이 하나님에게서 떨어져서 세상을 향해서 보게 되면 하나님의 은혜를 잊어버리게 됩니다. 하나님의 은혜를 잊어버린 그들의 입술은 하나님에 대하여 원망하고 불평하고 투덜거릴 수 밖에 없습니다.

사랑하는 독자 여러분!

광야를 살면서 우리가 마라의 쓴물을 만나며 삽니다. 그러나 하나님의 은혜를 기억하시기 바랍니다. 어떻게 우리같은 것이 하나님의 자녀가 될 수 있었습니까? 어떻게 우리 같은 것이 거룩하신 하나님을 아버지라 부를 수 있고 어떻게 우리 같은 것이 천국을 영원한 기업으로 소유할 수 있게 되었습니까? 어떻게 내가 이 자리에서 하나님을 찬양할 수 있습니까?

하나님의 은혜입니다. 하나님의 은혜를 기억하면 불평과 원망을 할 수 없습니다.

둘째, 현실만 바라 보았기 때문입니다.

당면한 현실, 당면한 환경, 이것은 대단히 중요합니다.

사랑하는 독자 여러분!

지금 당한 이 순간이 얼마나 중요합니까?

참으로 우리가 살아가는데 있어서 현실이라고 하는 것을 무시할 수 없습니다. 그러나, 기억하셔야 될 것은 그것이 전부가 아니라는 사실을 기억해야 합니다. 우리 인생을 70이라고 본다면 내가 한 순간 당하는 그것이 전부는 아니지 않습니까? 그것은 그 순간 중요하지만 그것이 내 인생에 전부가 아니라는 사실을 우리는 기억해야 합니다.

현실만 바라 볼 때에 우리는 원망과 불평을 하기 쉽습니다.

그들은 당장에 물이 없어서 원망했습니다. 그러나, 히11:10에 나타나는 믿음의 조상들은 하나님의 터를 바라보고 살았기에 칼로 목베임을 당하고 톱으로 몸을 켜는 고통을 당해도 하나님을 원망하지 않았습니다.

사랑하는 독자도 여러분!

세상이 전부가 아니라는 사실을 믿으시기 바랍니다. 우리는 오늘이 전부가 아니요 내일이 있다는 것을 믿음으로 바라보아야 합니다. 우리는 오늘이 아닌 천국인 내일을 바라보고 사는 사람들입니다. 현실만 보면 원망과 불평을 할 수 밖에 없습니다.

롬 8:28에 "우리가 알거니와 하나님을 사랑하는 자 곧 그 뜻대로 부르심을 입은 자들에게는 모든 것이 합력하여 선을 이루느니라"

이렇게 좀 살수 없을까요?

현실에 내가 어떤 어려움에 처할지라도 하나님이 합력하여 선을 이루신다는 믿음의 세계를 바라보면서 살아가야 할 것입니다.

우리가 잘 부르는 복음송 가운데 이런 찬양이 있습니다.

"사람을 보며 세상을 볼땐 만족함이 없었네 그러나 나의 하나님 그분을 뵐땐 나는 만족하겠네" 우리 하나님을 바라보시기 바랍니다.

셋째, 조급했기 때문이었습니다.

광야라고 하는 곳은 하나님이 인도하신 하나님의 훈련의 장소입니다. 광야라고 하는 곳은 하나님이 이곳으로 인도하여 무엇인가를 가르칠 것이 있어서 불러오신 학교입니다.

교육의 장입니다. 그런데 그들은 원망부터 시작합니다. 조급했기 때문 입니다.

여러분 이들이 목말라 죽었습니까? 그렇지 않았습니다.

단지 먹고 싶은데 물이 없었다는 그 사실 때문에 그 조급함으로 하나님을 원망했습니다. 말세의 징조입니다.

딤후3:4 "말세의 고통하는 때가 오면 사람들이 조급해진다"고 그랬습니다.

자기의 감정을 절제하지 못하고 자기의 분노를 절제하지 못하고...

이것이 말세의 조급해진 징조입니다. 요즘 참 많이 조급해졌습니다.

예배도 들어오면서부터 시계 쳐다보는 사람이 있고, 자리에 앉으면 "오늘 되게 기네..." 찬송을 부르면 아이쿠 5절이네라는 사람이 있습니다.

사랑하는 독자 여러분!

우리는 너무 급한 삶을 삽니다. 성경은 이렇게 권합니다.

잠 17:2에 "발이 급한 사람은 그릇 행한다"

잠 14:2에 "조급한 자는 어리석은 자다"

너무 조급하게 하는 것은 원망의 자리에 이르게 합니다.

우리가 광야에 어떠한 처지에 놓인다 할지라도 환경을 초월하는 하나님을 바라볼 수 있어야 합니다. 그러면 이스라엘 백성이 이렇게 원망했는데 그 원망이 물을 만들어 주었습니까?

그 원망이 이들의 요구를 충족시켜 주었습니까?

원망은 아무런 문제를 해결하지 못했습니다.

그러나 오늘 본문 25절을 보면 이스라엘 민족의 두 번째 반응이 나오는데 "모세가 여호와께 부르짖었더니" 모세는 기도했습니다. 그랬더니 "여호와께서 한 나무를 지시하시니 그가 물에 던지매 물이 달아졌더라"

모세는 기도하는 사람이었습니다.

얼마나 모범적인 행동입니까? 다수가 물이 없어 조급해 하는 상황속에 모세는 하나님을 향하여 기도하였습니다. "마라"는 기도하는 곳입니다.

우리 인생의 쓴물을 만날 때 그것은 하나님이 기도하라고 우리를 부르시는 기도의 학교임을 발견해야 합니다.

기도할 때에 어떤 일이 일어났습니까?

기도했더니 쓴물이 단물로 바뀐 것이 아니고, 기도했더니 여호와께서 그에게 한 나무를 지시했습니다. 그 나무는 쓴물 곁에 있는 나무였습니다. 그 나무는 이스라엘 백성이 원망할 때도 거기에 있었고 모세가 기도

할때도 그 나무는 거기 있었습니다. 그 나무는 이전부터 마라의 쓴물 곁에 있었습니다. 이 나무는 바로 예수 그리스도를 상징합니다.

벧전 2:24에 "친히 나무에 달려 그 몸으로 우리 죄를 담당하셨으니 이는 우리로 죄에 대하여 죽고 의에 대하여 살게 하려 하심이라 저가 채찍에 맞음으로 너희는 나음을 얻었다니"

기도하면 하나님을 향하여 놓쳐버린 우리의 시선이 예수 그리스도를 보게 합니다. 어떤 역경, 어떤 쓴물이 에워싸고 있을지라도 기도하면 예수 그리스도를 발견하게 됩니다. 예수님은 능력입니다. 예수님은 힘입니다. 예수는 쓴물을 단물로 바꿀수 있는 위대한 능력자입니다. 기도는 능력의 주님을 보게 합니다. 광야에서 예수님을 만나지 못하면 살 수가 없습니다. 우리의 눈이, 영혼이, 심령이 항상 주를 바라보고 주를 바라보아야 하며 만나야 합니다.

쓴물이 단물로 변했습니다. 예수님이 가는 곳에 예수님이 움직이는 곳에 예수가 손을 내미는 곳에 예수님이 말씀하시는 곳에 문제는 해결이 됩니다.

성경은 쓴물이 단물로 바뀌어졌다고 하는데서 끝나지 않습니다. 오늘 본문 27절에 보면 "그들이 엘림에 이르니 거기 물샘 열 둘과 종려 칠십 주가 있는지라 거기서 그들이 그 물 곁에 장막을 치니라"

이들이 무엇 때문에 원망을 하고 난리를 부렸습니까? 물 때문에 그렇습니다.

그런데 하나님이 이들을 인도하여 엘림에 이르니 거기 무엇이 있었다고 말합니까?

물샘 12이 준비되어 있었습니다. 피곤을 달래주려 종려 70주가 있었고 그들이 그곳에 장막을 치고 쉬었습니다.

결론적으로 이는, 하나님은 우리를 위하여 엘림을 준비하고 계시는 여호와 이레의 하나님이심을 가르키고 있습니다. 우리는 이 광야를 지날 때에 마라의 쓴물 만을 보고 살 수 없고, 우리는 이 광야를 지날 때에 목이 마른 현실만을 가지고 살 수 없습니다. 우리는 이 광야를 지나는 동안에 예수 그리스도의 손을 붙잡고 쓴물을 단물로 바꾸어 살 뿐 아니라, 하나님이 나를 위하여 예비해 놓은 영원한 엘림을 기대하며 사는 것이 믿음있는 사람의 삶의 자세입니다.

말씀을 맺겠습니다.

이스라엘 백성들의 삶의 고비와 어려움 가운데 두 가지 반응을 보였습니다. 원망과 기도입니다. 우리의 삶은 어떠해야 합니까? 나는 무슨 반응을 보이고 있습니까?

사랑하는 독자 여러분!

여러분을 위하여 엘림을 준비해 놓은 하나님을 믿습니까? 믿으시기 바랍니다.

마라에서 엘림으로!

기도를 통하여 예수 그리스도를 다시 찾으시고 그 분을 통하여 삶의 역경 쓴물을 단물로 바꾸시는 귀하신 여러분의 삶이 되시기 바랍니다.

피 종 진 목사

학력 및 신력

- ●총신대학교 신학대학원 및 목회대학원
- ●연세대학교 연합신학대학원
- ●미국 Philadelphia Faith 대학원
  (목회학박사)

- ●재미재단법인 세계복음화협의회 대표총재
- ●연세총동문부흥사협의회 총재

- ●아세아연합신학대학교 목연원 교수
- ●국민일보 운영이사
- ●평통자문회의 상임위원
- ●서울지방경찰청 경목
- ●조국통일기도동지협의회 대표총재
- ●한국기독교성령100주년대회 총재
- ●대한예수교장로회 남서울중앙교회 담임

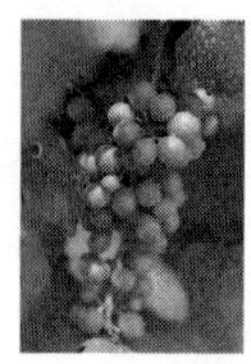

하나님의 은총을 간구하는 지도자의 기도

우리에게 우리 날 계수함을 가르치사 지혜의 마음을 얻게 하소서 여호와여 돌아오소
서 언제까지니이까 주의 종들을 긍휼히 여기소서 아침에 주의 인자로 우리를 만족케
하사 우리 평생에 즐겁고 기쁘게 하소서 우리를 곤고케 하신 날수대로와 우리의 화를
당한 년수대로 기쁘게 하소서 주의 행사를 주의 종들에게 나타내시며 주의 영광을 저
희 자손에게 나타내소서 주 우리 하나님의 은총을 우리에게 임하게 하사 우리 손의 행
사를 우리에게 견고케 하소서 우리 손의 행사를 견고케 하소서

유태전경(猶太傳經)에 「목양자(牧羊者: a Sheep farmer)가 계획했
던 일이 뜻대로 되지 않는다 해서 그 양떼에게 역정을 낸다면 눈먼 숫양
(ale sheep)을 안내자로 세우는 지도 모른다」라고 기록되어 있습니다.

그러므로 모름지기 지도자란 역경에 처했을 때, 혹은 위기에 봉착했
을 때 보다 위대하신 전능하신 지도자 하나님께 기도하는 것이 최선책
이요, 해결의 길임을 명심해야 할 것입니다. 뿐만 아니라 지도자는 먼저
자신이 할 일을 살피어 옳고 그름을 잘 알아서 그 다음에 마땅히 남을
가르쳐야 할 것입니다. 자신의 할 일도 제대로 파악하지 못한 상태에서
지도자로 군림(君臨:reign over)하는 것은 주위의 모든 사람에게 괴로
움만 더하게 할 뿐입니다.

시편 90편은 시편 중 유일한 「모세의 시」로서, 당시 하나님의 기적의
역사로 출애굽한 이스라엘 백성의 불신앙적 행동으로 인하여, 믿음의
용사였던 여호수아와 갈렙을 제외한 출애굽 제1세대는 모두가 가나안

땅에 들어가지 못하고 광야에서 진멸되리라는 하나님의 진노가 선고된 가데스바네아의 사건을 배경으로 삼고 있는, 당시 민족의 지도자로서 하나님과 이스라엘 백성과의 중보자(中保者:mediator) 역할을 했던 모세의 민족애가(民族哀歌:an elegy of a nation)적인 간구의 기도입니다.

출생부터 험난했던 이스라엘 민족의 지도자 모세의 인생여정은 파란 많은 생애였습니다. 그러나 이러한 역경을 통해 체험적으로 깨달은 인생의 무상함과 연약성과 유한성에 비해 그는 전능하신 하나님, 영원불변하신 하나님, 긍휼과 은총이 풍부하신 하나님을 체험했고, 지금 그 하나님께 민족의 불신앙의 죄를 대신하여 자기 백성의 구원을 호소하는 기도를 하고 있는 것입니다.

우리의 현실을 모두가 어렵다고 합니다. 설상가상(雪上加霜:to make us more miserable)으로 세계 도처에서 일어나는 온갖 재난으로 우리의 경제를 더욱 위축시키고 있어 그야말로 소망의 인내가 절실히 필요한 때가 된 것 같습니다.

이러한 때 「지도자 모세의 기도」를 상고하면서 모든 크리스챤, 더 나아가서는 신불신(信不信)간의 모든 국민들이 이 말씀에 귀를 기울여 지도자적인 기도의 사람이 되어서 함께 기도하시기를 소원합니다.

첫째, 지혜의 마음을 구하였습니다(12절)

이스라엘 백성이 당하고 있는 시련과 하나님의 진노의 선고는 그들의 불신앙에서 온 결과입니다. 하나님의 말씀을 거역했고, 하나님을 원망했으며, 하나님의 능력을 경멸했습니다. 그리고 자기들의 생각대로 그 고집대로 살았습니다. 이는 하나님의 무한하신 능력과 그 사랑과 은총에 대한 인간의 무지의 소치(所致:result)입니다.

그의 표현에 의하면, "티끌과 같은 슬픈 인생(3절), 밤의 한 경점 같은 무상한 인생(4절), 아침이슬을 머금고 싱그럽고 아름답게 돋았다가도 저녁이면 시드는 풀과 같은 허무한 인생(5,6절), 죄로 인하여 하나님의 진노를 두려워하며 살아야 하는 비참한 인생(7~9절), 80년을 장수

해도 수고와 슬픔뿐인 가련한 인생(10절)"

같은 우리는 덧없고 보잘것없는 무지한 인생임에도 불구하고, 이를 깨닫지 못하여 방자하기 그지없기 때문에, 지도자 모세는 전지전능하신 하나님께 「우리의 날 계수함」을 가르쳐 달라고 기도했습니다. 여기 「우리의 날 계수함」이란 인생의 불확실성을 안다는 뜻이며, 죽음의 때를 항상 의식하고 산다는 뜻입니다.

그러므로 자기의 날을 계수할 줄 아는 지혜가 있는 사람은 겸손합니다. 선을 베풀며 삽니다. 이웃과 더불어 화목케 하는 직책을 잘 감당합니다. 맡은 직분에 혹은 맡겨진 사명에 충실합니다. 절대자 하나님만을 의지하고 삽니다. 그분께 영광 돌리며 삽니다. 더 나아가서는 자신의 죽음을 예비하는 성실한 삶을 삽니다.

하나님께서 주신 지혜는 사물을 정확히 이해하며 분별력을 갖게 합니다. 그러므로 우리는 하나님의 지혜를 얻어야 합니다. 하나님의 말씀을 통해서 그 지혜를 배워야만 합니다. 그리고 간구해야 합니다.

주께서 나의 날을 손 넓이만큼 되게 하시매 나의 일생이 주의 앞에는 없는 것 같사오니 사람마다 그 든든히 선 때도 진실로 허사뿐이니이다 (셀라) 진실로 각 사람은 그림자같이 다니고 헛된 일에 분요하며 재물을 쌓으나 누가 취할는지 알지 못하나이다 주여 내가 무엇을 바라리요 나의 소망은 주께 있나이다.

(시 39:5~7)

둘째, 주의 인자하심과 긍휼을 구했습니다(13,14절)

연약한 인생은 하나님의 인자하심과 긍휼하심 없이는 그 허무함과 비참함에서 벗어날 수가 없습니다.

지도자 모세는 완악하고 교만하여 하나님을 불순종하는 이스라엘 백성을 향하신 하나님의 진노를 푸시고, 그 진노로 인하여 두려움과 절망 속에 있는 백성들을 위로하사 새 힘을 주시도록 하나님께 간구합니다. 그리고 그 고통이 빨리 지나가고 아침에 떠오르는 밝은 태양 빛 같은 소망과 은총 속에 평생을 즐거워하며 살도록 간구하고 있습니다.

우리도 지금 이렇게 기도해 보시지 않으시겠습니까?

자비로우신 하나님, 은혜로우신 하나님, 노하기를 더디 하시며 인자가 풍성하신 하나님, 이 민족이 현재 당하고 있는 이 환난의 원인이 무엇인지를 깨닫는 지혜를 주시고, 거기서 돌아서서 하나님의 참뜻을 발견하게 하옵소서. 그리하여 철저한 회개를 통한 사유하심의 은총을 입게 하시며, 회복의 축복으로 평안과 기쁨이 넘쳐 하나님께 영광 돌리는 민족이 되게 하옵소서

셋째, 하나님의 영광을 구했습니다(16,17절)

하나님의 영광은 만왕의 왕으로서의 영광이며, 출애굽에서 가나안 정복까지 역사하신 그 위대하신 능력과 선하심과 성실하심, 그리고 자비하심과 은혜로우심에 대한 마땅히 받으셔야 할 영광입니다. 그런데 이스라엘 백성들은 영광 받으실 그 하나님의 영광스러운 역사는 기억도 않고, 원망과 불평과 분노와 불순종으로 점철(點綴:scattered)된 채로 살아가다가, 결국은 하나님의 진노의 대상이 되었던 것입니다. 그래서 이처럼 우매(愚昧:stupidity and ignorance)한 민족을 위하여 지도자 모세는 하나님의 영광을 간절히 구했습니다.

대부분의 지도자라고 칭하는 사람들의 모습을 보면서 우리 일반 서민들이 서글퍼지고 분노가 일어나는 것은, 잘못된 결과에 대해서는 남의 탓으로 돌리고, 조금이라도 잘된 결과가 나타나면 자기의 업적으로 기리려고 안간힘을 쓰는 모습입니다.

그런데 지도자 모세는 비록 백성들의 범죄로 "주의 행사"(16절)를 이룰 수 없는 최악의 상황임에도 불구하고 하나님께 간구했습니다. 이스라엘 백성으로 하여금 약속의 땅인 가나안에 들어갈 수 있게 해달라고 간구했습니다. 이는 곧 하나님의 영광이 드러날 일이기 때문입니다. 그의 간구는 매우 간절했습니다. "견고케 하소서 … 견고케 하소서"(17절)

이스라엘 백성이 가나안에 이르게 되는 것은 어느 누구의 힘으로도 이루어질 수 없는 것입니다. 그러므로 오직 영광 받으실, 하나님만이 이루시고, 그 모든 결과를 하나님께 영광 돌려야만 된다는 것을 확신하는

참된 지도자 모세는 그 영광을 위하여 기도했습니다. 이는 우리 모두의 간구이어야만 할 것입니다.

내가 영광 받으려고 그 무엇에도 집착하지 마시기 바랍니다. 예수님 당시 아그립바왕이라고도 불리우던 헤롯은 자신을 신격화하는 유대 백성들의 치하(致賀:pliments)에 마땅히 그 영광을 몽땅 하나님께 돌려야 했음에도 불구하고, 오히려 자신이 받아들이고 교만하게 마치 신인 것처럼 행동하다가 결국은 충(蟲:worm)이 먹어 비참하게 죽었음을 봅니다(행 12:23).

지금 우리는 기도할 때입니다. 기도하는 자만이 참된 지도자입니다. 기도하는 한 사람은 기도하지 않는 한 민족보다 위대하고, 기도하는 지도자는 반드시 하나님의 도우심을 입게 됩니다.

- 지혜의 마음을 구하십시다.
- 주의 인자하심과 그 긍휼을 기다리며 간구하십시다.
- 그리고 모든 영광을 하나님께 돌리도록 기도하십시다.

그리하면 불순종의 출애굽 제1세대들을 광야에서 진멸하고서라도 모세의 기도를 들으시고 가나안으로 이스라엘을 인도하신 하나님께서 우리에게도 회복의 축복을 내려 주실 것입니다.

"내가 환난에서 여호와께 아뢰며, 나의 하나님께 부르짖었더니, 저가 그 전에서 내 소리를 들으심이여, 그 앞에서 나의 부르짖음이 그 귀에 들렸도다"(시 18:6)

장 인 덕 목사

한국기독교 장로회 **대 청 교 회**

✝ 주소 : 서울 강남구 일원1동 677-6
✝ 전화 : 02)2226-5149
✝ E-mail : induck1965@hanmail.net
✝ http://www.dchurch.or.kr

학력 및 신력

- 한신대학교 신학과 졸업
- 한신대학교 신학대학원 졸업(M.Div)
- 연세대학교연합신학대학원 재학(Th.M)
- 연세대학교연합신학대학원 목회지도자과정 졸업

- 영신교회 부목사
- 공능교회 부목사
- 대한광업진흥공사 신우회 지도목사
- 수서경찰서 경목
- 대청교회 당회장

이삭 같은 성도를 찾습니다.

이삭이 그 땅에서 농사하여 그 해에 백배나 얻었고 여호와께서 복을 주시므로 그 사람이 창대하고 왕성하여 마침내 거부가 되어 양과 소가 떼를 이루고 노복이 심히 많으므로 블레셋 사람이 그를 시기하여 그 아비 아브라함 때에 그 아비의 종들이 판 모든 우물을 막고 흙으로 메웠더라 아비멜렉이 이삭에게 이르되 네가 우리보다 크게 강성한즉 우리를 떠나가라 이삭이 그곳을 떠나 그랄 골짜기에 장막을 치고 거기 우거하며 그 아비 아브라함 때에 팠던 우물들을 다시 팠으니 이는 아브라함 죽은 후에 블레셋 사람이 그 우물들을 메웠음이라 이삭이 그 우물들의 이름을 그 아비의 부르던 이름으로 불렀더라 이삭의 종들이 골짜기에 파서 샘 근원을 얻었더니 그랄 목자들이 이삭의 목자와 다투어 가로되 이 물은 우리의 것이라 하매 이삭이 그 다툼을 인하여 그 우물 이름을 에섹이라 하였으며 또 다른 우물을 팠더니 그들이 또 다투는고로 그 이름을 싯나라 하였으며 이삭이 거기서 옮겨 다른 우물을 팠더니 그들이 다투지 아니하였으므로 그 이름을 르호봇이라 하여 가로되 이제는 여호와께서 우리의 장소를 넓게 하셨으니 이 땅에서 우리가 번성하리로다 하였더라

　　창세기에 보면 한 시대를 매우 평범하게 살다가 갔지만 우리로 하여금 그 신앙과 삶을 흠모하게 하는 분들이 나옵니다. 우리가 생각해 보려고 하는 "이삭" 이라는 사람 역시 그 가운데 한 분입니다.

　　그의 평범성은 그에 관한 기록이 상대적으로 적다는데서도 드러납니다. 이스라엘 민족의 조상인 4명의 족장(아브라함, 이삭, 야곱, 요셉) 가운데 가장 오래 산 사람은 이삭입니다. 아버지 아브라함이 175세로 죽었고, 아들 야곱이 147세, 손자 요셉이 110세로 죽었는데 그는 180세까지 살았습니다. 그러나 가장 오래 살았음에도 불구하고 생애 기록은 네 사람 가운데 가장 짧습니다. 성경은 아브라함에 대해서 14장을 할애하고, 야곱과 요셉에 대해서도 각각 12장을 할애하였는데 비해 이삭에 대해서는 놀랍게도 단 한 장만 할애하고 있습니다. 물론 이삭에 관한 기록은 25장 중반부터 28장에 걸쳐 조금씩 나타나고 있습니다. 하지만 장 전체를 다해서 집중적으로 기록하고 있는 곳은 오늘 본문이 기록되어 있는 26장 한 장 밖에 없습니다.

제일 오래 살았으면서도 기록은 제일 짧은 이유가 무엇이겠습니까? 그가 평범하게 살았기 때문입니다. 사실 그에게는 눈부신 활동이 없었습니다. 무슨 극적인 사건이 있었던 것도 아닙니다. 아버지 아브라함과 같이 독자를 제물로 드리는 위대한 믿음의 행위를 보여 준 것도 아니고, 또 그 아들 야곱이 한 것처럼 하나님과 씨름을 하여 축복을 받은 경험을 가지고 있는 것도 아닙니다.

그저 평범한 가장의 한 사람으로서 이 어려움 많은 세상을 살면서도 꿋꿋하게 신앙생활을 한 분이 "이삭"이라는 사람입니다. 그러다 보니 별로 기록할 것이 없었던 것입니다.

그러나 진리는 언제나 평범함 가운데서 찾을 수 있습니다. 우리는 결코 놓칠 수 없는, 너무도 귀하고 아름다운 신앙의 모습을 그에게서 찾아 보려고 합니다.

첫째, 그는 "순종의 사람" 이었습니다.

창세기 22장을 보면, 우리가 잘 아는 너무도 유명한 사건이 하나 나옵니다. 소위 "모리아산의 번제" 사건입니다.

하루는 하나님이 아브라함을 부르셨습니다. 그리고 말씀하시기를 "아브라함아, 네 아들 네 사랑하는 독자 이삭을 내게 바쳐라"라고 하셨습니다. 이삭이 어떻게 해서 얻은 아들입니까? 무려 25년을 기도해서 얻은 아들입니다. 아브라함으로서는 정말 하늘이 무너지는 것 같은 충격을 받았을 법 한데 아브라함은 전혀 이의를 제기하지 않습니다. 뿐만 아니라 '이른 새벽에' 일어나서 아들 이삭과 종 두 명을 데리고 하나님께서 지시하신 모리아 산으로 향합니다. 즉각적으로 순종한 것입니다.

부인 사라와 의논을 하지도 않았습니다. 의논을 했다면 부인의 반대로 자기 아들을 번제물로 바치는 일을 행할 수 없었을지도 모릅니다.

그러나 아들을 잡으러 가는 아버지의 마음이 편할 리 있겠습니까? 그래서 사흘 길을 가면서도 부자지간에 대화가 없습니다. 아브라함이 입을 굳게 다물고 열지 않으니 아들 이삭도 그 무거운 분위기에 짓눌려 말을 할 수가 없었던 것입니다.

그렇게 사흘 길을 가서 마침내 모리아 산이 보이는 곳에 이르게 되었습니다. 아브라함은 나귀와 두 종을 그 곳에 머무르게 하였습니다. 그리고 자신은 한 손에 불, 또 한 손에는 칼을 들고, 아들에게는 무거운 장작더미를 지게 했습니다. 그리고 모리아 산을 오르기 시작합니다. 우리는 여기서도 아들을 배려하는 아버지의 사랑을 엿볼 수 있습니다. 장성한 아들이었지만 불과 칼 같은 위험한 물건은 자신이 들고, 좀 무겁기는 해도 위험하지 않은 장작더미를 아들이 지게 하는 이 아버지의 모습을 보십시오.

그런데 이삭의 마음에 궁금한 것이 있었습니다. 제물을 잡을 때 쓰는 칼도 있고, 불도 있고, 장작까지 있는데 정작 제일 중요한 제물은 없다는 점입니다. 그래서 아버지에게 물어 봅니다. **"아버지, 하나님께 드릴 양이 보이지 않는데 어찌된 일입니까?"** 아들의 그 말에 아브라함은 아마도 가슴이 찢어지는 것 같은 아픔을 느꼈을 것입니다.

그러나 억지로 진정하고 이렇게 말합니다. **"아들아, 하나님께서 다 준비해 두셨다. 우리는 그저 이 모리아 산을 오르기만 하면 된다."**

그렇게 산을 오른 아버지와 아들은 드디어 하나님이 지시하신 곳에 이르러 단을 쌓고, 제사를 시작합니다. 제물은 별도로 준비되어 있지 않았습니다. 이삭이 제물이었기 때문입니다. 아브라함은 이삭을 결박하고 칼을 높이 쳐들었습니다. 정말 눈물 없이는 볼 수 없는 광경이 펼쳐진 것입니다.

그리고 아브라함의 손이 막 내려오는 순간 다급하게 아브라함을 부르시는 하나님의 음성이 들려옵니다. "아브라함아, 아브라함아" 하나님은 아브라함을 제지하시려고 연거푸 두 번이나 아브라함의 이름을 부르셨습니다. 다급하셨던 것입니다.

이렇게 해서 이삭은 살 수 있었고, 아브라함은 순종의 표상이 되었습니다.

그러나 우리가 그 동안 놓친 것이 하나 있었습니다. 그것은 바로 이삭의 순종입니다. 그 때 아브라함의 나이가 몇 세였는지 아십니까? 120세였습니다. 완전히 꼬부라진 할아버지였습니다. 반면에 이삭은 아주 건장한 청년이었습니다. 무슨 이야기인지 아시겠습니까? 그 때 이삭이 반항했다면 아브라함은 결코 이삭을 결박할 수 없었다는 말씀입니다.

그렇다면 어떻게 해서 아브라함이 이삭을 결박할 수 있었겠습니까?

아마도 아브라함은 제물을 찾느라 두리번거리는 아들에게 울면서 이렇게 말했을 것입니다. "사랑하는 아들아, 하나님이 준비해 두셨다는 어린 양은 바로 너란다. 너는 내 것이 아니고, 하나님의 것이란다. 하나님이 주셨다가 하나님이 도로 데려 가시겠다는데 어찌 너를 드리지 않을 수 있겠느냐?" 그리고 이삭이 말없이 그 말씀에 순종했던 것입니다.

여러분, 아브라함의 순종의 신앙이 얼마나 훌륭합니까? 그러나 이삭은 더 훌륭합니다. 그 신앙이 너무도 부럽습니다.

우리 가정의 자녀들이 이삭과 같다면 얼마나 좋겠습니까? 그러나 그것을 바라기 전에 우리가 먼저 이삭과 같은 순종의 사람이 되어야 하겠습니다. 이삭은 구약성경에 나타나는 예수 그리스도의 모형입니다. 이삭을 통해 십자가에 달려 죽기까지 순종하신 예수 그리스도를 보면서 순종의 사람이 되기를 다짐하시기를 바랍니다.

오늘 하나님은 이삭 같은 순종의 사람을 찾으십니다.

둘째, 그는 "기도의 사람" 이었습니다.

사랑하는 어머니를 잃고 슬픔에 빠졌던 이삭은 리브가를 아내로 맞으면서 큰 위로를 받게 되는데 그가 리브가를 처음 만났을 때의 모습을 보면 그가 얼마나 기도를 많이 한 사람인지 알 수 있습니다. 성경은 그가 리브가를 처음 만났을 때의 일을 이렇게 기록하고 있습니다. 창세기 24장 63절을 보면, "이삭이 저물 때에 들에 나가 묵상하다가 눈을 들어 보매 약대들이 오더라" 여기 약대들은 리브가 일행이 타고 온 것입니다.

　이삭은 무슨 대단한 업적을 남긴 인물이 아닙니다. 그렇지만 그는 경건한 사람이었습니다. 그가 리브가를 처음 만났을 때의 "그 날이 저물 때"는, 곧 해 지기 직전은, 가장 고요한 시간입니다. 묵상하기 좋은 시간입니다. 그는 그 시간에 묵상하기 좋은 조용한 곳을 찾아 들에 나갔던 것입니다. 그리고 인적이 끊긴 그 빈들을 하나님과의 만남의 장소로 삼았습니다. 그렇게 이삭은 날마다 조용한 시간에, 조용한 장소를 찾아가서, 하나님께 기도의 제단을 쌓았습니다. 그리고 그 기도 중에 아내 리브가를 만났습니다.

　오늘 우리에게는 주님을 만날만한 조용한 시간이 있습니까? 조용한 장소가 있습니까?

　그런데 결혼 후에 이삭의 가정에 하나의 근심거리가 생겼습니다. 그것은 자식이 생기지 않는 것이었습니다. 결혼한 지 오랜 시간이 지났지만 이삭의 가정에는 자식이 없었습니다. 이삭 부부는 오랫동안 아이가 없자 걱정이 되어 하나님께 기도합니다. **"이삭이 그 아내가 잉태하지 못하므로 그를 위하여 여호와께 간구하매"**(창 25:21) 그런데 5년을 기도해도, 10년을 기도해도, 15년을 기도해도 자식이 생기지 않습니다. 그렇게 기도하기를 20년 동안 하였습니다.

　그 때 이복 형 이스마엘에게는 이미 열두 명의 아들이 있었습니다.(창 25:2) 그러니 이삭이 얼마나 고통스러웠겠습니까? 그러나 이삭은 인간적인 방법을 사용하지 않았습니다. 끝까지 인내하며 기다렸습니다. 그랬더니 하나님은 그의 기도에 응답하셔서 그 가정에 쌍둥이 자녀를 주셨습니다.

　이삭과 리브가의 기도에 응답하신 하나님은 오늘 우리의 기도도 들으십니다. 그리고 반드시 응답하십니다.

　"하나님의 음성을 듣고자 기도하면 귀를 기울이시사 내 기도를 들어 주신다네. 깊은 웅덩이와 수렁에서 건져 주시고, 나의 발을 반석 위에 세우시사 나를 평안케 하시네."

　오늘 하나님은 이삭 같은 기도의 사람을 찾으십니다.

셋째, 그는 "평화의 사람"이었습니다.

유목민의 생활은 정처 없이 떠도는 생활입니다. 한 곳에 장막 치고 살다가 살기 어려워지면 다른 곳으로 옮기고, 그곳에서 어려워지면 또 옮겨가는, 그런 생활입니다. 이삭의 생애가 그런 것이었습니다.

그런데 그 아버지 아브라함이 죽은 후 흉년이 찾아 왔습니다. 그래서 이삭은 아내를 이끌고 블레셋 사람들이 사는 그랄 지방으로 이주하였습니다.

이삭은 그 곳에서 하나님의 축복으로 놀라운 성공을 이룹니다. 창세기 26장 12절에서 14절을 보면, 백배를 수확합니다. 양과 소가 떼를 이룹니다. 엄청나게 많은 종도 거느리게 되었습니다. 여호와께서 복을 주시니까 창대하고 왕성하여 거부가 된 것입니다.

그러나 이방인이 와서 잘 살게 되니까 블레셋 사람들이 시기합니다. 질투합니다. 더욱이 블레셋 사람들은 물 때문에 이삭의 목자들을 괴롭혔습니다. 공공연히 이삭의 목장에 와서 그 우물을 돌로 메우고, "우리를 떠나라"라고 했습니다. 텃새 부리는 것입니다. 물이 귀한 곳에서 목축을 하는 사람에게 우물은 생명선입니다. 우물 없이는 단 하루도 연명할 수 없습니다.

그런데 우물을 메우고 떠나라 하니 얼마나 분하고 막막했겠습니까? 그래서 이삭의 목자들과 블레셋의 목자들 사이에 알력이 생깁니다. 그러나 이삭은 그 때마다 대항해서 싸우지 아니하고 피합니다.

그저 말없이 다른 곳에 가서 다시 우물을 팝니다. 그런데 그곳에서 우물을 파고 정착해서 살만 하면 또 그 지역 사람들의 시기와 방해를 받습니다. 그러면 또 다른 곳으로 가서 우물을 팝니다. 이렇게 우물을 팠지만 사용하지 못하고 빼앗긴 것만도 에섹, 싯나 등 여러 곳입니다. 일곱 번이나 우물을 팠습니다.

이삭이 힘이 없어서 그렇게 했을까요? 아닙니다. 본문 16절을 보십시오! "아비멜렉이 이삭에게 이르되 네가 우리보다 강성한즉 우리를 떠나가라" 이삭이 블레셋 사람들보다 더 강하다고 했습니다.

여기서 우리는 이삭의 온유한 모습을 발견할 수 있습니다. 그는 온유하고 겸손한 사람이었습니다. 평화주의자였습니다.

사실 그는 어릴 때부터 온유하고 겸손한 평화의 사람이었습니다. 어릴 적에는 이복 형 이스마엘의 희롱을 받으면서도 대항하지 않았습니다. 청년 시절에는 모리아 산에서 희생제물이 되는 순간에도 반항하지 아니합니다.

온유와 겸손으로 허리를 동인 이 이삭의 모습 역시 우리 주님의 모습입니다.

이삭이 이렇게 평화의 사람으로 살아가니까 하나님께서 이삭에게 복에 복을 더하여 주십니다. 복을 물 붓듯이 부어 주십니다. 그래서 그가 어디에 가서 우물을 파든지 물이 콸콸 솟아올라 왔습니다.

그 모습을 보고서 결국은 그랄 왕 아비멜렉도 이삭 앞에 무릎을 꿇고 말았습니다. 하나님이 함께 하시는 이삭에게 대항해 봐야 소용없다, 헛되고 부질없는 짓이다 하는 것을 깨달은 것입니다. 그래서 화친을 청합니다. (28절)

이 때 이삭이 그들을 어떻게 대합니까? 30절과 31절을 보면, 그들을 위하여 잔치를 베풉니다. 악을 악으로 갚지 않았습니다. 악을 선으로 바꾸었습니다.

우리 그리스도인들은 이삭처럼 온유해야 합니다. 평화주의자여야 합니다. 바울은 로마서 12장 18절에서 "할 수 있거든 너희로서는 모든 사람으로 더불어 평화하라"고 했습니다. 예수님께서도 "화평케 하는 자가 복이 있다."고 하셨습니다. 온유하고 겸손할 때 하나님이 높여 주십니다.

가정에서나 직장에서, 그리고 교회에서 이렇게 온유하고 겸손한 평화의 사람으로 살아가시기를 바랍니다.

오늘 하나님은 이삭 같은 평화의 사람을 찾으십니다.

끝으로, 그는 무엇보다도 "예배의 사람" 이었습니다.

이사하는 일이 얼마나 어렵습니까? 두 번 세 번 옮겨 다니다 보면 심신이 피곤하기 이를 데 없습니다. 그런데 이렇게 험악한 세월을 살면서도, 이삭이 남겨 놓은 발자취는 믿음으로 걸어 온 아름다운 발자취였습니다. 그것을 창세기 26장 25절은 이렇게 말씀합니다. "이삭이 그곳에 단을 쌓아 여호와의 이름을 부르고 거기 장막을 쳤더니 그 종들이 거기서도 우물을 팠더라"

여기 이삭의 "삶의 우선순위"를 주목해 보십시오. 이삭이 쫓겨 다니면서도 가장 먼저 한 일은 바로 '제단을 쌓는 일'이었습니다. 어디 가서 짐을 풀든지 그가 제일 먼저 한 것은 하나님 앞에 제단을 쌓고 여호와의 이름을 부른 것입니다. 장막부터 치지 않았습니다. 우물부터 파지 않았습니다. 하나님 앞에 단을 쌓는 일부터 했습니다.

아무리 처리할 일이 많아도 하나님 앞에 제단 먼저, 아무리 피곤하고 바쁘다 해도 하나님 앞에 예배 먼저, 이 삶의 우선순위를 바꾸지 않았습니다.

우리 그리스도인은 무엇을 하든지 제일 먼저 하나님 앞에 제단부터 쌓는 사람들입니다. 모여서 회의를 해도 기도로 시작합니다. 사업을 시작해도, 집을 지어도, 이사를 가도, 아기를 낳아도, 입원해서 수술을 받아도 기도로 시작합니다. 즐거운 자리에서나 괴로운 자리에서나 하나님을 앞세우며 그 앞에 제단을 쌓습니다. 하나님 중심으로 모든 일을 시작합니다.

이것이 바로 이삭의 삶의 원칙이었습니다. 하나님은 그렇게 사는 이삭에게 복을 주셨습니다. 24절을 보면, "하나님께서 그 밤에 이삭에게 나타나 가라사대 두려워 말라 내가 너와 함께 있어 네게 복을 주어 네 자손으로 번성케 하리라"고 하였습니다. 과연 하나님 중심으로 산 이삭은 가는 곳마다 복을 받았습니다. 물을 찾기 어려운 그 사막 속에서도 파는 곳 마다 샘물이 펑펑 솟아났습니다.

이삭의 신앙을 본받아 여호와 하나님 앞에 제단 쌓고, 그의 이름을 불러 찬양하는 일부터 하시기 바랍니다.

오늘 하나님은 이삭 같은 예배의 사람을 찾으십니다.

지금까지 우리가 성경을 통해 살펴본 바와 같이 이삭은 순종의 사람이요, 기도의 사람이요, 평화의 사람이요, 예배의 사람이었습니다. 오늘 우리의 신앙의 모습이 그러하기를 바랍니다. 그래서 이삭처럼 하나님이 주시는 놀라운 축복 가운데 살아가는 성도들이 되시기를 바랍니다. 하나님께서는 지금 이삭 같은 성도를 찾으십니다.

박 동 기 목사

✝ 주소 : 경기도 남양주시 도농동 25-20호
✝ TEL : 당회실 031)551-3933 교역자실 031-563-7001
✝ E-mail : pdg3933@ hanmail.net
　　　　　　　pdg3933@ donghwa21.org/chnet
✝ http://donghwa21.org

학력 및 신력

- 천안대학교 기독신학대학원졸업
- 한남대학교 지역개발 대학원졸업
- 연세대학교 연합신학대학원졸업
- 총신대학교 목회대학원졸업

- 대한 예수교 장로회 경기노회 노회장 역임
- 기독교 부흥사 협회 회장 역임
- 95년 민족 통일 희년 대회 총무 역임
- 대한 예수교 장로회 동화교회 당회장

두려움을 극복하라

시편 27장 1~14절

여호와는 나의 빛이요 나의 구원이시니 내가 누구를 두려워하리요 여호와는 내 생명의 능력이시니 내가 누구를 무서워하리요 나의 대적, 나의 원수된 행악자가 내 살을 먹으려고 내게로 왔다가 실족하여 넘어졌도다 군대가 나를 대적하여 진 칠찌라도 내 마음이 두렵지 아니하며 전쟁이 일어나 나를 치려 할찌라도 내가 오히려 안연하리로다 내가 여호와께 청하였던 한 가지 일 곧 그것을 구하리니 곧 나로 내 생전에 여호와의 집에 거하여 여호와의 아름다움을 앙망하며 그 전에서 사모하게 하실 것이라 여호와께서 환난 날에 나를 그 초막 속에 비밀히 지키시고 그 장막 은밀한 곳에 나를 숨기시며 바위 위에 높이 두시리로다 이제 내 머리가 나를 두른 내 원수 위에 들리리니 내가 그 장막에서 즐거운 제사를 드리겠고 노래하여 여호와를 찬송하리로다 여호와여 내가 소리로 부르짖을 때에 들으시고 또한 나를 긍휼히 여기사 응답하소서 너희는 내 얼굴을 찾으라 하실 때에 내 마음이 주께 말하되 여호와여 내가 주의 얼굴을 찾으리이다 하였나이다 주의 얼굴을 내게서 숨기지 마시고 주의 종을 노하여 버리지 마소서 주는 나의 도움이 되셨나이다 나의 구원의 하나님이시여 나를 버리지 말고 떠나지 마옵소서 내 부모는 나를 버렸으나 여호와는 나를 영접하시리이다 여호와여 주의 길로 나를 가르치시고 내 원수를 인하여 평탄한 길로 인도하소서 내 생명을 내 대적의 뜻에 맡기지 마소서 위증자와 악을 토하는 자가 일어나 나를 치려 함이니이다 내가 산 자의 땅에 있음이여 여호와의 은혜 볼 것을 믿었도다 너는 여호와를 바랄찌어다 강하고 담대하며 여호와를 바랄찌어다

날이 갈수록 자살율이 높아지고 있는 오늘의 현실을 발견하게 됩니다. 지난 23일 서울 문래동 자신의 방에서 목매 숨진 서울 K고 2학년 방모(16)군은 학업 성적으로인해 비관자살을 했습니다.

이유인 즉 방군은 개인택시와 옷수선 등으로 자신을 어렵게 뒷바라지 해주는 부모를 생각해 남들 못지않게 열심히 공부했으나 성적이 오르지 않는데다 어머니 박모(44)씨로부터 성적 문제로 꾸중까지 듣자 유서를 남기고 스스로 목숨을 끊었다는 것입니다.

방군은 유서에 "나는 아무래도 공부와 인연이 없는 것 같다. 부모님께 미안하다"라고 적었다고 합니다. 인생이 학업 성적이 다가 아닌데 학업 성적 문제로 자살을 하고 말다니 참으로 안타까운 일이 아닐수가 없습니다.

또한 경북 포항시 흥해읍 김모(32, 여)씨는 남편 박모(37)씨로부터 시어머니의 살림 솜씨를 따라가지 못한다며 자주 야단을 맞자 지난 11일 갓 돌이 지난 아들과 세살배기 아들을 천으로 덮어 숨지게 한 뒤 스스로 목을 매 숨졌습니다. 김씨는 "나름대로 최선을 다했는데 당신은 집에만 들어오면 고함을 치니 시어머님의 빈자리를 채우기에 너무나 부족한 사람"이라는 유서 한장을 남기고 그는 인생을 포기하고 만 것입니다.

경찰청에 따르면 지난해 자살 건수는 1만 3,055건으로 2001년 1만 2,277건에 비해 6.3% 증가했다고 합니다. 그러니까 하루 평균 36명, 시간당 1.5명 꼴로 스스로 목숨을 끊은 셈이지요. 그리고 경기 침체로 인한 생활고 비관형 자살이 2000년 786건, 2001년 844건, 2002년 968건 등으로 증가하고 있는 반면에, 또한 성적 비관 등으로 인한 10대들의 자살도 지난해 273건이나 발생하고 있음을 우리는 간과 안할 수 없는 실정입니다.

생명의 전화 하상훈(45) 원장은 "자살을 기도하는 사람은 자살자보다 10배~20배나 더 많다는 통계가 있다"라면서 그 심각성을 경고하였습니다.

스페인에 페르디난도라는 임금이 있었습니다. 이 사람은 점쟁이를 좋아했고 점쟁이 말을 그대로 믿고 살았습니다. 한번은 점쟁이가 말하기를 "마드리칼에는 절대가지 마십시오. 거기가면 죽습니다"

마르디칼은 임금의 별장이 있는 곳입니다. 임금은 그 말대로 2년 동안 별장에 가지 않았습니다. 그러던 어느 날 사냥하러 나갔는데 산과 계곡이 너무 아름다워 신하에게 "이곳이 어디냐"라고 물었습니다. 그러니까 신하가 "이곳은 마드칼레 입니다"라고 말하자 임금은 부들부들 떨면서 "이곳이 마드리칼이라고? 마드리칼에 가면 내가 죽는다고 말했는데" 이렇게 혼자 속삭이면서 떨고 있었습니다.

사실은 점쟁이가 말한 마드리칼하고 마드칼레하고는 다른 곳인데 비슷한 이름이 되다 보니까 임금이 혼동한 것입니다. 임금은 "마드리칼에 가면 죽는다고 했는데"하는 공포심을 이기지 못한 채 말 위에서 부들부들 떨다가 그냥 말 위에서 떨어져 죽고 말았다는 이야기가 있습니다. 이 왕이 죽은 것은 점쟁이의 말대로 죽은 것입니까? 아닙니다. 점쟁이의 말대로 죽은 것이 아니라 그 왕의 마음속에 있던 두려움이 그를 죽게한 것입니다.

이처럼 두려움과 공포는 상상외로 많은 사람들을 파멸의 길로 이끌어 가고 있음을 알수 있습니다. 과거에 비해 오늘의 삶의 수준은 엄청난 변화를 가져 왔습니다. 그런데 우리의 삶은 어떻습니까? 기쁨과 즐거움보다는 근심과 걱정 두려움에 가득찬 사람들이 날로 늘어만 가고 있습니다.

우리는 오늘날 알게 모르게 두려움 속에 살고 있습니다.

① 질병의 두려움이 있습니다.

조금만 가슴이 이상해도, 혹시 내 심장에 이상이 생긴 것은 아닐까? 소화가 되지 않으면 혹시 위암에 걸린 것은 아닐까?

② 직장에 대한 두려움이 있습니다.

사업이 부도가 나지 않을까?

③ 배반에 대한 두려움이 있습니다.

남편과 아내, 그리고 믿었던 사람들이 배반할까? 이러한 사실들은 우리로 하여금 많은 근심과 걱정 두려움을 갖게 하고 있습니다. 딤후1:7절에 "하나님이 우리에게 주신 것은 두려워하는 마음이 아니요 오직 능력과 사랑과 근신하는 마음" 이라 했으며, 요 20:21절에 "예수께서 또 가라사대 너희에게 평강이 있을지어다".라고 주님은 제자들에게 무엇보다도 평안의 축복을 빌었던 것을 볼수가 있습니다.

〈적용〉

여러분 가운데 심령이 평안하지 못하고 두려움과 근심 걱정으로 가득차 있는 분이 계십니까? 그런 분들이 계신다면 여러분들의 마음속에 있는 온갖 두려움을 몰아내어 버리고 그 마음속에 두려움대신 평안과 기쁨과 소망으로 가득 채우시길 바랍니다. .

벧전 5:8~9절에 "근신하라 깨어라 너희 대적 마귀가 우는 사자같이 두루 다니며 삼킬 자를 찾나니 너희는 믿음을 굳게 하여 저를 대적하라 이는 세상에 있는 너희 형제들도 동일한 고난을 당하는 줄을 앎이니라" 악한 마귀는 비록 하나님의 택한 백성일지라도 그냥 포기하지 아니하고 우리로 하여금 실패하고 망하게 하기 위하여 기회만 있으면 우리를 미혹하여 우리에게 있는 믿음을 빼앗아 성령충만 삶을 살지 못하도록 하는데 혈안이 되어 있다는 말씀 입니다. 이는 마치 바닷물은 배의 구멍만 뚫어져 있으면 배안으로 들어오려는 것과 같은 것입니다.

〈본론〉

오늘 우리가 이런 어려운 현실 속에서 어떻게 하면 두려운 마음을 떨쳐버리고 평안함을 소유할 수가 있을까요? 오늘 본문은 우리로 하여금 어떻게 하면 두려움을 몰아내고 평안과 기쁨과 소망으로 채울 수 있는가를 잘 말씀해 주고 있습니다.

첫째, 하나님을 나의 하나님으로 믿고 의지하며 나아갈 때

"여호와는 나의 빛이요 나의 구원이시니 내가 누구를 두려워하리요 여호와는 내 생명의 능력이시니 내가 누구를 무서워하리요(시 27:1)" 이 시편은 다윗이 성령의 감동을 통하여 기록한 신앙의 고백인데 그는 그가 어떻게 두려움을 물리치고 담대함으로 승리의 삶을 살게 되었는가를 말씀하고 있습니다.

그것은 바로 여호와는 빛이요 구원이시오 나아가서 자기의 생명의 능력이 되시기 때문에 그 어떤 것도 두렵지 않다는 말씀입니다.

〈적용〉

어린 다윗이 사울왕은 물론이요 이스라엘의 내놓으라 하는 모든 장군들도 벌벌 떨고 있는데 어떻게 거인 골리앗에게 나아갈수 있었을 까요?

삼상 17:11절에 보면 골리앗이 하나님의 이름을 모욕하는 소리로 자기와 싸울자에게 도전장을 내었을 때 "사울과 온 이스라엘이 블레셋 사람의 이 말을 듣고 놀라 크게 두려워하니라"라고 말하고 있습니다. 하지만 다윗의 마음은 어떠했습니까?

그는 똑 같은 소리를 들었으나 삼상 17:26절에 이렇게 외쳤습니다. "이 할례 없는 블레셋 사람이 누구관대 사시는 하나님의 군대를 모욕하겠느냐"라고 말입니다. 또한 "너는 칼과 창과 단창으로 내게 오거니와 나는 만군의 여호와의 이름 곧 네가 모욕하는 이스라엘 군대의 하나님의 이름으로 네게 가노라"라고 말이죠(삼상 17:45), 당시 그는 거인 골리앗을 보고도 전혀 두려운 마음이 생기질 않았습니다. 대신 그에게는 골리앗 그가 감히 살아계신 하나님의 이름을 모욕하는 것을 보고 분노하였고 분노한 그는 오직 하나님의 이름으로 그에게 나아갔다고 성경은 말하고 있습니다. 그랬을 때 그는 거인 골리앗을 때려 눕힐 수가 있었던 것입니다. 그가 만약에 거인 골리앗을 보고 두려워 벌벌 떨었다면? 무슨 일을 할 수가 있었겠습니까?

사랑하는 독자 여러분!

두려워할 때 어떤 현상이 일어납니까? 성도는 꿈 속에서도 예수님의 이름으로 귀신을 내어 쫓아야 합니다. 그런데 어떤 사람은 예수님의 이름도 부르지 못하고 그만 마귀에게 쫓기며 고통을 당하는 사람들이 많습니다.

다윗이 두려움을 이길수 있었던 것은 자기 자신이 능력을 의지 했다거나 아니면? 경험을 의지 한 것이 아니라 오직 그는 하나님이 나의 빛 되심을, 나의 구원자이심을, 생명의 능력이심을 그는 믿고 그분을 의지 하였기에 거인 골리앗이라는 두려움과 공포를 물리칠수가 있었던 것입니다.

〈적용〉

독자 여러분! 우리도 마찬가지입니다. 이 험한 세상에서 우리가 어떻게 우리에게 엄습해오는 여러 가지 두려움들을 내어 쫓고 물리칠수가 있을까요? 우리도 다윗 처럼 하나님은 나의 빛이 되신 하나님!, 구원과 생명의 능력이 되시는 나의 하나님! 이심을 믿고 의지하며 나아갈 때 우리 앞에 있는 어떤 골리앗이 있다 할지라도 그를 물리치고 승리하게 될 줄 믿습니다.

둘째, 그 하나님을 바라보며 살아갈 때

시편 27:2~3절에 "나의 대적 나의 원수된 행악자가 내 살을 먹으려고 내게로 왔다가 실족하여 넘어졌도다 군대가 나를 대적하여 진 칠지라도 내 마음이 두렵지 아니하며 전쟁이 일어나 나를 치려 할지라도 내가 오히려 안연하리로다"

다윗은 오늘 본문 3절에서 군대가 진칠지라도 안연했다고 말하고 있습니다. 이 말을 원어에 보면 "누구누구의 얼굴을 바라보며 안심하다"라는 의미를 가지고 있는데, 즉 이말은 어머니 품에 안긴 갓난아이가 어머니의 모습을 바라볼 때, 평안과 만족함이 있듯이 아기가 어머니 품에 안겨 있기만 하면 바깥 날씨가 아무리 추워도, 세상에 아무리 근심이 많아도, 아버지의 사업이 무너져 내리건, 누가 병들었든 상관없이, 어머니를 바라보는 그 순간 아이는 돈도 명예도 권세도 그 어떤 것도 필요가 없으며 오직 어머니의 따스한 품안에서의 어머니의 모습을 바라볼 때 만족해 하게 된다는 것입니다.

때문에 다윗은 시 27:2~3절에 "나의 대적, 나의 원수된 행악자가 내 살을 먹으려고 내게로 왔다가 실족하여 넘어졌도다 군대가 나를 대적하여 진 칠지라도 내 마음이 두렵지 아니하며 전쟁이 일어나 나를 치려 할지라도 내가 오히려 안연하리로다" 라고 고백을 할 수가 있었던 것입니다.

중국의 유명한 선교사 허드슨 테일러는 말하기를 "삶의 문제는 환경이 얼마나 어려운가가 아니다. 삶의 진정한 문제는 하나님과 당신의 관계이다. 당신이 전능하신 하나님과 얼마나 가까이 있느냐 그것이 진정한, 중요한 삶의 문제이다"라고 말했습니다.

〈적용〉

그렇습니다. 우리가 당한 환경이 얼마나 무서운가? 원수가 얼마나 흉악한가? 곤경이 얼마나 깊은가? 질병이 얼마나 독한가?가 문제가 아니라, 하나님과 나와의 관계가 어떤가? 가 더욱 중요하다는 사실을 믿으시기 바랍니다. 하나님과 나와의 관계만 바로 되어 있다면? 무엇이 두렵겠습니까?

셋째, 성전안에서의 삶을 통하여

시편 27:4~5절의 말씀을 보면 "내가 여호와께 청하였던 한 가지 일 곧 그것을 구하리니 곧 나로 내 생전에 여호와의 집에 거하여 여호와의 아름다움을 앙망하며 그 전에서 사모하게 하실 것이라 여호와께서 환난 날에 나를 그 초막 속에 비밀히 지키시고 그 장막 은밀한 곳에 나를 숨기시며 바위 위에 높이 두시리로다"라고 말하고 있습니다. 이 짧은 말씀 속에서 반복되는 단어들을 찾을 수가 있습니다. "여호와의 집", "그의 전", "그의 초막", "그의 장막" 등입니다. 이것은 무엇을 의미하는것입니까? 이것은 교회를 통한 성도들의 관계를 말하고 있습니다.

〈적용〉
여러분들은 성도들과의 관계가 어떠합니까? 믿음의 사람들과의 관계보다도 세상사람들과의 관계를 더 중요시 여기고 있지는 않습니까? 우리 자신들을 다시 한번더 철저하게 점검해 보시는 시간이 되시길 바랍니다.

넷째, 찬양과 기도를 통하여

빌립보서 4:6~7절에 "아무 것도 염려하지 말고 오직 모든 일에 기도와 간구로, 너희 구할 것을 감사함으로 하나님께 아뢰라 그리하면 모든 지각에 뛰어난 하나님의 평강이 그리스도 예수 안에서 너희 마음과 생각을 지키시리라"

바울과 실라를 보십시요! 그들이 빌립보 감옥에서 기도와 찬양을 통

하여 어떤 기적을 일으켰습니까! 사도행전 16:25~26절을 보면 "밤중쯤
되어 바울과 실라가 기도하고 하나님을 찬미하매 죄수들이 듣더라 이에
홀연히 큰 지진이 나서 옥터가 움직이고 문이 곧 다 열리며 모든 사람의
매인 것이 다 벗어진지라" 여기서는 특히 개인적인 것을 강조 하는데,
이것은 하나님은 개인적으로 하나님을 만나고 기도를 통하여 교제하며
찬양할 때 하나님의 역사가 일어나게됨을 말해 줍니다.

〈적용〉
여러분은 홀로 조용히 개인적인 하나님을 찬양하고 있습니까?
자동차를 운전하고 가다가 하나님의 은혜가 너무나도 놀라워서, 저 석
양을 바라보며 인생을 생각할 때, 하나님께서 당신에게 쏟아 부은 은혜가
너무나도 고맙고 놀라워서, 자동차를 세워 놓고 눈물을 흘리며 찬양해 보
신 적이 있었던가요? 잠자리에 들려고 하다가 하나님의 은혜가 물밀 듯이
쏟아져서, 골방에 홀로 가서 목소리를 죽여가며 하나님을 찬양하며 기도
를 해 본신 적이 있습니까? 오늘, 이러한 자에게 결코 두려움이란 없을
것 입니다.

〈결론〉

시편 27:10절에 "내 부모는 나를 버렸으나 여호와는 나를 영접하시
리이다".
이 구절을 두고 신학자들은 여러 가지 해석을 합니다. 두 부류로 나
뉘는데, 한 부류는 다윗이 언젠가 부모에게 버림을 받은 적이 있었다고
해석합니다. 그러나 성경에서 명확한 증거를 찾기가 쉽지 않습니다. 또
한 부류는 다윗이 자신의 경험을 얘기한 것이 아니라, 주위에 있는 사람
들의 일반적인 경험을 자기의 것으로 묘사하였다고 합니다. 두 가지 해
석이 다 가능합니다. 또한 어느 것으로 해석하든지 그리중요하지 않습
니다..왜냐하면 포인트는 같기 때문입니다. 다시 말해서 우리 모두는 부
모조차도 나를 버릴 수 있다는 것입니다.
독자 여러분은 어떻습니까?

우리 주변에는 의외로 부모에게 상처를 받은 자녀들이 많다는 사실을 기억해야 합니다. 이것이 바로 우리의 약함입니다. 사랑하는 갓난아기와 부모의 사이, 어릴 때는 상처받지 않습니다. 그러나 우리는 자라면서 서로에게 상처를 줍니다. 자식은 부모에게 상처받고, 부모는 자식에게 상처받습니다. 그러나 다윗은 이렇게 간증합니다. 누구의 경험이 어떻든 상관없이, 내 부모는 나를 버렸으나 여호와는 나를 영접하실 것이라고 고백합니다.

북극에는 '그린랜드'라는 거대한 섬이 있습니다. 이 섬을 배로 여행하는 사람들은 두 종류의 얼음덩이를 보게 됩니다. 하나는 엄청나게 큰 빙산이고, 다른 것들은 수면에 흘러 다니는 수많은 작은 얼음조각들이라고 합니다.

그런데 자세히 보면 빙산과 얼음조각은 정반대로 흘러갑니다. 빙산은 물위에 나타난 부분보다 물속에 잠겨 있는 부분이 7-8배나더 크기 때문에 빙산이 녹아 물로 되려면 적어도 2-10년이란 긴 세월이 걸립니다. 그래서 빙산의 흐름의 방향은 바다 표면의 흐름에 따라 흐르지 않고 바다밑의 조류에 따라 흐르기 때문에 작은 얼음 조각들과는 정반대로 흐르게 되는 것입니다. 그러나 작은 얼음조각들은 바다 표면의 흐름에 따라 움직이기 때문에 바람이 불거나 파도가 치거나 하면 곧 그 방향대로 움직이기 시작합니다. 그러나 큰 빙산은 어지간한 파도나 바람이 불어도 자기가 흘러가야 할 방향을 좀체로 바꾸지 않고 유유히 흘러갑니다.

사랑하는 독자 여러분!

우리의 신앙생활도 마찬가지입니다. 자칫 잘못하다간 그리스도의 깊은 진리나 생명의 말씀의 깊이를 떠나 세상의 조류나 풍속에 휩싸여 움직이기가 쉽습니다. 우리는 북극바다의 부스러기 얼음덩이가 아니라 빙산이어야 합니다. 나의 겉으로 드러나는 신앙의 모습보다 주님의 말씀에 깊이 뿌리를 내린 숨은 신앙의 모습이 이 되셔서

① 그분을 의지하고

② 그분을 바라보며

③ 성전을 떠나지 않고

④ 기도하며 찬양하여 승리자가 될 수 있기를 축원합니다.

대한예수교
장 로 회 **든든한 교회**

✛ 주소 : 경기도 고양시 일산구 일산2동 529번지
✛ TEL : 031)977-8383~9
✛ E-mail : jhh@ddhoc.net
✛ http://ddhc.net

장 향 희 목사

학력 및 신력

- 충남 강경상고 졸
- 한양대 대학원(행정학 석사)
- 장신대 대학원(신학석사)
- 성결대학교(지역사회개발학과)
- 천안대학교 기독대학원(M.Div)
- 한국방송통신대(행정학과)
- 미국 훌러신학 대학원(목회학 박사)
- 연세대학연합신학대학원(상담학)
- 천안대학교 행정학박사과정(Ph.D)

- 세계성신클럽 8대회장역임
- 총회부흥전도단 부단장(예장통합)

- (사)기독교부흥협의회 이사 및 실무 회장
- (사)세계성령운동중앙협의회 이사
- 바울학회 세계 부흥협의회 총재
- 서울경찰청 교경협의회 지도위원
- 천안대학교 쿰 선교회 부총재
- 아세아연합신학대학 동문운영이사
- 연세대학연합신학대학원 총동문회 부회장
- 기독교연합신문이사 & 범조예방신문회장
- 일산기독교연합회 회장
- 28년간 부흥회인도(1,800여 개교회 인도)
- 든든한교회(일산) 담임목사

심판의 날을 생각하고 살자!

그런즉 우리는 거하든지 떠나든지 주를 기쁘시게 하는 자 되기를 힘쓰노라 이는 우리가 다 반드시 그리스도의 심판대 앞에 드러나 각각 선악간에 그 몸으로 행한 것을 따라 받으려 함이라

사람이 짐승과 다른 점이 무엇일까요? 그것은 언어와 도구를 사용할 수 있다는 것과, 영혼이 있다는 점입니다. 동물과 달리 인간은 영혼을 가지고 있기 때문에 내세를 추구하고 사는 것입니다. 그런데 세상에 수많은 어리석은 사람들은 죽음이 끝인 줄 알고 삽니다.

사후에 심판이 있다는 사실을 모르고, 또 인정하지 않고 살아가는 것입니다(히 9: 27). "한번 죽는 것은 사람에게 정하신 것이요 그 후에는 심판이 있으리니"라고 했습니다.

우리는 심판 날에 후회하지 않도록 항상 깨어 있어야 합니다.

지금은 말세입니다. 말세라는 말에는 여러 가지 의미가 있는데……

❉주님의 재림을 기다리는 때, ❉예수 신랑 만나는 때, ❉세상의 종말, ❉심판하는 때, ❉알곡과 쭉정이를 갈라 추수하는 때 등등으로 설명할 수가 있습니다.

계시록 14: 6~13의 말씀을 보면 말세에 인류에 대한 천사의 3대 경고가 나옵니다.

① 영원한 복음을 믿고 하나님을 두려워하며 그 분을 경외하라는 것입니다.

여기서 말하는 영원한 복음이란 하나님만이 경배의 대상이 된다는 것입니다(계 14:6~7).

② 바벨론의 멸망에 대한 경고입니다.

여기서 말하는 바벨론의 멸망은, 발달된 문명과 육체의 향락의 소굴이 된 이 세상의 멸망을 상징하는 것입니다. 과학이 발달 되어 문명은 발달했으나 인간의 모습은 추하게 타락되어 가고 있는 것에 대한 심판의 경고임을 아십시오(계 14:8).

③ 타락자에 대한 경고입니다(계 14:9~13).

끝까지 믿음을 지키지 못하고 타락하는 사람들은 밤낮 쉼을 얻지 못합니다. 즉 고난이 끊이질 않는다는 말씀입니다.

그러므로 믿는 성도들은 현 세대가 말세임을 명심하여 정신을 차리고 늘 깨어 기도하면서, 주님의 재림을 맞이할 준비를 해야 할 것입니다.

(벧전 4:7) "만물의 마지막이 가까왔으니 그러므로 너희는 정신을 차리고 근신하여 기도하라"

오늘 본문 말씀처럼 우리 모두 언젠가는 그리스도의 재림을 맞이하게 되는데, 그 때에는 한 사람도 빠짐없이 심판대 앞에 서게 될 것입니다. 모든 일에는 결과가 중요하듯 이 땅에 살면서 믿음을 지켰던 결과가 판가름 되는 순간이 온다는 것입니다.

그렇기 때문에 그 날을 깊이 생각하고 살아야 하는 것이 지혜로운 신앙생활입니다. 천년 만년 내 마음대로 살 수 있다고 착각하며 살지 마십시오. 이 땅에서의 생은 짧습니다.

첫째, 심판자가 누구이시며 심판의 대상은 누구입니까?

심판자는 하나님이십니다. 또한 예수님이십니다(시 75:7). 즉 땅을 판단하시고 심판하시는 분은 오직 하나님이십니다. 그 분은 의로 세계를 판단하시며 진실하심으로 판단하십니다(시 96:13).

또한 하나님은 선과 악을 한치의 오차도 없이 정확하게 분별하십니다 (창 2:17).

하나님의 판단은 어떤 경우에도 의롭습니다. 사람은 감정에 치우쳐서 판단하지만, 하나님은 절대로 악을 선하게 판단하지 않습니다(시 33:5).

하나님은 천하를 공의로 심판하실 것이라고 했습니다(행17:31).

1. 하나님의 심판 방법은 무엇입니까?

① 공의로 심판하십니다(창 18:25).

② 각 사람의 행위대로 심판하십니다(벧전 1:17).

③ 공개적으로 심판하십니다(롬 2:16).

④ 그리스도를 통하여 심판하십니다(요 5:22, 30).

⑤ 인간은 누구나 하나님의 심판대 앞에 서게 하십니다(롬 14:10).

2. 하나님의 심판 대상은 누구입니까?

① 멸망으로 정한 백성들입니다(사 34:5).

② 그리스도를 믿지 아니한 사람입니다(요 12:48).

그리스도를 믿는 사람은 죄 문제를 해결 했으므로 천국에 가지만, 믿지 않는 사람은 죄 문제를 해결하지 못했으므로 멸망의 심판을 받게 되는 것입니다.

③ 산 자와 죽은 자입니다(딤후 4:1).

믿음을 지키지 않고 살아가는 자와, 끝까지 믿지 않고 죽었던 사람들은 모두 멸망의 심판을 받게 되는 것입니다.

④ 경건치 아니한 사람입니다(벧후 3:7).

⑤ 성도를 요동케 하는 사람입니다.

신앙을 떨어지게 하는 자, 수근대며 성도들의 마음에 아픈 상처를 주는 사람은 반드시 심판을 받는다는 말입니다(갈 5:10).

둘째, 행위에 따른 심판이 있습니다.

주님께서는 우리의 모든 행위를 아십니다. 사람은 속일 수 있으나 하나님은 절대로 못 속인다는 것을 잊지 마시기 바랍니다.

요한계시록 3장 8절 말씀을 보면 빌라델비아 교회를 칭찬하시면서, "볼지어다 내가 네 앞에 열린 문을 두었으되 능히 닫을 사람이 없으리라 내가 네 행위를 아노니 네가 적은 능력을 가지고도 내 말을 지키며 내 이름을 배반치 아니하였도다"라고 말씀하고 있습니다.

주님의 말씀을 지키며 배반치 아니한 빌라델비아 교회의 행위를 갚으사 열린 문을 두어 능히 닫을 사람이 없는 엄청난 복을 약속하신 것입니다.

성경을 보면 이 외에도 행위에 따라 갚으시는 말씀이 많이 기록되어 있습니다.

열심히 일해서 열매 맺는 알곡은 항상 주님 안으로 계속 들어오지만, 쭉정이는 밖으로 튕겨 나가는 것입니다.

시골에 가보면 "키"라는 농기구가 있습니다. 이것은 참 알곡을 가리는 기구로써, 이 키 안에 아직 분리되지 않은 곡식을 넣고 흔들면 알곡과 쭉정이가 가려지게 되는데, 키질을 할수록, 즉 흔들면 흔들수록 알곡은 키 안쪽으로 들어오고 쭉정이는 밖으로 나갑니다.

시편 1편에, 의인의 길과 악인의 길에 대해서 말씀하시면서,

6절에 "대저 의인의 길은 여호와께서 인정하시나 악인의 길은 망하리로다"라고 했고,

3절에 "저는(복있는사람) 시냇가에 심은 나무가 시절을 좇아 과실을 맺으며 그 잎사귀가 마르지 아니함 같으니 그 행사가 다 형통하리로다"라고 말씀하신 반면,

4절에는 "악인은 그렇지 않음이여 오직 바람에 나는 겨와 같도다"라고 했습니다.

이것은 알곡(열매)과 쭉정이를 잘 묘사해 주고 있는 것입니다.

성경에 탕자도 아버지 품에 가까이 있을 때가 행복했지, 멀리 떠나가니 거지가 되었지 않습니까?

그러므로 우리는 알곡과 같은 성도가 되어야 합니다.

믿는 성도들이 심판대에 섰을 때, 예수님께서 질문하시는 것이 있다

고 합니다. "나는 너를 위하여 채찍에 맞고, 머리에 가시관을 쓰고, 양 손 양발에 못이 박히고, 옆구리를 창에 찔려 물과 피를 다 흘려주었는데 너는 나를 위해 무엇을 하다 왔느냐?"

사랑하는 독자 여러분!

우리 주님께서 이렇게 물어보실 때 뭐라고 대답하시겠습니까?

머지않은 재림을 기다리면서 주님께 대답할 말을 준비하시기 바랍니 다.

셋째, 하나님 나라에 들어가는 방법과 하나님 나라 백성이 해야 하는 일이 무엇일까요?

1. 하나님 나라에 들어가는 방법이 무엇입니까?

성령으로 거듭나야 들어갑니다(요 3:5). 심령의 뜨거운 변화, 즉 영적 체험이 있어야 합니다. 기독교는 이론, 지식, 상식의 종교가 아니라 체 험이 있고, 복음이 있는 산 종교입니다. 입술로만 주님을 찾는다고 천국 에 가는 것이 결코 아닙니다(마 7: 21).

아버지의 뜻이 무엇입니까?

항상 기뻐하고, 기도를 쉬지 않으며, 범사에 감사하는 생활을 하는 것입니다(살전 5:16~18).

계21:27을 보면 천국에 들어갈 수 없는 세 종류의 사람이 나옵니다.

① 속된 것, 즉 세상에 속한 사람은 들어가지 못한다고 했습니다.

그 행실과 생각이 거룩하지 못하고 주님보다 세상을 좋아하여 주님과 멀어지는 자들을 말합니다.

② 가증한 일, 즉 우상 숭배자는 들어가지 못합니다.

하나님보다 물질, 명예, 지식, 권세, 사람을 더 사랑하는 것이 우상 숭배입니다.

③ 거짓말 하는 사람은 결코 천국에 들어가지 못합니다.

진실하지 못하고 마귀에게 속했기 때문에 거짓말을 밥 먹듯이 하게 되는 것입니다.

2. 하나님 백성이 해야 할 일이 무엇입니까?

① 먼저 하나님의 나라와 그의 의를 구하고 살아야 합니다(마 6:33).
② 주를 위해 받는 환란, 고통, 핍박을 즐거워해야 합니다(행 14:22).
③ 하나님 나라를 전파해야 합니다(행 8:12, 마2 8:18~20).
④ 하나님 나라가 임하기를 기도해야 합니다(마 6:10).
⑤ 주님을 기쁘시게 하는데 힘써야 합니다(고후 5:9).
주님을 기쁘시게 하는 것 중 가장 큰 것이 믿음으로 사는 것입니다(히 11:6).

넷째, 심판의 때가 가까울 때 복된 자는 누구입니까?

주님의 심판이 가까울 때 이 땅에 있는 사람들 중에 가장 복된 사람은......(계 1:3)

1. 하나님의 말씀을 읽는 자입니다.

말씀을 읽을 때 회개의 역사가 일어납니다(왕하 22:8~20).
미국의 유명한 부흥사 빌리 그레함 목사님은, "우리의 모든 번민의 95%는 성경을 읽지 않는 데서 생겨나는 것이다"라고 말씀했습니다. 그러므로 말씀은,
① 진리입니다(약 1:18).
② 성령의 검입니다(엡 6:17).
③ 하나님의 감동으로 기록되었습니다(딤후 3:16).
④ 사람의 마음속의 생각과 뜻을 감찰합니다(히 4:12).

2. 하나님의 말씀을 듣는 자입니다.

① 말씀을 들을 때 깨달음이 있습니다(마 15:10).

② 말씀을 들을 때 믿음이 자랍니다(롬 10:17).
③ 말씀을 들을 때 열매를 맺습니다(행 4:20).
그러므로 교회에서 정해놓은 모든 예배에 참석을 잘 해야 합니다.

3. 하나님의 말씀을 지키는 자입니다.

① 말씀을 지키는 자가 복이 있습니다(신 28:1, 6).
② 말씀을 전심으로 지켜야 합니다(시 119:33).
③ 말씀을 굳게 지켜야 합니다(고전 15:2).
④ 말씀을 힘써 지켜야 합니다(신 4:9).

다섯째, 심판 때에 항상 깨어 있어야 하는 이유가 무엇일까요?
1. 주님이 언제 오실지 모르기 때문입니다(마 24:42~43).

깨어 있으라는 말은, 정신을 차리고 있으라는 말씀입니다.

심판 날의 정확한 때는 천사들도, 아들 되신 주님도 모르십니다. 오직 하나님 아버지만이 아십니다. 성경에 예수님은 도적같이 임하신다고 했습니다(마 24:43~44).

도적이 아무 예고 없이 찾아오는 것처럼, 예수님도 어느 날 갑자기 찾아 오셔서 보배로운 성도들만 데리고 하늘로 올라가십니다. 그러므로 정신을 차리고 근신하여 기도해야 합니다.

(벧전 4:7) "만물의 마지막이 가까왔으니 그러므로 너희는 정신을 차리고 근신하여 기도하라"

2. 시험에 들기 때문에 깨어 있으라 했습니다(마 26:41). 시험에 들면,

① 기도가 안 됩니다(마 26:41).
② 주님을 부인하는 상황까지 생깁니다(마 26:69~75).
③ 넘어지게 됩니다(마 26:14).
성도는 시험에 빠질 일을 만들어서도 안 되며, 시험에 들어서도 안

됩니다. 그렇기 때문에 우리는 우리의 눈과 입과 귀를 지켜야 합니다.

♪네 눈이 보는 것을 조심해♪

♪네 입이 말하는 것 조심해♪

♪네 귀가 듣는 것을 조심해♪

지금까지 목회하면서 보면, 눈과 입과 귀가 가벼운 사람은 성공하지 못하는 것을 보았습니다.

눈과 입과 귀가 무거운 사람이 되십시오.

모든 초점을 하나님께만 맞추십시오.

여섯째, 심판 때에 하나님의 백성들이 가는 곳이 어디입니까?

그 곳은 천국입니다(계 22:1~5)에서 천국은 신천신지의 복락을 누리는 곳이라고 말씀하고 있습니다.

이 말씀은 택한 백성들이 천국에서 누릴 복의 생활을 여덟 가지로 묘사하고 있습니다.

1. 생명수의 강이 있습니다(계 22:1).
2. 생명나무가 있습니다(계 22:2).
3. 다시는 저주가 없는 곳입니다(계 22:3).
4. 성에는 하나님과 어린 양의 보좌가 있습니다(계 22:3).
5. 그의 종들이 그를 섬기는 곳이 됩니다(계 22:3).
6. 하나님의 얼굴을 본다고 했습니다(계 22:4).
7. 하나님의 이름이 성도들의 이마에 기록됩니다(계 22:4).
8. 다시는 밤이 없는 곳이고 세세토록 왕 노릇하게 됩니다(계 22:5).

결론

심판은 반드시 있습니다, 그러나 거듭난 거룩한 성도들은 걱정하거나 불안해 할 필요가 없습니다. 불신자들, 즉 성령으로 거듭나지 못하고 깨어 있지 못한 자들에게는 무서운 심판이지만, 우리에게는 영원한 천국으로 가서 하나님의 영광을 보며 행복을 누리기 위한 하나의 관문일 뿐인 것입니다. 그러나 절대로 나태해서는 안 됩니다. 악한 세력에게 미혹되지 않도록 스스로 늘 점검하고 긴장하며 살아야 합니다.

주님의 심판이 가까운 이 때에 주변의 어떠한 상황에도 굴하지 않고 당당히 주의 말씀을 붙들고 나아가는 강하고 좋은 군사가 되어, 원수 마귀를 굴복시키고 늘 승리하므로 주님 앞에 멋진 작품을 남길 수 있는 복 있는 성도들이 다 되시기를 주님의 이름으로 축원 드립니다.

✢Pray : 세상이 악으로 치닫는 것을 보시고, 인간을 창조하신 것을 후회하셨다고 노아에게 말씀하신 하나님! 오늘날 세상이 움직여지는 상황도, 노아 시대를 방불케 하며, 바벨탑을 쌓았던 인간의 교만함이 솟구치는 모습을 보면서, 통탄한 마음을 금할 수가 없습니다.

주님의 심판이 가까워지고 있는 때에, 하나님을 떠나서 자기의 마음대로 방황하며 사는 불쌍한 영혼을 구원하는데 우리를 보내셨건만, 여러 가지 핑계만 대고 주님의 마음과 멀어져가는 성도들을 불쌍히 여겨 주시옵소서. 우리의 잘못을 보시기보다는 예수님의 보혈로 구원하시어 다시는 저주가 없고, 어린양의 보좌가 있는 저 좋은 천국 백성이 되게 하시니 감사합니다. 그 은혜와 사랑을 망각하지 말고 천국 백성답게 살아가도록 믿음을 주시옵소서.

대한예수교
장로회 **목 양 교 회**

✛ 주소 : 경기도 부천시 오정구 오정동 132-1
✛ 전화 : 032)673-5721~4
✛ E-mail : admin@mokyang.info
✛ http://mokyang.info

학력 및 신력

- 한세 대학교 목회 대학원
- 천안대학교 기독대학원
- 연세대학교 연학신학대학원
- 아세아 연합신학대학교 대학원

- 자오 나눔 선교회 대표
- 부천노회 노회장 역임
- 부천 목양 교회 담임목사

사람의 가치

마태복음 16장 26~27절

사람이 만일 온 천하를 얻고도 제 목숨을 잃으면 무엇이 유익하리요 사람이 무엇을 주고 제 목숨을 바꾸겠느냐 인자가 아버지의 영광으로 그 천사들과 함께 오리니 그 때에 각 사람의 행한대로 갚으리라

세상의 모든 물건에는 값이 정해져 있습니다. 그래서 모든 물건은 가치가 있습니다. 가치가 없는 것은 하나도 없습니다. 집도, 건물도, 땅도, 음식도, 옷도 모두 가치가 있습니다. 사람들은 가치가 많이 나갈수록 좋은 것으로 생각을 합니다. 가치가 없으면 쓰레기 같다고 합니다.

그러나 요즈음은 쓰레기 속에서도 돈을 버는 사람이 있는 것을 보면 쓰레기도 가치가 있습니다. 그러므로 세상에 가치가 없는 것은 하나도 없습니다. 모두 가치가 있습니다. 그렇다면 사람의 가치는 얼마나 될까요?

첫째, 물질적인 가치

사람을 물질적인 가치로 계산을 하면 한 줌의 흙에 불과합니다. 영웅호걸도 죽으면 한줌의 흙으로 변합니다. 천하제일의 미모를 자랑하는 사람도 한 줌의 흙에 불과합니다. 어떤 사람이 육체를 구성하고 있는 칼슘, 단백질, 인, 철분 등의 성분으로 계산해서 인간이 사용할 수 있는 것을 돈으로 환산해 보니 약 5천원에서 만원 사이라고 했습니다. 인간의 물질적인 가치는 아주 미미합니다.

둘째, 정신적인 가치

인간은 정신이 있습니다. 그래서 공부를 하고, 기술을 배우면서 각기 자기 특성을 살립니다. 자기가 배우고, 노력하고, 기술을 터득한 것으로 먹고 삽니다. 지식인으로, 운동 선수로, 예술인으로, 노동자로, 공무원으로, 기술자로 자신을 개발시키면 엄청난 가치를 지닌 인간으로 변합니다.

운동 선수들에게는 몸 값이라는 것이 있습니다. 자신의 기량을 뛰어나게 만들면 몇 백만원에서 몇 억, 많게는 몇 백억원까지 몸 값을 받고 프로 구단에서 운동을 합니다. 회사원도 회사가 정한 연봉이 있습니다. 실력에 따라 연봉도 몇 천만원에서 몇 억까지 받고 일을 합니다. 그래서 사람이 갑자기 사건사고로 죽었다면 그 사람의 연봉과 일을 할 수 있는 나이를 계산하여 돈으로 줍니다. 그것이 그 사람의 가치입니다.

병원의 의사들이 말하는 인간의 가치가 있습니다. 몸의 어느 한 부분, 한 부분을 돈으로 계산하여 치료를 하면 인간의 가치가 나올 수 있음을 봅니다. 인간의 노력으로 자신의 가치를 높일 수도 있고, 낮출 수도 있습니다. 그러나 아무리 지식이 있고, 기술이 있고, 실력이 있어도 그것을 돈으로 계산하는 인간의 가치는 그리 크지 않습니다.

셋째, 영적인 가치

사람은 영혼과 육체로 되어 있습니다. 세상 사람들의 가치 기준은 육신의 생명에 대한 가치만 계산합니다. 그러나 가장 중요한 것이 영혼입니다. 영혼의 가치는 인간이 계산할 수 없습니다. 인간의 진정한 가치는 영혼에 있습니다. 이것을 알고 있는 주님께서 인간을 평가한 가치가 있습니다.

예수님은 "사람이 만일 온 천하를 얻고도 제 목숨을 잃으면 무엇이

유익하리요 사람이 무엇을 주고 제 목숨을 바꾸겠느냐(26절)"고 하셨습니다. 사람의 생명은 온 천하보다 귀합니다. 온 천하보다 귀한 생명이기 때문에 하나님은 자기의 아들을 보내 인간을 구원하여 주셨습니다(요 3:16). 하나님께서 평가하는 인간의 가치는 천하보다 귀한 가치요, 자신의 아들을 줄 만한 가치입니다. 그러므로 나의 가치는 천하보다 귀한 가치임을 깨달아야 합니다.

나의 가치를 아는 자는 나의 참 모습을 알아야 합니다. 인간의 참 모습은,

① 하나님의 형상으로 지음을 받은 아름다운 존재입니다.

"하나님이 자기 형상 곧 하나님의 형상대로 사람을 창조하시되 남자와 여자를 창조하시고"(창 1:27).

나는 우연히 태어난 존재가 아닌 하나님이 창조하신 생명을 받고 태어났습니다. 내가 부족하여 사람들에게 미움을 받아도 나의 존재는 하나님이 보실 때에 매우 값진 존재입니다.

왜냐하면 하나님의 특별한 섭리와 계획 속에서 태어났기 때문입니다. "내 부모는 나를 버렸으나 여호와는 나를 영접하시리이다(시27:10, 사 49:15)" 인간은 하나님의 형상으로 지음을 받아 태어났기 때문에 어떤 인간이라도 그 속에서 하나님의 형상을 발견해야 합니다.

② 인간은 하나님의 가장 위대하며 놀라운 걸작품입니다.

"내가 주께 감사하오음은 나를 지으심이 신묘막측(神妙莫測)하심이라 주의 행사가 기이(奇異)내 영혼이 잘 아나이다(시139:14)"

하나님이 지으신 인간은 실패작이 하나도 없습니다. 하나님이 보실 때는 한 사람, 한 사람 모두 훌륭한 걸작품입니다.

③ 하나님께서 우리를 가장 중요하게 보는 것은 외모가 아니라 마음입니다.

"여호와께서 사무엘에게 이르시되 그 용모와 신장을 보지 말라 내가

이미 그를 버렸노라 나의 보는 것은 사람과 같지 아니하니 사람은 외모를 보거니와 나 여호와는 중심을 보느니라(삼상16:7)"

사람은 외모에 따라 인생을 판단하는 일이 많습니다. 그러나 하나님은 외모를 보는 것이 아니라 중심을 봅니다. 외모 때문에 좌절하고 실망하는 사람이 많습니다. 우리는 외모 보다는 먼저 속 사람을 새롭게 해야 합니다.

"그러므로 우리가 낙심하지 아니하노니 겉 사람은 후패(朽敗 우리의 속은 날로 새롭도다(고후4:16)"

④ 하나님은 인간을 가장 보배롭고 존귀하게 여기고 있음을 알아야 합니다.

"내가 너를 보배롭고 존귀하게 여기고 너를 사랑하였은즉(사43:4)"

하나님께서 나를 존귀하고 보배롭게 여겼다면 나도 나의 가치를 그렇게 여기며 존귀하고 보배로운 존재로 만들어 가야 합니다.

넷째, 사람에게 가장 가치 있는 일은 무슨 일입니까?

우리는 나의 진정한 가치를 알았다면 어떻게 살 것인가를 알아야 합니다. 그것은 나의 존재를 가장 가치 있게 평가해 주신 주님을 위하여 살아야 합니다. 주님을 위하여 사는 것이 가장 가치 있는 인생의 삶을 사는 것입니다. 주님을 위하여 가장 가치 있는 일을 하면서 살아야 합니다.

한국 사회에서 최고의 엘리트 그룹은 법대와 의대, 상경대 출신들입니다. 법대 출신들은 법을 갖고 육신의 생명을 죽이기도 하고 살리기도 합니다. 의대 출신들은 병든 육신을 치료하여 살리는 일을 합니다. 상경대 출신들은 경제를 통하여 인간의 육신의 양식을 공급하는 일을 합니다. 모두 육체의 생명과 연결되는 일을 하기 때문에 소중한 사람들입니다.

그러나 가장 가치 있는 일은 사람의 영혼을 살리는 일입니다. 목회자들은 사람의 영혼을 구원하는 일을 하는 자들입니다. 사람의 영혼 구원을 하는 일이 가장 가치 있는 일입니다. 이 일은 목회자만 하는 일은 아닙니다. 영혼 구원의 가치를 아는 모든 전도자들이 하는 일입니다.

누구든지 영혼을 구원하는 일을 한다면 가장 가치 있는 일을 하는 사람입니다. 사람의 영혼을 구원하는 일 보다 더 가치 있고 보람된 일은 없습니다. 왜냐하면 영혼의 가치가 가장 크기 때문입니다.

하나님은 요나에게 니느웨 성에 가서 복음을 전하여 그 영혼들을 구원하라는 명령을 내렸습니다. 그러나 요나는 니느웨 성의 사람들이 구원받는 것이 싫어 다른 곳으로 도망을 갔습니다. 도망가다 붙잡혀 다시 니느웨 성에 가서 복음을 전하자 왕으로부터 아이까지 회개하는 역사가 일어나 그 성의 모든 사람들이 구원을 받게 되었습니다.

그러자 요나는 심통이 나서 죽기를 원했습니다. 그러자 하나님은 요나가 앉아 있는 자리에 박 넝쿨이 자라서 그를 시원하게 해 주었습니다. 그 시원함을 느끼고 있을 때에 다시 하나님은 벌레를 보내 그 박 넝쿨을 갉아 먹게 했습니다. 박 넝쿨이 시들자 요나는 다시 하나님께 불평하면서 죽기를 원했습니다.

우리는 여기서 이 모든 일을 보시고 하나님께 하신 말씀에 귀를 기울여야 합니다. "여호와께서 가라사대 네가 수고도 아니 하였고 배양도 아니 하였고 하룻밤에 났다가 하룻밤에 망한 이 박 넝쿨을 네가 아꼈거든 하물며 이 큰 성읍 니느웨에는 좌우를 분변치 못하는 자가 십이만 여 명이요, 육축도 많이 있나니 내가 아끼는 것이 어찌 합당치 아니하랴(욘 4:10~11)"

요나는 박넝쿨 하나에 많은 가치를 두었다면 하나님은 니느웨 성에 죽어가는 수많은 영혼에 많은 가치를 두었습니다. 이것이 인간이 보는 사람의 가치와 하나님이 보시는 사람의 가치의 차이점입니다. 또한 하나님의 보는 사람의 가치는 회개하고 돌아오는 영혼을 귀하게 여기고 있습니다.

우리가 하는 모든 일은 주님 앞에 평가 받는 날이 옵니다. 그렇다면 우리는 가장 가치 있는 일을 하고 주님께 평가 받아야 합니다. 그래야 천국의 상급에 주인공, 면류관의 주인공이 됩니다.

미국에 제네널 일레트릭(GE)이라는 회사가 있습니다. GE회사의 잭 웰치 회장의 경영철학은 많은 기업인들에게는 기업 경영의 교훈을 주고 있습니다. 기업을 경영하는 사람들은 많은 이익을 내는 것이 꿈입니다. 잭 웰치 회장이 많은 이익을 낼 수 있는 경영철학의 비결 중에 하나는 다음과 같습니다. 양손에 비료와 물을 들고 정원을 가꾸고 꽃을 가꿉니다. 좋은 꽃이 피고 열매를 맺으면 좋지만, 꽃도 못 피고, 열매도 맺지 못한다면 가차 없이 잘라 버립니다. 아예 뿌리째 뽑아 버립니다. 8만 5천명의 관리직과 전문직 사원이 있었습니다.

잭 웰치 회장은 날마다 사원들을 평가하는데 시간을 다 보냅니다. 회장의 수첩에는 사원들의 등급이 매겨져 있습니다. 그래서 1, 2등급의 사람들에게 주식을 옵션으로 주고, 각종 보상에 최우선적인 혜택을 줍니다. 그러나 4등급의 사람들은 요주의 인물로 평가하여 날마다 감시합니다. 5등급의 사람들은 "다시 보고 싶지 않는 존재들"이라고 평가하여 기회가 있으면 쫓아 내 버립니다. 이런 평가 아래 일을 하는 사원들은 최선을 다하여 충성을 해야 합니다. 이런 평가 제도를 갖고 회사를 경영하기 때문에 그 회사가 발전하고 좋은 회사가 될 수 있었습니다.

주님도 우리 인간을 평가합니다. 27절을 보면 "인자가 아버지의 영광으로 그 천사들과 함께 오리니 그 때에 각 사람의 행한 대로 갚으리라"고 하셨습니다. 주님이 오시는 날, 그 날에는 주님이 우리를 평가합니다. 그 평가의 기준은 "일한대로" 입니다.

그렇다면 우리 인생이 무엇을 하며 보내야 하겠습니까? 가장 가치 있는 영혼 구원을 위하여 일을 해야 합니다. 내 영혼이 구원받았다면 아직도 구원받지 못한 가족, 이웃, 친구 등의 영혼을 주님 앞으로 인도해야 합니다. 사람이 온 천하를 얻고도 제 목숨을 잃으면 아무 소용이 없습니다. 천하보다 귀한 생명에 하나님의 구원을 심어주는 일에 최선을 다해야 합니다.

구원받은 우리의 삶의 기준은 예수님을 본 받으면 됩니다. 예수님의 삶은 철저하게 하나님 중심의 삶이었습니다. "나를 보내신 이의 뜻을 행하려 함이니라. 나를 보내신 이의 뜻은 내게 주신 자 중에 내가 하나도 잃어버리지 아니하고 마지막 날에 다시 살리는 이것이니라. 내 아버지의 뜻은 아들을 보고 믿는 자마다 영생을 얻는 이것이니 마지막 날에 내가 이를 다시 살리리라 하시니라(요 6:39~40), 나를 보내신 이가 나와 함께 하시도다. 내가 항상 그의 기뻐하시는 일을 행하므로 나를 혼자 두지 아니하셨느니라(요8:29)”

예수님은 오직 하나님이 기뻐하시는 일을 위하여 자기의 목숨까지 바쳤습니다. 그렇다면 우리도 우리의 목숨을 주님께 드려야 합니다. 십자가에 죽기까지 하신 그 주님의 사랑에 감사하여 우리도 목숨이 다하는 날까지 주의 일에 힘쓰는 삶을 살아야 합니다. 이것이 가장 가치 있는 삶입니다. 그래서 오늘 내가 존재해야 할 가장 큰 이유는 나를 가장 가치 있게 평가해 주시는 예수님을 위하여, 가장 가치 있는 일을 하며 사는 인생이 되어야 합니다. 내가 살아가야 하는 이유는 나를 위하여 목숨을 버린 주님의 그 사랑을 전하는 영혼 구원을 가장 우선하는 삶을 살아야 합니다.

전 희 문 목사

대한예수교
장 로 회 **목포새한교회**

✚ 주소 : 전남 목포시 대양동 257-12
✚ TEL : 061)282-7631, 282-7633
✚ http://www.saehanchurch.net

학력 및 신력

- 총회신학교 및 동 대학원 졸업
- 연세대학교 연합신학대학원 상담학 졸업
- 캘리포니아 신학대학원 문학석사 및
  목회학 박사 학위

- 장성대덕중앙교회 개척
- 광주 중앙교회 교육 전담
- 광신대학교 이사
- 목포경찰서 경목위원
- 목포극동방송 또 하나의 열매를 위하여 진행자
- 목포교도소 교화위원, 법무부장관표창

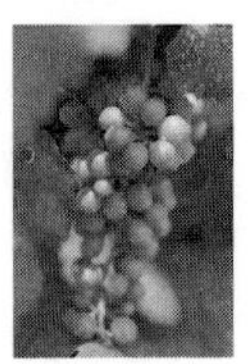

가장 중요한 임무

예수께서 모든 성과 촌에 두루 다니사 저희 회당에서 가르치시며 천국 복음을 전파하시며 모든 병과 모든 약한 것을 고치시니라 무리를 보시고 민망히 여기시니 이는 저희가 목자 없는 양과 같이 고생하며 유리함이라 이에 제자들에게 이르시되 추수할 것은 많되 일군은 적으니 그러므로 추수하는 주인에게 청하여 추수할 일군들을 보내어 주소서 하라 하시니라

고속철도가 개통되면서 전국이 3시간 대의 거리로 좁혀졌습니다. 속도 경쟁은 인간의 바쁜 생활의 돌파구로 나타난 것입니다. 땅에는 자동차가, 하늘엔 비행기, 바다에는 쾌속선이, 지하에는 지하철의 속도 경쟁입니다.

역사가 시작된 이래 우리는 그 어느 때보다도 바쁘게 살고 있습니다. 그러나 아무리 바쁘고 정신없이 돌아가는 생활이라 해도 왜, 무엇을 위해 바쁜지 우리는 중심을 잡고 살아야 합니다.

성경에 보면 예수님처럼 분주하고 바쁜 분도 없었습니다. 그러나 쓸데없는 일에 분주한 것이 아니었습니다. 35절 "예수께서 모든 성과 촌에 두루 다니사 저희 회당에서 가르치시며 천국복음을 전파하시며 모든 병과 모든 약한 것을 고치시니라"

병든 자를 고치며 사람을 살리는 복된 일, 의미 있는 일을 위해서 그렇게 바쁘고 분주하셨습니다. 그러나 예수님은 그런 바쁜 일정 중에서도 예수님 자신이 이 땅에 오신 가장 주요한 임무를 결코 잊지 않으셨습니다. 그것은 "잃어버린 자를 찾아 구원하려 함(눅 19:10)"이었습니다.

36절에 보면 "무리를 보시고" 하였는데 이는 많은 사람에게 관심이 있었으며 또 그들을 불쌍히 여기셨습니다. 목자 없는 양처럼 유리 하는 그들을 보시고 민망히 여기셨습니다.

오늘날 성도와 교회가 무엇엔가 바쁘게 움직입니다. 목회자들도 예수님보다 더 바쁜 것 같습니다. 그러나 일정이 바쁠수록 가장 중요한 임무를 잊어서는 안됩니다.

교회의 가장 중요한 임무는 교회를 세우신 주님의 목적대로 더 많은 사람들을 전도하여 제자 삼는 것입니다. 사역에 바쁠수록 영혼을 사랑하는 마음이 식어져서는 안됩니다.

사람들의 사는 모습은 겉으로 보기에는 비슷합니다. 먹고 자고 일어나고 출근하고 같은 모습으로 차 타고 다니고 무엇엔가 분주합니다. 그러나 그 사람의 관심과 생각과 추구하는 것에 따라서 사람은 세 부류로 살고 있음을 발견할 수 있습니다.

① 생물학적 인간입니다.

이런 사람은 육체적 본능대로 사는 사람들입니다. 동물들도 본능대로 삽니다. 그러므로 이것이 우리의 삶이 될 수는 없습니다.

② 철학적 인간입니다.

이성적으로 사는 사람입니다. 합리적으로 이해도 하고 이론을 추구하기도 하고 그래서 깨달음을 통해 기쁨을 느끼는 고상한 인간입니다. 그러나 이성의 한계를 생각할 때 당장에 깨달음과 합리성에 한계를 느끼지 않을 수 없습니다. 임마누엘 칸트가 인간의 인간다움을 이성에서 찾다가 실망하고 도덕을 부르짖었습니다. 깨달음이 구원이 아닙니다. 인간은 죄인이고 반드시 구원받아야 합니다.

③ 신학적 인간입니다.

이 경우 인간을 육체적으로만 이해하지 않습니다. 이성적으로 만도 이해하지 않습니다. 하나님의 형상으로서 인간을 이해합니다. 하나님의 형상을 소유한 인간이기에 먼저 하나님과 관계하며 살게 되어 있습니다.

하나님을 예배하고 기뻐하고 하나님을 통해서 인생의 진정한 의미, 목적, 가치와 임무를 찾아가는 인간입니다. 이것이 진정한 인간의 본질입니다.

오늘 본문에 예수님은 혼란스런 현실을 이야기하시면서 역사를 하나님의 농사에 비유했습니다.

37~38절 "이에 제자들에게 이르시되 추수할 것은 많되 일군은 적으니 그러므로 추수하는 주인에게 청하여 추수할 일군들을 보내어 주소서 하라"

하나님을 "추수하는 주인"이라고 했습니다.

요한복음 15:1절에서는 "내가 참 포도나무요 내 아버지는 그 농부라"고 했습니다.

하나님은 농부입니다. 하나님의 손에 의해서 구원 역사의 농사가 지어지고 있고 그 영혼 추수를 위해 추수할 일군들을 세우고 계십니다.

추수하시는 하나님의 역사를 설명하는 본문을 통해서 교회의 가장 중요한 임무가 무엇이며 그것을 어떻게 이루어 갈 것인가? 도전 받도록 합시다.

첫째, 세상은 추수할 것이 많은 드넓은 들녘과 같습니다.

요한복음4:35절 "~눈을 들어 밭을 보라 희어져 추수하게 되었도다"

오늘 본문 37절 "추수할 것이 많다"고 했습니다.

지금 우리는 하나님의 추수 때를 살고 있습니다. 그것은 잃어버린 영혼 그러나 이제 구원의 때가 된 영혼을 추수해야 될 때 인 것입니다. 세상을 보면서 사람들을 보면서 교회와 성도는 이 의식이 분명해야 합니다.

세상을 보면서 역사를 보면서 하나님의 추수를 생각해야 합니다 하나님의 구원 역사에 관심을 가져야 합니다. 사람들을 보면서 추수되어야 할 영혼들로 보아야 합니다. 이것이 그리스도의 삶입니다.

둘째, 영혼을 추수해야 될 드넓은 들녘을 볼 때 무엇이 부족하며 필요한지 알아야 합니다.

37절 "이에 제자들에게 이르시되 추수할 것은 많되 일군은 적으니" 라고 했습니다.
추수할 것은 많되 돈이 부족한 것이 아닙니다.
추수할 것은 많되 땅값이 너무 비싸구나가 아닙니다.
추수할 것은 많되 최신 프로그램이나 교재가 없구나가 아닙니다.
기억하십시오. 예수님의 말씀입니다.
부족한 것은 돈이 아니고 땅이나 주차부지도 아니고 프로그램이나 교재도 아닙니다. 중요한 것은 일군을 확보하는 것입니다. 이것이 우선 순위입니다.

사랑하는 독자 여러분!
하나님이 영혼을 추수하는 방법은 사람입니다.
구원받은 사람, 훈련되고 양육되고 경험되어진 일꾼입니다. 일꾼만 확보되면 지금도 얼마든지 영혼구원의 역사는 일어납니다. 하나님은 지금도 사람을 찾습니다.
하나님의 농사, 구원의 역사, 영혼 추수를 위하여 알곡을 천국 곳간에 거둬들일 일꾼을 찾고 계십니다.
하나님의 구원 역사는 구원받은 사람들, 하나님의 일꾼들을 통해서 구원하십니다. 지금, 우리 교회에 추수할 일꾼이 필요합니다. 이런 하나님의 구원 섭리 속에서 교회 안의 성도들을 보는 눈이 변해야 합니다.
일꾼입니다. 추수할 일꾼들입니다. 제자요 지도자들입니다. 영혼을 구원하고 섬길 지도자들입니다. 빈둥거리는 건달이 아닙니다.

셋째, 그렇다면 어디서 일군을 얻을 수 있습니까?

38절에 답이 있습니다. 예수님의 말씀입니다.

아주 중요한 메시지입니다. "그러므로 추수하는 주인에게 청하여 추수할 일군들을 보내어 주소서 하라"

추수하는 주인이 누구입니까? 지금 역사속에서 추수를 주관하시는 하나님 아버지이십니다.

그 분에게 어떻게 하라고 했습니까? 한마디로 기도하라고 했습니다.

"청하여 추수할 일군들을 보내어 주소서 하라"

그렇습니다. 추수할 일군을 얻으려면 무릎을 꿇고 하나님의 보좌 앞으로 가야 합니다.

기도입니다.

기도는 영혼구원의 방법입니다.

기도는 추수 사역의 방법입니다.

기도는 목회의 절대적인 방법입니다.

기도는 영혼을 변화시키는 하나님의 능력입니다.

추수를 계획하시고 이루어 가시는 추수하는 주인이신 하나님께 기도해야 합니다.

신학대학 졸업장, 선교 단체 경험이나 경영학 전문가가 하는 것이 아닙니다. 추수하는 주인이 일군을 보내십니다. 그러므로 영적사역, 영혼의 추수를 위해서 무엇보다 우선되어야 할 것은 하나님께 기도하는 것입니다.

사랑하는 독자 여러분!

지금까지 기도 없이 하려고 했던 전도, 주일학교 가르침, 목장장, 목회 등을 회개하십시오.

저는 알파코스를 진행하면서 영혼을 다루는 목회야말로 기도 사역임을 임상적으로 경험했습니다. 그러므로 저는 교회에서 기도 없이 사역하려는 사람들을 무시합니다. 왜냐하면 열매가 없을 것이 뻔하기 때문입니다.

인간적인 꾀로 머리로 입으로 돈으로 배경으로 학벌로 사역하려는 사람들을 무시합니다. 왜냐하면 그들은 이미 교만하여 기도할 수 없는 사람들이고 기도 없이는 영혼추수가 불가능하기 때문입니다.

기도의 사람은 그가 가지고 있는 모든 소유와 재능, 달란트가 능력을 발휘합니다. 기도합시다.

넷째, 마지막으로 우리 주님의 일꾼을 양성하는 방법을 봅시다.

예수님은 추수대상자를 불러내서 그들에게 권능을 부여하신 후에 추수현장으로 가게 하셨습니다.

마태복음의 저자인 마태를 보십시오.

9:9절에 세관일을 보고 있는 세리였습니다. 그에게 "나를 좇으냐"하셨더니 따라나섰습니다. 10:2절에 12사도의 명단에 마태가 있습니다.

이 시간 예수님의 중요한 추수의 원리를 말씀드리겠습니다. 예수님은 반드시 추수된 사람을 일꾼으로 쓰셨습니다. 진실로 거듭나서 하나님의 사랑을 알고 경험하여 그 가치관을 가진 사람이어야 합니다. 그래야 추수할 대상을 볼 수 있습니다. 사랑할 수 있습니다. 그를 위해 기도할 수 있습니다. 그를 섬기며 추수할 수 있습니다.

자기가 경험한 생명의 원리대로 예수님을 소개하고 전합니다. 추수된 사람을 일꾼으로 쓰신 원리가 다음장 10장에 나와 있습니다. 10장 1절에서 12제자를 부르셨습니다. 그리고 추수할 수 있도록 능력을 주셨습니다. 10장 2절에 그들이 보냄을 받은 사도들이 됩니다. 그리고 10장5절에 그 열둘을 추수를 위해 보내십니다.

우리 교회 ACTS course의 의미가 여기에 있습니다.

우리 교회의 비전은 영혼구원입니다. 이것은 우리 교회 존재이유입니다.

이 비전을 위한 전략이 ACTS course입니다. 슬로건은 "모든 신자는 지도자입니다" 즉, ACTS course를 통해서 추수 대상자가 추수되고 그가 영혼을 추수하는 일군으로 지도자로 양육받게 되는 코스입니다.

1단계로 알파코스를 제 2기까지 이번 주에 마치게 됩니다.

알파코스 제 2기생들의 간증문을 읽으면서 저는 충만해지고 있습니다. 하나님의 추수 때를 느끼고 있습니다. 그리고 다시 제 3기생이 초청

됩니다.

다가오는 5월부터 제 2단계 크리스챤 엔카운더 제 1기 제1차 교육이 진행됩니다. 성경 공부가 아닙니다. 이론적 제자 훈련도 아닙니다. 진정한 크리스챤의 삶과 가치와 능력을 경험하는 위대한 수양회가 될 것입니다.

사랑하는 독자 여러분!

추수를 위해 꼭 필요한 것은 일꾼과 기도, 기도와 일꾼입니다. 많이 기도할수록 더 많은 일꾼을 얻게 되고 일꾼이 더 많이 일어날수록 더 많이 수확하게 될 것입니다.

이제 막연하게 교회나 왔다갔다하던 죽은 종교생활을 청산하십시오. 하나님의 추수에 동참하십시오. 능력 있고 의미 있는 삶이 될 것입니다. 우리시대에 부흥은 약속되었습니다.

오늘 구원받은 우리에게 가장 중요한 임무인 예수님의 말씀에 귀 기울이십시오. 요한복음 4:35절 "너희가 넉 달이 지나야 추수할 때가 이르겠다 하지 아니하느냐 내가 너희에게 이르노니 눈을 들어 밭을 보라 희어져 추수하게 되었도다"

우리가 이런 시대를 살고 있는 그리스도입니다. 일군이 적다는 주님의 탄식입니다. 일군을 보내어 주소서라고 기도하라고 했습니다.

앞으로 새한교회에 세워질 임직자들의 절대조건은 영혼사랑, 영혼 구원, 하나님의 교회에서 하나님의 추수에 관심을 가지고 순종하는 사람들로 세워지길 기도하고 있습니다.

자리만 차지하는 비생산적인 일꾼은 오히려 걸림돌이 될 뿐입니다. 우리가 아무리 바쁘고 분주해도 우선 순위는 알아야 합니다.

교회에 가장 중요한 임무가 무엇입니까? 영혼구원, 영혼 추수입니다. 모든 민족을 제자 삼는 것입니다.

미국의 유명한 척 스윈돌 목사님이 들려주는 1920년대 말에 메사츄세츠 주에서 실제로 있었던 소송사건 하나 이야기하고 마치겠습니다.

[삶을 변화시키는 소그룹]에 나온 내용입니다. 이 사건은 부둣가 옆을 자나가던 한 남자가 갑자기 줄에 넘어져 바로 옆의 차갑고 깊은 바다 물

속에 빠진 것이 발단이었습니다.

물 속에 빠져서 살려 달라고 소리쳤습니다. 그곳에서 몇 미터 안 되는 곳에서 어느 젊은 남자가 배의 갑판에 있는 의자에 앉아서 일광욕을 즐기고 있었습니다.

그 남자는 물에 빠진 사람이 "살려 주세요. 난 수영을 할 줄 모릅니다!"라고 외치는 소리를 똑똑히 들었고 수영실력도 아주 뛰어난 사람이었습니다. 그러나 이 사람이 아무런 조치도 취하지 않은 것이 비극이었습니다. 그가 한일이라고는 고개만 돌려 물에 빠져 죽어 가는 사람을 아무 일도 없다는 듯이 쳐다본 것이 전부였습니다.

희생자의 가족들은 그 사람이 충분히 구할 수 있었음에도 불구하고 무관심하게 대처한 사실에 분노했고 그래서 결국 그를 고소했습니다.

어떻게 판결이 났겠습니까? 물론 희생자 가족들이 패소했습니다. 내키지 않는 일은 거부할 수 있다는 법령조항에 따라 갑판에서 빈둥거리며 물에 빠진 사람의 생명을 구하거나 말거나 법적인 책임이 전혀 없다는 판결이었습니다. 이 이야기를 하면서 척 스윈돌 목사님은 말했습니다.

"우리 모두에게는 법적 권리가 있습니다. 그러나 무관심이 위법 행위가 아닐지는 모르지만 그것은 분명히 비도덕적 행위입니다"

사랑하는 독자 여러분!

세상을 살면서 가장 보람되고 복된 일이 사람을 살리는 일, 사람에게 유익을 주는 일입니다. 하물며 우리는 영생을 소유한 사람들입니다. 이미 죄에서 구원받은 하나님의 자녀로서 가장 중요한 일이 영혼추수임을 알고 죽어 가는 영혼을 구원하고 세워 가는 교회로 진정한 부흥을 경험합시다.

성서번역위원회

강 근 호 목사

기 독 교
대한성결교회 **밀 알 교 회**

✢ 주소 : 전북 군산시 나운1동 766-3
✢ TEL : 063)463-5554, 467-0799
✢ E-mail : kkh50@kornet.net
✢ http://www.milal.wo.to

학력 및 신력

- 서울신학대학교
- 연세대학교 연합 신학대학원
- 호서대학교 연합 신학대학원 (M.Div)
- 전주대학교 선교 신학대학원 (Th.M)
- 미국 드루대학교 신학대학원 (목회학박사)

- 막동교회 담임목사
- 군산중앙교회 부목사
- 밀알교회 담임목사(현재)
- 기독교 대한성결교회 전북지방회장
- 군산경찰서 경목위원(현재)
- 전주대학교 강의교수(현재)

분주하지 맙시다
고린도전서 7장 25~35절

처녀에 대하여는 내가 주께 받은 계명이 없으되 주의 자비하심을 받아서 충성된 자가 되어 의견을 고하노니 내 생각에는 이것이 좋으니 곧 임박한 환난을 인하여 사람이 그냥 지내는 것이 좋으니라 네가 아내에게 매였느냐 놓이기를 구하지 말며 아내에게서 놓였느냐 아내를 구하지 말라 그러나 장가 가도 죄 짓는 것이 아니요 처녀가 시집 가도 죄 짓는 것이 아니로되 이런 이들은 육신에 고난이 있으리니 나는 너희를 아끼노라 형제들아 내가 이 말을 하노니 때가 단축하여진고로 이 후부터 아내 있는 자들은 없는 자 같이 하며 우는 자들은 울지 않는 자 같이 하며 기쁜 자들은 기쁘지 않은 자 같이 하며 매매하는 자들은 없는 자 같이 하며 세상 물건을 쓰는 자들은 다 쓰지 못하는 자 같이 하라 이 세상의 형적은 지나감이니라 너희가 염려 없기를 원하노라 장가 가지 않은 자는 주의 일을 염려하여 어찌하여야 주를 기쁘시게 할꼬 하되 장가 간 자는 세상 일을 염려하여 어찌하여야 아내를 기쁘게 할꼬 하여 마음이 나누이며 시집 가지 않은 자와 처녀는 주의 일을 염려하여 몸과 영을 다 거룩하게 하려 하되 시집 간 자는 세상 일을 염려하여 어찌하여야 남편을 기쁘게 할꼬 하느니라 내가 이것을 말함은 너희의 유익을 위함이요 너희에게 올무를 놓으려 함이 아니니 오직 너희로 하여금 이치에 합하게 하여 분요함이 없이 주를 섬기게 하려 함이라

미국의 유명한 신학자 가운데 하버드대학의 신학교수로 있는 하비 콕스라는 사람이 있습니다. 이 사람이 1965년도에 "The secular city, 세속도시"라는 책을 썼습니다.

이 책에서 하비 콕스는 앞으로 다가오는 **미래사회의 첫 번째 특징**을 **익명성과 신속성**이라고 규정했습니다.

익명성, 혹은 무명성이라고 하는 것은 사람들이 자기의 이름을 밝히지 않고 생활하는 것을 말합니다. 과거 전원적인 사회에서는 모든 마을 사람들이 서로가 서로를 잘 알고 살았습니다. 이름도 알고 직업도 알고 가족도 알고 그 외에 많은 것을 서로 알고 지냈습니다. 그러나 앞으로의

사회는 서로가 서로를 알 수도 없고 또 알려고도 하지 않는 사회가 된다
는 말입니다. 같은 아파트에 살아도 그 아파트에 누가 사는지를 모르고
살아갑니다. 그리고 또 상대방이 자신을 아는 것도 부담스러워 합니다.
아무에게도 간섭받지 않는 철저한 사생활을 보장받기 위해서 입니다.

오늘날 많은 신자들이 큰 교회를 선호하는 이유 가운데 하나가 그곳
에서는 익명으로 신앙생활을 하는 것이 가능하기 때문이라고 합니다.
목사님이 심방을 오는 것도 싫고 구역회나 여전도회 같은 모임에 드는
것도 싫어합니다. 자기의 사생활이 침해를 받고 또 부담스럽다는 것 때
문입니다. 그래서 그냥 주일날 교회 와서 예배만 드리고 조용히 떠나는
것을 원하는 것입니다. 이런 모든 것들이 다 익명성의 두드러진 모습이
라고 할 수 있습니다.

그는, 미래사회의 두 번째 특징은 신속성, 혹은 기동성이라고 했습
니다.

빠르다는 말입니다. 과거에는 모든 이동수단이 다 두 발로 걸어 다니
는 것뿐이었습니다. 그 후에는 말이나 소가 끄는 수레가 나왔습니다. 그
래서 이동이 쉽고 속도가 더 빨라졌습니다. 다음에는 자동차가 나와서
이동속도를 수십 배 빠르게 만들더니 급기야 비행기가 등장하였습니다.
그리고 또 그 비행기의 속도도 자꾸만 빨라집니다. 과거에는 미국에 가
려면 비행기를 타고도 2,3일이 걸렸는데 지금은 12시간이면 갈 수가 있
습니다. 이제 얼마 후면 미국 LA까지 4시간에 주파하는 초음속기가 등
장한다고 합니다. 서울에서 아침을 먹고 떠나면, 미국에서 점심을 먹은
후 일을 보고 저녁에는 다시 한국으로 돌아올 수가 있습니다. 점점 더
빨라집니다.

그런데 이렇게 미래사회가 자꾸 빨라진다는 말씀은 벌써 2500년 전
에 다니엘 선지자가 예언하였습니다. "다니엘아 마지막 때까지 이 말을
간수하고 이 글을 봉함하라 많은 사람이 빨리 왕래하며 지식이 더하리
라" 이렇게 이 시대는 사람들이 빨리 왕래하는 시대입니다. 그리고 사
람들이 왕래하는 속도는 앞으로 점점 더 빨라질 것입니다.

그렇다면, 사람들이 전보다 빨리 다니게 되었으니까 그만큼 여유가

생겼습니까? 왕래하는 시간이 그만큼 단축되었으니까 마음에 여유가
생겼습니까?

과거에는 전라도에서 서울을 가려면 보름 길을 걸어서 갔습니다. 서
울에 12번만 갔다 오면 아무 것도 못하고 한해가 다 지나갈 수밖에 없
었습니다. 그런데 지금은 고속버스를 타면 4시간도 못되어 서울에 도착
합니다. 그리고 비행기를 타면 1시간이면 서울에 갈 수 있습니다. 아마
전용비행기가 있는 사람이라면 마음만 먹으면 하루 12번이라도 서울에
다녀올 수 있는 시대입니다.

이만큼 빨라졌으면 당연히 여유가 있어야 하는데 실상은 정반대입니
다. 옛날보다 사람들의 마음이 더 분주해지고 더 여유가 없어졌습니다.
왜 그렇습니까? 그때보다 사람들의 삶이 더 복잡해졌기 때문입니다.

과거 농경사회에서는 사람들의 생활반경이 가정과 일터였습니다. 아
침에 논밭에 나가서 일을 하고 저녁에는 그대로 가정에 돌아왔습니다.
중간에 갈 곳이 별로 없었습니다. 그러나 지금은 직장에서 가정으로 돌
아오는 길에 많은 정류장이 생겨났습니다. 식당과 다방, 술집과 나이트
클럽, 노래방과 극장, 무슨 동창회와 계모임, 갈 곳이 많습니다.

또 직장의 일도 전처럼 단순하지 않습니다. 많은 사람들을 만나야 되
고 많은 자료와 정보가 필요한 일들입니다. 그래서 대부분의 직장인들
은 아침 일찍이 집을 나가면 밤늦게야 돌아오는 경우가 허다합니다. 그
리고 가정에 돌아와도 조용히 잠을 자거나 쉴 틈이 없습니다. 이곳저곳
에 전화를 하고 또 내일 만날 사람들에게 미리 약속을 해두어야 합니다.
그 다음에 신문과 TV를 봐야하고 또 비디오를 시청해야 합니다. 또 컴
퓨터 게임과 통신을 하고 인터넷을 합니다. 가정에 돌아와도 이렇게 할
것이 많고 볼 것이 많습니다. 그래서 현대인의 마음은 여유롭기는 고사
하고 한없이 분주하고 피곤한 가운데 있는 것입니다.

그리고 오늘날은 아예 바쁜 것이 미덕이 되었습니다. 상대방을 만나
면 "바쁘시지요?"가 인사입니다. 그리고 바쁘지 않은 사람, 한가한 사
람은 별 볼일 없는 사람으로 취급합니다. 그렇기 때문에 사람들은 더 바
쁘게 살려고 애쓰고 또 더 바쁘게 보이려고 애쓰는 것 같습니다. 이것저
것 많은 일거리를 만들고, 많은 모임을 만들고, 많은 갈 곳을 만듭니다.

한가한 사람은 무능한 사람이요 뒤쳐지는 사람이라는 생각이 팽배하기 때문입니다.

그러면 여러분, 이러한 생각이 과연 옳은 생각입니까? 무조건 바쁘게 사는 것이 과연 현명한 삶의 방법이겠습니까? 절대로 그렇게 말할 수는 없습니다. 삶의 분주함은 다음과 같은 치명적인 폐단을 불러오기 때문입니다. 분주한 삶은 먼저 방향감각을 상실하게 합니다. 사람은 이 땅에 사는 동안 되도록 많은 일을 하는 것이 좋습니다. 그냥 놀다가 이 세상을 떠나는 일은 부끄러운 일입니다. 그러나 많은 일 보다 더 중요한 것은 무엇을 위한 일인가 하는 것입니다. 목적이 분명하고 방향이 정확해야 한다는 말입니다.

가끔 텔레비전을 통하여 스키대회를 시청하신 경험이 있을 것입니다. 하얀 설원에서 선수들이 스키를 타고 내려오는 모습은 정말 아름답고 멋이 있습니다. 그런데 때때로 선수들이 넘어져서 실격을 당하고 심지어는 부상을 입는 경우가 있습니다. 그것은 스피드만 생각하고 급하게 내려오다가 그만 방향감각을 잃고 곤두박질을 치게 되는 것입니다. 속도를 좀 줄이고 방향을 생각해야 되는데 속도에만 너무 치중하다가 그렇게 되는 것입니다.

얼마 전에 우리나라의 대기업들이 부도가 나고 경영상의 많은 어려움을 당했습니다. 여러분, 사업가들이 항상 염두에 두어야 하는 것은 경영의 합리화입니다. 사업의 확장이라는 속도도 중요하지만 더 중요한 것은 사업의 건전성과 수익성이라고 하는 합리적인 방향입니다. 그런데 재벌들이 속도, 즉 확장에만 신경을 쓰면서 외채를 무분별하게 끌어오더니 결국은 기업이 어렵게 되고 따라서 국가경제까지 큰 타격을 받게 되었습니다.

그리고 또 사업을 잘하던 중소기업의 사장들도 부도를 내고 자살을 하는 일이 적지 않았습니다. 사람이 사업을 하다가 망할 수도 있습니다. 망하는 것 그 자체가 잘못은 아닙니다. 최선을 다했는데 모든 여건과 상황이 맞지 않으면 그렇게 될 수도 있기 때문입니다. 그러나 그렇다고 죽을 수는 없습니다.

그런데도 사업의 실패로 삶을 포기하는 사람은, 지금까지 사업은 열심히 했지만 사업보다 훨씬 더 중요한 문제, 즉 "사람이 왜 사는가?" 하는 인생의 목적과 방향에 대해서는 소홀히 했기 때문입니다.

학생들도 마찬가지입니다. 열심히 공부하던 학생들이 대학에 떨어졌다고 낙심하는 것이야 이해가 되지만 스스로 목숨을 끊는 행동은 절대 용납할 수 없습니다. 이러한 일도 공부를 열심히 하는, 삶의 속도에는 관심을 가졌지만 "왜 공부를 해야 하는가?" 하는 삶의 목적, 즉 삶의 방향에 대해서는 전혀 무지했던 데서부터 오는 행동인 것입니다.

첫째, 사람이 너무 분주하면 삶의 목적을 잃어버리기 쉽습니다.

삶의 방향감각이 없어진다는 말씀입니다. 오늘 본문 말씀을 보면 사도 바울이 우리에게 혼인을 하지 말라고 말하는 것처럼 보여 지기도 합니다. 처녀는 결혼하지 말고 그냥 지내는 것이 좋다고, 또 이혼한 부녀는 재혼을 하지 않는 것이 좋다고 했기 때문입니다.

왜 그랬습니까? 결혼한 남자는 "어떻게 하면 아내를 기쁘게 할꼬" 하여 마음이 분주하여지고, 또 결혼한 아내는 "어떻게 하면 남편을 기쁘게 할꼬" 하여 마음이 분주하여지기가 쉽기 때문입니다. 그래서 인간의 궁극적인 목적인 하나님을 기쁘시게 하는 일을 잊어버리게 되거나 소홀히 여기게 된다는 말입니다. 그렇기 때문에 그럴 바에는 차라리 결혼하지 않는 것이 낫다는 말씀입니다. 여러분, 일은 많이 못하더라도, 성과는 좀 미약하더라도, 목적이 분명한 일을 하는 것이 중요합니다. 그렇기 때문에 우리는 우리의 생활 속에서 삶의 방향을 재확인하는 여유가 필요한 것입니다.

미국의 유명한 영성 신학자인 리챠드 포스터는, 사람은 누구나 가끔 홀로 있는 시간을 가질 필요가 있다고 했습니다. 아무 일도 하지 않고 3시간 혹은 4시간 동안, 홀로 있는 시간을 적어도 몇 달에 한번은 가지라는 말입니다. 다른 직원들이 다 퇴근한 시간에 홀로 사무실에 있든지, 가정에서 모든 식구가 다 잠든 시간에 홀로 있든지, 이러한 시간을 통하여 삶의 목적과 방향을 계속 분명히 해 가라는 말입니다. 분주함은 삶의 방향의식을 희미하게 하거나 혹은 상실하게 만들기 때문입니다.

둘째, 분주함은 쓸데없는 일, 안 해도 될 일을 많이 하게 합니다.

여러분은 지난 한 주간 동안도 직장에서 혹은 가정에서 혹은 사회에서 많은 일을 했을 것입니다. 많은 사람을 만나고, 많은 모임에 가고, 많은 예기를 하고 듣고, 또 많은 것을 보았습니다. 그런데 그것들이 다 필요한 것들이었습니까? 그 일들이 정말 여러분의 삶에 꼭 필요한 일들이었고, 또 여러분을 유익하게 하였습니까? 그 일을 통하여 하나님이 영광을 받으셨고 하나님이 그 일을 기뻐하셨습니까? 만약 그 중에서 안 해도 될 일이 있었다면 어떤 일이었습니까?

한번 깊이 생각해 보시기 바랍니다.

누가복음 10장에 보면 마르다가 예수님을 초대하여 음식을 만드는 장면이 나옵니다. 동생 마리아는 예수님의 발 앞에 앉아서 말씀을 듣고 있었는데 자신은 혼자 부엌에서 음식을 만들었습니다. 할 일은 많고 일손이 부족하니 자연히 마음이 분주하고 짜증이 났습니다. 그래서 참다 못해 예수님께 마리아를 좀 함께 일하도록 내보내 주실 것을 요청했습니다.

그때 예수님은 예상 밖에 이런 말씀을 하셨습니다. "마르다야 마르다야 네가 많은 일로 염려하고 근심하나 그러나 몇 가지만 하든지 혹 한가지만이라도 족하니라" 한 가지만 해도 되는데 쓸데없이 그렇게 많이 준비하면서 괜히 짜증을 낼 필요가 없다는 말씀입니다. 실제로 마르다는 안 해도 되는 일로 마음이 분주하고 짜증을 내고 있는 것입니다.

제 친구 가운데 부지런히 돌아다니기를 아주 잘하는 목사님이 있습니다. 가만히 앉아 있는 것보다는 일을 많이 하는 성향의 목사님입니다. 그래서 이 목사님은 집에 있는 시간이 거의 없습니다. 매일 심방을 가고 결혼식에 가고 장례식에 갑니다. 또 무슨 세미나에 가고 무슨 회의에 가고 무슨 모임에 갑니다. 그러니 차분히 앉아서 책을 볼 시간이 없고 설교를 준비할 시간이 없고 또 목회를 구상할 시간이 없습니다. 이런 방식으로 평생을 목회하다가 드디어 얼마 전에 이래서는 안 되겠다는 생각을 했습니다. 자신이 이렇게 바쁘게 돌아다니면서 하는 일 가운데 절반은 안 해도 될 일이라는 판단을 했기 때문입니다. 그래서 아주 극단적인 결심을 했는데 한 해 동안 아예 교회 밖을 나가지 않는 것이었습니다. 그리고는 정말 1년간 철저하게 교회 안에 있는 훈련을 하는 것을 보았습니다.

제가 그 당시에는 이 목사님의 입장을 잘 이해를 못했는데 얼마 전에 알았습니다. 얼마 전에 제가 지방회 일을 맡게 되어 정말 많이 돌아 다녔습니다. 아마 제 생애 가운데 가장 많이 돌아다닌 해 같습니다. 목사 취임식, 장로장립식, 권사취임식, 은퇴식 등 행사가 있는 교회마다 다 가야만 했습니다. 또 지방회 내의 목사님이나 장로님 가정에 결혼식, 장례식이 있는 곳마다 다 찾아가 봐야 했고, 또 지방회 산하 기관의 행사에도 참석해야 할 경우가 많았습니다. 그러니 여간해서는 책 한권 볼 수 있는 시간을 낼 수 없고 뭔가 조용히 생각할 수 있는 시간을 만들기가 어려웠습니다. 그래서 제가 이때에 바쁘고 분주한 삶의 폐단을 뼈저리게 깨달았습니다. 여러분, 분주하면 쓸데없는 일, 안 해도 될 일을 많이 하게 됩니다. 그래서 삶의 밀도가 흐려집니다. 요즘말로 하면 영양가도 없는 일에 바쁘게 돌아다니게 된다는 말씀입니다.

셋째, 분주함은 잘못된 삶의 결과를 불러옵니다.

오늘날 대부분의 사람들에게 문제가 되는 것은 그들이 일을 적게 해서라기보다는 일을 너무 많이 하는 것 때문이라고 생각합니다. 안 해도 될 일을 너무 많이 하기 때문에 많은 문제들이 생겨난다는 말입니다. 대학의 교수들이 너무 많은 사람을 만나느라고 연구를 게을리 하고 오히려 여러 가지 비리에 연루됩니다. 정치가들이 너무 지나치게 일을 하려고 하기 때문에 기업가들에게 뇌물을 받게 되고, 기업인들이 너무 많이 활동하기 때문에 불의한 방법으로 사업을 하고 또 빚더미에 올라앉습니다. 너무 바쁘면 무엇이 옳은 일이고 무엇이 그른 일인지 판단할 여유가 없기 때문입니다. 그래서 지나친 것은 부족한 것보다 못한 경우가 많습니다.

얼마 전에 수도권에 있는 어떤 대학교에서 미국에서 박사학위를 받아온 30대의 유능한 교수가 한사람 세상을 떠났는데 그 사인은 과로였습니다. 논문 연구발표에, 강의에, 또 무슨 연구소 일에, 다른 사람의 보기에도 너무 바쁘게 다니다가 결국은 과로로 죽었다고 합니다.

우리가 부지런히 일하고 열심히 일하는 것이 귀하지만 지나치면 불신앙이 됩니다. 월요일부터 토요일까지 열심히 일하는 것은 좋은 일이지만 열심이 지나쳐서 주일까지 일하려고 해서는 안 됩니다. 그러면 그 열심이 불신앙을 불러오고 질병을 불러오고 죽음을 불러옵니다. 열심히 사업을 하는 일은 귀한 일입니다. 그러나 그 열심이 지나쳐서 수단과 방법을 가리지 않게 되면 그것은 불신앙입니다. 출세를 위하여 노력하는 것도 마찬가지입니다. 그 열심이 지나치면 갖가지 죄악을 불러오고 결국 파멸을 불러오게 된다는 사실을 기억해야 합니다.

그러나 분주하지 말라고 해서 늘 한가하게 지내라는 말은 아닙니다. 일을 바로 하기 위해서는 일하지 않는 시간이 필요하고, 인생을 바로 살기 위해서는 생각하는 시간이 필요하다는 말입니다. 주일날 하나님께 나와서 예배하는 시간은 우리의 삶의 방향을 확인하고 다짐하는 시간입니다.

하나님을 말씀을 묵상하는 시간은 우리가 무슨 일을 하고 무슨 일을 하지 말아야 될 것인지를 생각하는 시간입니다. 조용히 기도하는 시간은 우리가 무슨 일에 먼저 힘써야 할 것인지, 그것에 대한 지혜와 용기를 얻는 시간입니다.

우리가 이러한 일에 시간을 쓰는 것을 낭비하는 것으로 생각하고 이런 일을 위하여 시간을 투자하는 것에 인색하다면 우리는 영원히 분주함에서 벗어나지 못하고 일생을 허비하는 자가 되고 말 것입니다.

그래서 예수님은 제자들이 일하고 돌아 왔을 때마다 "이제 음식을 먹고 쉬라"고 말씀하셨고 또한 그들을 한적한 곳으로 인도하심으로 그들을 분주함에서 격리시켰던 것입니다.

분주한 삶에서부터 놓여나고 싶습니까? 그러면 하나님을 믿으십시오. 우리가 분주한 생활을 극복하는 근본적인 비결은 오직 믿음으로만 가능합니다. 자신이 자신의 삶을 책임지는 사람은 쉴 틈이 없습니다. 한가하게 앉아 있을 시간이 없습니다. 계속해서 정직하지 못한 궁리를 하고 계속해서 그 일을 추진해야만 합니다. 자신의 장래가 어떻게 될지 두렵기 때문입니다.

그러나 하나님께 자신을 맡기고 사는 사람은 그렇게 분주할 필요가 없습니다. 내가 할 일은 내가 하지만 그 다음의 일은 하나님께 다 맡기기 때문입니다. 그래서 이런 사람은 언제나 여유가 있고 평안이 있습니다.

"여호와께서 집을 세우지 아니하시면 세우는 자의 수고가 헛되며 여호와께서 성을 지키지 아니하시면 파수군의 경성함이 허사로다. 너희가 일찍이 일어나고 늦게 누우며 수고의 떡을 먹음이 헛되도다" 하신 말씀을 그대로 믿기 때문입니다.

분주하지 마십시오. 마음이 급할 때마다, 정신없이 일에 빠질 때마다 다시 한번 여유를 가지고 생각하십시오. 그래야만 바로 살 수 있습니다. 미국의 어떤 경건한 성도의 가정에는 집안 한 구석에 따로 의자가 놓여 있다고 합니다. 이 의자는 명상의 의자라고 하는데 그 집안 식구들 중에서 누구든지 이 의자에 앉게 되면 아무도 그를 방해하지 않는다고 합니다. 말을 걸지도 않고 일을 시키지도 않고 가만히 혼자 있게 해준다는 것입니다. 우리의 가정에도 이런 의자가 필요하지 않은지 생각해 보시기 바랍니다.

이 분주한 세상, 이 바쁜 세상에서 여유를 가지고 사시기 바랍니다. 우리 모두가 분주함에서 진정으로 해방되고 자유로워져서 여러분의 삶이 정말로 목표가 분명하고 성과가 분명한 성공하는 삶이 되시기를 바랍니다.

"오직 너희로 하여금 이치에 합하게 하여 분요함이 없이 주를 섬기라"

원 팔 연 목사

학력 및 신력

- 서울신학대학교 목회대학원
- 리버티 신학대학교 목회신학연구원
- 연세대학교 연합신학대학원

- 아세아연합신학대학교 객원교수
- 전주대학교 객원교수
- 중국연변과학기술대 이사
- 기성 부흥사협회 회장
- 미 군복 한국사령관

하나님께 귀히 쓰임 받는 인물

디모데후서 2장 20~26절

큰 집에는 금과 은의 그릇이 있을뿐 아니요 나무와 질그릇도 있어 귀히 쓰는 것도 있고 천히 쓰는 것도 있나니 그러므로 누구든지 이런 것에서 자기를 깨끗하게 하면 귀히 쓰는 그릇이 되어 거룩하고 주인의 쓰심에 합당하며 모든 선한 일에 예비함이 되리라 또한 네가 청년의 정욕을 피하고 주를 깨끗한 마음으로 부르는 자들과 함께 의와 믿음과 사랑과 화평을 좇으라 어리석고 무식한 변론을 버리라 이에서 다툼이 나는 줄 앎이라 마땅히 주의 종은 다투지 아니하고 모든 사람을 대하여 온유하며 가르치기를 잘하며 참으며 거역하는 자를 온유함으로 징계할찌니 혹 하나님이 저희에게 회개함을 주사 진리를 알게 하실까 하며 저희로 깨어 마귀의 올무에서 벗어나 하나님께 사로잡힌바 되어 그 뜻을 좇게 하실까 함이라

사람이 살면서 일할 수 있는 일터와 직분이 있다는 것은 감사한 일이며 행복한 일입니다. 그런데 이것보다 더 중요한 것은 누구에게 쓰임을 받고 사느냐 하는 문제입니다. 어떤 이는 마귀의 쓰임을 받다가 한 생을 마치는가 하면 어떤 이는 사람들에게 쓰임 받다가 생을 마치기도 합니다.

그러나 사람들에게는 물론 하나님께도 귀한 쓰임을 받다가 삶을 마치는 복 있는 사람도 있습니다. 사도바울은 디모데전서 1장 12절에 "내가 우리 주께 감사함은 나를 충성되이 여겨 내게 직분을 주심이니"라고 말했습니다.

그는 "가진 것, 얻은 것이 많다 하더라도 제일 감사한 것은 나 같은 사람에게 직분을 주신 것이다"라고 고백하고 있습니다. 그렇습니다. 세상에 살면서 하나님께 쓰임을 받고 산다는 것은 보람된 일이며 행복한 일입니다. 신앙생활을 오래하다 보면 장로, 권사, 집사, 권찰 등 많은 직분을 맡게 됩니다.

그러나 이러한 직분 주심을 감사하고 있습니까? 사실은 직분을 맡았다고 해서 다 쓰임을 받는 것이 아닙니다.

제가 4년 전 미국집회를 갔을 때 일입니다. 어떤 장로님이 저에게 말씀하셨습니다. "한국에서 오셨죠? 목회하고 계시죠? 그러면 행복하시겠습니다." "사실 한국에서 오신 목사님 중에 주일마다 어느 교회를 가야할지 망설이시는 분이 2천명이 넘습니다. 공식적인 숫자가 2000명이고 아마 비공식적으로는 더 많습니다. 목회를 하지 못하고 있는 분들이 너무나 많습니다." 저는 이 얘기를 듣고 마음이 너무나 아팠습니다. 무어라 말을 해야 할지 모르겠어서 그냥 침묵했습니다. 직분을 받았다고 해서 하나님이 다 쓰시지는 않습니다. 목사의 직분을 받은 이들도 그렇습니다.

여러분은 어떻습니까? 지금 쓰이고 있습니까?

큰 집에는 금 그릇, 은 그릇, 질 그릇, 나무 그릇이 있습니다. 그런데 주인의 마음에 맞아야 쓰임을 받는다고 성경은 말하고 있습니다. 교회에는 직분을 받은 사람들이 많이 있지만 정작 하나님께 귀히 쓰임을 받는 사람은 그리 많지 않습니다. 주인의 마음에 맞아야 하듯이 하나님 마음에 맞아야 합니다.

여러분이 저에게 "이 세상에서 제일 불행한 사람이 누구인 것 같습니까?"라고 물으신다면 저는 이렇게 대답할 것입니다. "이 세상에서 제일 불쌍한 사람이 있다면 하나님께서 전혀 관심을 두지 않는 사람입니다. 하나님께 버림 받은 사람입니다." 독자 여러분 모두는 하나님의 손에 소중한 그릇으로 쓰임 받는 복된 삶을 살수 있기를 바랍니다.

성경에 보면 유능한 사람인데도 버림을 받고 무능한 사람이라도 하나님의 손에 크게 쓰임 받는 사람이 있습니다. 과거의 경력이 화려하지만 버림받는 사람이 있는가 하면 과거에 허물이 있고 실수와 얼룩진 갖가지 부끄러운 일들이 있음에도 불구하고 하나님께 쓰임 받는 사람이 있습니다. 뿐만 아니라 질그릇 같이 천한 존재일지라도 하나님의 손에 귀히 쓰임 받는 사람이 있는가 하면 은 그릇, 금 그릇 같은 존재일지라도 쓰임 받지 못하고 하나님과 전혀 상관없는 삶을 사는 사람도 있습니다. 선택을 받고 쓰임을 받는다는 것은 참으로 귀한 일입니다.

미국 국민들에게는 '미국의 지도자는 이런 사람이 되어야 한다.'는 10가지 조건이 있다고 합니다.

① 한 마디 말로도 약속 어음을 대행 할 수 있는 인물.

즉 정직하고 진실하여 말과 행실이 일치하는 인물.

② 의지가 돌같이 강해서 어떤 일에도 흔들림이 없는 인물.

다니엘과 욥처럼 쉽게 마음이 요동치 않고 위기를 당할지라도 자기 의지를 굽힐 줄 모르는 집념의 사람.

③ 무슨 일이든지 일정한 의견을 가지고 전진하는 인물.

아메리카 대륙을 처음 발견한 콜럼버스가 "지구상에 또 다른 땅이 있다"라는 확신을 가지고 전진하여 마침내 아메리카 대륙을 발견한 것처럼 전진하는 인물.

④ 작은 일도 큰일처럼 알고 충성하는 인물.

다윗, 모세, 요셉이 그랬습니다.

⑤ 자기를 위한 야심이 아니고 주님과 국가를 위한 큰 포부와 비전을 가진 인물.

링컨은 초등학교 2학년 중퇴입니다. 그러나 그는 어렸을 때부터 밤10시부터 새벽2시까지 홀로 성전에 가서 "하나님 나는 가난한 사람입니다. 가진 것도 없습니다. 하지만 일생동안 하나님 마음에 꼭 드는 사람 되게 하시고 나 때문에 우리 조국과 사회에 크고 놀라운 일이 있을 수 있도록 나를 사용해 주세요."라고 기도했다고 합니다.

그 기도가 하나님께 상달되어 흑인을 해방시키고 전 세계인들에게 영향력 있고 존중받는 미국의 16대 대통령이 되었습니다. 링컨은 자기를 위한 꿈이 아니라 주님과 국가를 위한 큰 포부를 가지고 있었습니다. 바로 이런 인물을 말합니다.

⑥ 용기와 과단성이 풍부한 인물.

⑦ 기회를 붙잡는데 민첩한 인물.

⑧ 많은 사람들 중에 자기특성을 잊어버리지 않는 인물.

⑨ 아무리 천한 노동일지라도 천하다 생각지 않고 열심히 일하는 인물.

⑩ 실패를 거듭할지라도 결코 낙심치 않는 인물.

이런 사람들이 지도자가 될 수 있다고 생각하고 있다고 합니다. 그렇다면, 하나님께서 사용하시는 인물은 어떤 사람일까요?

무엇을 보고 쓰실까요?

첫째, 하나님은 과거를 중하게 여기지 않으시고 현실의 모습을 귀하게 여기시며 사용하십니다.

지난 날의 허물, 실수, 잘못, 추한 오점이 있을지라도 "하나님 저는 죄인입니다"하며 간절하게 가슴을 치며 애절하게 눈물 흘리며 회개하는 사람, 즉 다윗 같이 허물이 있었지만 진정으로 회개하고 돌아올 줄 아는 사람을 하나님은 쓰십니다. 지난날 주님을 배신하고 무례한 짓을 했던 베드로지만, 현실의 자기 일에 충실한 그 모습을 보시고 주님은 다시 베드로를 찾아가셨습니다.

그리고 "시몬아"하고 부르시고 그를 들어서 귀하게 사용하셨습니다. 그것 뿐만이 아닙니다. 모세는 어찌보면 지난 날 자기 동족을 구원하려다 애굽 사람을 죽인 살인자이지만 주님은 이스라엘의 위대한 영도자로 그를 귀하게 사용하셨습니다.

야곱은 삼촌을 속이고 형을 속인 사기꾼이며 거짓말쟁이였습니다. 그런데 그가 하나님 앞에 "하나님이여 나를 축복해 주시지 않으면 나는 이 자리에서 떠나지 않겠습니다. 나를 축복해 주십시오."라고 간절하게 기도한 그 모습을 보고 하나님은 야곱을 사용하셨습니다.

바울은 핍박자요, 폭행자요, 훼방자 이었지만 하나님께서는 그의 열정을 보시고 다메섹에서 "사울아, 사울아"라고 부르시고 사용 하셨습니다.

하나님은 언제 어디에서나 똑똑하고 말 잘하고 유능한 사람을 쓰신 것이 아닙니다. 겸손하고 온유한 사람을 선택해서 하나님의 귀한 인물로 쓰신 것입니다. 하나님께서는 과거를 기억하지도 생각하지도 않으시는 분입니다.

사랑하는 독자 여러분!

과거에 집착하시지 마십시다. 과거는 흘러갔습니다. 다시는 오지 않습니다. 현실에 최선을 다하면 그 현실을 보시고 하나님은 우리를 쓰십니다. 하나님께 감사할 것이 너무나 많습니다.

저도 이 설교를 준비하면서 "하나님 너무나 감사합니다. 아내를 주신 것에, 대한민국에 사는 것에, 좋은 교회를 주신 것에도 감사하지만 이 종의 과거가, 지난 날의 모습이 자랑스러운 것이 없지만 과거를 묻지도 기억지도 아니하시고 이렇게 이 강단에서 나를 쓰신 하나님, 너무 감사합니다"라는 말이 저절로 터져 나왔습니다.

하나님은 우리의 과거를 묻지도 기억하지도 않습니다. 알려하지도 않습니다. 독자 여러분 기억하시기 바랍니다. 하나님은 과거를 보지 않습니다. 현실에 최선을 다하고 열심히 살고 충성하고 겸손하고 온유하며 지난 날의 죄를 가슴깊이 회개하면 하나님은 우리의 손을 붙잡아 주실 것입니다. 그런 사람을 쓰실 것을 믿습니다. 과거는 떠나갔습니다. 잊어버리시길 바랍니다. 현실이 중요한 것입니다. 현실에 충성하시기 바랍니다.

둘째, 하나님은 누구를 쓰십니까? 하나님은 외모를 보지 않고 중심을 보고 사용하시는 분입니다.

"사무엘아, 용모와 신장을 보지 말아라. 내가 이미 사울을 버렸도다. 나의 보는 것은 사람과 같지 아니하니 사람은 외모를 보거니와 나 여호와는 중심을 보느니라." 그렇습니다. 사람은 외모를 보고 가치를 평가합니다. 그 사람의 위치나 자리를 봅니다. 그런데 하나님은 외모를 보지 않고 중심을 보고 쓰신다고 말씀하셨습니다. 사도행전 13장에서 "이새의 아들 다윗을 보니 내 마음에 합한 자다"라고 했습니다. 하나님 마음에 쏙 들었다고 합니다.

오늘 예수님께서 바울교회 안에 들어오셔서 "이 장로, 이 권사, 이 집사, 내 마음에 쏙 드는구나" 그렇게 생각하신 사람이 누구일까요? 바로 여러분이 그러한 사람들이 되시기를 바랍니다.

하나님께서는 다윗의 중심에 흘러내리는 보배로운 믿음을 보았습니다. 다른 사람 같으면 골리앗 장군 앞에 나왔을 때 감히 설수도 없었을 것입니다. 그러나 다윗은 블레셋 골리앗 장군에게 "너는 칼과 창과 단창으로 내게 오거니와 나는 만군의 여호와의 이름 곧 네가 모욕하는 이스라엘 군대의 하나님의 이름으로 네게 가노라"고 하였습니다.

그의 믿음이 얼마나 놀랍습니까? 하나님만 의지했습니다. 하나님만 바라보고 믿었습니다. 다윗의 중심 속에 자리 잡고 있는 그 보배로운 믿음을 보시고 하나님은 다윗을 위대한 인물로 쓰신 것입니다. 하나님은 믿음 있는 자를 들어서 귀하게 쓰시는 줄을 믿으시기 바랍니다. 다윗의 중심에 무엇이 있습니까? 충성심이 있습니다. 다윗은 자기에게 맡겨진 일에 불평 불만 없이 자기 일에 충실했습니다. 책임감이 강했습니다. 하나님은 언제 어디에서나 성실한 사람을 쓰십니다. 성실한 기업가, 정치가, 학자, 목회자, 성실한 사람을 쓰십니다.

엘리사가 그냥 부름 받았습니까? 열심히 땀을 흘리며 밭을 갈 때 "엘리사야"라고 부르셨습니다. 마태가 최선을 다해 사무를 볼 때 "마태야"라고 부르셨고 베드로가 밤새 고기를 잡을 때 "시몬아"라고 부르셨습니다. 사랑하는 독자 여러분 열심히 일할 때, 충실할 때 하나님께서는 여러분을 부르실 것입니다.

다윗의 중심에서 무엇을 보셨습니까? 다윗은 정직히 살았습니다. 하나님께서는 다윗의 중심에 있는 정직함을 보신 것입니다. "이는 다윗이 헷 사람 우리아의 일 외에는 평생에 여호와 보시기에 정직히 행하고 자기에게 명하신 모든 일을 어기지 아니하였음이라"고 하였습니다.

사람들도 정직한 사람을 좋아하지만 하나님께서도 정직한 사람을 사랑하십니다. 양심적인 사람, 깨끗한 사람. 바로 다윗의 모습이었습니다. 그래서 하나님은 다윗의 지난 날 과거를 보지 않고, 외모를 보지 않고, 그의 믿음, 성실, 정직을 보시고 이스라엘의 두 번째 왕으로 삼으셨음을 믿으시기 바랍니다.

끝으로, 하나님은 누구를 들어 쓰실까요?
그릇의 모양을 보고 쓰시는 것이 아니라 그릇의 상태를 보고 쓰십니다. 다시 말하면 하나님께서는 그릇이 더러운가, 깨끗한가를 보고

사용하십니다.

오늘 본문을 다시 한번 봅시다. 금 그릇, 은 그릇, 나무 그릇, 질그릇이 있습니다. 그런데 깨끗한 그릇을 쓰신다고 말씀하십니다. 많이 배웠다고, 지난 날 화려한 배경을 가졌다고, 똑똑하고 말 잘하고 유능하다고, 좋은 학위를 가졌다고, 쓰시는 것이 절대 아닙니다. 무엇을 보십니까? 깨끗한 그릇인가 하는 것을 보십니다. 하나님께서는 **깨끗한 그릇을 가진 사람을 사용하십니다.**

바울사도의 생활을 보면서 제 마음에 의문이 생겼습니다. 바울이 그의 뒤를 이을 후계자를 선택할 때 유능하고 은사 있고 능력 있는 사람을 선택하리라고 생각이 되지만 능력 있는 사람도 아니고, 은사 있는 사람도 아니고, 기도해서 병 나은 사람도 아니고, 방언하는 것도 아니고, 외모가 출중한 사람도 아닌 오히려 병을 가졌고 나약하고 별 볼 일 없는 디모데를 후계자로 삼는 것을 보고 놀라지 않을 수 없었습니다. 왜 디모데를 후계자로 삼았을까요? 그에게는 분명히 남다른 것이 있었습니다. 디모데가 가진 것이 무엇입니까? 거짓 없는 믿음, 청결한 양심입니다. 청렴결백한 사람을 하나님께서는 들어 쓰시는 것입니다. 금·은그릇이 중요한 것이 아닙니다. 질그릇, 나무그릇이라도 그릇이 깨끗하면 하나님의 손에 쓰여지는 것입니다.

요즘 유행하는 말에 얼짱, 몸짱이라는 말이 있습니다만 외모가 중요한 것이 아닙니다. 중요한 것은 하나님 앞에 깨끗해야 한다는 사실입니다. 모세가 이스라엘 백성들 중에 천부장, 백부장, 오십부장, 십부장을 세웠을 때 그 기준이 무엇이었습니까?

① 하나님을 경외할 줄 알고,

② 청렴결백하고,

③ 진실무망한 사람이었습니다. 예전이나 지금이나 하나님께서는 청렴결백한 사람을 쓰십니다.

이제 4월이면 국가의 중대사 가운데 하나가 있습니다. 많은 사람들이 지역사회를 위해 발 벗고 나서고 있는데 얼마나 좋은 일입니까? 지역사회를 위해 희생하는 것은 대단한 일입니다.

그러나 정작 중요한 것은 그들이 진실로 일할 만한 일꾼인가 하는 점입니다. 성실하며 청렴결백한 사람이 국회에 입성해야 됩니다. 깨끗하지 못하면 서로 불행합니다. 권세자들의 마음이 깨끗하지 못하면 나라에 혼란이 옵니다. 기업가들이 깨끗하지 못하면 국민이 불행합니다. 학자들이 깨끗하지 못하면 사회가 악해집니다. 하나님 앞에 합당한 사람이 선출 될 수 있도록 특별한 관심을 갖고 기도하는 우리가 되어야 하겠습니다.

사랑하는 독자 여러분!

우리는 신앙인으로서 마귀에게 쓰임 받아서는 안됩니다. 사람들에게 쓰임 받고 적당히 살다가 죽어서도 안됩니다. 최소한 세상에 태어나 장로가 되고 권사가 되고 목사가 되었다면 하나님의 손에 귀중하게 쓰임을 받아야 멋있는 인생, 가치 있는 인생을 살았다고 말할 수 있지 않을까요?

사랑하는 독자 여러분!

호소합니다. 하나님은 과거를 묻지도 않습니다. 생각지도 않습니다. 과거는 흘러갔으니 오늘 지금 이 시간 정직하게 깨끗하게 겸손하게 회개하면서 주어진 일터에서 땀 흘리며 열심히 일하면 모두다 하나님의 귀한 인물로 쓰임을 받을 줄 믿습니다.

세브란스병원 기공식(1902)

완공된 세브란스병원(1904)

김 경 철 목사

대한예수교 장로회 **반 석 교 회**

✝ 주소 : 서울특별시 강북구 미아2동 791-684
✝ 전화 : 02)982-9804, 982-7296
✝ E-mail : bansukch77@hanmail.net

학력 및 신력

- 총신신학대학원 졸업(M.Div)
- 연세대학교 연합신학대학원 졸업
- 미국 캘리포니아 성서대학교 졸업(TH.B)
- 미국 캘리포니아 성서대학원 졸업(TH.M)
- 대한예수교장로회 황해노회 서울시 시찰장
- 대한예수교장로회 황해노회 군목부장
- (사)민족복음화운동본부 선교위원장
- 한국기독교부흥사회 사무총장, 실무회장
- 경찰복음화 중앙협의회 대표회장
- 경찰신문사 대표
- (사)공해추방국민운동중앙본부 기독교중앙협의회 대표회장
- 대한예수교장로회(합동) 반석교회 담임목사

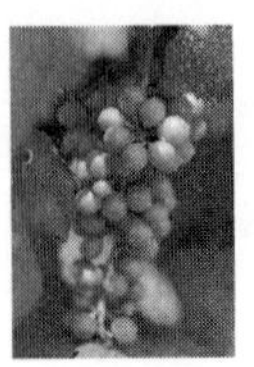

위기 속에서의 신앙고백

하나님이여 나를 보호하소서 내가 주께 피하나이다 내가 여호와께 아뢰되 주는 나의 주시오니 주 밖에는 나의 복이 없다 하였나이다 땅에 있는 성도는 존귀한 자니 나의 모든 즐거움이 저희에게 있도다 다른 신에게 예물을 드리는 자는 괴로움이 더할 것이라 나는 저희가 드리는 피의 전제를 드리지 아니하며 내 입술로 그 이름도 부르지 아니하리로다 여호와는 나의 산업과 나의 잔의 소득이시니 나의 분깃을 지키시나이다 내게 줄로 재어 준 구역은 아름다운 곳에 있음이여 나의 기업이 실로 아름답도다 나를 훈계하신 여호와를 송축할찌라 밤마다 내 심장이 나를 교훈하도다 내가 여호와를 항상 내 앞에 모심이여 그가 내 우편에 계시므로 내가 요동치 아니하리로다 이러므로 내 마음이 기쁘고 내 영광도 즐거워하며 내 육체도 안전히 거하리니 이는 내 영혼을 음부에 버리지 아니하시며 주의 거룩한 자로 썩지 않게 하실 것임이니이다 주께서 생명의 길로 내게 보이시리니 주의 앞에는 기쁨이 충만하고 주의 우편에는 영원한 즐거움이 있나이다

사람이 극한 곤경에 처했을 때, 인격과 품행이 드러나게 되어 있습니다.

심지어는 고스톱을 치다 보면 그 사람의 됨됨이가 다 드러난다고 하지 않습니까? 신앙인들의 믿음은 곤경에 처했을 때 드러나기 마련입니다.

여러분은 가장 어려운 일을 만났을 때 어떤 모습을 보이셨습니까?

다윗이 아주 심각한 위기에 처했을 때 어떤 자세를 보여주었는가를 잘 기록해 주고 있습니다.

시편 3편 1절을 보면 "여호와여 나의 대적이 어찌 그리 많은지요 일어나 나를 치는 자가 많소이다"라고 고백하는 것을 볼 수 있습니다. 무수히 많은 적들이 다윗을 괴롭히고 있다는 것을 알 수 있습니다.

본문으로 돌아가 보면 "다윗"이 아주 큰 위기에 처해 있음을 짐작케 합니다. 그는 아마도 죽음을 위협 받고 있는 위기에 놓여 있었던 것 같습니다.

1절에서 그는 이렇게 고백합니다. "하나님이여 나를 보호하소서 내가 주께 피하나이다" 하나님이 보호해 주시지 않으면 나는 죽을 수밖에 없으니 꼭 보호해 주실 것을 호소하고 있는 것입니다.

그러면 다윗은 이런 절망적인 위기에서 어떤 믿음의 저력을 발휘하고 있습니까? 그의 신앙을 살펴보며 오늘의 위기를 극복해 나아갈 수 있기를 바랍니다.

첫째, 다윗은 "오직 예수"를 외치는 신앙인이었습니다.

2절을 보면 "내가 여호와께 아뢰되 주는 나의 주시오니 주 밖에는 나의 복이 없다 하였나이다"

"주님 외에는 나의 복이 없다"는 고백입니다.

다윗은 물질도 명예도 관심이 없었습니다. 오직 그의 관심은 주님뿐이었습니다. 물질은 없어도 좋다는 것입니다. 명예 따위는 없어도 된다는 것입니다. 오로지 그의 관심은 주님뿐이요, 그에게 복이 될 수 있는 것은 주님 자체라고 고백합니다. 그는 주님만이 참된 행복의 원천이요, 인간답게 살 수 있는 근원이 되시는 분이라고 믿었습니다.

4절에서는 "다른 신에게 예물을 드리는 자는 괴로움이 더할 것이라 나는 저희가 드리는 피의 전제를 드리지 아니하며 내 입술로 그 이름도 부르지 아니하리로다"고 합니다. 여호와 외에는 내 입술로 다른 신을 부르지 않겠다는 것입니다.

어떤 이들은 교회를 떠나 절을 찾기도 합니다. 또 어떤 이들은 무당을 찾아 손을 비비며 굿을 하기도 합니다. 개중에는 대학 입시 때가 되면 집사님 권사님들이 점을 보러 다닌다는 이야기를 듣기도 합니다.

어려움이 왔다고 교회를 떠난 것입니다. 아들이 대학에 꼭 합격하기를 원해서 점을 보러 다니는 것입니다. 아마도 그들에게는 하나님보다 부처나 점쟁이가 더 위대하게 여겨진 모양입니다.

그러나 다윗을 보십시다. 그는 생명이 위협을 받는 고난 속에서도 여호와를 버리지 않았습니다. 그리고 다짐하기를 "주님만이 나의 진정한 복이 되시기 때문에 나의 입술로 다른 신의 이름을 부르지 않겠다"고 결심하고 있습니다.(4절)

위기 속에서도 변치 않는 믿음, 절망 속에서도 여호와만 의지하는 그의 신앙을 본받아야 하겠습니다.

사랑하는 독자 여러분!

시대가 어렵다고 해서, 고난과 위기가 왔다고 해서 하나님을 버리시겠습니까? 살아 계신 하나님이 분명히 계시거늘 절망과 슬픔에 잠겨 땅만 보고 살아가실 것입니까? 안됩니다.

어려울 때일수록 하늘을 바라볼 수 있는 신앙인이 되어야 합니다. 위기가 닥쳐올수록 다윗처럼 믿음의 저력을 발휘할 수 있는 성도가 되어야 하겠습니다. 내 기도를 들으시고 응답하시는 주님을 붙들고 약해진 무릎에 힘을 모아 일어서는 믿음의 사람이 됩시다. 주님은 약한 자를 도우시고 나의 무릎을 강하게 역사 해 주실 것입니다.

둘째, 하나님이 내 우편에 계신다는 신앙을 가지고 있었습니다.

8절에 "내가 여호와를 항상 내 앞에 모심이여 그가 내 우편에 계시므로 내가 요동치 아니하리로다"라고 고백합니다.

다윗은 위기 속에서도 요동치 않는다고 고백했습니다. 그 이유는 하나님이 내 우편에 계셔서 나를 붙들어 주시기 때문이라는 것입니다. 다윗은 이것을 잘 알고 있었기 때문에 "내가 항상 여호와를 내 앞에 모신다"고 고백하고 있는 것입니다.

여호와를 섬기되 "항상" 섬긴다는 것입니다. 환경 따라 뒤바뀌는 신앙이 아니라 기쁠 때나 괴로울 때나 항상 주님만을 섬기며 산다는 말입니다.

우리의 신앙은 어떻습니까?

장마철에 해가 나왔다가 금새 비가 오고, 또 잠시 후에 해가 비취는 것을 반복할 때, 이것을 "여우 비"라고 하기도 하고 "호랑이 장가간다"고 말하기도 합니다.

혹시 우리의 신앙이 "여우 비" 같지는 않은지요?

혹시 호랑이 장가가듯이 변덕스런 신앙을 가지고 있지는 않은지 반성해 보아야 하겠습니다.

다윗을 보십시다.

그는 어떤 위기에서도 하나님을 버리지 않았을 뿐더러 자기의 입술로 다른 신을 부르지 않겠다고 고백하지 않습니까?

독자 여러분도 주님이 내 우편에서 나를 보호하고 계시다는 믿음을 갖고 용기와 희망을 잃지 않고 믿음으로 승리하실 수 있기를 주님의 이름으로 축원합니다.

셋째, 다윗은 부활의 신앙을 믿고 있었습니다.

10절에 "이는 내 영혼을 음부에 버리지 아니하시며 주의 거룩한 자로 썩지 않게 하실 것임이니이다"라고 고백합니다.

이 말씀은 베드로와 바울이 예수 그리스도의 부활 사건을 증거할 때 인용했던 구절입니다(행 2: 31, 13: 35절).

설령 육신이 죽는다 할지라도 하나님은 우리에게 부활의 영광을 주신다는 고백입니다.

"익나티우스"는 "트라야누스 황제" 때 핍박을 받아 로마로 호송되어 맹수의 밥이 되어 순교했던 사람입니다. 그가 로마로 호송되려고 할 때, 그 소식을 들은 교우들이 구명 운동을 벌이고 있었습니다. 그 때, "익나티우스"는 서머나에서 로마로 이런 편지를 썼습니다.

"…나를 맹수에게 주어서 그들을 통하여 하나님께 이르도록 하라. 맹수의 이에 갈려 그리스도의 순전한 떡이 되리라. 오히려 맹수들을 추켜들어 그들로 나의 무덤이 되게 하여 내가 잠든 후 내 몸의 어느 한 부분도 남겨져 다른 사람의 수고가 되지 않게 하라. 나로 맹수의 즐거움을 갖게 하라. …보이는 것들이나 보이지 않는 것들이나 그리스도에게 이름을 시기하지 말라. 오라! 불이든 철이든 맹수의 움키고 끊고 뼈를 부수고 사지를 자르고 온 몸을 부셔 버리는 것들이라도. 오라! 악마의 잔인한 고문도. 그것들은 오직 나로 그리스도에게 이르게 하는 것 뿐이리라. 온 세상인들 무슨 유익이 있으랴, 땅 끝의 나라를 다스리는 것보다 그리스도를 위하여 죽는 것이 낫다. …만일 그대들이 내 목숨을 구한다면 그것은 사랑이 아니라 나를 시기하고 미워하는 것뿐이리라."

사랑하는 독자 여러분!

이 고백은 죽음 후에 다가올 부활의 영광을 확실히 믿고 있다는 것을 증명해 줍니다. 부활이 있기에 우리는 담대할 수 있습니다. 음부에 내버려두지 아니하시고 부활의 생명을 주시기에 우리는 순교 할 수 있습니다.

다윗은 위기 속에서도 부활의 신앙을 갖고 어려움을 이겨낸 신앙인입니다. 우리도 그의 믿음을 본받아 오늘의 고난을 믿음으로 이겨내야 하겠습니다. 위기 속에서 절망하지 않고 믿음의 저력을 발휘했던 다윗 같은 믿음의 장수들이 다 되시기를 주님의 이름으로 축원드립니다.

류 수 풍 목사

기 독 교 대한감리회 **배 양 교 회**

✟ 주소 : 경기도 화성시 태안읍 배양동 19-159
✟ TEL : 031)222-0087
✟ E-mail : 19-159@hanmail.net
✟ http://www.baeyang.or.kr

학력 및 신력

- 협성대학교 졸업(B.A.)
- 감리교 신학대학원 졸업(M.A.)
- 연세대학교 연합신학대학원 졸업(M.A.)
- 천안대학교 실천목회대학원 졸업(Th.M.)
- 광운대학교 정보복지대학원 졸업(M.S.)
- 트리니티 신학대학원 졸업 철학박사(MA,Ph.D.)
- 루지아나 침례신학대학원 졸업 신학박사(Th.D.)

- 원주 만종교회
- 강화 양갑교회
- 강화 내서교회
- 현 오산 배양감리교회
- 연신원 3대 동문회장
- 협성대학교 총동문회장

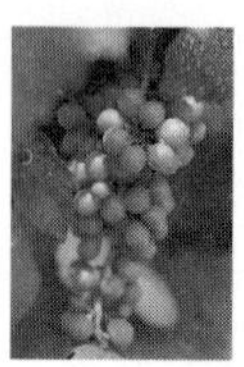

왜 마음먹은 대로 안 되는가?

여호수아가 아침에 일찌기 일어나서 이스라엘 사람들로 더불어 싯딤에서 떠나 요단에 이르러서는 건너지 아니하고 거기서 유숙하니라 삼일 후에 유사들이 진중으로 두루 다니며 백성에게 명하여 가로되 너희는 레위 사람 제사장들이 너희 하나님 여호와의 언약궤 메는 것을 보거든 너희 곳을 떠나 그 뒤를 좇으라 그러나 너희와 그 사이 상거가 이천 규빗쯤 되게 하고 그것에 가까이 하지는 말라 그리 하면 너희 행할 길을 알리니 너희가 이전에 이 길을 지나보지 못하였음이니라 여호수아가 또 백성에게 이르되 너희는 스스로 성결케 하라 여호와께서 내일 너희 가운데 기사를 행하시리라 여호수아가 또 제사장들에게 일러 가로되 언약궤를 메고 백성 앞서 건너라 하매 곧 언약궤를 메고 백성 앞서 나아가니라 여호와께서 여호수아에게 이르시되 내가 오늘부터 시작하여 너를 온 이스라엘의 목전에서 크게 하여 내가 모세와 함께 있던 것 같이 너와 함께 있는 것을 그들로 알게 하리라 너는 언약궤를 멘 제사장들에게 명하여 이르기를 너희가 요단 물가에 이르거든 요단에 들어서라 하라 여호수아가 이스라엘 자손에게 이르되 이리 와서 너희 하나님 여호와의 말씀을 들으라 하고 또 말하되 사시는 하나님이 너희 가운데 계시사 가나안 족속과 헷 족속과 히위 족속과 브리스 족속과 기르가스 족속과 아모리 족속과 여부스 족속을 너희 앞에서 정녕히 쫓아내실 줄을 이 일로 너희가 알리라 보라 온 땅의 주의 언약궤가 너희 앞서 요단으로 들어가나니 이제 이스라엘 지파 중에서 매 지파에 한 사람씩 십 이명을 택하라 온 땅의 주 여호와의 궤를 멘 제사장들의 발바닥이 요단 물을 밟고 멈추면 요단 물 곧 위에서부터 흘러 내리던 물이 끊어지고 쌓여 서리라 백성이 요단을 건너려고 자기들의 장막을 떠날 때에 제사장들은 언약궤를 메고 백성 앞에서 행하니라 (요단이 모맥 거두는 시기에는 항상 언덕에 넘치더라) 궤를 멘 자들이 요단에 이르며 궤를 멘 제사장들의 발이 물가에 잠기자 곧 위에서부터 흘러 내리던 물이 그쳐서 심히 멀리 사르단에 가까운 아담 읍 변방에 일어나 쌓이고 아라바의 바다 염해로 향하여 흘러가는 물은 온전히 끊어지매 백성이 여리고 앞으로 바로 건널째 여호와의 언약궤를 멘 제사장들은 요단 가운데 마른 땅에 굳게 섰고 온 이스라엘 백성은 마른 땅으로 행하여 요단을 건너니라

2002년 "이주일 신드롬"리란 말이 유행했을 때 이야기 입니다. 담배를 좋아하는 한 형제를 목사님이 전도하기 위하여 부지런히 찾아다녔습니다. 중고전자제품 장사를 하는 형제입니다.

가게 안에 들어서면 역한 냄새가 납니다. 목사님이 한번 방문해서 가게에 이렇게 역한 냄새가 나면 손님들이 오지 않으니까 가게를 청결하게 하라고 일러 주었습니다. 그리고 다음 주에 갔더니 가게에 냄새가 나지 않았습니다. 목사님은 "가게에 담배 냄새가 나지 않아서 좋다"고 칭찬해 주었습니다. 그 형제는 이렇게 말했습니다. 목사님 저 금년부터 담배끊으려고 노력하고 있습니다. 이주일 신드롬도 있고 해서 집에 가서는 거의피지 않고 가게에서도 하루에 한 두개비 정도만 피웁니다. 담배 냄새가 덜 나는 이유를 말했습니다.

이주일씨가 담배를 많이 피워서 암에 걸렸다는 소문을 듣고 담배를 끊는 사람들이 아주 많았습니다. 그런데 그 때 담배끊은 사람들이 거의 다 다시 담배를 피운다고 합니다. 결심을 하고 끊었지만 몇 개월 지나면 원상태로 되돌아갔습니다. 사람들이 그렇게 쉽게 담배를 끊지 못합니다. 이 분 역시 담배를 끊고자 하는 결단이 제대로 지켜지지 않는다고 합니다. 이 분도 집에서는 한 대도 안 피우기로 약속하고 노력하지만 가끔씩 집에서도 참지 못하고 담배를 피운다고 했습니다.

그러면 부인이 "남자가 한번 안 피운다고 했으면 끊어야지 그까짓 담배 하나 못 끊고 쩔쩔맨다"고 핀잔을 준다는 것입니다. 그러나 그 부인이 무언가 잘못 안 것입니다. 그까짓 담배가 아닙니다. 남자 아니라 남자 할아버지라도 결국은 남자이지만 수년 동안 피우던 담배를 끊는 것이 그렇게 쉬운 일이 아닙니다.

논리적으로 생각하면 간단하고 지극히 당연한 일이지만 그 쉬운 일을 쉽게 하지 못합니다. 그런데 본문 성경말씀을 보면 사람이 상상할 수 없는 엄청난 일을 마음먹은 대로 착착 진행시켜 나가는 사람을 볼 수 있습니다. 바로 여호수아입니다. 여호수아는 모세의 후계자였습니다. 모세는 요단강 근처까지 백성들을 인도한 후에 죽었습니다. 그리고 여호수아를 후계자로 세웠습니다. 여호수아는 백성들의 지도자로 일을 시작하자마자 엄청난 장애들을 만났습니다.

여호수아의 사명은 백성들을 가나안 땅으로 인도하는 일인데 가나안 땅에 들어가려면 반드시 건너야 하는 강이 있었습니다. 여호수아는 수십만 명이 넘는 군중을 이끌고 요단강을 건넜습니다. 그가 마음먹은 대로 성취할수 있었다는 것입니다.

우리도 여호수아처럼 마음먹은 대로 이룰 수 있는 방법이 없겠습니까? 사람들은 노력하면 된다고 합니다. 그러나 아무리 노력해도 안 되는 일이 있습니다.

종합병원 소아암 병동에 가면 불쌍한 아이들이 얼마나 많은지 모릅니다. 이제 겨우 한 살, 두 살, 초등학교 다니는 열살 아래 아이들이 암에 걸려서 머리가 다 빠지고 독한 항암주사와 싸우고 있습니다. 아이들 죽어 가지만 부모가 할 수 있는 것은 없습니다. 아이의 고통을 대신해 주고 싶어도 방법이 없습니다.

사람들은 의지가 강하면 할 수 있다고 말합니다. 머리 나쁜 사람이 의지가 강하다고 좋아집니까? 가정생활의 평화를 원하는 사람들이 의지가 강하다고 평안이 찾아옵니까? 병들고 나이 먹으면 의지가 강해도 할 수 없습니다. 아무리 달리고 싶은 의지가 충천해도 병 나서 말을 안 듣는데 어떻게 합니까? 마음은 있지만 몸이 말을 안 들으면 의지도 소용없습니다. 박찬호 같은 야구 선수, 박세리 같은 골퍼같이 타고난 재능이 있어야 합니다.

확실히 재능을 가지고 태어난 사람들이 성공하기가 쉽습니다. 그러나 재능이 성공을 보장해 주지 못합니다. 재능을 가졌지만 재능 때문에 교만해서 망한 사람들이 있습니다. 재능을 믿고 게으름을 피우다가 재능이 모자란 사람보다 더 무능한 사람이 되기도 합니다. 노력, 의지력, 재능 이 세 가지를 다 가져도 자신의 일을 마음먹은 대로 성취하지 못합니다.

인간이 마음먹은 대로 일을 성취할 수 있으면 스스로 하나님인 줄로 착각할 것입니다. 그래서 인간이 하나님의 간섭을 벗어나고자 바벨탑을 쌓았을 때에 언어를 혼잡케 하여서 바벨탑을 쌓지 못하게 하였습니다. 하나님은 이 세상의 모든 일이 사람의 뜻대로 되지 않게 하셨습니다. 인간의 한계를 철저하게 경험하여 절망하게 만든 다음 하나님을 찾게 하십니다.

그러므로 하나님은 인간이 마음 먹은 대로 성취하지 못하도록 하십니다. 세상의 모든 일은 사람의 노력과 의지와 재능으로 되는 것이 아니고 하나님의 계획하신 대로 이루어지기 때문입니다.

"만군의 여호와께서 말씀하시되 이는 힘으로 되지 아니하며 능으로 되지 아니하고 오직 나의 신으로 되느니라"(스가랴 4:6)

"사람의 마음에는 많은 계획이 있어도 오직 여호와의 뜻이 완전히 서리라"(잠언 19:21절)

"사람이 마음으로 자기의 길을 계획할지라도 그 걸음을 인도하는 자는 여호와시니라"(잠언 16:9절) 사람은 큰일 뿐만 아니라 지극히 작고 간단한 일도 내 마음대로 안되는 것을 경험합니다.

저도 저 자신이 한심스러울 때가 많이 있습니다. 목사가 되가지고 이 정도도 못하느냐 하고 자신이 무능함을 한탄할 때가 있습니다. 무엇인가 하겠다고 결심하고 생각하지만 아주 작은 방해만 생겨도 뒤로 물러섭니다. 의지가 너무도 약하다는 것입니다.

우리에게 바로 이런 경험이 필요합니다. 내가 노력하고 애써도 할 수 없는 일이 있고 내가 아무리 결심해도 마음먹은 대로 실천하지 못하는 나약한 모습을 발견해야 합니다.

하나님께서 원하는 삶을 살고 주님안에서 소원을 성취하기 위해서 어떻게 해야 되겠습니까? 우리가 마음먹은 것을 성취하기 위해서는 여호수아처럼 하면 됩니다.

첫째, 부지런해야 합니다.

"여호수아가 아침에 일찍이 일어나서(본문1절)"

부지런한 사람들의 공통점은 일찍 일어납니다. 여호수아는 부지런한 사람이었습니다. 비록 모든 것이 사람의 노력과 의지와 재능으로 되지 않는다는 것을 알았지만 인간적인 노력을 포기하지 않았습니다.

모든 것이 하나님의 뜻대로 된다고 해서 사람은 할 일이 아무것도 없다는 뜻이 아닙니다. 하나님은 보잘것 없는 사람의 노력과 재능과 의지를 사용하셔서 하나님의 일을 이루십니다. 다른 사람들에게 전도할 때 우리가 말을 잘해서 그를 예수 믿게 할 수 없습니다. 부족하지만 내가 전하면 하나님께서는 그 마음을 움직이십니다. 그러나 내가 전도를 해야 그 전도를 통하여 하나님이 상대방의 마음을 움직이십니다.

담배를 끊고 술을 끊는 것은 사람의 의지로 어렵습니다. 그러나 노력을 해야 합니다. 노력을 하면 하나님이 도와주십니다.

예수님처럼 거룩하게 살고 싶습니까? 우리의 노력과 내 성품으로는 도저히 예수님처럼 살 수 없습니다. 그러나 예수님처럼 살려고 노력해야 합니다. 노력할 때 하나님께서 그 작은 노력을 이용하셔서 그렇게 살도록 도와주십니다. 하나님의 큰 일을 이룬 사람들은 모두 부지런한 사람들이었습니다.

예수님께서 제자들을 선택하실 때에 한가지 기준이 있었습니다. 그들은 모두 부지런한 사람들이었습니다.

세상을 부지런히 살아야 합니다. 예수 믿으려면 열심히 믿어야 합니다. 열심히 믿다 보면 게으르게 믿는 사람들보다 실수도 하고 힘도 더 들고 시험도 많습니다. 그러나 그런 것까지도 하나님께서 사용하셔서 부지런하고 열심 있는 사람들의 신앙을 성장하게 하십니다.

둘째, 죄를 끊어야 합니다.

아무거나 열심히 하면 되는 것이 아닙니다. 죄짓는 일은 열심히 할수록 길이 막힙니다. 여호수아는 백성들에게 요단강을 건너기 전에 성결케 하라고 하였습니다. "여호수아가 또 백성에게 이르되 너희는 스스로 성결케 하라 여호와께서 내일 너희 가운데 기사를 행하시리라"(본문 5절)

여호수아는 백성들에게 여호와께서 일하게 하시려면 성결하게 하라고 하였습니다. 죄된 생활을 끊으라는 말입니다. 죄에서 떠나지 않으면 신앙이 성장하지 않습니다. 내가 바라는 것을 성취하려면 먼저 죄를 끊어야 합니다. 죄를 지으면 하나님께서 우리와 함께 하시지 않습니다. 하나님께서 우리를 돕지 못하신 것은 우리의 죄 때문입니다.

"여호와의 손이 짧아 구원치 못하심도 아니요 귀가 둔하여 듣지 못하심도 아니라 오직 너희 죄악이 너희와 너희 하나님 사이를 내었고 너희 죄가 그 얼굴을 가리워서 너희를 듣지 않으시게 함이니"(사 59:1~2절)

여러분! 살다가 아무리 노력하고 애써도 안 되는 일이 있으면 자신을 철저하게 살펴서 나의 삶에 죄가 있는가 살펴야 합니다. 죄를 놔둔 채 하나님께서 우리를 도와 주시지 않습니다.

여호수와가 여리고를 정복한 다음에 두번째 아이성을 정복하려고 하였습니다. 여리고에 비하면 아이성은 아주 작은 성이었습니다. 전에 그보다 훨씬 크고 강한 여리고 성을 쉽게 무너뜨렸기 때문에 아이성은 쉽게 무너뜨릴 것이라고 생각하고 이스라엘 백성들이 정복에 나섰습니다. 그러나 결과는 비참했습니다. 아이성 군인들에게 많은 이스라엘 군인들은 죽고 백성들은 낙담하였습니다.

여호수아가 "하나님 왜 우리가 마음먹은 대로 아이성을 정복하지 못하고 계속 피합니까?"라고 물었을 때 아간이라는 사람이 하나님께 드려야 할 물건을 훔쳐간 죄 때문에 여호수아가 아이성을 정복하지 못한 것을 알았습니다. 죄를 지으면 우리의 신앙이 자라지 않습니다.

그러므로 우리는 성결한 삶을 살아야 합니다. 건강과 신앙에 도움이 되지 않는 음식은 끊어야 합니다. 하나님이 기뻐하시지 않는 습관은 버려야 합니다. 마음에 죄악을 품고 죄된 생활을 하는 사람들에게 하나님의 능력은 나타나지 않습니다.

"내가 내 마음에 죄악을 품으면 주께서 듣지 아니하시리라"(시 66:18절)

셋째, 하나님의 말씀을 따라야 합니다.

요단강을 건널 때에 여호수아는 백성들에게 언약궤을 보고 언약궤를 따라 움직이라고 하였습니다. "백성에게 명하여 가로되 너희는 레위사람 제사장들이 너희 하나님 여호와의 언약궤 메는 것을 보거든 너희 곳을 떠나 그 뒤를 좇으라"(본문 3절)

언약궤 안에는 십계명이 들어 있었습니다. 이스라엘 백성들이 요단강을 건너려면 하나님의 말씀을 바라보아야 했습니다. 이것은 하나님의 말씀을 따르라는 의미입니다.

다이너마이트가 발명되기 전부터 사람들은 돌로 큰 건물들을 지었습니다. 그런데 다이너마이트가 없는데 어떻게 그렇게 큰돌들을 쪼개어 쓸 수 있었을까요? 큰돌을 바위에서 떼어 낼 때에 보통 사람들에게 보이지 않는 바위에 금이 간 곳을 찾습니다.

그리고 그곳에 작은 구멍을 뚫고 구멍에 맞는 나무를 깎아서 넣습니다. 그리고 물을 부으면 나무가 불으면서 큰 바위가 손쉽게 쪼개집니다. 연약한 나무가 강한 바위를 쪼갭니다. 바위 속에 길을 찾아서 그 길에 나무를 박고 물을 부으면 집 채처럼 큰 돌들도 갈라집니다.

아무리 어려운 일도 길이 있습니다. 성경말씀이 길입니다. "나는 길이요 진리요 생명"이라고 하셨습니다. 말씀대로 하면 안 될 것 같은데 됩니다. 강을 건너려면 뗏목을 만들던가, 다리를 놓던가 해야 할 것입니다.

그런데 하나님께서는 언약궤를 멘 제사장들이 강물로 들어가라고 하였습니다. 그리고 제사장들이 언약궤를 메고 강물에 들어가 발이 강물에 닿을 때에 강물이 강둑을 막은 것처럼 멈추어 섰습니다. 사람의 지식과 생각으로 불가능해 보이는 일을 하라고 하나님께서 명합니다. 믿음의 사람들이 실천하면 큰 기사가 이루어집니다.

홍해가 막혀서 꼼짝하지 못하고 있는 모세에게 지팡이를 바다 위로 내밀라 하였습니다. 바다 위로 지팡이를 내미는 것이 바다에 길을 내는 것과 무슨 상관이 있습니까? 그래도 모세는 지팡이를 내밀었습니다. 그러자 홍해가 갈라지고 가운데로 길이 생겼습니다.

넷째, 내 결심을 선포하고 내 믿음을 고백해야 합니다.

여호수아는 강을 건너기 전에 이미 강을 건널 것이라고 선포하였습니다. 우리는 혹시 말해 놓고 지키지 못할까 봐서 선언을 하지 못합니다.

"오늘부터 담배를 끊겠어", "오늘부터 다이어트를 시작하겠어"말해 놓고 안 지키면 창피하니까 말하지 않습니다. 그러나 이런 습관을 고치기 위해서 자기 결심을 다른 사람에게 알려야 합니다. 자기 믿음을 다른 사람에게 고백해야 합니다. 그래야 약한 의지를 강하게 하여 실천하는 데 도움을 받습니다.

우리는 음식 하나 절제하는 것도, 지극히 작은 습관하나 고치는 것도 내 맘대로 안 된다는 것을 깨닫습니다. 아무리 작은 일이라도 하나님의 도움이 필요합니다. 아무리 크고 어려운 일이라도 하나님이 도와주시면 능히 해결할 수 있습니다. 내 모든 지식과 힘과 재능을 다해서 부지런히 일하고 죄를 멀리하고 성결한 삶을 살고 오직 하나님의 말씀에 따라 순종할 때에 하나님께서 내 부족한 노력과 재능과 의지를 이용하셔서 큰 일을 하십니다.

이스라엘 백성들이 요단강을 건넌 것은 여호수아의 능력이 아니었습니다. 하나님께서 기이한 일을 행하셨습니다. 하나님이 막으시면 아무리 작은 것도 우리 힘으로 이룰 수 없습니다. 하나님이 허락하시면 아무리 큰 일도 쉽게 해낼 수 있습니다.

죄를 끊고 하나님의 말씀에 순종하여 내가 결심한 바를 사람들에게 알리고 내 신앙을 다른 사람들에게 고백하고 부지런히 노력하십시오. 그러면 하나님께서 도와 주셔서 우리의 마음먹은 것들이 우리의 마음의 소원들이 이루어질 것입니다.

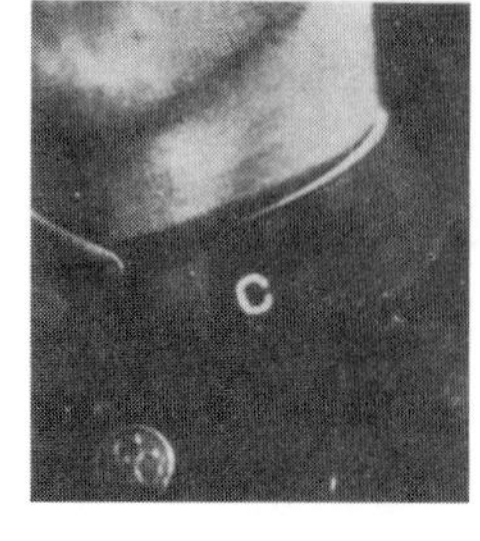

연희전문학교의 교가와 교기, 뱃지

김 대 동 목사

대한예수교 장로회 **분당구미교회**

✤ 주소 : 경기도 성남시 분당구 구미동 33
✤ TEL : 031)714-0014~7
✤ E-mail : haiim@hotmail.com
✤ http://www.gumee.or.kr

학력 및 신력

- 장로회신학대학교 신학과 졸업 (Th.B)
- 장로회신학대학교 신학대학원 졸업 (M.Div)
- 연세대학교 연합신학대학원 졸업
  (Th.M / 상담학 전공)
- 연세대학교 대학원 박사과정 중
  (Ph.D / 상담학 전공 중)

- 새문안교회 교육담당 목사
- 현, 크로스웨이 성경연구 지도자 강습회 강사
- 현, 분당구미교회 담임목사

너의 꾼 꿈이 무엇이냐
창세기 37장 5~11절

요셉이 꿈을 꾸고 자기 형들에게 고하매 그들이 그를 더욱 미워하였더라 요셉이 그들에게 이르되 청컨대
나의 꾼 꿈을 들으시오 우리가 밭에서 곡식을 묶더니 내 단은 일어서고 당신들의 단은 내 단을 둘러서서
절하더이다 그 형들이 그에게 이르되 네가 참으로 우리의 왕이 되겠느냐 참으로 우리를 다스리게 되겠느냐
하고 그 꿈과 그 말을 인하여 그를 더욱 미워하더니 요셉이 다시 꿈을 꾸고 그 형들에게 고하여 가로되 내
가 또 꿈을 꾼즉 해와 달과 열 한 별이 내게 절하더이다 하니라 그가 그 꿈으로 부형에게 고하매 아비가
그를 꾸짖고 그에게 이르되 너의 꾼 꿈이 무엇이냐 나와 네 모와 네 형제들이 참으로 가서 땅에 엎드려 네
게 절하겠느냐 그 형들은 시기하되 그 아비는 그 말을 마음에 두었더라

젊고 유능한 은행 간부가 두 번의 종신형을 선고받고 억울하게 옥살
이 하는 과정을 그린 영화가 한편 있습니다.

이 영화에서 교도소는 곧 우리의 인생을 상징하고 있습니다. 교도소
에 수감된 사람들은 처음에는 거부하고 반항하지만, 그러나 시간이 지
나감에 따라 모두 그 철책 울타리 안에서 조금씩 길들여지게 됩니다. 우
리 인생도 일상(日常)이라는 틀 속에 갇혀서 그냥 그렇게 살아가는 것처
럼, 이 영화는 철책 울타리를 우리의 일상성에다가 비유하고 있습니다.
영화 속에서 브룩스라고 하는 할아버지는 50년 이상을 교도소에 있다
가 가석방되지만 사회에 적응하지 못해서 결국 목을 메고 자살해 버리
고 맙니다. 바깥을 그렇게 갈구하며 살았지만 막상 바깥에 나와서는 철
책 안에서 길들여진 모습 때문에 바깥 세상에 적응하지 못하고 괴로워
하다가 결국 죽어버리고 만 것입니다. 그래서 레드라는 사람의 입을 통

해서 말하기를 "우리는 감옥 안에서는 모든 것을 할 수 있지만 감옥 밖에서는 아무 것도 할 수 없다"고 고백하기도 합니다.

그런데 주인공 앤디는 겉으로는 유약하고 착하고 순종적이지만, 결코 그 감옥 안에서 길들여지지 않고 자유에 대한 강한 꿈을 꾸면서 삶을 이겨냅니다. 아마도 그 감옥을 들어올 때부터 준비를 했던 것 같은데, 탈옥을 결심하고 면밀히 준비를 한 끝에 기상천외한 방법으로 탈출에 기어코 성공하고 만다는 영화입니다.

탈출은 이렇게 이루어집니다. 감옥에 처음 들어올 때부터 조각용 망치를 구해서 겉으로는 돌 조각품을 만드는 것 같은데, 나중에 안 것이지만, 그 망치로 20년 동안이나 밤마다 벽을 뚫어내고 낮이면 대형 여배우 사진벽보로 그 구멍을 가려놓는 방법으로 철저히 준비를 했던 것입니다.

그래서 다른 사람이 감옥에 길들여지는 시간에도 앤디는 꿈을 꾸며 자유를 갈망했고 나중에 자기의 결백에 확신이 서는 한 사건을 경험한 후에, 폭풍우가 몰아치는 날, 축구장 2배 길이의 좁은 하수도를 지나서 탈출에 성공하고, 그렇게 꿈꾸던 자유를 쟁취하게 되었던 것입니다.

영화 속 어느 부분에선가 주인공 앤디는 이렇게 말합니다. "꿈을 갖고 살던가 희망없이 죽던가, 오직 두 가지만 있을 뿐이다." 결국 주인공 앤디는 다른 사람들처럼 감옥의 철책 울타리, 즉 인생의 일상성 속에 갇혀 그냥 그렇게 살지 않고 꿈을 꾸면서 모든 것을 극복하고 또 최선을 다함으로써 그 꿈을 현실화하는 삶을 우리에게 보여주고 있는 것입니다. 이 영화는 바로 "쇼생크 탈출(Shawshank Redemption)"이라는 영화입니다.

오늘의 본문 가운데는 요셉이라는 한 인물이 등장하고 있습니다. 많은 쪽에서 여러 관점으로 요셉을 바라볼 수 있겠지만 가장 중요한 한마디는 요셉은 바로 꿈의 사람이라는 사실입니다.

오늘 본문에서 우리는 꿈꾸는 어린 요셉을 발견할 수가 있습니다. 오늘의 본문이 속해 있는 창세기 37장에만 꿈이라고 하는 단어가 모두 7번이나 등장하고 있습니다.

요셉은 잠들어 있는 중에 꿈을 꾸었습니다. 그러나 그 꿈은 너무나 생생하고 강렬해서 깨어있는 중에도 그 꿈은 그의 삶을 이끌어 가는 비전이 되었습니다. 그 꿈은 축복의 꿈이었으며 환희의 꿈이었습니다. 그 것은 전혀 실현 가능성이 없어 보이는 꿈이었지만, 그럼에도 불구하고 요셉은 결코 그 꿈을 잊지도 않았고, 의심하지도 않았으며, 목표를 향해 꾸준히 나아갈 수 있는 힘을 주었고, 하나님이 언제나 그와 함께 계시며, 어떻게 해서든지 그 꿈을 성취할 수 있도록 하나님이 일하고 계신다는 확신으로 그를 충만케 했던 것입니다.

이처럼 요셉의 생애에서 꿈은 요셉을 이끌어 가는 가장 큰 힘이 된 것입니다. 요셉이 요셉된 것은 바로 그의 꿈 때문이었습니다. 그러면 좀 더 구체적으로 요셉에게서 꿈이란 도대체 어떤 것이었는지를 자세히 살펴보도록 하겠습니다.

첫째, 먼저 꿈은 요셉의 현실적인 모든 고난과 아픔을 이길 수 있게 해 주었습니다.

가끔 우리는 요셉이라고 하는 인물은 우리와는 별 상관없는 인물처럼 느낄 때가 많이 있습니다. 왜냐하면 요셉은 너무나 선하기만 하고 결점은 하나도 없는 사람으로 성경에 나와 있기 때문에 그렇습니다. 사실 성경을 읽으면 아브라함도, 모세도, 다윗도 그리고 신약의 베드로도, 바울도 큰 실수 내지는 인간적인 약점이 있었던 것을 발견하게 됩니다.

그래서 우리는 위대한 믿음의 선배를 대하면서도 우리와 똑 같은 성정을 가지고 똑 같은 실수를 하는 사람임을 기억하면서 어딘가 모르게 공감대를 얻게 되고, 나도 최선을 다하면 이러한 믿음의 선배들처럼 살아갈 수 있을 것이라고 다짐하게 됩니다.

그러나 요셉의 삶에는 한 점의 실수도, 한 점의 결점도 없는 것을 바라보면 뭔가 우리와는 다른 저 세상의 사람처럼 생각이 들기도 하는 것입니다. 그래서 요셉의 꿈은 성취되었지만 우리의 꿈은 산산조각이 나지 않을까? 그토록 선하기만 한 요셉의 이야기가 그리 선하지 못한 우리들에게 무슨 도움이 되겠는가? 나와는 전혀 상관이 없는 먼 이야기가 아닌가? 하고 생각할 수도 있을 것입니다. 그러나 그것은 오해입니다. 그것은 성경을 입체적으로 읽지 않은 결과입니다. 이 시간 그러한 생각을 불식시키는 한가지 증거만 찾아보겠습니다.

오늘 본문에서 요셉은 17세의 소년으로 등장합니다. 그러나 요셉이 17세가 되기까지 지내왔던 어린 시절은 그렇게 행복하지도, 다복하지도 않은 분위기라는 사실에 주목해야 합니다. 창세기 29장부터 읽어보면 야곱의 가정은 아주 복잡한 가정임을 알 수가 있습니다. 이상적인 가정과는 거리가 먼 복잡한 문제가 얽혀있는 가정입니다.

아버지 야곱은 레아와 라헬의 두 자녀간인 아내가 있었고, 이들의 여종들인 실바와 빌하도 아내로 취하고 있었습니다. 이와 같이 한 아버지에 여러 어머니, 형제 자매들, 그리고 배다른 형제 자매들이 있었습니다. 거기다가 배다른 할아버지들을 합하면 이는 뒤죽박죽의 가정임을 알 수 있게 됩니다.

다시 말하면, 그 가족은 이기심, 갈등, 편애, 질투, 미움, 복수, 강간, 근친상간 등의 모습이 가득하고 심지어 대량학살까지도 행하는 충격적인 가정입니다. 오늘날도 파괴된 가정의 모습을 많이 바라봅니다만, 야곱의 가정은 오늘날의 파괴된 가정이 가지고 있는 모든 문제점들을 다 모아서 가지고 있습니다.

이러한 질식할 만한 가정 풍토 속에서 요셉이 질식하지 않고, 삶을 포기하지도 않고, 고난과 아픔을 이길 수 있었던 것은 오직 그의 꿈 때문이었습니다. 그 어린 시절의 어려움도, 형들의 미움과 시기와 질투도, 외로운 타향살이도, 모함 받고 감옥에 갇힌 고달픈 삶에서도 그 모든 고난과 아픔을 묵묵히 이겨낼 수 있었던 것은 바로 그가 한시도 잊지 않았던 바로 그의 꿈 때문이었습니다. 여러분도 요셉처럼 꿈으로 승리하시길 바랍니다.

둘째, 두 번째로 꿈은 요셉으로 하여금 오늘 이 시간, 이 자리에서 정말 성실과 최선을 다하는 삶을 살게.했습니다.

　요셉은 정말 성실한 사람이었습니다. 그리고 끝까지 성실한 사람이었습니다. 심지어 그는 감옥 안에서도 성실한 사람이었습니다. 이것은 참으로 쉽지 않은 일입니다. 그러나 요셉은 그렇게도 성실하였습니다. 이것은 바로 그의 꿈 때문이었습니다. 꿈을 꾸면 나태하지 않습니다. 꿈을 꾸면 쓸 데 없는 일에 매달리지 않습니다. 꿈이 없는 사람은 사시사철이 노는 계절입니다.

　봄은 나른해서 공부가 안되고, 여름은 더워서 공부가 안되고, 가을은 심란해서 안되고, 겨울은 추워서 공부할 수가 없습니다. 그러나 꿈을 꾸는 사람에게는 그렇지 않습니다. 봄은 희망에 넘쳐서 공부하고, 여름은 너무 더워 놀기보다는 공부가 훨씬 재미있고, 가을은 책읽기에 딱 좋은 계절이고, 겨울은 밖에 나가면 추우니까 공부하기에는 아주 제격입니다.

　그래서 꿈이 있는 사람은 함부로 자기 몸을 자리에 누이지 않습니다. 꿈이 있는 사람은 시간을 함부로 보내지 않습니다. 꿈이 있는 사람은 성실하고 최선을 다하는 삶을 살아갑니다. 내일의 꿈을 이루기 위해서 오늘 최선을 다하고 성실하게 살아가는 것입니다. 여러분도 꿈을 꾸심으로 최선을 다하시는 아름다운 삶을 살아갈 수 있기를 바랍니다.

　사람들은 대체로 네 가지 성으로 살아간다고 합니다. 어떤 사람들은 건성으로 삽니다. 이런 사람들은 오직 쾌락원리에 따라 움직이는 사람들입니다. 또 어떤 사람들은 열성으로 삽니다. 그러나 그 열성은 오직 자기만을 위한 열성입니다. 그래서 이런 사람들의 삶의 원리는 현실주의 내지는 이기주의라고 말할 수 있습니다.

　그러나 어떤 사람들은 정성으로 삽니다. 모든 일에 누가 보든 안보든 정말 정성을 다해 살아가는 참 아름다운 모습입니다. 이런 사람들은 그야말로 이타주의의 삶이라고 말할 수 있습니다. 마지막으로 또 어떤 사람들은 지성을 다하여 살아갑니다. 그런데 지성이면 감천이라고 그랬습니다. 그러니까 이런 사람들은 주위에 있는 사람들에게도 감동을 주고 나아가 하나님까지도 감동시키며 살아가는 정말 아름다운 모습입니다. 오늘날 우리에게 꿈이 있다고 한다면 우리는 그야말로 지성의 삶을 살아갈 수 있게 되는 것입니다. 꿈은 이처럼 우리들로 하여금 성실과 최선을 다하게 하는 것입니다.

셋째, 세 번째로 요셉은 꿈을 꾸었기 때문에 성결하고 진실된 삶을 살 수가 있었습니다.

요셉은 꿈이 있었기 때문에 어떤 상황에서도 진실할 수 있었습니다. 보디발의 아내는 아주 음탕한 여자였습니다. 필요한 모든 것을 다 가지고 있었지만, 음란이 발동해서 젊은 요셉을 유혹하였습니다. 그러나 요셉은 그것을 단호히 거절하였습니다. 모함을 받아가면서도 요셉은 아닌 것은 아니라고 잘라 말했습니다. 이처럼 요셉이 그러한 모든 유혹에서도 이길 수 있었던 것은 그가 성결한 꿈을 꾸고 있었기 때문입니다. 현재의 쾌락을 이길 수 있는 힘은 꿈을 꿈으로서만 가능한 것입니다.

이렇게 바른 꿈은 반드시 우리로 하여금 진실되고 성결하게 합니다. 그러나 꿈은 꿈이되 진실하지 못한 꿈도 있는데 그런 꿈을 가리켜서 우리는 야망이라고 부릅니다. 그런데 그러한 꿈은 오히려 사람을 망치게 됩니다. 야망은 반드시 망하게 되어 있습니다. 시편 1:6에서도 악인의 길은 망한다고 분명히 말씀하고 계십니다. 그러므로 야망을 이루는 것을 바라보고 그것을 부러워하거나 그것을 따라해서는 안되는 것입니다. 오히려 여러분은 거룩한 꿈을 꾸시기 바랍니다.

그러므로 나의 꿈, 나의 가정의 꿈을 한번 분석해 보시기 바랍니다. 나에게는 정말 목숨을 걸만한 꿈이 있는지 생각해 보시기 바랍니다. 우리 가정에는 정말 바르고도 성결한 꿈이 있는지 돌아볼 수 있기를 바랍니다. 오직 거룩한 꿈이 있는 사람만이 깨끗하고 정결하고 진실한 삶을 살아갈 수 있는 것입니다.

넷째, 꿈은 사회적 상상력을 가져다줍니다.

요셉은 고난의 시절을 살면서도 어린시절의 그 꿈을 잃지 않았습니다. 곡식단이 나에게 절하던 꿈, 해와 달과 열 한 별이 나에게 절하던 그 꿈을 절대로 잊지 않았습니다. 하나님이 나를 들어서 사용하시며 역사를 새롭게 하실 것을 한 순간도 잊어버리지 않았습니다. 이것은 그가 놀라운 사회적 상상력을 가지고 있었다는 것을 의미합니다.

성경의 위대한 인물들은 암울한 상황에서도 모두 꿈을 꾸므로 현실을 뛰어넘어 승리한 사람들입니다.

예를 들면, 주전 8세기의 암울한 역사적인 상황 가운데서 이사야는 이러한 꿈을 꾸었습니다. "그 때에 이리가 어린 양과 함께 거하며 표범이 어린 염소와 함께 누우며 송아지와 어린 사자와 살진 짐승이 함께 있어 어린아이에게 끌리며 암소와 곰이 함께 먹으며 그것들의 새끼가 함께 엎드리며 사자가 소처럼 풀을 먹을 것이며 젖 먹는 아이가 독사의 구멍에서 장난하며 젖 뗀 어린아이가 독사의 굴에 손을 넣을 것이라 나의 거룩한 산 모든 곳에서 해됨도 없고 상함도 없을 것이니 이는 물이 바다를 덮음같이 여호와를 아는 지식이 세상에 충만할 것임이니라(사 11:6~9)" 이사야는 바로 이러한 꿈을 백성들에게 심어주며 그 힘들고 어려운 시대를 함께 이겨낸 것입니다.

1963년 3월 8일, 미국의 그 유명한 워싱턴 인권 대행진 때 새까만 흑인 한 사람이 수많은 군중들 앞에서 이런 연설을 하고 있었습니다. "오늘도 내일도 곤란은 첩첩이 쌓여 있습니다. 그러나 나는 꿈을 꿉니다(I Have a Dream). 언젠가는 미시시피주까지도 자유와 정의의 오아시스로 변하리라고 나는 꿈을 꿉니다. 나의 삼남매가 피부의 색으로가 아니라 인격의 내용으로 판단되는 나라에 살게 될 것이라고 나는 꿈을 꿉니다. 남쪽 알리바마 주에서도 검고 또 흰 아이들의 손이 정답게 뭉쳐지리라고, 이 꿈만 버리지 않는다면 우리는 절망의 동산에서 희망의 반석을 캐낼 수 있을 것입니다. 이 꿈만 놓치지 않는다면 미국 내에 꽉 차 있는 불협화음을 형제사랑의 아름다운 심포니로 변화시킬 수가 있을 것입니다." 이렇게 아름다운 꿈을 전한 사람은 바로 미국의 인권운동가 마틴 루터 킹 목사님이셨습니다. 바로 이러한 킹 목사님의 사회적 상상력은 지금도 미국사회 속에 도도히 흐르는 아름다운 정신의 물결이 된 것입니다.

사랑하는 독자 여러분, 하나님께서는 우리에게 각자 놀라운 꿈을 주셨습니다. 모든 꿈은 서로 다르지만 하나님 안에서 우리는 모두 꿈을 꾸는 사람들입니다.

그런데 지금 여러분들의 꿈은 어디에 있습니까? 어디로 다 사라져 버린 것은 아닙니까? 지금 내가 살아가는 것이 운명인줄 알고 팔자소관으로 돌리면서 그냥 그렇게 살아가는 것은 아닙니까? 꿈을 꾸며 사시기를 바랍니다. 그렇지 않으면 평생을 자기 행위에 대해서 그저 합리화만 하다가 그저 있으나마나한 실패한 인생으로 끝맺게 됩니다. 이렇게도 아름다운 표현이 있습니다. "너는 생각한대로 살라. 그렇지 않으면 산대로 생각하게 된다."

찬송가 542장은 참 아름다운 꿈을 우리에게 전해주고 있습니다. 1절, 주여 지난 밤 내 꿈에 뵈었으니 그 꿈 이루어 주옵소서 밤과 아침에 계시로 보여주사 항상 은혜를 주옵소서 → 이 1절은 꿈은 하나님께서 주시는 것이라고 노래하고 있습니다. 그렇습니다. 하나님은 우리에게 꿈을 주시는 분이십니다. 2절, 마음 괴롭고 아파서 낙심될 때 내게 소망을 주셨으며 내가 영광의 주님을 바라보니 앞길 환하게 보이도다 → 2절은 꿈을 꾸는 사람은 모든 것을 다 이길 수 있다고 노래하고 있습니다.

3절, 세상 풍조는 나날이 갈리어도 나는 내 믿음 지키리니 인생 살다가 죽음이 꿈같으나 오직 내 꿈은 참되리라 → 3절은 나는 참된 꿈을 꾸며 살리라고 결단하고 있습니다. (후렴)나의 놀라운 꿈 정녕 나 믿기는 장차 큰 은혜 받을 표니 나의 놀라운 꿈 정녕 이루어져 주님 얼굴을 뵈오리라 → 후렴은 꿈을 주신 하나님이 꿈을 이루어주시리라고 분명히 확신하고 있습니다.

사랑하는 독자 여러분, 꿈을 꾸는 사람이 됩시다. 잃어버린 꿈을 회복합시다. 나약해진 꿈을 강화합시다.

오늘 본문에는 꿈을 꾸는 사람이 있는가 하면, 그 꿈을 이해하고 그 꿈을 세워주는 사람도 등장하고 있습니다. 11절에서는 이렇게 말씀하고 있습니다. "그 형들은 시기하되 그 아비는 그 말을 마음에 두었더라." 사랑하는 독자 여러분, 여러분의 가정이 꿈으로 가득 찬 가정들이 다 되기를 바랍니다. 여러분의 일터가 꿈이 영그는 일터가 꼭 될 수 있기를 바랍니다. 서로 꿈을 꾸기도 하고 그 꿈을 세워주기도 하는 그런 공동체가 되기를 바랍니다. 꿈꾸는 사람을 시기하고 넘어뜨리려고 하지 말고, 오히려 꿈을 강화시켜 주고 꿈을 북돋아 주는 공동체가 되기를 바랍니다. 그래서 사람을 길러내고, 역사를 만들어 내고, 민족을 새롭게 하고, 하나님의 이름을 열방 가운데서 존귀케 하는 진실로 아름다운 꿈의 공동체가 꼭 될 수 있기를 간절히 바랍니다.

꿈꾸는 사람만이 하나님의 영광을 보며 꿈꾸는 사람만이 하나님의 역사를 이루는 것입니다. 하나님은 우리에게 꿈을 주시고, 그 꿈을 도와주시고, 결국에는 그 꿈을 이루게 하시는 우리의 주님이십니다. 그러므로 여러분은 꿈을 꾸시기 바랍니다. 우리가 가만히 있으면 하나님도 가만히 계십니다. 우리가 꿈을 꾸고, 꿈대로 살고, 꿈을 향해 나아가면 하나님 안에서 그 꿈은 반드시 이루어지는 것입니다. 여러분은 꿈을 꾸심으로 현실의 고난을 다 이겨내시고, 꿈을 꾸심으로 성실과 최선을 다하시고, 꿈을 꾸심으로 성결하고 진실된 삶을 살아가시고, 꿈을 꾸심으로 놀라운 사회적 상상력을 통해서 하나님과 이웃을 감동시키며 살아가는 여러분이 꼭 되시기를 주님의 이름으로 축원합니다.

대한예수교
장 로 회 **분당남서울교회**

✠ 주소 : 경기도 용인시 동천동 240번지
✠ TEL : 031)276-9191
✠ E-mail : johns@godpeople.com
✠ http://namseoulch.net

최 요 한 목사

학력 및 신력

- 연세대학 연합신학대학원
- 플러신학대학원 목회학 박사
- 총신대학 신학대학원

- 충현교회 북한선교원 수석목사
- 국제사랑선교회 회장
- 비라커미 신학교 명예학장
- 분당남서울교회 개척(담임목사) 현
- 한국기독교부흥사협의회 부회장
- 연세동문 선교협의회 공동회장

엠마오로 내려가는 제자들

누가복음 24장 13~31절

그 날에 저희 중 둘이 예루살렘에서 이십 오리 되는 엠마오라 하는 촌으로 가면서 이 모든 된 일을 서로 이야기하더라 저희가 서로 이야기하며 문의할 때에 예수께서 가까이 이르러 저희와 동행하시나 저희의 눈이 가리워져서 그인줄 알아보지 못하거늘 예수께서 이르시되 너희가 길 가면서 서로 주고 받고 하는 이야기가 무엇이냐 하시니 두 사람이 슬픈 빛을 띠고 머물러 서더라 그 한 사람인 글로바라 하는 자가 대답하여 가로되 당신이 예루살렘에 우거하면서 근일 거기서 된 일을 홀로 알지 못하느뇨 가라사대 무슨 일이뇨 가로되 나사렛 예수의 일이니 그는 하나님과 모든 백성 앞에서 말과 일에 능하신 선지자여늘 우리 대제사장들과 관원들이 사형 판결에 넘겨주어 십자가에 못 박았느니라 우리는 이 사람이 이스라엘을 구속할 자라고 바랐노라 이뿐 아니라 이 일이 된지가 사흘째요 또한 우리 중에 어떤 여자들이 우리로 놀라게 하였으니 이는 저희가 새벽에 무덤에 갔다가 그의 시체는 보지 못하고 와서 그가 살으셨다 하는 천사들의 나타남을 보았다 함이라 또 우리와 함께한 자 중에 두어 사람이 무덤에 가 과연 여자들의 말한 바와 같음을 보았으나 예수는 보지 못하였느니라 하거늘 가라사대 미련하고 선지자들의 말한 모든 것을 마음에 더디 믿는 자들이여 그리스도가 이런 고난을 받고 자기의 영광에 들어가야 할 것이 아니냐 하시고 이에 모세와 및 모든 선지자의 글로 시작하여 모든 성경에 쓴바 자기에 관한 것을 자세히 설명하시니라 저희의 가는 촌에 가까이 가매 예수는 더 가려하는것 같이 하시니 저희가 강권하여 가로되 우리와 함께 유하사이다 때가 저물어가고 날이 이미 기울었나이다 하니 이에 저희와 함께 유하러 들어 가시니라 저희와 함께 음식 잡수실 때에 떡을 가지사 축사하시고 떼어 저희에게 주시매 저희 눈이 밝아져 그인줄 알아 보더니 예수는 저희에게 보이지 아니하시는지라

　본문은 우리가 너무나도 잘 아는 엠마오로 내려가던 두 제자가 예수님을 만나 눈이 열리고 마음이 뜨거워져서 다시 예루살렘으로 올라가는 내용입니다.

예수님이 십자가에서 돌아가시고 3일이 되었습니다. 두 제자는 예수님께서 돌아가심으로 인해 삶의 목표를 상실하게 되었습니다. 그래서 자신들의 고향인 엠마오로 내려가기로 결심했습니다. 엠마오는 예루살렘에서 걸어서 2시간 정도 되는 거리에 위치한 자그마한 동네입니다. 엠마오로 내려가는 제자들의 마음에는 낙심밖에 없었습니다. 자기가 그렇게 믿었던 대상이나 믿음이 무너져 내렸을 때 인간은 좌절하게 되고, 심하면 삶을 포기하게 됩니다. 그들이 낙심하여, 엠마오로 내려가던 도중에 예수님께서 그들에게 찾아옵니다. 그러나 눈이 가려진 그들은 예수님을 알아보지 못했습니다.

첫째, 예수님의 말씀을 있는 그대로 믿지 않으면 영적인 눈이 가리워집니다.

왜 그들은 눈이 가리워졌습니까? 그것은 예수님을 자신들의 생각대로 해석했기 때문입니다. 인류를 구원할 메시야로 보았어야 했는데, 그들은 어리석게도 정치적 메시야로 보았습니다.

21절에 보면 "우리는 이 사람이 이스라엘을 구속할 자라고 바랐노라"고 말합니다. 그들의 예수님은 로마로부터 해방시켜야 될 예수님이기에 십자가에서 돌아가서는 안 되었습니다. 그들은 인류의 메시야가 아니라 유대인들만의 메시야로 생각했습니다.

메시야는 사람들에게 또 세상 권력 앞에서 무너져서는 안 되고, 오히려 정복하고 다스려야만 된다는 생각을 가지고 있었습니다. 그것이 당시 유대인들의 생각이며 제자들의 생각이기도 했습니다. 그러나 그것은 성경 말씀을 있는 그대로 믿어야 하는데, 자기 생각대로 믿은 결과였습니다.

현대의 그리스도인들도 마찬가지입니다. 교회 다니면 무조건 복을 받고, 성공하고, 병 고침 받고, 내 팔자가 고쳐진다고 믿는다면 크게 잘못 믿는 것입니다. 예수님을 따르는 길이 항상 형통한 것만은 아닙니다. 욥과 같이 혹독한 연단이 있을 수 있고, 바울과 같이 핍박을 당할 수 있습니다. 믿기만 하면 잘 된다는 생각을 갖고, 그런 식으로 믿게 되면 어려움이 찾아올 때 두 제자들처럼 낙심해 예수님을 떠나게 됩니다. 그런 교인들은 본문에 나오는 제자들처럼 예수님이 곁에 계심에도 예수님을 보지 못합니다.

믿음은 내 방법대로, 내 지혜대로 믿는 것이 아닙니다. 하나님께서 말씀하신 그대로 여과없이 순수하게 받아들이는 것이 믿음입니다. "말씀으로 천지만물을 창조하셨다" 그대로 믿으면 됩니다. "죽은 자를 살리셨다" 의학적으로 따질 필요없이 믿으면 됩니다. "예수님께서 동정녀의 몸에서 탄생했다" 그대로 믿으면 됩니다. 바로 그렇게 믿을 때 영적인 눈이 열려 예수님을 볼 수 있고, 경험할 수 있습니다.

부활의 영광은 십자가의 고난 후에 찾아옵니다. 26절에서 예수님께서 "그리스도가 이런 고난을 받고 자기의 영광에 들어가야 할 것이 아니냐"고 말씀하십니다. 기독교는 세상적인 성공과 대접받는 종교가 아니라 오히려 그 반대로 섬김과 희생의 종교입니다. 마가복음 10장 45절에 "인자의 온 것은 섬김을 받으려 함이 아니라 도리어 섬기려 하고 자기 목숨을 많은 사람의 대속물로 주려 함이니라"고 했습니다.

1997년 8월 31일 영국의 다이애나 황태자비가 교통사고로 죽었습니다. 이어 5일 후인 9월 5일 마더 테레사 수녀가 죽었습니다. 서로 다른 방면에서 시대를 움직였던 두 여인의 죽음이었는데, 누구의 삶이 더 가치 있고, 아름다운 죽음이었습니까? 다이애나 황태자비는 온갖 부귀영화를 누리고 대접받는 인생이었습니다.

그러나 테레사 수녀는 평생 인도의 빈민굴에서 가난하고 병든 자들을 섬기고 희생하며 살았습니다. 예수님의 사랑을 실천하며 살았습니다. 많은 여자들에게 누구를 존경하냐고 하면 테레사 수녀를 존경한다고 합니다. 그러나 누구처럼 살고 싶냐고 하면 다이애나처럼 화려하고 멋있게 살고 싶다고 말합니다. 그렇지만 이것은 기독교인의 삶의 모습이 아닙니다.

기독교인이 된다는 것은 자기 십자가를 지는 희생과 봉사의 삶을 말합니다. 우리가 십자가를 질 때 비로소 예수님을 볼 수가 있습니다. 그러나 제자들처럼 눈이 가리워져서 예수님을 보지 못하면 슬픔과 비극이 찾아옵니다. 예수님을 떠나 엠마오로 내려가는 제자들의 얼굴이 어떠했습니까? 17절에 보면 "슬픈 빛을 띠고 있었다"고 했습니다. 예수님을 잃고, 믿음을 잃은 자는 찬송가 가사처럼 슬픈 자가 됩니다.

그런데 왜 우리의 눈이 가리워집니까? 여러 가지 이유가 있겠지만, 가장 큰 이유는 우리 속에 있는 탐심입니다. 우리의 마음이 세상의 욕심으로 가득할 때 예수님을 볼 수 없습니다. 제자들도 예수님께서 세상의 왕이 될 것으로 생각하고 높은 자리에 대한 욕심이 있었습니다. 그러니까 가버나움에서 누가 더 크냐고 다투었고, 심지어 최후의 만찬 때에도 서로 누가 더 크냐고 예수님 앞에서 다툰 것입니다.(눅 22:24)

야고보와 요한의 어머니도 예수님께 자기 아들을 각각 예수님의 우편에, 좌편에 앉혀 달라고 부탁을 했습니다(마 20:21). 그러한 높은 자리에 대한 욕심을 가지고 있었기에 제자들은 예수님의 말씀을 그대로 믿지 못했습니다. 우리가 그러한 사심을 가지고 말씀을 보면 예수님을 볼 수도 없고 말씀을 이해할 수도 없습니다.

우리가 잘 아는 발람 선지자도 황금이라는 탐욕에 눈이 어두워 나귀도 보는 여호와의 사자를 보지 못했습니다(민 22장). 탐욕은 우리의 마음의 눈도 흐리게 하지만, 영적인 눈을 가립니다. 그래서 신자라면 마땅히 봐야 할 영적인 세계를 보지 못하게 하고 예수님의 십자가를 보지 못하게 만듭니다.

지금도 교회 안에는 엠마오의 제자들이 있습니다. 희생하지 않고, 섬기지 않으면서 잘 살고, 잘되고 성공하기만 바랍니다. 그러니까 10년, 20년 다녀도 예수님을 만나지 못하고 경험하지 못합니다. 꿀송이 같이 달콤한 말씀의 맛을 모릅니다.

말씀을 있는 그대로 믿지 않고 자기 편리한대로 해석하고 세상의 정욕에 이끌려 생활하면 영적인 눈이 가리워져서 하늘의 세계를 보지 못합니다. 내 지식과 내 생각대로 말씀을 보지 마시고, 성경 말씀을 있는 그대로 믿으시기를 바랍니다. 말씀의 깊고 오묘한 맛, 크고 비밀한 영적인 세계를 깨닫게 될 것입니다.

둘째, 성경의 말씀을 농담처럼 믿으면 안 됩니다.

창세기 19장에 보면 롯은 사위들에게 소돔성이 하나님의 심판을 받아 곧 멸망하게 될 것이니 일어나 이 성을 떠나자고 이야기합니다. 그러나 사위들은 롯의 말을 농담으로 여깁니다(창 19:14). 그러나 롯의 사위들은 하늘에서 불과 유황이 비처럼 쏟아질 때 롯의 말이 농담이 아닌 것을 깨닫고 두려워하여 죽어 갔을 것입니다. 농담으로 믿은 대가는 엄청난 것입니다.

노아시대 당시도 사람들은 노아의 말을 농담으로 생각했습니다. 그 당시 노아는 120년 동안 방주를 만들었습니다. 아마 사람들이 방주를 왜 짓느냐고 물었을 겁니다. 그 때 하나님께서 이 땅에 큰 비를 내릴 것이기에 방주를 짓는다고 노아는 말했겠지만, 사람들은 노아의 말을 농담처럼 생각하고 방주에 들어가던 날까지 먹고 마시고 장가들고 시집갔습니다. 농담으로 여긴 사람들의 마지막은 비참하다는 것을 기억해야 합니다.

천국과 지옥이 있다는 성경의 말씀도 농담이 아닙니다.

25절, 26절에 보면 예수님께서는 그의 부활을 믿지 못하는 두 제자들을 향해 강하게 책망하십니다. "가라사대 미련하고 선지자들의 말한 모든 것을 마음에 더디 믿는 자들이여 그리스도가 이런 고난을 받고 자기의 영광에 들어가야 할 것이 아니냐" 더디 믿는 자들이라는 말은 좋게 말해 더디 믿은 것이고, 믿지를 못했다는 말입니다. 농담처럼 생각했다는 말입니다.

제자들은 산상보훈이나 하나님에 대해 말씀하실 때에는 진지하게 들었지만, 고난과 죽음, 부활이라는 복음의 핵심에 대해서 말씀하실 때는 자신들의 생각과 맞지 않자 농담처럼 들었습니다. 나는 정말 진지하게 말을 하는데 상대는 농담처럼 듣는다면 얼마나 불쾌합니까?

6.25가 터졌을 때 많은 사람들은 위험하니 피난가라는 말을 농담으로 여겼습니다. 왜냐하면 이승만 대통령이 하도 우리 국군이 강해서 북한이 남침만 하면 점심은 평양에, 저녁은 신의주에 가서 먹는다고 호언장담을 했기 때문에, 걱정을 하지 않았습니다. 농담으로 알고 피난가지 않았던 사람들은 모진 고초를 겪거나 인민군에게 죽임을 당하거나 둘 중에 하나를 겪어야만 했습니다.

인간의 말도 농담으로 알면 불행의 근원이 됩니다. 하물며 하나님의 말씀을 농담처럼 여긴다면 영원한 비극을 맛 볼 수밖에 없습니다. 진리의 말씀을 농담으로 들을 때, 그것은 불행과 비극의 씨앗이 됩니다.

특히 하나님의 말씀을 농담으로 믿는 그리스도인들에겐 기쁨대신 두려움이 찾아옵니다. 온전히 믿지를 못하니까 장차 우리에게 나타날 영광의 세계를 보지 못하고, 코앞에 있는 고난과 환난만 보게 되어서 절망하게 되고, 낙심하게 되고, 더 나아가 믿음을 포기하게 되는 것입니다.

요한복음 20장 19절에 보면, "이 날 곧 안식 후 첫 날 저녁 때에 제자들이 유대인들을 두려워하여 모인 곳에 문들을 닫았더니 예수께서 오사 가운데 서서 가라사대 너희에게 평강이 있을지어다"라고 말씀하고 계십니다.

예수님께서 부활하신 바로 그 주일 저녁, 제자들은 유대인들을 두려워해서 모인 곳에 문들을 꽁꽁 닫아 걸었습니다. 인간은 두려운 마음이 들면 숨게 됩니다. 특히 하나님의 백성들이 믿음을 상실하게 되면 세상에 대한 두려움에 사로잡히게 됩니다.

초대교회 때 순교자들도 많이 있었지만 믿음의 포기자, 변절자들도 많았습니다. 일제시대 때도 마찬가지입니다. 신사참배를 반대한 교인들도 많았지만, 우상 앞에 절한 교인들은 더욱 많았습니다. 왜 그들이 신앙을 포기할 수밖에 없었습니까? 그것은 부활에 대한 분명한 믿음이 없으니까 핍박이 두렵고, 죽는 것이 두려웠기 때문입니다.

그들은 3년 동안 예수님으로부터 훈련받았지만, 결정적인 순간에 예수님을 배신했고 예수님이 돌아가시자 유대인들을 두려워하여 깊숙이 숨었습니다. 농담처럼 믿은 결과는 예수님의 제자라고 하기에는 너무도 부끄러운 모습입니다. 농담처럼 믿었다는 말은, 건성으로 믿었다는 말로 해석할 수 있습니다. 교회는 다니지만 하나님의 말씀을 있는 그대로 받아들이지를 않습니다. 건성으로 교회 다니는 사람들을 보면, 목회자들은 속이 터집니다. 어떤 사람은 믿은 지 얼마 안 되었는데도 믿음이 쑥쑥 자라는 것이 눈에 보입니다. 그런데 어떤 사람은 5년이 지나고 10년이 지나도 여전히 구원의 확신도 없고, 십일조도 안하고, 봉사 한 번 안 합니다. 믿음이 자라질 않습니다.

그런데 왜 교회는 나옵니까? 요즈음 무슨 일이 언제 터질지 모르니까 안 믿는 것보다는 믿는게 나은 것 같고, 또 주일 마다 나와서 아는 사람 만나 얼굴보고 얘기하는게 재미있으니까 나오는 겁니다. 이렇게 더디 믿는 사람들은 말씀을 들을 때 건성으로 듣습니다. 그러니까 듣기는 듣지만 마음속에 기쁨과 자유함이 없고, 나오긴 나오지만 교회가 별로 재미가 없습니다. 이것은 신앙이 아니라 고통이라고 할 수 있습니다.

예수님이 부활하신 것은 절대 농담이 아닙니다. 예수님께서 이천년 전에 십자가에서 죽으시고 부활하신 그 사건은 오늘 이 시간에도 마찬가지로 우리에게 역사하십니다. 십자가와 부활은 나를 위한 사건으로, 부활의 주님은 늘 살아서 역사하고 계십니다.

러시아의 수도인 모스크바의 붉은 광장에 가면 레닌의 묘지가 있습니다. 아직도 많은 사람들이 매일같이 찾아와 관람을 하는데, 그 묘지 입구에 이런 글이 있습니다. "그는 인민의 위대한 지도자였습니다. 그리고 온 인류의 구원자였습니다." 이렇게 "였습니다"라는 표현은 과거에는 그렇지만 지금은 그렇지 않다는 말입니다.

그러나 우리 주 예수 그리스도는 항상 현재형입니다. 내가 부활이었다. 생명이었다. 진리였다가 아니라, 내가 부활이고 생명이고, 진리이다라고 말씀하고 계십니다. 요한복음 11장 25절, 26절을 보면 "예수께서 가라사대 내가 곧 부활이요 생명이니 나를 믿는 자는 죽어도 살겠고, 무릇 살아서 나를 믿는 자는 영원히 죽지 아니하리라"고 말씀하고 계십니다.

예수님은 전능하시기에 과거와 현재, 미래가 없습니다. 현재만이 존재합니다. 그러므로 과거에도 역사하신 주님은 오늘도 역사하시고, 미래에도 역사하십니다.

그 영원한 주님의 말씀을 우리가 농담으로 받아들이지 않고 마음을 다해 믿을 때 하나님께서 우리에게 하늘의 생명양식으로 풍성히 먹여주실 것입니다.

셋째, 말씀을 그대로 받아들일 때 가슴이 뜨거워집니다.

엠마오로 내려가던 두 제자는 예수님이 떼어 주신 떡을 먹고, 영적인 눈이 열려 비로소 예수님을 알아보게 "길에서 우리에게 말씀하시고 우리에게 성경을 풀어 주실 때에 우리 속에서 마음이 뜨겁지 아니하더냐" 라고 말합니다.

엠마오 도상에서 예수님께서 말씀하실 때 그들은 과거의 정치적 메시야에 대한 생각을 포기하고 있는 그대로의 말씀을 순수하게 받아들였습니다. 자신들의 지식을 포기했습니다. 그러자 말씀이 그들 속에서 뜨겁게 역사하였습니다. 종교개혁의 불을 지핀 마르틴 루터는 로마서 1장 17절의 "오직 의인은 믿음으로 말미암아 살리라"는 말씀을 통해 새롭게 변화되었습니다.

사실, 그 말씀은 루터가 늘 읽던 말씀이었지만 과거에는 달리 해석을 했었습니다. 그는 율법을 다 지키고, 선행과 고행을 쌓아야만 의인이라고 생각했고, 그러한 의인의 믿음이 되어야만 구원을 얻을 수가 있다고 생각했습니다. 그런데 어느 날 루터는 그 말씀 속에서 하나님의 뜻을 알게 되었습니다. 순수한 마음으로 성경을 깨닫고자 했던 루터에게 하나님께서 역사하신 것입니다. 성경 말씀을 있는 그대로 읽고 해석 했을 때 루터의 마음은 불덩어리처럼 뜨거워졌습니다. 그 말씀 속에서 십자가의 예수님을 보았고 구원의 비밀을 알게 되었습니다.

즉, 의인이란 인간의 공로를 통해서 얻어지는 것이 아니라, 예수님을 믿는 자가 의인이고, 구원도 인간의 힘이 아닌 십자가를 믿음으로 얻는다는 것을 깨닫게 되었습니다. 순수하게 말씀을 받아들이는 마음, 그것은 은혜받는 가장 쉬운 방법입니다.

엠마오의 두 제자들이 처음에는 자신의 생각대로 예수님을 믿었습니다. 그래서 예수님께서 돌아가시자 낙심하여 엠마오로 내려갔습니다. 같이 동행한 예수님을 눈이 가리워져서 알아보지를 못했습니다. 그러나 자신의 생각을 포기하고 말씀을 있는 그대로 받아들이자 가슴이 뜨거워졌고, 예수님을 볼 수가 있었습니다.

지금도 내 생각, 내 지식대로 성경을 믿으십니까? 이것은 믿을 수 있고, 저것은 믿을 수 없다고 판단하며 믿습니까? 또는 성경의 말씀을 농담처럼 생각 할 때가 있습니까?

말씀을 있는 그대로 믿으시기 바랍니다. 내 생각으로는 이해가 되지 않지만, 과학적으로 있을 수 없는 일이지만 성경이 말씀하니까 아멘으로 믿을 때 내 마음이 뜨거워지는 체험을 하게 되고, 부활의 주님을 만나게 됩니다. 하나님의 사람이 성도 모두에게 이런 은혜가 임하기를 주님의 이름으로 축원합니다.

소 강 석 목사

대한예수교 장로회 **분당 새에덴교회**

✚ 주소 : 경기도 성남시 분당구 구미동 78번지
✚ TEL : 031)713-2229, 714-0691
✚ E-mail : sks9191@chol.net
✚ http://www.saeeden.or.kr

학력 및 신력

- 광주신학교 졸업(4년제)
- 개혁신학연구원 졸업(M.Div)
- 한국 임상목회 대학원수료
  (C.P.E, 목회상담 전공)
- 개혁신학대학원 졸업(Th.M)
- 연세대 연합신학대학원 졸업
- 미국 Knox Theological Seminary
  목회학 박사(D.Min)
- 고려대 경영대학원 졸업
- 대불대학교 사회복지학과 졸업예정

- 송파경찰서 경목
- 월간 문예사조로 시인등단(한국문인협회회원)
- 국립 경찰병원 원목실 실행이사
- 현, 경찰청 경목
- 현, 전국 목사, 사모 횃불선교회 강사
- 현, 갈보리 선교 갱생복지회(교도소 선교) 이사
- 현, 청송교도소 종교위원
- 현, 국민일보 부설 교회성장 연구소 이사
- 현, 기독교신문 편집위원
- 현, 개신대원대학교 겸임교수
- 현, 분당 새에덴교회 담임목사

왜 인간에겐 참된 행복이 없는가?

에베소서 2장 1~10절

너희의 허물과 죄로 죽었던 너희를 살리셨도다 그 때에 너희가 그 가운데서 행하여 이 세상 풍속을 좇고 공중의 권세 잡은 자를 따랐으니 곧 지금 불순종의 아들들 가운데서 역사하는 영이라 전에는 우리도 다 그 가운데서 우리 육체의 욕심을 따라 지내며 육체와 마음의 원하는 것을 하여 다른이들과 같이 본질상 진노의 자녀이었더니 긍휼에 풍성하신 하나님이 우리를 사랑하신 그 큰 사랑을 인하여 허물로 죽은 우리를 그리스도와 함께 살리셨고 (너희가 은혜로 구원을 얻은 것이라) 또 함께 일으키사 그리스도 예수 안에서 함께 하늘에 앉히시니 이는 그리스도 예수 안에서 우리에게 자비하심으로써 그 은혜의 지극히 풍성함을 오는 여러 세대에 나타내려 하심이니라 너희가 그 은혜를 인하여 믿음으로 말미암아 구원을 얻었나니 이것이 너희에게서 난 것이 아니요 하나님의 선물이라 행위에서 난 것이 아니니 이는 누구든지 자랑치 못하게 함이니라 우리는 그의 만드신바라 그리스도 예수 안에서 선한 일을 위하여 지으심을 받은 자니 이 일은 하나님이 전에 예비하사 우리로 그 가운데서 행하게 하려 하심이니라

동서고금을 막론하고 모든 사람들은 행복을 꿈꿉니다. 그래서 오랜 옛날부터 사람들은 행복한 존재가 되기 위해 무던히도 노력해 왔습니다. 특별히 정서적으로 각박한 시대를 살아가는 현대인들은 행복을 찾기 위해 얼마나 안간힘을 쓰는지 모릅니다. 마치 불을 찾아 헤매는 불나비처럼 그들은 행복을 찾아서 끊임없이 헤매고 방황하기도 합니다.

그러나 불행히도 인간은 참된 행복을 누리지 못하는 존재입니다. 아무리 행복을 잡으려고 노력하고 헤매고 많은 대가를 지불한다 할지라도 그것은 뜬구름과 바람을 잡으려는 헛수고에 불과합니다.

본문에 소개된 솔로몬은 이스라엘의 왕이었습니다. 보통 왕이 아닌 주위 나라들로부터 조공을 받는 황제였습니다. 절대 권력, 절대 명예,

절대 쾌락을 한 몸에 누린 사람이었습니다.

세상에서 내노라하는 절세미인 천 명을 첩으로 삼고 한 인간으로서 누릴 수 있는 즐거움이라면 다 누렸던 사람입니다.

그러나 그토록 화려한 인생을 살았던 그가 최후에 어떤 고백을 합니까? 그 어떤 일들로도 참 만족, 참 행복을 누릴 수 없었다는 것입니다. 모든 것이 헛되니 세상 만사가 다 헛되었을 뿐이라는 것입니다.

그러면 왜 인간은 참 행복을 느끼지 못하는 것일까요?

무엇 때문에 인간에겐 참된 만족과 평안이 없는 것입니까?

첫째, 인간은 영적인 존재이기 때문입니다.

창세기 2장을 보면 하나님께서 사람을 지으실 때 먼저 사람의 육체를 흙으로 빚으셨습니다. 여기서 흙이라는 말은 먼지라는 말입니다. 사람의 육체는 바로 흙과 먼지에서 온 것입니다.

그런데 하나님은 이 사람의 육체 속에 영혼을 창조해 주시고 이 영혼에 자신의 생기를 불어넣어 주셨습니다. 그러자 사람이 드디어 생령이 되었다고 했습니다. 하나님의 생기를 받은 영혼이 사람의 육체에 있을 때에 사람의 존재 가치가 큰 것입니다.

그런데 불행하게도 생령이 된 사람이 죄를 범하였습니다. 죄를 범함으로써 하나님과 분리되었고 하나님께 버림받아 영혼과 육체 모두 죽는 존재로 전락해 버리고 말았습니다.

그럼에도 불구하고 사람은 하나님의 형상대로 지음 받은 영적인 존재이기에 여전히 인간 내면에는 종교의 씨앗이 남아 있습니다. 이 종교의 씨앗이 우리의 내면에서 영적인 욕구를 불러일으키고 있습니다.

영혼이 하나님께 버림을 받았음에도, 여전히 하나님을 찾고 만나고 싶은 영적인 욕구가 있는 것입니다.

그래서 예수님께서 말씀하시기를 사람이 떡으로만 살 것이 아니라 하나님의 말씀으로 살 것이라고 하지 않습니까?

블란서 철학자 파스칼의 표현대로 우리의 영혼 깊은 곳에는 하나님으로만 채워야 할 빈 공간이 있습니다. 이 공간은 오직 하나님만이 거하시도록 만들어진 것입니다. 하나님만이 그 깊은 공간 속에 계셔서 우리 인생의 주인이 되실 때에 비로소 우리 인생에 참된 만족과 평강과 행복이 있습니다.

그런데 현대인들은 하나님으로만 채워야 할 그 빈 공간에 사람이 만든 세상 것으로 채우려고 합니다. 그 빈 공간 속에서 영적인 욕구가 발동되면 발동 될수록 현대인은 그 욕구의 근원과 본질을 모른 채 자꾸 육신적인 것으로 대처를 해 봅니다. 영원을 사모하는 그 빈 공간 속에 돈을 채워 보고 육체의 향락도 채워 봅니다.

1960년대에 전세계에서 가장 인기절정이었던 한 육체파 여배우가 있었습니다. 그 여배우는 세기에 한 명 나올까 말까하는 절세가인이었습니다.

그녀가 엉덩이춤을 한 번 추면 젊은이들의 가슴이 요동칠 정도로 그녀는 아름다움과 성이었습니다. 그녀가 바로 그 유명한 육체파 여배우 마를린 몬로입니다.

그녀는 얼마나 아름다웠던지 죤. F케네디 대통령의 생일 파티에 초대를 받아 그 요염한 모습으로 Happy birthday to you를 불렀을 때, 그 모습을 본 케네디 대통령은 이제는 대통령을 그만 두어도 한이 없다고 말 할 정도였다고 합니다.

또한 그녀는 얼마나 인기가 있었는지 그때 돈으로 매주 2만불을 벌었고 영화사의 총수입의 절반이나 차지하게 되었으며 그녀의 재산은 그때 돈으로 2억불이나 되었다고 합니다.

이처럼 그녀는 세상 사람들이 부러워하는 것은 다 가졌습니다. 세상의 가치로 치자면 그녀는 제일 행복한 여인이었습니다. 그녀에게는 주체할 수 없는 돈이 있었습니다. 인기는 하늘을 찌를 듯 했습니다. 아름답기로는 세계에서 제일이었습니다. 그러나 이것들이 그녀의 마음을 채워주지는 못했습니다.

그녀가 돈과 명예와 인기와 아름다움을 다 가졌다고 하나 그녀는 참 행복을 느끼지 못했습니다. 영혼 속 깊은 빈 공간에서 절규하는 영적 욕구와 갈증을 채워보기 위해 이상적인 남자와 세 번이나 결혼도 해 보았습니다.

그리고 더 많은 물질, 더 많은 인기, 더 많은 명예를 소유해보고 더 대단한 외모로 가꾸어 보려고 노력했습니다. 그러나 그러면 그럴수록 그녀의 마음은 더 공허하고 허탈하기 그지없었습니다. 더 고독하고 허무하기만 했습니다.

그래서 그녀는 잠 못 이루는 밤과 싸워야 했습니다. 급기야는 수면제를 먹어야 잠을 잘 수 있게 되었던 것입니다. 그 결과 끝내 밀려오는 내면의 고독과 허탈감을 이길 수가 없어서 36세의 아까운 나이에 수면제를 먹고 영원한 죽음을 청했던 것입니다.

몬로는 죽기 전에 가까운 친구들을 만나 이런 말을 했다고 합니다. 나는 세계의 모든 여자 중 가장 크게 성공한 사람이다. 그러나 나는 이 세상에서 가장 불행한 사람이다. 그녀는 이 한마디의 말을 남기고 영원히 어두운 죽음을 선택했던 것입니다.

마를린 몬로 뿐만 아니라 현대 아산의 정몽헌 회장의 자살 사건도 우리 사회에 큰 충격을 던져 주었습니다. 그분은 현대의 왕 회장이라 불리는 정주영 회장의 피를 이은 주목받는 재벌 총수였고 연세대 국문과를 졸업한 아주 뛰어난 지성인이었습니다.

더구나 그는 아버지와 함께 금강산 관광 및 대북 사업을 주도함으로써 남북정상 회담에도 크게 기여한 사람입니다. 그는 죽기 전에 금강산 육로관광까지 호화롭게 시작했습니다. 그러나 그는 죽었습니다. 아니 스스로 삶을 포기했습니다.

그는 유서에서 그의 행동을 이렇게 기술했습니다.

"어리석은 사람이 어리석은 행동을 했습니다. 어리석은 행동을 한 저를 여러분이 용서해 주시기 바랍니다."

부인과 자녀에게는 이런 말을 남겼습니다. "모든 것이 다 나의 잘못입니다. 당신에게 모든 짐만 남기는군요. 어리석은 남편을, 아빠를 용서해 주시기 바랍니다."

과연 그는 어리석은 사람이었습니다. 그리고 어리석은 행동을 했습니다. 그러나 얼마나 인생이 허무했으면 어리석은 줄 알면서 스스로 그런 어리석은 행동을 했겠습니까?

얼마나 고독하고 분하고 가슴에 울분이 쌓였으면 그런 어리석은 행동을 했겠습니까? 인생의 허무감이 극도로 밀려왔을 때 그분은 사무실에서 뛰어내리고야 말았던 것입니다.

그렇습니다. 독자 여러분! 사람에 따라 정도의 차이는 있지만 하나님 없는 심령은 다 이런 허무를 느끼게 되어 있습니다. 예수 없는 심령, 참 진리와 영생을 소유하지 못한 마음은 반드시 이런 공허와 허탈을 느끼게 되어 있습니다.

그럼에도 불구하고 인간은 너무도 어리석어 영적인 욕구를 무시하고 삽니다. 육신의 욕망을 좇아 불나비처럼 날아다닙니다. 그 마음속에 하나님을 모시고 생명의 진리를 채우려고 하지 않고 허무감을 이겨내려 향락을 찾아 다닙니다. 술과 춤과 불륜 등 허망한 것들로 채우려 합니다.

아니면 세상의 부와 명예와 권력만을 추구하며 삽니다.

수많은 인간관계, 약속, 만남 등으로 하루살이보다 더 바쁘게 살아갑니다. 동창회, 망년회, 결혼식, 장례식, 골프 회동 등으로 하루도 한가한 날이 없습니다. 한마디로 현대인은 끊임없는 자기 추구와 자기 탐닉만을 위해 인생을 허비할 뿐입니다.

그러나 이 모든 것들은 먼지만 일으키고 다니는 삶에 불과합니다. 먼지로 지음 받은 육신이기에 먼지만 일으킬 뿐입니다. 아무리 뛰고 뛰어 설사 내가 세상에서 대단한 성공과 부를 이루어 세상의 찬란한 영광을 누린다 할지라도 그것 자체도 먼지만 뽀얗게 일으키는 것에 불과합니다.

그리고 그 인생에는 쓰디쓴 고독과 허무와 공허감만 가득할 뿐입니다. 마치 솔로몬의 고백처럼 말이지요.

둘째, 인간은 유한한 존재이기 때문입니다.

독자 여러분!

우리 인생이 속히 지나가고 유한한 존재라는 사실을 우리는 너무나 잘 압니다. 새색시는 결혼해서 김장 삼 사십 번 담으면 인생의 황혼을 맞이합니다. 새신랑도 농사짓기를 삼 사십 번 하면 강했던 근육이 어느 새 쇠약해지고 맙니다.

그렇습니다. 인생은 활시위를 떠난 화살처럼 너무나 빨리 지나가는 것입니다. 그래서 욥 8:9에 인생은 그림자처럼 지나가며 욥 4:19에 인생은 하루살이처럼 빨리 지나간다고 노래하였습니다.

야고보가 우리 인생을 안개 인생이라 표현하였고, 베드로가 우리 인생을 금방 시들어 버릴 들꽃 인생으로 노래했다는 것을 우리는 너무도 잘 압니다.

고려 충숙왕 때 천장 우탁 이라는 사람이 이런 시를 지었습니다.

한 손에 막대잡고 한 손에 가시 쥐고
늙는 길 가시로 막고 오는 백발 막대로 치려더니
백발이 먼저 알고 지름길로 오더라.

그는 정말 언제까지나 젊게 살고 싶었던 것 같습니다. 그러나 너무도 속히 늙어 가는 인생의 애석함을 이렇게 시조로 읊었던 것입니다.

일찍이 이명직 목사도 이런 허사가를 작사하였습니다.

"홍안소년 미인들아 자랑치 말고, 영웅호걸 열사들아 뽐내지 마라. 유수 같은 세월은 널 재촉하고 저 적막한 공동묘지 널 기다린다."

또 여러분이 잘 아시는 대중가요도 있습니다.

"가는 세월 그 누구가 잡을 수가 있나요.
흘러가는 시냇물을 막을 수가 있나요."

사랑하는 독자 여러분!

이것이 인생입니다. 누가 가는 세월을 붙잡을 수가 있습니까? 마음은 아직 젊은이 같은데 돋아나는 백발은 막을 길이 없고 손에서 빠져나간 그 힘은 찾을 길이 없으며 시력은 회복해 갈 길이 없는 것이 우리 인생입니다. 그러니 이 유한한 인생이 얼마나 허무합니까?

잉어도 150년을 살고, 거북이는 300년을 살며, 학은 천년을 산다는데 인간은 100년도 못삽니다. 이처럼 인간은 속히 지나가는 존재요 유한한 존재입니다. 그러니까 인생이 허무할 수 밖에요. 무슨 만족, 무슨 행복이 있겠습니까?

영생을 보장받지 못한 인생, 영원한 삶을 보장받지 못한 인생에게 무슨 행복이 있겠습니까? 무슨 평안과 만족이 있겠습니까? 불안과 허무와 수고와 슬픔만 있을 뿐입니다.

셋째, 삶의 목표가 잘못되었기 때문입니다.

사람들은 짧은 인생, 유한한 인생을 살면서도 저마다 자기만을 위한 삶을 삽니다. 삶의 목표를 자기 자신에게만 둡니다. 성공, 부, 명예, 권력... 모두 다 자기만을 위해 이루려고 하고 자기를 위해 소유하려고 합니다.

그러나 인생의 목적을 자신에게 두는 사람은 누구든지 허무하게 되어 있습니다. 보람이 없고 의미가 없고 반드시 허탈하게 되어 있습니다. 그러니 무슨 만족과 평안이 있겠습니까? 무슨 행복이 있겠습니까?

아무리 진실하게 도덕적으로 흠없이 산다해도 그렇습니다. 전혀 남에게 피해를 안주고 심지어는 남에게 베풀며 남을 섬기는 삶을 산다해도 마찬가지입니다. 아무리 사회에 봉사를 하고 좋은 일을 한다해도 그것의 목적이 나를 위한 것이라면 참된 행복은 없습니다.

하나님을 위한 삶, 하나님을 목표로 한 인생만이 참된 만족을 누립니다. 하나님의 영광을 위해 하나님께 순종하고 헌신하는 사람만이 참된 평안을 갖습니다. 내가 가진 모든 성공, 부, 명예, 물질을 나보다는 먼저 주님을 위해 쓰려고 하는 사람에게만 진정한 행복이 있습니다.

여러분은 무엇 때문에 사십니까?

무엇 때문에 그리도 분주하십니까?

무엇을 위해 바쁘게 달리고 여기저기 방황하며 헤매십니까?

여러분 자신을 위한 것입니까? 아니면 하나님을 위한 것입니까? 나 자신을 위한 삶에는 절대로 참 행복이 없습니다. 내 자신이 목적이 되는 한 아무리 착하고 깨끗하고 성실해도 참된 행복은 존재하지 않습니다.

현대인들은 이처럼 불행한 인간임에도 불구하고 불행하지 않은 척 위장하고 삽니다. 마치 행복한 사람처럼 화려한 마스크나 가면을 쓰고서 아주 그럴듯하고 당당하게 살아갑니다. 남편과 아내 앞에서, 자녀 앞에서도 벌거벗은 자신의 내면을 드러내지 못합니다. 대중 앞에서는 더욱 행복한 척 두꺼운 위장술을 합니다.

그러나 그것은 남을 속이고 자기를 속이는 것입니다.

이렇듯 내면을 감추며 껍데기로 살아가기에 현대인은 더 고독해하며 혼자서 울고 있는 것 아닙니까? 더 허무하고 영적인 갈증으로 몸부림치고 있는 것이 아니겠습니까?

행복의 파랑새를 잡아보려고 갖은 노력을 하지만 그것을 잡지 못하니 어떻게 하겠습니까?

그렇다면 우리는 어떻게 살아야 합니까?

첫째, 내 안에 하나님을 모시고 살아야 합니다.

예수님을 구주로 영접한 사람에겐 하나님께서 성령으로 우리 안에 와 계십니다. 그분이 우리 안에 진정으로 와 계시면 절대로 인생의 허무는 없습니다. 더구나 그분이 우리 안에 충만하게 와 계시면 "허무의 허"자도 없습니다.

이 사람은 항상 기쁨으로 충만합니다. 보람과 가치로 충만하고 감사와 평안과 만족으로 가득합니다. 그래서 이 세상에서 최고로 행복한 사람이 됩니다.

둘째, 하나님만을 섬기며 사명대로 살아야 합니다.

이제는 하나님을 모시며 사는 것뿐만 아니라 그분을 섬기며 살아야 합니다. 그분이 나의 어떤 면을 기쁘게 여기시는가, 그분이 내게 주신 사명이 무엇인가를 알려고 노력해야 합니다. 그래서 그분을 기쁘시게 하는데 최선을 다하고 그 분을 잘 섬겨야 합니다. 그리고 주신 사명대로 살아야 합니다.

삶의 목표를 먼저 하나님께 두는 인생, 오직 하나님의 기쁘신 뜻과 하나님이 주신 사명을 위해 사는 인생은 허무가 없습니다. 인생이 헛되지 않습니다. 오직 평안과 만족과 행복만 있을 뿐입니다.

"이제 내가 살아도 주 위해 살고, 이제 내가 죽어도 주 위해 죽네"

이런 사람은 초막이나 궁궐이나 그 어디나 천국입니다.

잘나가도 못나가도 언제나 감사하고 기뻐합니다. 우리 인생의 주인이신 주님을 잘 섬겨서 이런 충만한 기쁨과 감사와 참 평안을 누리고 심령에 천국을 소유하시는 여러분이 되시기를 주님의 이름으로 축원합니다.

전 화 자 목사

<대한예수교 장로회> **서울 광성 교회**

✛ 주소 : 서울 송파구 송파동 94-35
✛ TEL : 02)422-9954, 423-1058

학력 및 신력

- 캘리포니아 신학대학원(목회학박사)
- 코헨 신학대학원(철학박사)
- 서울광성교회 당회장(현)
- 서울 구국기도원 원장
- 예장중앙총회 부총회장 · 교수역임
- 크리스찬저널 · 교회연합신문
  신앙 시사 칼럼 연재(2년)
- 한국사립문고협의회 고문(현)

- YMC총재(청소년선교협의회)(현)
- 21세기 세계부흥 운동본부 연수원 이사장(현)
- 이스라엘 성령화 대성회 수석 상임 부총재 역임
- 한국기독교문인협회 회원 · 시인(현)
- 제14회 기독교 문화대상 수상
- 크리스찬 다이제스트 발행인(현)
- 연세대연합신학대학원 총동문회 부회장(현)
- 한국 극 예술 연구소 이사장
- Siloam Nission School 이사장(필리핀 마닐라 소재)

그리스도의 좋은 군사답게 살자

네가 그리스도 예수의 좋은 군사로 나와 함께 고난을 받을찌니 군사로 다니는 자는
자기 생활에 얽매이는 자가 하나도 없나니 이는 군사로 모집한 자를 기쁘게 하려 함이
라

AD62년경 바울은 로마 감옥에서 풀려나 다시 4차 전도 여행을 떠나서 디모데전서와 디도서를 기록하였습니다. 그러나 다시 AD66년경 네로에게 체포되어 감금되었고, 이 때 디모데후서를 기록했습니다.

이때 바울의 나이는 인생의 황혼기였고, 또한 언제 죽임을 당할지 모를 위기의 상황이었습니다. 그러나 그는 디모데후서를 통해 복음 전파에 대한 불같은 열정을 우리에게 보여줍니다. "너는 말씀을 전파하라 때를 얻든지 못 얻든지 항상 힘쓰라(딤후 4:2)."

그의 삶을 한마디로 요약한다면 "복음을 위한 투쟁"이었습니다. 그는 진정 하나님께서 부르신 소명에 합당한 삶을 산 좋은 군사였습니다.

하나님께서는 저와 여러분을 바울처럼 그리스도 예수의 좋은 군사로 부르셨습니다. 그러므로 십자가 군사답게 사는 것은 곧 우리 자신이 해야 할 몫인 것입니다.

그렇다면 좋은 군사답게 살려면 어떻게 해야 할까요?

첫째, 받을 고난을 달게 받으십시오.

"네가 그리스도 예수의 좋은 군사로 나와 함께 고난을 받을지니"(3절)

이 말씀을 공동 번역에서는 이렇게 해석을 하고 있습니다. "그대는 그리스도 예수의 충성스러운 군인답게 그대가 받을 고난을 달게 받으시오"

그리스도의 충직한 군사로 세움을 받은 모든 자들에게는 "받을 고난"이 있습니다. 얼렁뚱땅 눈치껏 피해갈 수 있는 것이 아니라 반드시 채워야 할 "고난의 분량"이 있다는 것입니다.

일반사병과 해병대 그리고 특전사 등은 분명 다 같은 "군사"지만 그들의 임무의 강도에 따라 훈련의 강도도 달라지는 것입니다. 해병대나 특전사 같은 특수한 군사가 되기 위해서는 사선(死線)을 넘는 혹독한 훈련을 이겨내야만 하는 것입니다.

우리가 그리스도의 좋은 군사가 되려면 결코 어떤 고난도 두려워해선 안됩니다. 아이러니하게도 십자가의 군사들인 우리가 가장 두려워하는 고난은 "십자가를 지는 고난"입니다. 마땅히 지고 가야할 것임을 알면서도, 할 수만 있다면 안지고 가려합니다. 가볍게 지고 가길 원합니다. 십자가의 길은 자기 죽음이 없이는 갈 수 없는 길이기 때문입니다.

지나온 삶 속에서 우리는 자기 죽음을 수없이 고백도 해보았지만 깊은 맘속에서는 십자가에 대한 두려움을 부인할 수 없을 것입니다.

우리 예수님께서도 겟세마네에서 십자가의 쓴 잔을 피할 수는 없는지 기도를 하셨습니다.

그러나 결국 아버지의 뜻대로 십자가를 지셨습니다. 그래서 그리스도 예수의 군사로 부름을 받은 우리는 받을 십자가의 고난을 두려워말고 달게 받아야 하는 것입니다.

이 세상에서 십자가를 지고 가는 삶이 우리의 걸음을 힘들게 하는 것 같지만 그 십자가가 우리를 지켜주고, 우리에게 자유와 안식을 줍니다.

"진정 우리를 괴롭게 하는 것은 십자가가 아니라 십자가가 없는 그것이다. 그리스도의 십자가는 자유케 하는 십자가이다"(제시 펜 루이스)

둘째, 사단의 방해 공작에 넘어지지 마십시오.

우리가 그리스도 예수의 좋은 군사로서 살며, 하나님께 인정받는 것을 막기 위해 사단은 중간 방해물을 계속 던집니다. 그 시험의 장애물을 통해 우리의 믿음을 흔듭니다. 사명에 집중하지 못하도록 연막탄을 뿌립니다.

그런데 수많은 그리스도인들이 이 공작에 사명을 망각하고 넘어지고 있습니다. 예상치 못했던 사건 앞에서 얼마나 많은 그리스도인들이 마음과 생각을 빼앗기고, 이성과 감정도 빼앗기고 결국은 신앙까지도 빼앗기는지 모릅니다. 우리는 그 중간 방해 연막탄 공격을 담대하게 헤치고 지나가야 합니다.

삼상 17장에 보면 다윗과 골리앗 이야기가 나옵니다.

너무도 잘 아는 사건입니다. 그런데 다윗이 골리앗 앞에 서기까지 일사천리로 나아갔던 것이 아니었습니다. 강력한 중간 방해 공작이 있었습니다. 그 주인공은 바로 다윗의 친형 '엘리압' 입니다.

사단은 다윗의 가장 가까운 형을 통해 그리스도의 좋은 군사인 다윗의 믿음을 꺾고자 했습니다.

"네가 무엇을 하겠다고 여기 내려 왔느냐?...이 건방진 못된 녀석, 네가 싸움 구경하러 온 걸 모를 줄 아느냐?"(삼상 17:28/공동번역)

자신은 다른 이스라엘 병사들처럼 한 이방 장수의 호통 앞에 오금이 저려 꼼짝도 못하고 있으면서, 다윗의 "이 할례 없는 블레셋 사람이 누구관데 사시는 하나님의 군대를 모욕합니까?"(삼상 17:26)라는 대견스런 말에 격려는 못해줄망정 어처구니 없게도 호통을 칩니다.

그런데 다윗을 보십시오. 형의 호통 앞에 다윗은 전혀 기죽지 않고 대답합니다. "그저 물어본 것 뿐인데 내가 지금 무엇을 했다고 그러십니까?"(삼상 17:29/공동번역)

그리고 다윗은 더 이상 자기 형과 말싸움 할 필요가 없음을 깨닫고 형을 떠납니다. 다윗은 사단의 중간 방해 공작에 넘어지지 않고 멋지게 승리한 것입니다. 그러했기에 다윗은 골리앗을 쓰러뜨리는 놀라운 역사를 이룰 수 있었던 것입니다.

다윗이 만약 심약하고 믿음이 없는 사람이었다면 형의 호통에 기가 죽어 눈물을 흘리며, "무슨 형이 저래..."하며 섭섭함과 두려움에 매여서 집에 그냥 돌아갔을 겁니다.

좋은 그리스도의 군사로서 인정받는 이런 놀라운 믿음의 역사와 기적은 그냥 이루어지는 것이 아닙니다. 우리의 믿음은 강하고 견고해야 합니다.

사단은 오늘날 우리들에게 그리스도의 좋은 군사로서 쓰임 받지 못하게 하려고 계속 엘리압이라는 중간 연막탄을 뿌립니다. 생각과 마음을 온통 그 엘리압에 매이게 만듭니다.

군사로 부름받은 자들은 엘리압의 호통 앞에 절대로 주눅이 들거나 매여서는 안됩니다.

우리가 쓰러뜨려야 할 적은 엘리압이 아닌 "골리앗"임을 명심합시다. 골리앗 앞에 나가 한번 싸워보기도 전에 엘리압 앞에서 넘어지는 초라한 패잔병들이 되지 맙시다.

사랑하는 독자 여러분!

하나님께서는 우리를 어딘가 모자라고 부족한 군사가 아닌 "좋은 군사"로 부르셨습니다. 그리고 우리에게 "기대"하십니다. 좋은 군사로서 "좋은 열매" 맺기를 말입니다.

이사야 5장에 보면 포도원 비유의 말씀이 나옵니다.

하나님께서는 당신의 사랑하는 백성들을 심히 기름진 산에 땅을 파고 돌을 제하는 수고를 하시며 극상품(極商品)의 포도나무를 심으셨습니다. 그리고 좋은 열매를 기대하셨습니다. 그런데 들포도가 맺혔습니다.

하나님께서는 우리가 좋은 군사들로서 좋은 열매 맺기를 기대하십니다. 만약 우리가 좋은 군사로서의 삶을 살지 못한다면, 다시 말해 극상품의 포도 열매를 맺지 못하고 들포도를 맺는다면 한마디로 우리의 삶은 황무(荒無)하게 될 것입니다. 좋은 군사가 되지 못했을 때, 들포도를 맺었을 때, 실망하시며 진노하시는 하나님의 음성을 들어보십시오.

"이제 내가 내 포도원에 어떻게 행할 것을 너희에게 이르리라. 내가 그 울타리를 걷어 먹힘을 당케 하며 그 담을 헐어 짓밟히게 할 것이요 내가 그것으로 황무케 하리니 다시는 가지를 자름이나 북을 돋우지 못하여 질려와 형극이 날 것이며 내가 또 구름을 명하며 그 위에 비를 내리지 말라 하리라…"(사 5:5~6)

대한예수교
장로회 **서울영광교회**

✠ 주소 : 서울 양천구 신월5동 9-27호
✠ TEL : 02)2602-0690, 2698-0690
✠ E-mail : pastorlove@hanmail.net
✠ http://www.sgctv.com

박 영 민 목사

학력 및 신력

- 조선대학교(전자공학)
- 캐나다 크리스챤 대학(Canada Christian Callege)
- 총회신학대학원
- 연세대학교 연합신학대학원
- 미국 유인대학교 신학대학원(Yuin University)
- 총회신학연구원 교수
- 크리스쳔 텔레비전 방송설교강사
- C3TV 방송설교강사

웃으며 사는 비결(Method that live laugh)

여호와께서 그에게 이르시되 나를 위하여 삼년 된 암소와 삼년 된 암염소와 삼년 된 수양과 산비둘기와 집
비둘기 새끼를 취할찌니라 아브람이 그 모든 것을 취하여 그 중간을 쪼개고 그 쪼갠 것을 마주 대하여 놓
고 그 새는 쪼개지 아니하였으며 솔개가 그 사체 위에 내릴 때에는 아브람이 쫓았더라

어떤 분이 쓴 책에 "울음은 본능이요, 웃음은 문화"라고 표현한 것을 읽은 적이 있습니다. 그럴싸한 묘사입니다. 그렇다고 한다면, 잘 웃을 수 있는 사람이 문화인이라고 말할 수 있겠죠. 그러나 저는 잘 웃을 수 있는 자가 참된 신앙인이라고 말하고 싶습니다.

신앙생활은 영적 무력감에 잡힌 모습이 아니라 영적인 승리를 영적 쾌거를 경험하는 모습이어야 합니다. 세상에서 가장 아름다운 사람은 기뻐할 줄 아는 사람이고, 세상에서 가장 행복한 사람도 기뻐할 줄 아는 사람입니다.

성경에서 말하는 구원은 전인적인 구원을 말하고 있습니다. 우리가 육신의 장막을 벗고 영혼이 구원받아 하늘나라에 가는 것은 물론 궁극적인 구원입니다. 그러나 그것 만을 의미하지 않습니다.

우리의 병든 육신도, 우리의 상처받은 마음도, 우리가 살아가는 환경까지도 회복되는 것을 전인적인 구원이라고 할 수 있습니다.

우리는 그 전인적인 구원을 위하여 힘써야 합니다. 구원의 확신이 구원의 시작이라면 구원의 성숙은, 구원의 감격을 누리며 사는 것입니다.

고난의 길을 기쁨으로 가셨던 예수님처럼, 감옥에서도 기뻐하며 찬송했던 사도바울처럼 웃으며 사는 비결 몇가지를 말씀 드리려고 합니다.

첫째, 예수님을 초청하십시오(Invite Jesus)

예수님은 웃음꽃을 피우시는 화해가이며, 내 마음의 화원을 지키시는 탁월한 정원사이십니다. 예수님도 마태복음 13장에 마음을 밭으로 비유했는데 우리의 마음은 "가꾸는 정원"이라는 것입니다. 예수님께서는 마음문을 열고 초청자에게 들어가셔서 그 마음 밭에 향기로운 웃음꽃들을 피워내십니다.

그래서 저는 이 찬송을 좋아하는데 들어본적이 있는지요?

나는 주의 화원에 어린백합 꽃이니 은혜비를 머금고 고이 자라납니다. 주의 은혜 감사해 나는 무엇드릴까 사랑하는 예수님 나의 향기 받으소서

저는 마음이 황폐해질 대로 황폐해져서 마음이 수렁에 빠져서 헤매일 때가 있었습니다. 그런데 예수님이 제 마음에 아름다운 웃음꽃을 피워 주셨고 기쁨의 열매가 맺도록 제 마음을 시간마다, 때마다, 일마다, 사건마다 은혜의 비를 내려 향기로운 정원으로 가꾸워 주셨습니다.

이 한편의 설교가 마음의 정원을 가꿀 줄 몰라서 황폐해진 분들에게 도움이 되시기를 바랍니다.

하나님은 당신의 자녀들이 당신과의 관계 속에서 살아가는 것을 기뻐할 것을 기대하셨습니다. 크리스쳔의 영광스러운 의무는 그분과의 관계를 통하여 하늘의 신령한 기쁨을 마음껏 누리며 사는 것입니다.

18세기 미국의 대각성운동의 도구로 쓰임받았던 조나단 에드워즈(Jonathan Edwards)는 당시의 가장 커다란 죄악에 대하여 이렇게 말하였습니다.

"우리에게 가장 커다란 두 가지 죄악이 있다. 하나는 하나님의 백성들이 그들의 주인이신 하나님을 두려워하지 않는 것이고, 또 하나는 그분이 자신들의 하나님 되심을 기뻐하지 아니하는 것이다." 결국 그릇된

시각이 뒤틀린 기독교를 갖게 합니다. 뒤틀린 기독교 신앙이 가르쳐 지는 곳에서 우리는 풍성한 삶을 기대할 수 없습니다.

호세아 선지자는 그릇된 삶을 사는 백성을 들을 향하여 "오호라 뒤집지 않은 전병이로다"(호8:7).라고 외쳤습니다.

무슨뜻입니까? 전병은 양쪽으로 잘 익혀야 하는데, 한쪽은 잘 익었는데 뒤집지 않는 쪽은 설익었다는 뜻입니다.

우리 크리스쳔은 십자가의 사랑 앞에 감격의 눈물을 흘릴 수 있어야 합니다. 그리고 부활의 영광 앞에 기뻐 춤출 수 있는 자 곧 양쪽이 잘 익혀진 전병이 되시기를 바라며, 늘 우리의 삶 앞에 살아 역사하시는 예수 그리스도를 초청하시기를 바랍니다.

둘째, 예수님을 만나보세요(Meet Jesus)

우리 인생이 예수님을 만났을 때 비로소 참된 기쁨으로 웃을 수 있습니다. 기쁨은 환경에서 오는 것도 아니고 소유에서 오는 것도 아닙니다. 이 세상에는 우리의 영혼의 목마름을 채워줄 수 있는 생수가 없습니다. 이 세상의 달콤함은 우리 영혼을 더 목마르게 할 뿐입니다. 기쁨의 생수가 되시는 예수를 만나야 합니다.

사도바울이 예수를 만나기 전에는 싸늘한 종교인이었습니다. 잘못된 열정에 붙잡혀 많은 사람들을 피곤하게 했던 사람이었습니다. 그런데, 그가 예수를 만나고 나서는 많은 사람에게 기쁨을 주는 사람이었습니다. 기쁨이 없는 사람은 남에게 기쁨을 나눠줄 수 없습니다. 자기도 기쁘지 않는 자가 어떻게 다른 사람을 기쁘게 하겠습니까? 불가능한 일입니다.

바울은 예수를 만난 후에 복음을 전하면서 한 평생을 비난과 배척이 계속되는 핍박, 헐벗었고, 매를 맞기도 했으며, 몇 번이나 죽을뻔 했으며, 감옥에 갇히기도 하였습니다.

그는 순교하며 죽기까지, 결혼도 하지 않아서 가정도 없었고, 집도 없었고, 건강하지도 못했습니다. 그런데도 사도바울은 기뻐했습니다. 왜냐하면 그는 예수님을 만났기 때문입니다. 그 이후 항상 주님과 동행하며 살았기 때문입니다. 예수님을 만났을 때 그의 가슴은 기쁨으로 충만해졌습니다. 자기에게 있던 모든 자랑거리를 배설물로 여기고 오직 예수만을 위하여 온 세상으로 다니며 기쁨의 소식을 전하면서 성도들에게 "내가 주 안에서 크게 기뻐하노라"(빌4:10)하며 기뻐하는 자신의 모습을 소개합니다.

신앙생활은 어떤 견해를 얻는것과 같은 이론을 터득하는 생활이 아닙니다. 가공의 세계를 만들어 놓고 심리적 안정을 찾는 생활도 아닙니다. 하나님을 나에 삶 가운데서 실제로 체험하는 것입니다. 예수를 관념으로만 예수를 믿던 자들은 살아계신 하나님을 실제로 만나야 합니다. 그 순간 놀라운 감격에 사로잡히게 될것입니다. 일평생 교회를 다니면서도, 신앙생활을 하면서도 이 기쁨과 감격을 누리지 못하는 자들은 내게 다가오셔서 속삭이시고, 터치하시는 하나님을 만나시기를 바랍니다.

위대한 설교자였던 디 엘 무디의 유명한 일화에서 터미네이터같은 모습을 발견할 수 있습니다.

디 엘 무디가 설교 전에 하나님께 기도를 하고 있었습니다. 설교단에 올라와보니, 쪽지가 하나 올라와 있었습니다. 설교자가 회중에게 전해주어야 할 "광고"인가 하고 보았더니, "바보"라고 씌여진 쪽지였습니다. 그 쪽지를 읽고 속이 상하고, 화가날텐데 무디는 청중을 향해 이렇게 말하였습니다. "어떤 분이 저에게 광고를 전달하셨습니다. 그런데 이상하게도 내용은 없고 이름만 써있네요! 바보라고요!" 쪽지를 강단에 올려놓은 사람은 "저친구 ! 아마도 열받아서 설교도 제대로 못하고 강단에서 내려올거야! 당황하는 얼굴좀 볼까?" 생각하며 느긋하게 즐기고 있다가 유머로 무장한 설교자에게 예기치 않는 공격을 받고 전의를 상실해 버렸을 것입니다.

이와같이 웃음과 유머는 인간관계에 있어서 상처로부터 자신을 방어하는 무장 체계이기도하며 시련과 아픔을 이겨내게 하는 역동적인 힘을 제공합니다.

셋째, 예수 안에 사십시요(Live inside Jesus)

예수 안에서 예수님의 인도하심 따라 살아 갈 때에 비로소 기쁨의 오솔길을 걸을 수가 있습니다. 그리고, 시냇가에 심겨진 나무가 시절을 좇아 열매를 맺듯 신령한 열매 맺는 삶을 살 수 있습니다.

성령의 열매를 맺고 사는 사람은 그 마음이 항상 기쁠 수밖에 없습니다. 날마다 잔치 기분이요, 천국의 기쁨 속에 살게 되는 것입니다.

사도바울이 기록한 서신서를 자세히 읽어보면 특징이 한 가지가 있는데 그것은 독특한 언어 습관을 발견할 수 있습니다. 바울의 서신서에 "예수 안에서", "그리스도 안에서", "주 안에서"라는 용어가 169회나 반복되어 사용되고 있습니다. 그래서 신학자들은 바울의 신앙을 "엔 크리스토스" 신앙이라고 부릅니다. 그 뜻은 "예수 그리스도안의 신앙"이라는 것입니다.

사도바울은 편지를 쓸 때마다 "주안에서 기뻐하라", "주 안에서 증거하노니", "주 안에서 강건하여라" 계속해서 주 안에서의 삶이 되도록 권면하고 있습니다. 심지어는 "주 안에서 갇힌자 된 내가 네게 말하노니"라고 말하면서 자신이 주안에 있음을 말하고 있습니다.

우리는 예수 안에 있을 때 어떠한 상황과 상관없이 범사에 감사하며 기뻐할 수 있습니다. 그가 얻은 기쁨은 주안에서 하나님을 대면함으로 얻는 기쁨이었던 것입니다. 그래서 참 믿음은 주 안에서 웃는 믿음을 얻는 것입니다. 성령님의 역사를 통하여 항상 기뻐할 수 있는 그 기쁨을 "주 안에서의 항상 기쁨"이라고 말씀 할 수 있습니다.

우리가 역사의 시간의 기준점을 "B.C."와 "A.D."로 나눕니다. "B.C."를 "Before Christ"의 약자로 예수가 오기 전이라고 해서 주전이라고 부릅니다. 그러나 "A.D."는 "After Christ"가 아니라 "Anno Domini"입니다. 우리가 "A.D."를 주후라고 말하지만 원래의 뜻은 주후가 아닙니다. "안노(Anno)"라고 하는 말은 "해(year)"라는 뜻이고 "도미나이(Domini)"라고 하는 것은 "우리의 주"라고 하는 뜻입니다.

이것을 영어로 옮기면 "In the year of our Lord"입니다. 이것이 "A.D."입니다. 예수그리스도가 이 땅에 육신을 입고 온 성육신하신 시기를 기준으로 해서 주후는 "주가 다스리는 해, 우리 주님이 주관하시는 해"를 말합니다.

예수님이 오신 뒤에 기준이 새로운 기준이 생겼는데 그것은 "예수의 지배를 받는 삶이냐! 그분의 지배를 받지 못하느냐!"의 기준의 시대를 살고 있는 것입니다.

제가 즐겨부르는 찬송이 하나 있습니다. 찬송가 455장에 있는 찬송입니다.

"주 안에 있는 나에게 딴 근심 있으랴, 십자가 밑에 나아가 내 짐을 풀었네, 그 두려움이 변하여 내 기도 되었고, 전날의 한숨 변하여 내 노래되었네"라는 가사로 되어 있습니다.

이 찬송은 "슬픔이 변하여 기쁨이 되고, 한숨이 변하여 찬송이 되는 삶을 살 수 있는 이유는 내가 주 안에 있기 때문이다"라고 고백하는 찬송입니다.

사랑하는 독자 여러분!

우리 크리스천들은 아무리 어렵고 문제가 있어도 주님이 우리 형편과 처지를 아시고 해결해 주실 것을 믿고 웃는 즐거운 인생을 살 때 행복이 넘치게 됩니다. 이처럼 그리스도 예수 안에서 기뻐하며 살아가는 것은 주님의 명령이기도 하고 우리를 향한 변함없는 뜻임을 믿으시기를 바랍니다.

넷째, 예수님께 기쁨으로 순종하세요(Obey to Jesus)

변화되기 위해서는 새로운 정보가 들어와야 하는데 그것이 ·곧말씀입니다.

예수께서 부어 주시는 말씀을 통해 진리가 스며들기를 바랍니다. 말씀은 생수가 되어서 우리들의 정원을 풍요롭게 하고 웃음꽃이 만발하게 될 것입니다.

성경에는 "항상 기뻐하라"고 말씀합니다. 항상 기뻐하는 삶이 모든 기독교인의 의무임을 지적하고 있습니다. 그리고 사도바울은 데살로니가전서 5장16-18절에서 "항상 기뻐하라 쉬지 말고 기도하라 범사에 감사하라 이것이 그리스도 예수 안에서 너희를 향한 하나님의 기뻐하시는 뜻이니라"고 하였습니다.

우리가 항상 기뻐하며 사는 삶이 곧 하나님을 기쁘시게 하는 삶이요 하나님을 영화롭게 해드리는 삶이라고 하는 것입니다. 그런데, 오늘날 적지 않은 그리스도인들이 웃지 않고 심각하게 살며, 심각한 모습으로 예배하는 것이 경건이라고 착각하며 살고 있다는 것입니다.

웃음 파업이라는 이야기 들어 보셨습니까? 어느 항공사에서 웃으면서 써비스 해야 할 승무원들이 웃지 않고 일하는 웃음 파업을 해서 경영진들이 진땀을 흘렸다는 이야기를 전해 들은 적이 있습니다.

가정주부가 웃음을 파업을 하면 가정이 순식간에 어두워집니다. 밥상은 차려 주는데 웃지 않아 보세요. 그러면 남편이 진땀이 나겠죠?

교회 안에서 목사님이나 교회의 리더들이 웃음 파업을 한다면 어떻게 되겠습니까? 교회에서 천국을 맛보기 보다는 지옥을 경험 했다고 하지 않겠습니까? 교회 지도자가 굳어 있으면 분위기 전체가 어두워집니다. 웃음이 넘치는 밝은 교회로 바꾸려면 회중 앞에서는 직분자들이 먼저 웃으면 됩니다.

환한 웃음이 포용력을 수반합니다. 교회로 들어오는 사람들을 보면서 웃기만 해도 환영이 됩니다. 자기를 보고 웃어주는 사람을 볼 때 얼마나 행복한지요. 교회 안에서 하나님이 주신 기쁨으로 충만한 사람들이 사람들이 많이 있어 성도의 교제 시간에 웃음 꽃이 피어 나야 합니다.

사랑하는 독자 여러분!

크리스챤의 매력적인 포인트가 무엇인지를 성경은 우리에게 말씀합니다. 고린도후서 6장 10절에 "근심하는 자 같으나 항상 기뻐하고 가난한 자 같으나 많은 사람을 부요하게 하고 아무 것도 없는 자 같으나 모든 것을 가진자로다"라고 말씀하는데 이 모습이 그리스도인의 모습이어야 합니다.

환경과 처지를 보면, 도저히 기뻐할 요소가 아무것도 없어보여도, 그래도 그 중심에는 기쁨이 충만한 것이 크리스챤의 모습입니다. 이 기쁨은 우리의 감정에 조정을 받는 기쁨이 아닙니다. 성령님의 역사하심을 통한 기쁨입니다.

세상사람들이 눈으로 보면 가슴을 치고 통곡할 상황이지만 그리스도인들은 하나님께서 가장 좋은 것으로 채워주실 줄 믿고 찬양하는 삶을 살아야 합니다. 환경과 상관없이 하나님을 기뻐하며 찬양할 수 있는 삶을 살아갈 때 절대적 웃음으로 웃게되고 웃음이 가득하고 찬양이 가득한 삶을 살아갈 수 있습니다.

하나님께 예배 할 때도 갖가지 슬픔을 가지고 있다할지라도 모두가 기쁨으로 찬양할 때 어느새 슬픔은 우리에게서 멀어져 갈 것입니다. 그러나 맥빠진 찬양속에는 역사가 일어날 수 없습니다.

사랑하는 독자 여러분!

독자께서 자녀를 키우는 부모라면 자녀들이 부모의 집에 들어설 때 어떤 모습이었으면 생각하십니까? 세상에 어느 부모가 언제나 인상만 쓰고 있는 자녀들을 좋아하겠습니까? 하나님께서도 "애들아, 얼굴 좀 펴라." 하시지 않겠습니까? 그래도 굳어진 얼굴이 펴지지 않으면 "그 상판때기 보기 싫다. 얼굴 환하게 펴지 않으려면 아예 오지 마라." 하실지도 모르는 일입니다.

기독교의 신앙은 부활의 신앙입니다. 우리는 부활하신 예수님을 믿고 있습니다. 근본적으로 회심하여 새사람이 되지 못하는 까닭이 무엇일까요? 신앙생활은 하지만 기쁨과 감격을 상실한 일상을 사는 이유가 어디에 있을까요 ? 그것은 바로 우리의 신앙이 부활신앙 중심이 되지 못하고 사순절 중심으로만 삼기 때문이 아닌가 생각해 봅니다.

사순절은 그 자체가 목표가 아니라 부활하신 예수님을 만나기 위한 준비요 과정입니다. 그런데도 우리는 부활절에 "사셨네 사셨네 예수 다시 사셨네" 하며 한 번 노래하고 다시 고뇌하는 일상으로 돌아가 버리고 말지는 않습니까?

사랑하는 독자 여러분 !

예수님을 초청하여 모셔들이고 환영하십시오. 예수님과의 참된 만남을 통해서 예수안에 있는 기쁨이 충만하시기를 바랍니다. 그리고, 우리의 구주되시는 예수님께 순종함으로 평생에 웃음이 가득한 삶을 사시기를 예수 그리스도의 이름으로 축원 드립니다.

연희전문 때의 교내 간행물들

박 용 상 목사

대한예수교 장로회 **서진주교회**

✝ 주소 : 경남 진주시 평거동 737 한보상가 303호
✝ TEL : 055)748-4253, 746-4257
✝ Email-yspark9191@hanmail.net

학력 및 신력

- 87년 – 대신대학교 신학과 졸업
- 90년 – 총신대학교 신학대학원 졸업
- 96년 – 연세대학교 연합신학대학원 졸업
- 99년 – 총신대학교 목회신학대학원 졸업

- 84년-85년 대구 황금성교회 교육전도사
- 85년-88년 부산 광안제일교회 교육전도사
- 88년-89년 부산새반송교회 개척 담임교역자
- 89년-92년 대구 서성로교회 전도사 및 부목사
- 93년-2004년 서진주교회 담임목사(현재)

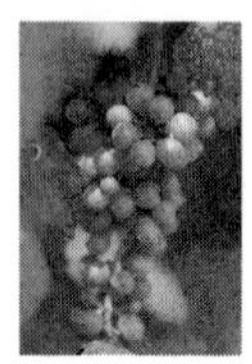

영적 각성으로 일어나

그 흩어진 사람들이 두루 다니며 복음의 말씀을 전할째 빌립이 사마리아 성에 내려가 그리스도를 백성에게 전파하니 무리가 빌립의 말도 듣고 행하는 표적도 보고 일심으로 그의 말하는 것을 좇더라 많은 사람에게 붙었던 더러운 귀신들이 크게 소리를 지르며 나가고 또 많은 중풍병자와 앉은뱅이가 나으니 그 성에 큰 기쁨이 있더라

2004년 표어를 "영적 각성으로 일어나 전도하자" 라고 정했습니다.

각성이란? 국어사전에 보니 "눈을 떠서 정신을 차림" 이라고 했고, 영어사전에는 awakening or revival 로 "~을 잠에서 깨우다. 일으키다. ~을 눈뜨게 하다. 자각시키다. 깨닫게 하다 (죄나 무지로부터)" 라고 나와 있습니다.

따라서 영적 각성 (spiritual awakening or spiritual revival)은
• 영적으로 눈을 떠서 정신을 차리다.
• 영적 무지로부터 눈을 뜨다.
• 영적 잠에서 깨어 일어나다.

영적 각성이란 좁게는 한 개인이 성령의 감동으로 영적 무지로부터 눈을 떠 진리를 깨닫고 죄에서 돌이켜 하나님께로 돌아와 예수를 믿는 것이요, 나아가 하나님의 역사를 내 삶속에 나타나지 못하게 하는 습관과 관행으로부터 깨어나는 것이요, 죽은 자를 살리시는 하나님의 숨결을 막는 영적 무지와 잘못을 제거하는 것이요, 넓게는 성령의 기름 부으

심과 비상하게 일하심을 통하여 주께서 피로 값 주고 사신 교회와 믿는 무리들이 성경에 기록된 예루살렘 교회처럼 집단적으로 감동을 받아 영적 무지와 죄를 회개하고 예수를 믿어 구원의 감격에 벅차 예수를 주로 고백하며 주께 기도하며, 하나님을 높이고 찬양하며 모이기를 힘쓰며 하나님의 백성으로서 종교적으로나 도덕적으로 삶의 모든 영역에서 구별된 삶을 살며, 생명의 복음을 전하는 증인의 삶을 사는 것입니다.

2004년 새해를 하나님께서 우리에게 허락하셨습니다. 우리 모두 하나같이 "영적 각성으로 일어나 전도함"으로 주님의 기쁨이 되는 성도들이 되시기를, 빌립 집사와 같은 전도자의 삶을 사시기를 원합니다.

그러려면

첫째, 영적 각성으로 일어나 기도해야 합니다.

행 1장에 보면 초대교회 성도들은 약속의 말씀을 부여잡고 한 다락방에 모여 간절히 기도 했습니다. (행 1: 14)

행 3장에 보면 베드로와 요한이 기도 시간에 기도하러 성전에 올라갔습니다. (행 3: 1~)

행 10장에 보면 욥바성에 도착하자마자 베드로가 기도하려고 지붕에 올라갔습니다.

한 사람의 영적 각성이 잠든 시대를 깨웁니다. 19C 말 미국의 부흥사였고 학자였던 아쳐 토레이는 모든 위대한 부흥은 골방에서 기도하던 한 사람의 마음에서 시작한다고 했습니다.

구약의 예언대로 주께서 육신의 몸을 입고 이 땅에 오심으로 교회가 시작되고 벌써 2천년이 지나가고 있습니다. 주님께서 주신 지상명령의 성취를 위해 교회는 지금까지 복음전파에 힘써왔습니다. 그리고 우리는 어쩌면 이 명령의 성취를 위한 가장 가까운 시대에 살고 있는지 모릅니다.

루터와 칼뱅의 종교개혁 이후 점차 뜨거웠던 신앙이 냉랭해져갈 때 1715년 십대였던 진 젠드르프(니골라스)가 그의 친구 다섯 명과 함께 독일 할례대학에 들어가서 겨자씨 모임(Order of Mustard seed) 기도

운동을 통해서 영적 각성을 일으켜 전도운동과 함께 당시 300명의 선교사를 파송하게 됩니다.

같은 시기 (1720년) 영국에서는 찰스 웨슬리가 옥스퍼드 대학에 들어가 홀리클럽(Holy club)이란 기도모임을 통해 영적 대각성을 일으켰으며, 19C초 미국에서는 윌리암스 대학에서 사무엘 밀즈가 4명의 친구들과 함께 학교 근처 단풍나무 숲에서 정기적으로 기도회를 가졌는데 어느 가을날 비를 피하기 위해 건초더미에들어가 기도회를 가지며 "우리가 원한다면 할 수 있다(We can do this if we will)"는 서약을 함으로 대각성의 불씨를 당겼는데 이를 건초더미 기도운동(Haystack Prayer Movement)이라고 합니다.

이후 미국에서는 찰스 피니 등을 거쳐 무디에 이르기까지 2차 3차의 대각성 운동이 일어났습니다. 특히 보잘것 없는 구두 수선공 무디를 부르시고 목사 되게 하신 주님은 그를 통해 미국의 대 부흥을 가져오게 했습니다.

이때 무디의 설교에 감동을 받은 많은 젊은이들이 세계 선교에 소명을 받고 헌신하게 되었는데 청년 언더우드 선교사를 비롯, 한국에 온 초기 선교사들이 이 영적 각성을 경험한 자들이었습니다. 이들과 한국 초기 사역자들과 성도들이 1970년을 전후하여 한국 초대교회에도 영적 각성을 일으켰습니다.

이때 1907년 평양 대 부흥 운동이 일어났습니다. "죄를 회개하고, 죄를 미워하며, 성결한 삶을 살고자 한다"와 같은 기치를 내건 부흥운동으로 한국 초대교회는 사회 전 분야에 영향을 끼쳤고 이로 인해 70~80년대까지 부흥이 이어져 왔습니다.

그러나 80년대 이후부터 그 열기는 점점 식어져 이로 인해 교회와 성도들이 영적으로 둔감해져 갔고 지금은 그 정도가 심각한 상황에 이르렀다고들 말합니다. 이러한 때에 우리 모두 일어나 기도의 자리로 나아가야 합니다.

• 개인적으로 기도의 골방으로 나아가십시다.
• 모이면 예루살렘(초대)교회 성도들처럼 전심으로 기도의 무릎을 꿇읍시다.

• 약속의 말씀을 부여잡고 기도합시다.

하나님 말씀에 "말세에 내가 내 영으로 모든 육체에 부어 주리니 너희 자녀들은 예언할(행 2:17~26) 것이요 너희 젊은이들은 환상을 보고 너희 늙은이들은 꿈을 꾸리라 그때에 내가 내 영으로 내 남종과 여종들에게 부어 주리니 저희가 예언할 것이요 누구든지 주의 이름을 부르는 자는 구원을 얻으리라"

영적 각성으로 일어나 기도하는 자에게 성령이 임하십니다. 영적 각성으로 일어나 기도하는 자에게 성령의 기름 부으심이 있습니다.

주여! 나로 하여금 기도하게 하소서

주님과 같이 습관을 좇아 기도하게 하소서

성령으로 기도하게 하소서

초대교회 성도들처럼 성령의 부으심과 충만을 구하게 하소서.

바울처럼, 베드로처럼, 빌립처럼 무시로 기도하게 하소서.

루터와 칼뱅처럼 존웨슬레와 무디처럼 기도하다 주님 만나게 하소서

기도하다 성령의 불 받게 하소서

기도하다 능력 받게 하소서

둘째, 영적 각성으로 일어나 전도해야 합니다.

영적 각성으로 일어나 기도하는 것이 내적 특징이라면 영적 각성으로 일어나 전도하는 것은 외적 특징이라고 할 수 있습니다.

그래서 사랑의 교회 옥한음 목사는 영적 각성운동을 가리켜 "모든 성도들이 영적으로 깨어나 복음으로 무장하고 주변사람들에게 복음을 전하는 운동이다."라고 했습니다.

초대교회 제자들과 성도들의 영적 각성의 외형적 특징인은 하나님의 말씀이 강력하게 선포되었다는 것입니다. 예수님의 제자들과 예수님을 믿고 따르는 자들이 증인으로서 사는 삶은 복음의 기쁜 소식을 증거하는 삶입니다. 복음의 기쁜 소식이 예루살렘에서 유대와 사마리아로 소아시아와 로마(땅 끝)까지 선포되는 것을 우리는 사도행전에서 목격하

게 됩니다.

특히 본문은 영적각성으로 일어나 예루살렘 한 곳에 다락방에 모여 기도하다 성령의 기름 부으심을 받고 성령의 능력으로 사도와 주를 믿고 따르는 모든 성도들이 예루살렘에서 예수는 그리스도이심을 전했음을 말하고 있습니다. 그러다 그들은 핍박 속에 흩어지게 됩니다.

흩어져 무엇을 했습니까? 그들은 전도했습니다.

행 8:4절을 보십시다.

"그 흩어진 사람들이 두루 다니며 복음의 말씀을 전할 새"

핍박 속에서도 낙심 하지 않고 복음을 전했습니다. 핍박 속에서도 포기하지 않고 복음을 전했습니다. 핍박 속에서도 두루 다니며 복음을 전했습니다.

그 가운데 빌립집사가 있었습니다. 저는 목사이지만 빌립집사를 목회자 이상으로 존경합니다. 빌립 집사는 일곱 집사 가운데 한 사람이었습니다.

행 5,6장에 나오는 빌립집사는 믿음의 사람이었습니다. 성령이 충만한 사람이었습니다. 기도의 사람이었습니다. 전도자였습니다(행 21:8).

사마리아 성에 내려가 예수 그리스도를 백성에게 전했습니다.

복음이 선포될 때에 어둠의 영들이 사람들에게서 나가는 역사가 일어났습니다. 병든 자들이(많은 중풍병자, 앉은뱅이)치료되는 역사가 일어났습니다.

한날 빌립집사는 성령의 지시로 광야로 달려갔습니다. 거기에서 외국인을 만납니다. 그는 에디오피아의 모든 국고를 맡은 사람이었습니다. 오늘날의 재무부 장관과 같은 큰 권세 자였습니다. 그 사람은 예루살렘에 예배하러 갔다가 고국으로 돌아가고 있는 중 이었습니다.

성령께서 빌립에게 가까이 다가가라고 말씀하십니다. 병거에 가까이 다가간 빌립은 그를 향해 "지금 당신이 읽고 있는 것을 깨닫느뇨?" 하고 물었습니다. 빌립의 질문에 "지도하는 사람이 없으니 어찌 깨달을 수 있느뇨?" 라고 하면서 그는 빌립이 자기 병거에 올라와 앉을 것을 청합니다. 내시가 읽고 있는 이사야 선지서의 내용은 고난당하시는 어린 양 예수에 대한 예언이었습니다. 빌립은 내시에게 여기 예언된 주인공은 바로 고난 당하시는 예수 그리스도이심을 가르쳐 전하면서 복음을 전했습니다.

"예수 그리스도는 유월절 어린양으로 우리의 모든 죄와 허물을 대신 지고 십자가에 못 박히셨다"

"예수 그리스도는 우리의 소망을 위해 사흘 만에 죽은 자 가운데서 부활하셨다."

"이 예수를 믿으면 영생을 얻게 되고 심판에 이르지 아니하고 사망에 서 생명으로 옮김 받는 복을 받게 된다"

"이 예수를 믿으라" 라고 전했습니다.

행 8:38절에서 빌립의 전도 결과로 내시는 예수를 구주로 영접하게 되었고 그 증거로 세례를 받게 되는 것을 봅니다. 그는 기뻐하며 고국으로 돌아갔습니다. 훗날 사가들에 의하면 빌립에 의해 전도 받아 예수 믿게 된 내시는 고국 에디오피아로 돌아가 복음을 전하는 전도자가 되어 에디오피아를 복음화 시키는데 원동력이 되었다고 합니다.

이후 에디오피아는 기독교 국가가 되었고 동부 아프리카의 복음의 전진 기지가 되었습니다. 지금도 에디오피아 전 지역과 역사적 유물들 속에 기독교 문화유산이 많다고 합니다.

내시에게 복음을 전한 빌립은 또 성령의 인도하심을 따라 아소도(지중해 해안섬) 여러 성을 다니며 복음을 전했습니다.

사랑하는 독자 여러분!

지금 한국은 복음이 전파된 이래 전례 없는 위기 상황을 맞고 있습니다. 도덕적으로 정치, 경제, 사회, 교육 전 분야에 성한 곳이 없습니다. 로또, 효리(연예인 이름), 얼짱에 민감한 반면 영적으로 점점 무디어져 가고 있습니다.

이제는 영적 무지에서, 영적 냉랭함에서 떨치고 일어날 때입니다. 영적 각성으로 일어나 기도해야 합니다. 영적 잠에서 깨어나야 합니다. 일어나 기도의 무릎을 꿇어야 합니다.

주여! 마지막 시대에 다시 한 번 영적 부흥을 주시옵소서!

영적으로 일어나 기도하는 것만이 내가 사는 길이요, 내 가족이 사는 길이요, 내 이웃이, 내 민족이, 온 세계가 사는 길이오니

주여! 영적으로 일어나 기도하게 하소서
영적으로 일어나 회개하게 하소서
영적으로 일어나 찬양하게 하소서
영적으로 일어나 예배하게 하소서
영적으로 일어나 말씀 보게 하소서

박 태 희 목사

성 락 교 회

✝ 주소 : 서울시 성동구 성수2가 3동 289-22
✝ TEL : 02)467-8105~9
✝ http://www.sungnak.org

학력 및 신력

- 강남대학교 사회사업과 4년 졸업
- 서울신학대학교 신학과 4년 졸업
- 연세대학교 연합신학대학원 졸업
- 미국 트리니티(TRINITY) 신학대학교 졸업
- 목회학 박사
  (TRINITY THEOLOGICAL SEMINARY)
- 명예신학 박사
  (LOUISIANA BAPTIST UNIVERSITY)

- 기독교 대한 성결교 48회 총회장
- 한국 기독교 부흥협의회 21대 회장
- 서울중앙신학교 3대 이사장
- 서울특별시 교시협의회 3대 회장
- 평화통일 자문위원(현)
- 한기총 공동회장 겸 북한교회재건위원장(현)
- 서울신학대학교 이사장(현)
- 성락성결교회 33년 근속(현)

하나님이 쓰시는 사람

엘리야가 모든 백성을 향하여 이르되 내게로 가까이 오라 백성이 다 저에게 가까이 오매 저가 무너진 여호와의 단을 수축하되 야곱의 아들들의 지파의 수효를 따라 열 두 돌을 취하니 이 야곱은 여호와께서 옛적에 저에게 임하여 이르시기를 네 이름을 이스라엘이라 하리라 하신 자더라 저가 여호와의 이름을 의지하여 그 돌로 단을 쌓고 단으로 돌아가며 곡식 종자 두 세아를 용납할만한 도랑을 만들고 또 나무를 벌이고 송아지의 각을 떠서 나무 위에 놓고 이르되 통 넷에 물을 채워다가 번제물과 나무 위에 부으라 하고 또 이르되 다시 그리하라 하여 다시 그리하니 또 이르되 세번 그리하라 하여 세번 그리하니 물이 단으로 두루 흐르고 도랑에도 물이 가득하게 되었더라 저녁 소제 드릴 때에 이르러 선지자 엘리야가 나아가서 말하되 아브라함과 이삭과 이스라엘의 하나님 여호와여 주께서 이스라엘 중에서 하나님이 되심과 내가 주의 종이 됨과 내가 주의 말씀대로 이 모든 일을 행하는 것을 오늘날 알게 하옵소서 여호와여 내게 응답하옵소서 내게 응답하옵소서 이 백성으로 주 여호와는 하나님이신 것과 주는 저희의 마음으로 돌이키게 하시는 것을 알게 하옵소서 하매 이에 여호와의 불이 내려서 번제물과 나무와 돌과 흙을 태우고 또 도랑의 물을 핥은지라 모든 백성이 보고 엎드려 말하되 여호와 그는 하나님이시로다 여호와 그는 하나님이시로다 하니 엘리야가 저희에게 이르되 바알의 선지자를 잡되 하나도 도망하지 못하게 하라 하매 곧 잡은지라 엘리야가 저희를 기손 시내로 내려다가 거기서 죽이니라

빌리그래함 목사님은 세계 각국을 다니며 수백만 명에게 복음을 전하는 미국의 세계적 부흥강사이며, 백악관에서 늘 설교하시는 분입니다. 그분은 25년 전에 우리나라 여의도 집회를 인도하셔서 우리에게 더욱 잘 알려진 위대한 목회자입니다. 빌리그래함 목사님이 저서 중 "불의 세계"라는 책이 있습니다. 그는 이 책을 통해 하나님이 쓰시는 사람은 7가지가 있다고 말씀하고 있습니다.

7가지는

① 미래의 큰 꿈을 가진 사람

② 고난 중에 감사하는 사람

③ 한 가지 일에 전력을 다하는 사람

④ 7전 8기 하는 사람

⑤ 받는 것보다 주는 것을 좋아하는 사람

⑥ 다른 사람을 칭찬하는 사람

⑦ 성령의 체험을 가진 사람이라고 하였습니다.

그런데 성경 인물 중에서 "엘리야"는 그 7가지를 대부분 소유한 사람이었습니다.

첫째, 미래의 큰 꿈을 가지고 일한 엘리야(18:1)

"많은 날은 지내고 제 3년에 여호와의 말씀이 엘리야에게 임하여 가라사대 너는 가서 아합에게 보이라 내가 비를 지면에 내리라 하니라"

그는 미래에 큰 비를 내려주실 것을 내다보고 예언한 것이며 장차 거짓 선지자 850명을 멸절하고 하나님의 나라를 세우겠다는 꿈을 가졌습니다.

이와같은 이들의 이야기가 있습니다.

충청도에 아들, 딸 8남매를 둔 아버지, 어머니가 살았습니다. 어느 날, 아버지는 쌀 10가마를 받기로 하고 친척집에서 1년 동안 머슴을 살았습니다. 그러나 1년 후 그 집에서는 약속을 지키지 않고 보리쌀만 조금 주었습니다. 낙심한 아버지는 자살을 하려고 했지만 번번이 실패하였습니다.

그렇게 어려움을 겪은 그 집의 어머니는 그때부터 새벽기도를 시작하였습니다. 미래의 큰 꿈을 가지고 자녀들과 함께 새벽기도를 다녔습니다. 어려움을 아시는 그 교회 목사님께서 어머니에게 장사할 만한 것을 조금 주셔서 장사를 시작하게 되었습니다. 그러다가 약 장사를 시작했는데, 그 사업을 하나님이 책임져 주시기 시작했습니다. 사업이 날로 확장되어 서대문 아현동 로타리에 8층 빌딩을 세우게 되었습니다. 미래의 큰 꿈을 가진대로 그 회사가 바로 우리가 잘 아는 종근당 제약회사입니다.

주일날을 온전히 예배드리시며 하나님을 가까이 하셔서 큰 복을 받아 누리시기 바랍니다.

둘째, 고난 가운데서 도랑을 깊이 파는 엘리야(18:32)

갈멜산은 돌산입니다. 돌산에 도랑을 만든다는 것은 힘든 작업입니다. 엘리야가 갈멜산의 돌을 깨뜨린 것처럼 우리도 우리 마음의 돌을 제거해야 합니다.

돌이 있는 논과 밭에서는 농사가 잘 되지 않는 것처럼, 우리 마음 속에 돌이 있으면 하나님께 쓰임을 받지 못합니다.

찬송가 197장의 가사처럼 "돌같은 내마음"이 깨져야 합니다. 내 속에 있는 교만의 돌, 시기의 돌, 원망의 돌이 깨지면 하나님이 나를 들어 써 주십니다. 아울러 가정의 평화와 사업의 길도 열릴 주로 믿습니다.

셋째, 전심전력으로 기도하여 응답받는 엘리야(18:37)

병든자를 위해, 교회를 위해, 가정과 구역을 위해 갈멜산의 엘리야와 같은 심정으로 중보기도 하면 하나님이 응답하십니다. 기도하는 자 앞에는 불가능이 없습니다.

몇해 전, 저는 해외집회가 있어서 그곳에 가기 위해 비행기를 탔습니다. 자리에 앉아 있는데 기내 방송에서 다급히 목사님을 찾는다는 소리를 들었습니다. 비행기의 결함으로 사고가 날 상황에 처했기에 기도해 줄 목사님을 찾고 있었던 것입니다.

그 때, "내가 너를 도와주리라"는 하나님의 음성을 듣고 앞에 나가 모든 사람에게 기도하자고 하였습니다. 비행기와 모든 승객의 안전을 위해 전심전력으로 부르짖어 기도 할 때에 불이 임하고 방언이 터지며, 하나님의 임재하심을 모두가 체험하는 놀라운 광경이 일어났습니다. 하나님의 역사하심으로 그 비행기는 무사히 비행장에 도착할 수 있었습니다. 하나님이 응답하신 것입니다. 여러분들도, 부르짖어 기도하여 응답

받으시는 성도님들 되시기 바랍니다.

엘리야는 우리와 성정이 같은 사람이었습니다. 그가 간절한 마음으로 기도할 때, 기적이 일어났습니다.

우리도 이와 같이 하나님을 가까이 하고, 마음의 돌을 제거하고, 부르짖어 기도하면 기적을 체험하게 됩니다. 앞길이 열립니다. 하늘문을 여시고 복을 내려주신다고 약속하십니다.

엘리야와 같이 기적의 사람, 체험의 사람, 주님과 동행하는 능력의 성도들이 되시기를 주님의 이름으로 축원합니다.

타자 실습(1926)

연희전문학교 강의실 모습(1927)

연희전문학교 강의실 모습(1927)

엄 기 호 목사

기독교대한 하나님의성회 **성 령 교 회**

✤ 주소 : 경기도 광주시 중대동 191
✤ TEL : 031)756-4501~6
✤ E-mail : omkiho@hsc.or.kr
✤ http://www.hsc.or.kr

학력 및 신력

- 한세대학교 신학과 졸업
- 연세대학교 연합신학대학원 졸업
- 미국 리버티신학대학 목회학 박사
- 한세대학교 명예신학박사

- 한국기독교부흥협의회 증경회장
- 현 온누리복음화협의회 총재
- 현 새생명운동본부 이사장
- 현 한세대학교 이사장
- 현 성령교회 담임목사
- 현 양평금식기도원 원장

승리자와 패배자

사무엘상 17장 41~49절

블레셋 사람이 점점 행하여 다윗에게로 나아오는데 방패 든 자가 앞섰더라 그 블레셋 사람이 둘러보다가 다윗을 보고 업신여기니 이는 그가 젊고 붉고 용모가 아름다움이라 블레셋 사람이 다윗에게 이르되 네가 나를 개로 여기고 막대기를 가지고 내게 나아왔느냐 하고 그 신들의 이름으로 다윗을 저주하고 또 이르되 내게로 오라 내가 네 고기를 공중의 새들과 들짐승들에게 주리라 다윗이 블레셋 사람에게 이르되 너는 칼과 창과 단창으로 내게 오거니와 나는 만군의 여호와의 이름 곧 네가 모욕하는 이스라엘 군대의 하나님의 이름으로 네게 가노라 오늘 여호와께서 너를 내 손에 붙이시리니 내가 너를 쳐서 네 머리를 베고 블레셋 군대의 시체로 오늘날 공중의 새와 땅의 들짐승에게 주어 온 땅으로 이스라엘에 하나님이 계신줄 알게 하겠고 또 여호와의 구원하심이 칼과 창에 있지 아니함을 이 무리로 알게 하리라 전쟁은 여호와께 속한 것인즉 그가 너희를 우리 손에 붙이시리라 블레셋 사람이 일어나 다윗에게로 마주 가까이 올 때에 다윗이 블레셋 사람에게로 마주 그 항오를 향하여 빨리 달리며 손을 주머니에 넣어 돌을 취하여 물매로 던져 블레셋 사람의 이마를 치매 돌이 그 이마에 박히니 땅에 엎드러지니라

블레셋 군대가 유다 지방에 속한 소고까지 침입을 해왔습니다. 그 당시 전세가 얼마나 위급했던지 사울 왕이 직접 전선에 나와 진두지휘를 하고 있었습니다. 그때 베들레헴에서 양을 치고 있던 이새의 팔 형제 중 막내인 다윗이 아버지의 심부름으로 싸움터에 나간 형들에게 갔습니다. 아버지 이새는 아들들이 어떻게 지내고 있는지 알기를 원했습니다. 그래서 살았는지 죽었는지 생사여부를 알아보고, 살아있다는 증거의 표를 가져오라고 했습니다.

그런데 그곳에 도착한 다윗은 이상한 광경을 목격하게 되었습니다. 온갖 욕설을 다 퍼부으면서 하나님과 이스라엘을 조롱하고 모욕하는 블레셋 장군 골리앗을 보고 무서워 떨고 있을 뿐 누구 하나 나서서 대응하거나 싸우려 하지 않는 이스라엘 군인들을 본 것입니다.

그도 그럴 것이 골리앗의 키는 "여섯 규빗 한 뼘"이나 되었습니다. 1규빗은 약 45㎝이고 1뼘은 약 23㎝이니, 약 2m 93㎝나 되는 큰 사람이었습니다. 머리에는 놋 투구를 쓰고, 몸에는 57.5Kg이나 되는 어린갑을 입고 있었습니다. 견고하고 무거운 베틀채 같은 창자루와 무게가 약 7Kg이나 되는 단창을 들고 있었습니다. 거기다가 그의 목소리는 얼마나 컸던지 이스라엘의 진영인 엘라 골짜기가 쩌렁쩌렁 울릴 정도였습니다.

그의 요구는 이스라엘의 장수 중에 한 사람이 자기와 대결해서 싸워 이기면 블레셋이 이스라엘의 종이 되고, 자기를 죽이면 블레셋이 이스라엘의 종이 되겠다는 것이었습니다. 사울 왕은 누구든지 골리앗과 싸워 이기는 사람에게는 자기의 딸을 줄 것이며, 그 집안을 특별히 우대해 주겠다고 하였습니다. 그러나 아무도 자기 목숨을 걸고 골리앗과 싸우겠다는 사람은 없었습니다. 골리앗의 거대한 체구와 그 위용에 겁에 질린 이스라엘은 그 누구도 싸움에 나설 수가 없었습니다.

그때 소년 다윗이 골리앗을 대항하여 싸우겠다고 나섰습니다. 그것은 큰 자와 작은 자의 대결이며, 강한 자와 약한 자의 대결입니다. 투구와 갑옷과 단창과 칼과 방패로 무장한 거인 골리앗이 큰 자이며 강한 자같이 보입니다. 반면 입은 그대로, 막대기 하나에 물매 하나와 조약돌 다섯 개를 가지고 나가는 다윗은 작은 자이며 약한 자 같이 보입니다. 그러나 엘라 골짜기의 대결은 약한 자의 승리였으며, 작은 자의 승리로 끝났습니다. 패배자와 승리자로 판결이 났습니다. 그러면 과연 어떤 사람이 승리자이고 어떤 사람이 패배자입니까?

첫째, 패배자 골리앗을 보자

큰소리를 치며 이스라엘을 종으로 만들고자 자신만만했던 골리앗이 무명의 소년 다윗이 던진 조약돌에 맞아 쓰러졌습니다. 이마에 박혀 쓰러진 후 자신의 칼에 목베어 죽고 말았습니다. 그렇다면 장수 골리앗이 왜 패배하였을까요?

① 골리앗은 헛된 우상을 섬겼기 때문에 패배했습니다.

본문 43절에서 골리앗은 그 신들의 이름으로 다윗을 저주했습니다. 이스라엘은 유일신이신 하나님을 섬겼지만 블레셋은 신들, 즉 다신을 섬겼습니다. 다신은 잡신이요, 잡신은 곧 우상입니다.

전해 내려오는 이야기에 의하면 갈대아 우르에 살고 있던 아브라함의 아버지 데라는 우상을 제조하는 것을 업으로 삼아 돈을 모은 사람이었다고 합니다. 아들인 아브라함은 이것이 늘 마음에 걸려, 못 마땅하게 여겼습니다.

어느 날 아버지 데라가 외출한 틈을 타서 아브라함이 우상을 모조리 박살내 버리고 말았습니다. 그리고 먹다 남은 음식을 박살난 우상들 사이사이에 뿌려 놓았습니다. 외출했다 돌아온 데라가 깜짝 놀라서 아브라함을 불러 그 연유를 따졌습니다. 그러나 아브라함은 시치미를 떼고 이렇게 말했습니다.

"우상들이 시장할까 싶어서 음식을 가져다 주었더니, 서로 먼저 먹겠다고 싸움이 벌어져 치고 박는 바람에 이렇게 되었습니다." 아브라함이 이렇게 대답하자 아버지 데라가 호통을 치면서

"우상이 어떻게 음식을 먹을 수 있으며, 어떻게 서로 치고 박고 싸움을 할 수 있느냐"고 했습니다. 그 말을 듣고 아브라함이 먹지도, 움직이지도 못하는 우상은 왜 만들어 파느냐고 따졌다는 것입니다. 우상 종교는 약합니다. 뿌리가 없습니다. 골리앗이 큰 소리는 쳤으나 공격 한번 해보지도 못하고 무너진 것은 그가 우상을 섬겼기 때문입니다.

우상숭배는 하늘과 땅과 물에 있는 형상을 만들고 그것들을 경배하는 것입니다. 돌이나 나무로 신상을 만들어 놓고 그것들을 섬기는 것입니다. 마음이 야웨를 떠나 다른 신을 섬기는 것이 우상숭배입니다. 귀신에게 제사하는 것이 우상숭배입니다. 우상을 섬기는 죄에 대하여 성경은 기록하기를 "사 대까지 미친다"(출 20:5), "저주를 받는다"(신 27:15), "빨리 망한다"(수 23:16), "집을 쓸어버린다"(왕상 14:9~16), "하나님께 영원히 버림받는다"(삿 10:13)고 하였습니다.

아합과 이세벨은 우상숭배에 깊이 빠졌을 뿐만 아니라 바알 선지자들을 육성하기까지 했습니다(왕상 18:19~20). 아하스 왕은 자기 아들을 우상에게 제물로 바쳤고(왕하 16:1~3), 유다 왕 므낫세 때에는 우상숭배의 극치를 이루었습니다(대하 33:1~11). 이처럼 끊임없이 우상을 섬겼던 이스라엘은 결국 멸망하고 말았습니다. 그러나 우상을 버린 야곱의 가정은 환란을 면하게 되었고(창 35:2~4), 아사는 우상을 훼파하여 하나님의 은혜를 입게 되었습니다(왕상 15:9). 예후도 바알을 불사르고, 바알 선지자들을 죽임으로 칭찬과 축복을 받았습니다(왕하 10:18~30).

② 골리앗은 교만한 자였기 때문에 패배했습니다.

사무엘상 17장 36절에 보면 골리앗은 다윗을 저주했을 뿐만 아니라, 만군의 하나님을 모욕했고 하나님의 군대를 조롱했습니다. 인간의 죄 중에 가장 근본적인 죄는 교만입니다. 수많은 사람이 이 교만 때문에 자신의 인생을 파탄으로 몰고 갔습니다. 아담이 원죄를 짓게 된 것도 교만 때문이었습니다. 교만 때문에 선악과를 먹게 되었습니다. 교만 때문에 하나님의 말씀도 거역하게 되었습니다.

모든 인류에게 죄성의 뼈아픈 상처를 남겨준 죄의 뿌리는 바로 교만이었습니다. 크리스천 저술가 데오빌락트(Theophylact)는 교만을 "모든 악의 본거지이며 극치"라고 했습니다.

죄의 시작은 교만입니다. 아담의 원죄 후에 모든 사람의 마음에는 크고 작은 교만이 들어 있습니다. 그래서 자꾸 자신을 드러내려고 합니다. 자신의 능력을 드러내고, 자신의 명성을 드러내고, 자신의 이름이 남기를 원합니다. 골리앗은 인간의 힘만을 믿는 오만과 교만에서 벗어나지 못했기 때문에 결국 패배하고 말았습니다.

③ 골리앗은 자기 힘을 믿었기 때문에 패배했습니다.

골리앗은 칼과 단창만을 의지했습니다. 자신의 큰 덩치와 전신갑주 입은 것, 사람들이 "천하에 당할 자 없는 대(大)장군" 치켜세우는 것만을 내세우고 자랑하고 의지했습니다. 그러나 하나님의 이름을 모욕하며 자신을 과대평가하고 교만에 젖어 있던 골리앗은 엘라 골짜기에 쓰러져 죽고 말았습니다.

아무리 조건이 좋고 이루어 놓은 업적이 많아도, 그것을 자랑하고 의지하는 자는 멸망할 뿐입니다. 나를 드러내려고 하는 그 순간 파멸에 이를 뿐인 것입니다.

둘째, 승리자 다윗을 보자

다윗은 어려서부터 양을 치는 목동으로 자라왔습니다. 그의 마음 가운데는 항상 하나님을 바라는 신앙이 있었는데 그의 신앙심은 참으로 놀라운 것이었습니다. 양들이 풀을 뜯고 있을 때 다윗은 수금을 타며 하나님을 우러러 찬양하였고, 시와 노래로써 하나님의 영광을 찬미하였습니다. 하나님은 다윗을 사랑하셨고, 그래서 다윗은 하나님의 특별한 보호하심을 힘입게 되었습니다.

그런데 다윗이 하나님을 욕하며 온갖 모욕적인 언사를 서슴지 않는 골리앗의 모습을 목격하게 되었습니다. 골리앗은 큰 소리로 고함을 지르며 언성을 높여 이스라엘 진영에 있는 모든 군사들의 기를 꺾고 있었습니다. 그럼에도 불구하고 이스라엘의 진영에서는 한 사람도 그와 맞서는 사람이 없었습니다. 모두들 숨을 죽이며 두려워서 벌벌 떨고만 있었습니다.

그러나 자기 스스로 강한 자라며 떠벌린다고 해서 강한 자가 되는 것은 아닙니다. 강한 자는 강한 힘과 그에 상응하는 조건을 소유한 사람입니다.

① 다윗은 하나님의 이름을 믿었습니다.

그는 "나는 만군의 야웨의 이름 곧 네가 모욕하는 이스라엘 군대의 하나님의 이름으로 네게 가노라"(45절)고 담대히 말했습니다. 이름은 그 사람의 인격을 대표합니다. 하나님의 이름을 믿는다는 것은 하나님의 실재와 실체를 믿고 그분의 권세와 능력을 믿는다는 것을 말합니다.

다윗은 골리앗과 블레셋 사람들에게 "이스라엘에 하나님이 계신 줄 알게 하겠다"는 의지와 믿음을 소유한 사람이었습니다. 시편 20편 7절에 "골리앗은 혹은 병거 혹은 말을 의지하나 나 다윗은 야웨 우리 하나님의 이름을 자랑하리로다"라고 하였고, 시편 118편 10절에는 "열방이 나를 에워쌌으나 내가 야웨의 이름으로 저희를 끊으리로다"라고 고백했습니다.

이와 같이 하나님의 이름을 믿고 의지하는 사람은 강한 자가 되고, 이기는 자가 되고, 승리자가 됩니다. 구원을 받고, 능력을 받고, 보호를 받습니다.

외국에서 신문에 새 캐딜락 자동차를 50불에 판매한다는 광고가 났습니다. 당시 그 차는 5,000불이 넘었습니다. 보통 차가 1,000불 정도였으니 캐딜락은 상당히 비싼 차였습니다. 그러므로 보통 사람들은 "이거, 광고가 잘못 난 거겠지…. 5,000불인데 0을 두 개 빼놓고 잘못 써넣은 걸 거야!"라고 생각했습니다. 그런데 그 다음날 신문을 보아도 50불이었고 그 다음 날에도 여전히 50불 광고가 났습니다. 똑똑한 사람들은 신문사만 나무랐습니다. "이거 광고를 어떤 부서에서 맡았는지 틀린 것도 모르고 매일 내는구면."

그런데 일주일 후에 이번에는 광고가 아니라, 캐딜락이 50불에 팔렸다는 큰 기사가 났습니다. 그 기사는 이런 내용이었습니다. 콜롬보스에 있는 어느 회사 사장이 죽으면서 유언을 했습니다. "내가 죽으면 회사는 누구에게 주고, 집은 누구에게 주고…"하면서 다 정해 놓았는데, 최근에 산 비싼 고급 승용차인 캐딜락은 팔아서 자기 "걸 프랜드에게 주라"고 유서를 남긴 것입니다.

이것을 부인이 보고 얼마나 화가 나는지, 여자의 마음으로는 도저히 받아들일 수가 없는 것이었습니다. 자기 몰래 걸프랜드를 사귄 것도 못 견딜 일인데, 5,000불짜리 자동차를 팔아서 그 여자에게 주라니. 그렇다고 유서대로 하지 않으면 안되기 때문에 팔아서 주기는 주어야 하겠고, 생각하고 생각하다가, 고급 캐딜락을 50불에 팔게 된 것입니다. 그래서 똑똑한 사람들은 못 사고, 어떤 바보 같은 사람이 그 기사를 그대로 믿고 산 것입니다.

하나님의 백성은 세상 사람들이 손가락질하고, 바보라고 놀려도 믿는 자가 되어야 합니다. 오직 하나님만을 의지하고 믿을 때 승리할 수 있는 것입니다. 어떠한 경우에도 하나님만을 믿는 사람, 하나님만을 의지하는 사람, 하나님만을 바라는 사람이야말로 진정한 승리자가 될 수 있습니다.

② 다윗은 승리를 확신했습니다.

다윗은 무서워 떨고 있는 사울 왕에게 "그를 인하여 사람이 낙담하지 말 것이라"(32절)고 했습니다. "사자의 발톱과 곰의 발톱에서 건져내셨은즉, 나를 이 블레셋 사람의 손에서도 건져내시리이다"(37절)라고 했습니다.

또한 기고만장한 골리앗과 블레셋 군대를 향하여는 "오늘 야웨께서 너를 내 손에 붙이시리니 내가 너를 쳐서 네 머리를 베고 블레셋 군대의 시체로 오늘날 공중의 새와 땅의 들짐승에게 주어 온 땅으로 이스라엘에 하나님이 계신 줄 알게 하겠다"라고 했습니다. 다윗은 싸우기 전에 미리 승리를 확신했고 승리를 선언했습니다. 이것이 믿음입니다. 싸우기도 전에 패배를 생각하고, 포로가 될 것을 생각하고, 죽을 것을 생각한다면 이미 지고 만 것입니다. 다윗은 골리앗과 직접 대결하기 전에 골리앗을 쓰러뜨리고 그 목을 벨 것이라는 확신을 가지고 있었습니다.

물리적인 힘보다는 정신적인 힘이 더 강하고, 정신적인 힘보다는 신앙의 힘, 영적인 힘이 더 강한 법입니다. 그 어떤 것도 신앙의 힘을 당해 낼 수는 없습니다. 무엇보다 예수님 안에 있으면 우리는 늘 승리할 수 있습니다. 왜냐하면 예수님은 가난과 저주를 이기셨고, 질병과 죽음도 이기신 분이시기 때문입니다.

그러므로 그 예수님을 믿는 우리도 넉넉히 이길 수 있습니다. 바울은 로마서 8장 37절에서 "이 모든 일에 우리를 사랑하시는 이로 말미암아 우리가 넉넉히 이기느니라"고 했고, 고린도전서 15장 57절에서는 "우리에게 이김을 주시는 하나님께 감사하노니"라고 말씀하였습니다.

③ 다윗은 전쟁이 하나님께 속한 것임을 믿었습니다.

"전쟁은 야웨께 속한 것이다"라고 말했습니다. 다윗은 이 전쟁이 이스라엘과 골리앗의 싸움이 아니라, 하나님과 골리앗의 싸움이라고 믿었습니다. 다윗이 가지고 간 무기는 만군의 하나님의 이름이었고 용기와 신앙이었습니다. 전적으로 야웨 하나님만을 믿는 믿음으로 나아갔습니다.

성도들의 무기는 결코 육체가 될 수 없습니다. 오직 하나님만이 우리들의 무기가 될 수 있습니다. 다윗과 골리앗과의 싸움이었다면 상대도 될 수 없지만, 하나님과 골리앗의 싸움이니 문제 될 것이 없었습니다. 하나님께 속한 것을 믿고 맡기면 하나님이 지키시고, 관리하시고, 보호하십니다.

④ 다윗은 자신이 치던 양들을 양치는 자들에게 맡겼습니다.

작은 일에도 성실함을 보여주었습니다. 성도들 중에는 교회의 일을 핑계삼아 집안 일을 등한히 하는 경우가 있는데 이것은 올바른 신앙인의 모습이 아닙니다. 하나님께서는 준비된 자를 쓰십니다. 다윗이 물맷돌을 던질 수 있었던 것도 그가 평소에 양들을 책임감 있게 잘 돌보았기 때문일 것입니다. 하나님은 현재 어떤 일을 하든지 그 일에 최선을 다하는 사람을 사용하십니다.

골리앗이 앞으로 다가올 때에 다윗은 재빨리 물맷돌을 돌리며 골리앗의 이마를 향해 힘껏 던졌습니다. 다윗이 던진 돌은 골리앗의 미간에 정통으로 맞았고, 거인 골리앗은 먼지를 일으키며 쓰러지고 말았습니다. 다윗이 얼른 달려가서 골리앗의 칼을 뽑아 들고 그의 목을 베니 이를 지켜보던 블레셋의 군사들은 모두들 도망을 갔습니다. 이스라엘 사람들은 하늘을 찌를 듯한 함성을 지르며 쫓아가서 적을 무찔렀습니다. 그런데 아직도 조약돌 4개가 남았습니다. 하나님의 승리는 언제나 여유만만합니다. 아슬아슬하게, 겨우, 가까스로 이기는 것이 아니라 넉넉하게 이기게 하시는 것입니다.

6일전쟁 당시 이스라엘군을 이끌던 모세 다얀 장군은 세계가 깜짝 놀랄 만한 선언을 했습니다. 다얀은 100배의 인구를 가진 아랍연합군과 맞서는 전쟁에서 반드시 승리할 새로운 무기가 있다고 선언했던 것입니다. 세계 사람들은 그것이 틀림없이 원자폭탄이나 수소폭탄을 능가하는 신무기일 것이라고 추측했습니다.

그러나 다얀 장군은 "우리를 승리하게 할 신병기는 바로 시편 121편이다”라고 발표했습니다. 결국 그 전쟁은 6일만에 이스라엘의 승리로 끝나고 말았습니다. 이제 우리가 승리하는 길은 하나님을 바라보는 것입니다.

“내가 산을 향하여 눈을 들리라 나의 도움이 어디서 올꼬 나의 도움이 천지를 지으신 야웨에게서로다”(시 121:1~2)

하나님과 함께 하는 사람은 약한 자가 아니라 강한 자입니다. 하나님께 인정받는 사람은 작은 자가 아니라 큰 자입니다. 하나님과 함께 동행하는 삶을 살 때 그리고 맡은 직분에 최선을 다할 때 우리는 승리의 기쁨을 맛보며 살아갈 수 있습니다. 하나님이 지키는 사람은 패배자가 아니라 승리자입니다.

최 재 호 목사

학력 및 신력

- 개혁신학연구원졸업
- 햇불트리니티 디플로마 과정 수료
- 연세대학교 연합신학대학원 졸업

- 강해설교 셀 전문강사
- 교회 성장 연구소 소그룹 전문위원
- 성현교회 담임목사

교회의 영광을 회복하라
에베소서 4장 11~16절

그가 혹은 사도로, 혹은 선지자로, 혹은 복음 전하는 자로, 혹은 목사와 교사로 주셨으니 이는 성도를 온전케 하며 봉사의 일을 하게 하며 그리스도의 몸을 세우려 하심이라 우리가 다 하나님의 아들을 믿는 것과 아는 일에 하나가 되어 온전한 사람을 이루어 그리스도의 장성한 분량이 충만한데까지 이르리니 이는 우리가 이제부터 어린 아이가 되지 아니하여 사람의 궤술과 간사한 유혹에 빠져 모든 교훈의 풍조에 밀려 요동치 않게 하려 함이라 오직 사랑 안에서 참된 것을 하여 범사에 그에게까지 자랄찌라 그는 머리니 곧 그리스도라 그에게서 온 몸이 각 마디를 통하여 도움을 입음으로 연락하고 상합하여 각 지체의 분량대로 역사하여 그 몸을 자라게 하며 사랑 안에서 스스로 세우느니라

종교개혁자 칼뱅은 "하늘에는 아버지가 계시고 땅에는 어머니가 계시는데 하늘에 계신 아버지는 하나님이시고 땅에 계시는 어머니는 교회"라고 하였습니다. 교회는 이 땅의 성도들에게 어머니와 같은 역할을 합니다. 어머니가 없는 어린아이를 연상할 수 없듯이 교회가 없는 성도들의 모습을 연상할 수 없을 것입니다.

그래서 초대 교회 성도들은 교회를 떠나는 것을 영적 죽음으로 생각했습니다. 실제로 초대 교회는 회개하지 않는 자에게 내리는 마지막 징계의 수단으로 출교 조치를 했습니다. 교회에서 내어 쫓아버린 것입니다. 그것은 사단에게 그 영혼을 던진다고 생각했습니다. 초대 교회는 그만큼 교회를 소중한 어머니의 품과 같이 인식하고 있었습니다.

"목사가 제자를 삼아야 교회가 산다"라는 책을 쓴 빌헐(Bill Hull) 목사는 이렇게 소중한 교회가 오늘날 팔 다리가 아픈 것이 아니라 심장병을 앓고 있다고 진단했습니다. 팔 다리가 아픈 것과 심장병을 앓는 것은 다릅니다. 팔 다리 아픈 정도는 심각하지 않지만 심장병을 앓으면 생명을 잃을 수도 있습니다. 그런데 심장병을 앓고 있는 교회 이것이 오늘날 교회의 현주소입니다.

성경은 교회를 그리스도의 몸이라고 정의합니다.(엡1:23절) 우리 주님께서는 이 땅에 몸을 가지고 오셔서 사역하시다 몸을 가지고 승천하시면서 이 땅에 새로운 형태의 몸을 남기셨습니다. 그 몸이 바로 교회입니다.

그러므로 교회는 그리스도의 몸으로서의 영광과 함께 그리스도의 몸으로서 감당해야 할 책임이 있는 것입니다. 나아가 교회는 예수 그리스도의 이름으로 구원 받는 사람들이 함께 모여 그리스도의 몸을 경험하는 곳입니다. 예수의 이름으로 함께 모인 무리들이 서로 사랑과 선행을 격려하며 그리스도를 체험하는 곳입니다.

사도행전 2장에 나오는 초대 교회가 그런 영광을 경험했습니다. 그들은 그리스도 안에서 한 몸이었고 한 가족이었습니다. 그들은 어떤 조직이나 집단이 아니었습니다. 그들은 서로를 상호 책임지는 몸이었고 가족이었습니다. 그들은 한 몸처럼 사랑했고 한 가족처럼 돌아보았습니다. 그들은 같은 마음이 되어 모이기를 힘썼고 순전한 마음으로 음식을 먹으며 물건도 나누고 소유도 나누고 재산까지 팔아 나누었습니다. 그들은 피를 나눈 형제보다 더 가까운 형제였습니다. 그 당시 가난한 사람들이 많았지만 교회 안에는 핍절한 자가 없었습니다. 그것은 가진 자들이 서로 나누었기 때문입니다. 그 누구도 자기의 것을 자기의 것이라고 주장하는 사람이 없었습니다.

그들은 세상 그 어디에서도 경험할 수 없는 사랑의 공동체를 이루고 있었습니다. 그들은 모이기를 힘썼고 모이면 서로 사랑과 선행을 격려했습니다. 그래서 전인적인 치유가 일어났습니다. 서로 기도해 주고 사랑을 실천함으로 힘을 얻었습니다. 그런 초대 교회는 주변 사람들로부터 칭송을 받기 시작했고 날마다 구원받는 무리가 증가했습니다. 지금

부흥의 불길이 타오르고 있는 중국이 그렇다고 합니다. 저는 이런 부흥의 불길이 다시 한 번 우리 조국 교회에 재현되기를 소원하며 기도합니다.

교회는 이 세상을 위한 유일한 소망입니다. 교회만이 침몰해 가는 세상을 구할 수 있습니다. 우리는 세상의 유일한 소망인 교회를 소중히 여기고 건강한 교회가 되도록 기도하며 헌신해야 합니다. 그러나 안타까운 것은 오늘날 많은 그리스도인들이 교회를 무시합니다. 결혼의 중요성을 모르기 때문에 쉽게 이혼하듯 교회의 중요성을 모르기 때문에 많은 성도들이 너무 쉽게 교회를 포기하거나 등한시 합니다.

이것은 결코 이 땅에 당신의 몸 된 교회를 세우신 우리 주님의 의도일 수 없습니다. 우리는 교회를 소중히 여길 뿐 아니라 교회에 소속되어 몸을 이루는 지체로서의 사명을 다해야 합니다. 교회에 소속해야 한다는 말은 행정적인 등록 교인이 된다는 말이 아니라 몸의 지체가 되어 몸을 세우기 위해 각기 제 역할을 감당하며 기능해야 한다는 말입니다.

이렇게 기능하지 않는 교회의 모습을 어느 분은 축구장에 비유했습니다. 축구장의 필드에서 뛰는 선수들은 소수의 유급 직원들이고 대부분의 성도들은 관람석에 앉아 구경하고 있다는 것입니다. 그러나 이것은 왜곡된 교회의 모습입니다. 필드에서 뛰는 교회의 주체는 소수의 유급 직원이 아니라 모든 성도들이어야 합니다. 소수의 교역자들은 감독이 되고 코치가 되어야 합니다. 이것이 성경이 말씀하는 교회의 모습입니다.

첫째, 목사는 감독이요 코치여야 합니다.

11~12절 "그가 혹은 사도로 혹은 선지자로 혹은 복음 전하는 자로 혹은 목사와 교사로 주셨으니 이는 성도를 온전케 하며 봉사의 일을 하게 하며 그리스도의 장성한 분량이 충만한 데까지 이르리니" 여기 11절에 나오는 직분 자들은 교회의 기초를 세우는 자들로 맨 끝에 나오는 목사와 교사는 한 관사 아래 두 단어가 놓임으로 한 직분 안에 들어있는 두 기능입니다. 그래서 목사와 교사는 목사 선생 혹은 가르치는 목자라고

해석할 수 있습니다.

목사는 자신의 본과 하나님의 말씀으로 성도들을 가르치는 선생입니다. 성도들을 훈련시키는 감독이요 코치입니다. 그래서 모든 성도들은 목사를 통해 온전케 준비되어야 합니다. 겸손히 배우고 훈련 받아야 합니다. 교회를 세우는 일꾼으로 자신을 성장시켜 가야 합니다. 그러기 위해 디모데처럼 평생 배우는 자가 되어야 합니다.

시오노 나나미가 쓴 로마인 이야기에서 "로마인들은 체력에 있어서는 겔트인과 게르만인 보다 못하고 지성에 있어서는 헬라인보다 못하고 기술력에 있어서는 에트루리안보다 못하고 경제력에서는 카르타고인보다 못했지만 그들이 천년의 영광을 구가할 수 있었던 것은 그들은 겸손하게 배우는 민족이었기 때문이었다."고 기록하고 있습니다.

로마인들은 유연성을 가지고 배우는 민족이었습니다. 좋은 것은 야만인을 통해서도 배웠다고 합니다. 이것이 로마가 열악한 조건 가운데서도 강대한 나라를 구축할 수 있었던 이유라고 밝히고 있습니다.

하나님께 쓰임 받기를 원합니까? 자신이 온전함에 이르도록 준비해야 합니다. 온전케 되는 목표는 그리스도입니다. 13절을 봅시다. 13절 "우리가 다 하나님의 아들을 믿는 것과 아는 일에 하나가 되어 온전한 사람을 이루어 그리스도의 장성한 분량이 충만한 데까지 이르리니" 온전함의 목표가 그리스도의 장성한 분량이 충만한데 까지 이르는 것입니다.

그리고 이렇게 되기 위해서는 하나님의 아들을 믿는 것과 아는 것에 하나가 되어야 합니다. 예수를 믿어야 하고 알아야 합니다. 예수를 믿는 것은 영적 생명을 얻는 것과 관련이 있고 아는 것은 자라는 것과 관련이 있습니다. 온전한 사람으로 자라기 위해서는 반드시 예수를 믿음으로 영적 출생을 해야 하고 그분을 알아가야 합니다. 그분을 배우고 그분께 순종함으로 예수님을 체험해야 합니다. 그리할 때 그분의 온전함으로 자라가게 되는 것입니다.

둘째, 준비된 성도는 봉사해야 합니다.

온전케 된 성도들은 봉사의 일을 해야 합니다. 봉사란 남을 섬기는 것입니다. 킹 제임스 역(KJV)에서는 봉사를 "Ministry"로 번역하고 있습니다. 사역 혹은 목회라는 말로 번역할 수 있는 말입니다. 봉사라는 말을 새로운 차원으로 이해시키는 말이라고 생각합니다. 진정한 봉사는 청소하고 안내하는 정도가 아니라 목회의 사역을 감당하는 것입니다. 목회란? "한 사람에게 생명 되신 예수 그리스도를 전하여 영접시키고 그를 양육하고 훈련하여 또 다른 사람에게 예수 그리스도를 전하여 재생산 하도록 도와주는 전 과정을 목회 혹은 사역이라"고 할 수 있습니다.

그런데 누가 이런 목회를 한다는 것입니까?

목사가 하는 것이 아니라 목사에 의해 준비된 성도들이 한다는 것입니다. 이것은 목사만이 목회자라고 보는 기존 패러다임에 대한 변화가 아닐 수 없습니다. 그러나 놀랍게도 이것이 성경이 그리고 있는 교회의 모습입니다. 여러분이 할 수 있는 최대의 봉사는 사람을 세우는 일입니다. 다른 사람에게 복음을 전하고 그를 양육하고 훈련하여 또 다른 사람들을 전도하여 재생산하도록 도와야 합니다. 이것이 모든 성도들이 해야 할 봉사요 사역입니다. 이 사명 앞에 누구도 열외가 될 수 없습니다.

평신도를 깨운다는 책에서 옥한흠 목사는 요한 로렌스 경의 말을 다음과 같이 인용하고 있습니다. "성도들이 정말 원하는 것은 교회답게 보이는 건물과 성직자답게 성장한 목사와 평소에 몸에 익은 스타일대로 드리는 예배이다. 그리고 여기에 한 가지 교회가 그들을 가만히 내버려 두는 것이다. 그러나 만약 교회 지도자가 이와 같은 성도들의 요구에 굴복 한다면 그의 목회 생명은 이미 숨이 끊어진 것이나 다름이 없다." 성도들의 요구는 그냥 내버려 달라는 것입니다. 그러나 이런 성도들의 잘못된 요구에 목회자가 굴복한다면 그 목회자는 이미 목회 생명이 끝난 것이나 다름이 없다는 것입니다.

교회 안에 있는 방관자를 줄여야 합니다. 16절에 보면 "그에게서 온 몸이 각 마디를 통하여 도움을 입음으로 연락하고 상합하여 각 지체의 분량대로 역사하여 그 몸을 자라게 하며 사랑 안에서 스스로 세우느니라."라고 했습니다. 교회의 머리되신 예수 그리스도로부터 온 몸이 도움을 얻는데 각 마디와 지체를 통해 도움을 얻는다는 것입니다. 이것이 몸의 신비요 교회의 구조입니다.

그러므로 우리는 그리스도의 몸을 자라게 하기 위해 자신의 은사를 활용하고 자신의 역할을 감당함으로 서로에게 기여해야 하고 서로에게 의존해야 합니다. 우리의 몸은 서로에게 상관없는 조각더미가 아니듯이 우리는 서로 무관하게 존재할 수 없습니다. "너는 너 나는 나"가 되어서는 안 됩니다. 그리하면 나도 죽고 너도 죽고 다 죽습니다.

우리 몸의 어떤 지체도 독불장군으로 존재할 수는 없습니다. 심장이 중요하지만 심장도 다른 지체의 도움을 받아야 하고 또 다른 지체에게 도움을 주면서 존재해야 합니다. 이것이 몸이요 이것이 교회입니다. 그러나 오늘 날 교회들은 안타깝게도 제 기능을 하지 않는 지체들 때문에 그리스도의 몸을 불구의 몸으로 만들고 있습니다.

우리는 서로를 섬김으로 그리스도의 몸인 교회를 세워가야 합니다. 그리고 서로를 섬길 때 두 가지 태도를 가져야 합니다. 그것은 겸손과 사랑입니다. 베드로 사도는 "무슨 봉사를 하든지 하나님께서 공급해 주시는 힘으로 하는 것 같이 하라"(벧전4:10절)고 당부했습니다. 그리할 때 하나님께서 영광을 받으시기 때문입니다. 만약 내 것 가지고 내가 한다면 내가 하나님의 영광을 가로챌 위험이 있고 교회를 세우기보다 허무는 결과를 가져올 것입니다. 사람들이 교회에서 봉사하다 싸우는 이유는 겸손으로 하지 않기 때문입니다.

그리고 사랑으로 해야 합니다. 15절에서 "오직 사랑 안에서 참된 것을 하여 범사에 그에게까지 자랄지라"하였으며 16절에서도 "사랑 안에서 스스로 세우느니라"하였습니다. 나의 봉사가 교회를 세우는 섬김이 되기 위해서는 사랑으로 해야 합니다. 사랑으로 행하지 않는 모든 섬김은 무익하고 해가 될 뿐입니다.(고전13:1~3절)

미국 LA에 은혜교회(Grace Community Church)를 시무하는 존 맥아더 목사님이 쓴 책 "교회 해부학"에 그 교회를 다녀갔던 다른 교회 성도가 보낸 편지 한통이 소개되고 있습니다. "존경하는 존 목사님 얼마 전 저의 남편과 은혜교회를 방문하였습니다. 저는 목사님에게 은혜교회가 얼마나 훌륭한 교회였는가를 말씀드리고 싶어 펜을 들었습니다.

우리 교회도 크고 우리 교회의 모토는 "사랑이 있는 교회"입니다. 그러나 저희는 은혜 교회에서만큼 커다란 사랑의 체험을 경험하지 못했습니다. 은혜 교회 성도들은 참으로 훌륭했습니다. 그들은 우리를 왕족같이 대해 주었습니다. 한 신사는 저에게 은혜 교회를 두루 구경시켜 주었고 한 자매는 그 날의 설교 테이프를 원하느냐고 물어서 그렇다고 했더니 몇 주 후 이혼에 관한 목사님의 시리즈 설교 테이프를 보내주었습니다 그 설교를 저와 친구들이 듣고 큰 도움을 얻었습니다. 저는 목사님 교회의 회중들이 얼마나 훌륭한가를 말씀드리고 싶어 이 글을 씁니다."

맥아더 목사님은 이 편지를 소개하며 다음과 같이 코멘트 했습니다. "나는 그녀가 이야기하고 있는 사람이 누구인지 압니다. 그녀를 안내해 주었던 사람은 그렇게 시간을 낼 수 없는 사람이었습니다. 그녀에게 테이프를 보내었던 사람도 실제로는 그렇게 여유로운 사람이 아니었습니다. 그러나 우리 은혜 교회는 항상 그러했습니다." 저는 "우리 은혜 교회는 항상 이러했다"는 대목을 읽으며 눈시울이 뜨거워졌습니다. 이런 교회의 영광을 열망하면서 말입니다. 그리할 때 그 교회는 건강한 그리스도의 몸으로 세워져 갈 것입니다.

저는 이 설교를 읽는 모든 독자들의 교회가 교회의 영광을 회복할 수 있기를 바랍니다. 모든 목회자는 가르치는 목자, 코치와 같은 목자가 되어 성도들을 온전케 준비시키고 온전케 된 모든 성도들은 각자의 역할을 감당함으로 그리스도의 몸을 세워가되 겸손과 사랑으로 섬기는 은혜가 있기를 바랍니다.

기 독 교
대한감리회 **소 명 교 회**

✙ 주소 : 서울 동작구 사당3동 166-2
✙ TEL : 02)532-4719, 594-7398
✙ E-mail : somyung1209@hanmail.net
✙ http://www.ilovesm.or.kr

김 헌 수 목사

학력 및 신력

- 원주고등학교
- 그리스도신학대학교(신학/사회사업)
- 숭실대학교대학원(사회사업)
- 목원대학교신학대학원(신학)
- 연세대학교연합신학대학원(선교학)
- 미국 Faith theological seminary(목회학)
- Northwest seminary(상담학)

- CBS '새롭게하소서' 출연
- 기독교 TV 비젼특강 '현대인의 정신건강' 출연

- 극동방송 '정오의 기도' 담당
- 행복한가정연구소 이사
- 크리스챤연합신문 칼럼리스트
- 캐나다노스웨스트대학 상담학주임교수
- 감리교전국부흥단 서기
- 한국기독교부흥협의회 공동회장
- 감리교교육국 가정정책연구위원
- 정신건강상담클리닉 원장
- 한국정신건강협회 회장

하나님은 몇 등이십니까?

이사야 41장 8~10절

그러나 나의 종 너 이스라엘아 나의 택한 야곱아 나의 벗 아브라함의 자손아 내가 땅 끝에서부터 너를 붙들며 땅 모퉁이에서부터 너를 부르고 네게 이르기를 너는 나의 종이라 내가 너를 택하고 싫어버리지 아니하였다 하였노라 두려워 말라 내가 너와 함께 함이니라 놀라지 말라 나는 네 하나님이 됨이니라 내가 너를 굳세게 하리라 참으로 너를 도와 주리라 참으로 나의 의로운 오른손으로 너를 붙들리라

독자 여러분은 1등이 좋습니까, 아니면 3등이 좋습니까? 당연히 1등이 좋겠지요. 모든 사람들이 1등을 원하고 있는 세상입니다. 내가 제일 좋아하고 존경하는 우리 엄마도 당연히 1등을 원하고 있으니까요.

지금 우리는 1등을 해야 되고 뭐든지 최고를 원하고 있는 세상에서 살고 있는 것입니다. 그러나 사실 3등도 대단한 것입니다. 3등이라고 해서 결코 못한 것이 아닙니다. 그렇지만 3명 중에 3등이라면 별거 아니지요. 경기에서 셋 중에 3등이면 꼴찌이고, 공부에서 3명중 3등이면 꼴찌니까 말입니다.

각종 운동경기에서도 감독들은 1등을 하게 하려고 온갖 노력과 훈련을 다하고 있습니다. 또한 선수들 역시 1등을 하려고 그 고생을 감수하고 피땀을 흘리기까지 하는 것입니다. 1등은 금메달이고 최고라는 명성을 듣습니다. 그러나 안타깝게도 1등의 금메달을 놓치고 눈물짓는 모습을 보면 2등, 3등은 웬지 초라해 보이고, 더욱 마음을 허탈하게 하는 것을 볼 수 있습니다. 이처럼 금메달, 1등은 귀하고 값진 것입니다. 2등도 귀하고 3등도 대단한 것이지만 1등은 정말 자랑스런 것입니다.

이 시간 하나님과 우리와의 관계를 생각해 보고자 합니다. 누가 1등이고 누가 꼴찌가 될까요? 하나님은 내 삶의 현장에서 과연 몇 등이나 되겠는가 하는 것입니다. 또 하나님은 나를 몇 등 정도로 만들어 주고 계실까 하는 질문입니다.

먼저 우리가 하나님을 과연 몇 등 정도로 여기며 살아가고 있는지 살펴보려고 합니다. 당신은 하나님을 몇 등으로 만들어가고 있습니까? 다음의 3가지로 간단하게 살펴봅시다.

첫째, 일의 우선 순위에 대한 질문입니다.

무엇이 제일 우선입니까? 우리가 살아가면서 실제적으로 어떤 일을 최우선으로 하는가의 질문입니다. 무엇이 1등입니까? 그 대답은 대체적으로 이럴 것입니다. 누가 뭐라고 해도 내가 하고 싶은 일을 제일 먼저 한다고 말할 수 있을 것입니다.

그렇다면 내가하고 싶은 일이 1등인 것입니다. 제일 먼저 하는 일이 바로 내가 하고 싶은 것이며, 아무리 누가 시켜도 내가 하고 싶지 않으면 제일 먼저 할 수 없는 것입니다.

그리고 2등으로 하는 일은 내가 하고 싶지 않다고 해도 어쩔 수 없이 해야 하는 일들일 것입니다. 그래서 마음에 내키지 않아도 억지로라도 해야 하기 때문에 하게 되는 일이 많이 있지 않습니까? 이 일은 싫어도 해야 합니다. 마땅히 해야 할 일이기에 할 수 밖에 없다는 것입니다. 좋아서가 아니라 해야 하기 때문에 하는 것입니다. 이것이 2등입니다.

이 정도 후에 세 번째로 하는 일이 바로 하나님의 일이 아닐까 생각되어집니다. 누가 말려도 내가 하고 싶은 일을 1등으로 해 버리고, 그 후에 당연히 또 마땅히 해야 할 일들을 2등으로 다 한 후에야 3등으로 하나님의 일을 한다는 것입니다. 그러니 우리가 최고의 하나님을 아주 자연스럽게 3등의 하나님으로 만들고 있는 것이 아닌가 생각되어집니다. 그것도 셋 중에 3등이니 꼴찌나 다름이 없는 것입니다. 내 삶의 현장에서 우선순위는 하나님이 3등이며 꼴찌가 되는 셈입니다.

둘째, 어려운 일을 만나면 어떻게 하고 있습니까?

우선 내 생각과 지혜, 경험을 가지고 상식적으로 먼저 하게 됩니다. 그러니 내 힘으로 하는 것이 1등입니다. 내가 해보지도 않고 누구에게 부탁을 한다거나 내가 할 수 있는 것 조차도 하나님께 부탁을 한다는 것은 사실 말이 안 된다고 생각이 들기 때문입니다.

그러니 먼저 내 방법과 방식으로 하게 되는 것이 1등이 되는 것입니다. 먼저 내가 해 보고 나서 안 되면 그 다음에 다른 방법을 찾게 되는 것이 보통입니다. 그러다 보니 2등이 이제는 내 가까이에 있는 사람에게 도움을 요청하기도하고 물어보기도 하는 것입니다. 나보다 힘이 더 있는 사람이거나, 돈이 있는 사람 또는 권력이나 명예가 있는 사람에게 부탁을 하고 도움을 받으며 그 문제를 해결하려고 하는 것입니다.

그 후에 마지막 3등이 이것저것 다 안 되고, 계속 문제가 풀리지 않으면 마지막으로 찾는 것이 바로 하나님이라는 것입니다. 역시 문제를 만나도 하나님은 3등이십니다. 우리가 하나님을 다른 것보다 더 못한 것으로 3등으로 전락시키고 있는 것입니다. 이것역시 셋 중에 세 번째니 사실 또 꼴찌인 셈입니다.

셋째, 인생을 살아가면서 나와 제일 가깝게 지내는 사람이 누구인가?

여기에서 1등이 누구라고 생각이 드십니까?

솔직히 생각하고 대답해 봅시다. 우리 교회 학생회 예닮찬양단에게 물어본 것이 있습니다. 가장 소중한 사람이 누구냐는 질문이었습니다. 물론 여기에서 하나님이라고 대답한 학생들도 있었지만, 그것보다 더 많은 것이 바로 가족이었습니다. 그렇습니다. 가족입니다. 식구들입니다. 한 가족된 것은 귀한 것입니다. 함께 생사고락을 같이하며 한 가족된 것은 정말 귀한 것입니다. 그래서 인생에서 가장 가까운 사람이 누구냐는 질문에서 당연 1등이 바로 가족인 것입니다. 식구들입니다. 여기에는 이의를 달 수 없는 것입니다.

그렇다면 2등으로 나와 가까운 사람이 누구인가요?

식구 다음에는 나와 마음이 잘 통하는 사람일 것입니다. 마음이 잘 통해야 더 친해지고 가까워지는 것입니다. 서로가 말할 수 있고 함께 더 불어 살아갈 수 있기 때문인 것입니다.

그리고 나서 마지막 세 번째로 찾는 것이 하나님이 아닐까요? 늘 함께 지내는 가족이 있고, 늘 같이 얘기하고 떠들어댈 수 있는 가까운 친구들이 좋습니다. 그리고 나서 시간 날 때에야 찾게 되는 것이 하나님이 아닐까요? 가끔씩이라도 찾으니 다행이기는 합니다만 1, 2등을 놓치고 3등이 바로 하나님이십니다. 그러면 하나님은 셋 중에 또 꼴찌가 되는 것입니다. 가족 다음에 가까운 친구이거나 이웃이고 그 다음에 하나님의 순서가 되는 것입니다.

이처럼 하나님은 우리의 삶 속에서 1등의 자리를 차지하지 못하고, 항상 3등의 꼴찌를 차지하고 있는 것이 솔직한 우리들의 현실입니다. 우리는 하나님을 3등의 자리와 위치에 놓고 살아가고 있지만, 우리 하나님은 그러한 우리를 어떻게 여기고 계시는지 아십니까? 그야 당연 1등으로 취급하고 계신다는 것입니다.

우리는 하나님을 항상 3등으로, 어찌보면 꼴찌로 여기고 있지만 하나님은 우리를 1등으로 여기시고 있다는 것입니다. 놀라지 않습니까? 확인해 봅시다. 말씀을 통하여 본문을 봅시다. 확실하게 밝히고 계십니다.

① 이사야 41:9 "내가 땅 끝에서부터 너를 붙들며 땅 모퉁이에서부터 너를 부르고 네게 이르기를 너는 나의 종이라 내가 너를 택하고 싫어 버리지 아니하였다 하였노라" 했습니다.

절대로 우리를 버리지 않으신다고 했습니다. 결코 싫어 버리지 않으신다고 하셨습니다.

속 썩이고 말 안듣고 부족해도 우리를 한번도 싫어하시거나 버리지 않으시고, 귀하게 여기고 계신다는 것입니다. 항상 제일 소중한 존재로 생각하며 여기고 계시고 있는 것입니다. 얼마나 감사한 일입니까?

우리는 하나님을 3등으로 밖에 취급하지 않는데, 사실 꼴찌로 여기며 살아가고 있는데, 하나님은 나를 버리지 않으시고 싫다하지 않으시니 말입니다. 우리를 1등으로 여기시는 하나님의 깊은 관심과 사랑하심을 알아야 합니다. 이제부터 그 하나님을 더욱 사랑하며 살아갈 수 있기를 바랍니다. 역시 우리 하나님은 최고입니다.

♪ **411장** 내가 연약 할수록 더욱 귀히 여기사 높은 보좌위에서 낮은 나를 보시네, 날 사랑하심 날 사랑하심 날 사랑하심 성경에 써있네..

② 이사야 41:10 "두려워 말라 내가 너와 함께 함이니라 놀라지 말라 나는 네 하나님이 됨이니라 내가 너를 굳세게 하리라 참으로 너를 도와 주리라 참으로 나의 의로운 오른손으로 너를 붙들리라" 말씀하고 계십니다.

도와주겠다고 하나님은 우리에게 말씀하고 계십니다. 우리를 모른체 하지 않으시고 제일 먼저 1등으로 도와주시는 줄로 믿습니다.

이사야 41:13~14에서도 '내가 너를 도우리라' '내가 너를 도울 것이라' 계속해서 돕겠다고 약속하고 계십니다. 이처럼 간절하게 우리를 도와주시겠다고 호소하고 계시는 것입니다. 항상 언제든지 1등으로 도와주시는 분이 바로 하나님이십니다. 마치 엄마가 일을 하다가도 아기가 울고 부르면 제일 먼저 달려가서 도와주는 것과 마찬가지입니다. 엄마의 제일 우선순위는 아기를 도와주는 것입니다.

하나님은 우리를 그 누구보다 제일 먼저 도와주시는 분인 줄로 믿습니다. 그러기에 그 하나님께 기도하며 아뢰고 부탁하면 제일먼저 해결해 주시게 되어 있습니다. "너희가 내 이름으로 아무것도 구하지 않았으나 구하라 그리하면 받으리니 너희 기쁨이 충만하리라"(요 16:24) 하지 않으셨습니까? 제일 먼저 도와주시는 하나님 앞에 아뢰며 부탁을 게을리 하지 않기를 바랍니다. 그리하면 반드시 기쁨이 넘치는 승리의 삶이 될 것입니다.

"너는 내게 부르짖으라. 내가 네게 응답하겠고 네가 알지 못하는 크고 비밀한 일을 네게 보이리라"(렘 33:3) 이 엄청난 약속의 말씀을 믿습니까? 도와주십니다. 들어주십니다. 할렐루야!

♫ **487장** 죄 짐 맡은 우리 구주 어찌 좋은 친구지 걱정근심 무거운 짐 우리 주께 맡기세 주께 고함 없는 고로 복을 얻지 못하네 사람들이

어찌하여 아뢸 줄을 모를까...

③ 이사야 41:10을 다시한번 봅시다. "두려워 말라 내가 너와 함께 함이니라 놀라지 말라 나는 네 하나님이 됨이니라 내가 너를 굳세게 하리라 참으로 너를 도와 주리라 참으로 나의 의로운 오른손으로 너를 붙들리라" 하셨습니다.

그렇습니다. 하나님은 친히 그의 의로운 손으로, 그것도 오른손으로 우리를 붙들어 주십니다. 하나님의 의로운 오른손은 능력의 손입니다. 해결의 손입니다. 치료의 손이십니다. 불가능이 없는 손이십니다.

그런데 그 엄청난 의로운 오른손으로 우리를 붙들어 주신다는 것입니다. 그렇습니다. 하나님은 언제나 우리를 1등으로 붙들어 주시는 분이십니다. 의로운 손으로, 오른손으로 붙들어 주십니다.

얼마나 놀라운 일입니까?

누가 날 붙잡아 줍니까?

짓밟고 헐뜯는 세상인데, 우리 하나님은 친히 능력의 손, 치료의 손, 기적의 손으로 붙들어 모든 것을 완전히 해결해 주시니 말입니다. 제일 먼저 찾아와서 붙들어 주시니 넘어질 리가 없습니다. 쓰러지지 않습니다. 아니 넘어진들 문제가 될 수 없는 것입니다. 염려하지 마십시요.

♬ 예수의 이름으로 나는 일어서리라, 원수가 날 향해와도 쓰러지지 않으리, 주가 주신 능력으로, 주가 주신 능력으로 나는 일어서리.

하나님의 의로운 오른손으로 우리의 건강을 붙들어 주십니다. 우리들의 앞길을 인도해 주십니다. 자녀들의 진로도 책임져 주십니다. 젊은 청년들의 멋진 배우자의 결혼도 하나님께서 붙잡아 주십니다. 우리의 모든 형편을 잘 아시는 하나님께서 현재, 미래의 장래 모든 일들을 붙들어 주시는 줄로 믿습니다.

지금 이 시간 그 놀라운 손으로 우리들의 직장과 사업을 붙들어 주시기를 원합니다. 하나님의 축복의 손으로 붙잡아 주셔서 놀라운 복으로 채워주실 줄 믿습니다. "내가 반드시 너를 복주고 복주며 너를 번성케 하고 번성케 하리라"(히 6:14)

이사야 43:4 "내가 너를 보배롭고 존귀하게 여기고 너를 사랑하였은

즉...” 말씀하시고 계십니다. 이처럼 하나님은 우리를 가장 보배로운 자로 또 존귀한 자로 여기시고 사랑하고 계십니다. 매사에 우리를 1등으로 여기시고 사랑하시는 하나님이신 것입니다. 우리 하나님을 1등으로 존귀히 여기며 사랑하는 우리 모두가 될 수 있기를 바랍니다.

“너는 나를 알지 못하였을지라도 나는 네게 칭호를 주었노라”(사 45:4b) “너는 나를 알지 못하였을지라도 나는 네 띠를 동일 것이요”(45:5b) “땅 끝의 모든 백성아 나를 앙망하라 그리하면 구원을 얻으리라 나는 하나님이라”(사 45:22) “여인이 어찌 그 젖 먹는 자식을 잊겠으며 자기 태에서 난 아들을 긍휼히 여기지 않겠느냐 그들은 혹시 잊을지라도 나는 너를 잊지 아니할 것이라”(사 49:15)

우리를 1등으로 최고로 여기시는 하나님이 계십니다. 우리도 이 좋으신 하나님을 날마다 매 순간마다 최고의 하나님으로 그리고 1등으로 모시며 삶을 엮어갈 수 있기를 바랍니다.

이제 우리도 하나님을 어느 한 수간도 잊지 말고 주님과 함께 살아가는 우리 모두의 삶이 될 수 있기를 바랍니다. 싫다고 버리지 않으시고, 도와주시며, 의로운 오른 손으로 붙들어 주시는 최고의 하나님을 우리는 더 이상 3등으로 전락시킬 수 가 없습니다. 우리가 이제는 3등이 아니라, 꼴찌가 아니라 1등의 하나님으로 만들어 가는 은혜가 있기를 축원합니다.

오, 하나님! 1등으로 모시며 살겠습니다. 철저하게 하나님만을 최고의 1등의 하나님으로 여기며 살아가겠습니다. 내 삶 속에 제일 먼저가 하나님이 되게 하옵소서, 제일 최고도 하나님이 되게 하옵소서. 우리 모두의 고백이 되어지기를 주님의 이름으로 축원합니다.

한 승 설 목사

학력 및 신력

- 총신대학교
- 총신대학원 박사원 D.Min
- 연세대학교 연합신학대학원 졸업

- 서수원노회노회장
- 연신원 총동문회 증경회장
- 총회고시부장
- (현)수원영광교회20년

큰 용사 입다

사사기 11장 1~3절

길르앗 사람 큰 용사 입다는 기생이 길르앗에게 낳은 아들이었고 길르앗의 아내도 아들들을 낳았더라 아내의 아들들이 자라매 입다를 쫓아내며 그에게 이르되 너는 다른 여인의 자식이니 우리 아버지 집 기업을 잇지 못하리라 한지라 이에 입다가 그 형제를 피하여 돕 땅에 거하매 잡류가 그에게로 모여와서 그와 함께 출입하였더라

옛날 우리나라는 출신성분이 좋으면 출세의 길이 열렸고, 출신 성분이 안 좋으면 아무리 출중한 인물로 태어나도 출세할 수 없었다. 그것이 바로 근세조선사회계급의 하나로 양반과 서민계급에서 오는 불평등한 계급사회였다.

1절에서 보면 입다는 큰 용사로 태어났지만 부친 길르앗이 기생의 몸에서 낳은 아들이었다. 그러나 암몬에게 침략을 당했을 때 나라를 구하는 공을 세웠고 그 시대의 사사가 되었다.

1800년대에 일본이 낳은 세계적인 위인이라고 한 하천풍언(河川豊彦)선생도 기생의 몸에서 태어난 사람이었다. 그가 저술한 「사선을 넘어서」란 책은 한때 베스트셀러가 되었다.

입다가 국가의 지도자가 된 배경을 살펴보면

첫째, 형제들에게 쫓겨나는 입다

2절 하반절에 배다른 형제들이 입다에게 하는 말이 "너는 기생의 자식이니 우리 아버지 집 기업을 잇지 못하리라"하며 쫓아냈다. 그때 3절에 입다는 돕 땅으로 피하여 거하면서 잡류가 그에게로 모여와 출입하였다고 했다. 이때 '잡류'는 그 시대에 소외계층의 사람들이었다고 본다.

원문에 두 가지 뜻으로 (1) 에노쉬 즉 죽을 수밖에 없는 존재 또는 피에 굶주린의 뜻과 (2) 이쉬 즉 위대하고 힘센 사람을 뜻하기도 한다.

종합해서 해석을 한다면 저질인생이라기보다는 무엇에 한이 맺힌 사람들이었다고 본다. 어찌되었든 잡류가 그에게 모여왔다는 것을 보면 입다는 잡류들의 두목이었음을 알 수 있다.

그러고 보면 소련의 마피아나 혹은 주먹세계에 있는 깡패집단을 연상하게 된다. 그들은 생존을 위해서 힘을 키웠고 잘 훈련된 조직체로 운명을 같이하는 동지였다고 본다. 입다와 같이 불행한 처지에서 만난 사람들이었기 때문에 한이 맺힌 사람들이었다.

사람이 어떤 일에 한이 맺히게 되었을 때 나타나는 현상을 보면

① 그 한을 풀지 못하고 자살하는 사람이 있고

② 그 한 맺힌 슬픔 때문에 세상을 저주하며 사는 사람이 있고

③ 그 한이 오히려 성공하는 삶의 촉진제가 되는 경우도 있다.

지금부터 85년 전(1919년)에 일어난 3?1절 운동도 민족의 한이 만들어 낸 운동이라 할 수 있다. 대개 성공하는 사람들을 보면 과거에 한 맺힌 사연이 밑바닥에 깔려 있는 것을 볼 수 있다. 남에게 사기를 당했다든지, 어떤 일에 크게 실패 한 경험이 있다든지 또는 어떤 비극적인 사건이 있었다든지, 이러한 일들이 하나의 한이 되어 성공의 모티브가 되는 경우가 있다.

본인도 목사가 되기 전 한을 가지고 신학을 했다. 아이를 가슴에 묻는 한 때문에 목사가 되었다. 흑인 가수 에델 워터(Ethel Water)는 어머니가 직장에서 돌아오다 강간을 당해 낳은 딸이다. 어머니가 몇 번씩 딸을 목 졸라 죽이려고 했고 외가에서 온갖 멸시와 천대를 받으며 교육도 제대로 받지 못하고 자랐으나 목소리가 좋아서 가수가 됐다. 그는 과거 한 많은 비극적인 삶을 생각하며 "폭풍우를 지날 때" 라는 노래를 부

를 때 자신도 울고 청중도 울었다고 한다.

(왜 하늘에 태양이 떠 있지 않은지 모르겠군요. 험악한 날씨에요. 나의 그녀와 내가 같이 있지 못한 이후로 계속 비가 옵니다. 삶은 어디나 황량하고 우울하며 불행해요. 험악한 날씨에요. 그냥 불쌍하고 늙은 내 자신을 추스를 수 없군요. 전 항상 지쳐있답니다. 항상 너무나도 지쳐 있어요.

그녀가 가버렸을 때 우울한 기분에 사로잡혔어요. 그녀가 가버린 채로 오지 않는다면 전 저 오래된 흔들의자에 처박혀 있을 수밖에 없어요. 내가 할 수 있는 모든 것은 기도하는 것이랍니다. 저 높은 곳에 계신 주께서 저를 다시 태양 속으로 다시 걸어 나올 수 있게 하시도록 말이죠. 더 이상 살 수가 없어요. 제가 가졌던 것은 모든 것이 없어졌어요. 험한 날씨에요. 나의 그녀와 내가 함께 할 수 없는 그 이후로 항상 비가 옵니다. 항상 비가 와요.)

그런데 그가 예수님을 만난 후 변화가 일어났다. 자기를 죽이려고 목을 조르던 어머니에 대한 원망과 질시의 눈으로 보던 사회 용서 할 수 있었고 상처와 아픈 추억은 하나님 안에서 치유되었다. 이제는 하나님의 딸이 되었고 그가 슬피 부르던 노래는 하나님을 찬양하는 노래로 바뀌었다.

고후 5:17 "누구든지 그리스도 안에 있으면 새로운 피조물이라 이전 것은 지나갔으니 보라 새것이 되었도다"

옛날의 에텔 워터가 아니라 변하여 새사람이 된 하나님의 딸이 된 것이다. 모두 저주스럽게 보이던 것이 이제는 사랑과 희망이 있는 모습으로 바뀌었다.

둘째, 이스라엘 지도자가 된 사사 입다

입다에 대한 인물을 분석하면

① 완벽한 성격의 소유자였다.

본문 9~10절을 보면 나라가 위기에 처했을 때 유능한 인물을 찾게 된다. 가정에서 쫓겨난 입다를 길르앗 장로들이 찾아가 침략자 암몬을 물리쳐 달라고 요청했다. 그때 요청을 받은 입다는 길르앗 장로들에게 내가 암몬과의 전쟁에서 승리한다면 사사가 될 수 있겠느냐고 하니 그때 10절에 길르앗 장로들이 여호와의 이름으로 맹세하므로 확약을 받았다. 완벽한 약속이었다. 오늘날 성도들이 사회생활을 하는 중에 상대를 지나치게 믿고 아무런 법적 근거가 없을 때 실패하는 경우가 있다.

② 그는 설득력이 있는 사람이었다.

부름을 받은 입다는 첫째 방법이 무엇이고 둘째 방법이 무엇인지 잘 알고 있었다. 그는 전선에 나아가 침략자 암몬에게 (삿11:12~28) 과거 이스라엘의 역사를 설명하면서 암몬은 지금 빨리 퇴각할 것을 강력하게 요청을 했다. 형제국이 피 흘리는 전쟁을 해서 되겠느냐며 최후통첩을 한 것이다. 입다는 처세술이 능했고 지성적이고 논리적인 사람이었다.

입다는 주먹만 휘두르는 무지한 잡류가 아니었다. 운동을 많이 한 사람들 이야기를 들어보면 말보다 주먹이 앞선다고 한다. 잡류 두목 입다는 경거망동하지 않았다. 선후좌우를 살필 줄 아는 지성인이었고 인격자였다.

셋째, 그는 믿음과 성령이 충만한 했다. (삿 11:29)

여호와의 신이 입다에게 임하시니 대화와 설득에서 실패한 입다는 33절 아로엘에서부터 민닛에 이르기까지 이십 성읍을 치고 또 아벨그라밈까지 크게 도륙하니 이에 암몬 자손이 이스라엘 자손 앞에 항복하였더라 그는 전쟁에서 승리하고 6년간 이스라엘 지배자가 됐다. 하나님은 그를 그 시대의 영웅이 되게 하셨다.

우리 모두 입다와 같이 과거에 쓰라렸던 경험들을 갖고 있다. 그 한이 성공의 밑거름이 되는 하나님의 축복이 있기를 축원합니다.

연희전문학교 졸업사진(1943)

대한예수교
장 로 회 **수지남서울교회**

✝ 주소 : 경기도 용인시 수지2지구 풍덕천2동 193-12
✝ 전화 : 031)263-2633
✝ E-mail : lifejoo@hanmail.net
✝ http://www.sns.or.kr

주 금 용 목사

학력 및 신력

- 한신대학교신학과
- 아세아연합신학대학원
- 연세대학교연합신학대학원
- 장로회신학대학교, 신학대학원
- 미국 Midwest Theological Seminary
- 숭실대학교기독교학대학원(Th.M)
- 장로회신학대학교대학원(목회신학박사)
- 미국 McCormick Theological Seminary(D.Min)

- 한국선교교육협회대표
- 기독교TV 설교강사
- C3TV 인터넷설교강사
- 한국교회성장개발원장
- 국제청소년선교연맹대표
- 수지남서울교회 위임목사

세상을 바꾸는 비젼 메이커

아브라함은 시험을 받을 때에 믿음으로 이삭을 드렸으니 저는 약속을 받은 자로되 그 독생자를 드렸느니라 저에게 이미 말씀하시기를 네 자손이라 칭할 자는 이삭으로 말미암으리라 하셨으니 저가 하나님이 능히 죽은 자 가운데서 다시 살리실 줄로 생각한지라 비유컨대 죽은 자 가운데서 도로 받은 것이니라 믿음으로 이삭은 장차 오는 일에 대하여 야곱과 에서에게 축복하였으며 믿음으로 야곱은 죽을 때에 요셉의 각 아들에게 축복하고 그 지팡이 머리에 의지하여 경배하였으며 믿음으로 요셉은 임종시에 이스라엘 자손들의 떠날 것을 말하고 또 자기 해골을 위하여 명하였으며 믿음으로 모세가 났을 때에 그 부모가 아름다운 아이임을 보고 석달 동안 숨겨 임금의 명령을 무서워 아니하였으며 믿음으로 모세는 장성하여 바로의 공주의 아들이라 칭함을 거절하고 도리어 하나님의 백성과 함께 고난 받기를 잠시 죄악의 낙을 누리는 것보다 더 좋아하고 그리스도를 위하여 받는 능욕을 애굽의 모든 보화보다 더 큰 재물로 여겼으니 이는 상주심을 바라봄이라 믿음으로 애굽을 떠나 임금의 노함을 무서워 아니하고 곧 보이지 아니하는 자를 보는것 같이 하여 참았으며 믿음으로 유월절과 피 뿌리는 예를 정하였으니 이는 장자를 멸하는 자로 저희를 건드리지 않게 하려한 것이며 믿음으로 저희가 홍해를 육지같이 건넜으나 애굽 사람들은 이것을 시험하다가 빠져 죽었으며 믿음으로 칠일 동안 여리고를 두루 다니매 성이 무너졌으며 믿음으로 기생 라합은 정탐군을 평안히 영접하였으므로 순종치 아니한 자와 함께 멸망치 아니하였도다

"믿음은 바라는 것들의 실상이요, 보지 못하는 것들의 증거다"라고 합니다. 사람은 많지만 쓸 사람이 없다고들 합니다. 홍수때에 물이 없습니다. 지금 주님은 믿음의 사람을 필요로 합니다.

믿음의 선배들의 신앙을 돌아보면서 새로운 꿈과 비젼을 이루어 가시기 바랍니다.

꿈과 비전의 사람이었던 마틴 루터킹 목사 1963년 8월 27일, 그가 죽던 날 밤 꿈의 사람 마틴 루터 킹은 인권운동을 위 한 워싱턴 대 행진 현장에서 25만 군중을 놓고 이런 제목으로 명 연설을 했습니다.

"나는 오늘 꿈을 갖고 있습니다" 오늘도 내일도 곤란은 첩첩이 쌓여 있습니다. 그러나 나는 꿈을 갖고 있습니다. 언젠가는 미시시피 주가 자유와 정의의 오아시스로 변하리라고.

나는 꿈을 갖고 있습니다. 나의 사 남매가 피부의 색깔로가 아니라, 인격의 내용으로 판단되는 나라에 살게 될 것이라고. 나는 꿈을 갖고 있습니다. 남쪽 앨라배마 주에서도 검고 흰 아이들의 손이 정답게 뭉쳐지리라고. 이 꿈만 버리지 않는다면 우리는 절망의 동산에서 희망의 반석을 캐낼 수가 있을 것입니다. 이 꿈만 놓치지 않는다면 미국 내 가득 차 있는 불협화음을 형제애의 아름다운 심포니로 변화시킬 수가 있을 것입니다.

이처럼 마틴 루터 킹은 전혀 불가능한 현실에 대해서도, 전혀 씨조차 찾아볼 수 없는 부조리와 불의와 모욕과 패배의 현실 속에서도, 결코 비전을 잃지 않았고 그 꿈을 믿었으며, 그 꿈의 성취와 실현을 위하여 빈손으로나마 굳게 잠긴 철문을 쉬지 않고 노크했던 것입니다. 이것이 곧 비전의 힘입니다.

시대적인 비전메이커들은 어떤 사람들입니까?

첫째, 꿈을 소유하는 사람

하나님은 꿈을 소유한 사람을 쓰십니다.

창세기37장에 나오는 요셉과 그 형제들이 다른 것은 단지 요셉이 꿈을 가지고 있었다는 것입니다. 비전의 사람들은 꿈을 소유한 사람들입니다.

하나님을 향한 꿈을 꾸고 있다는 자체가 이미 성공인 것입니다. 무엇인가를 하려고 시도하는 것 자체가 이미 성공이라는 말입니다.

아무리 좋은 꿈과 이상이라도 하나님이 없는 것은, 그것은 믿음의 사람의 꿈이 아닌 것입니다. 누구도 살릴 수 없습니다. 자기도 살지 못하고, 남도 살릴 수 없습니다. 젊은 시절에 모세는 민족을 구원하려고 했지만 실패했습니다.

왜 그랬습니까? 그 꿈에 하나님이 없었기 때문입니다.

결국 모세는 실패해서 광야 서편으로 쫓겨 나가고 그곳에서 자신의 인본주위의 꿈이 아닌 살아 계신 하나님을 만나고 하나님을 향한 꿈의 사람으로 변화되기를 시작합니다.

아브라함과 요셉이 어떤 환란 가운데에도 승리할 수 있었던 것은 자기의 꿈이 아닌 분명한 하나님의 계획을 발견했기 때문입니다. 하나님의 꿈이 아브라함에게 있었습니다. 하나님의 꿈이 요셉에게 있었습니다. 하나님과 함께 할 때, 하나님이 주시는 꿈이 있습니다. 꿈이 있기에 어떤 어려움을 만나도 하나님이 우리와 함께 한다는 사실을 믿고 그들은 승리 할 수 있었습니다.

하나님의 꿈은 인간의 꿈과는 비교할 수 없을 정도로 크고 광대하십니다.

모세가 민족 해방만을 꿈꾸었다면, 하나님은 이스라엘을 제사장 국가로 만드는 꿈을 꾸었습니다. 그러므로 모세가 꾼 꿈과 하나님이 꾸신 꿈이 달랐어요.

그래서 출애굽기 19장 6절에 보니까, "너희가 내게 대하여 제사장 나라가 되며 거룩한 백성이 되리라 너는 이 말을 이스라엘 자손에게 고할지니라"

그 민족을 애굽 나라에서 해방시키는 꿈만 꾸었습니다.

그러나 하나님의 꿈은 그것만이 아니에요. 민족을 해방시키는 꿈만이 아니라 하나님이 기뻐하시는 하나님 나라, 선민 국가, 제사장 국가가 되게 하는 것이었습니다.

하나님의 꿈은 우리로 하여금 어떤 환경과 고난도 뛰어넘게 한다는 것을 알아야 합니다. 우리가 하나님의 꿈만 꾼다면 어떤 유혹이 와도, 어떤 핍박이 와도, 어떤 고난이 와도 그 꿈을 붙들고 넘어갈 수 있습니다.

당신이 지금 어떤 위치에 있느냐가 중요한 것이 아니라 당신은 지금 어떤 꿈을 꾸고 있느냐가 중요한 것입니다.

가슴에는 꿈을 위로는 하나님을 바라보면서 꿈을 이루어 가시기를 바랍니다.

이 시대속에 하나님의 꿈을 이루면서 여기까지 이곳까지 역사 하신 하나님의 계획은 하나님의 꿈 즉 비젼의 사람을 쓰신다는 것입니다.

수지 남서울교회는 서초구 우면동에서 1995년에 10월에 개척할때부터 2000년에는 2000평의 교회와 2000명의 일꾼을 달라는 꿈을 가지고 시작했습니다. 그꿈대로 교회는 1999년에 16억의 땅을 매입을 하고 연건평 1300평의 교회를 건축하여 2001년에 입당을 하고 지금까지 지속적으로 초대교회와 같은 성장을 보이고 있습니다.

단지 하나 꿈을 꾸었다는 것입니다.

성전 건축의 꿈이 교회의 역사를 바꾸었습니다. 아마도 그런 꿈이 없었다면 남서울교회는 개척교회 아마도 2층에서 임대 건물로 지금도 있을것입니다.

당신은 지금 어떤 꿈을 꾸고 있는가는 참으로 중요합니다.

둘째, 비젼의 사람은 생각을 바꾸어야 합니다.

꿈을 꾸었다면 이제 생각을 바꾸어야 합니다.

생각을 계속하면 그 꿈이 현실로 다가옵니다.

꿈을 가진자는 생각을 바꿉니다.

모든 일에는 법칙이 있는 것입니다. 믿음의 법은 복음입니다.

하나님의 법칙가운데 가장 중요한 것은 생각의 법칙입니다.

성공한 사람들은 생각의 법칙을 터득한 사람들입니다. 우리 모두는 세상을 바꾸고 환경을 바꿀 수 있는 잠재력이 있습니다. 그러나 환경을 바꾸기 전에 먼저 우리의 자신을 바꾸어야 합니다. 무엇을 바꾸어야 하느냐? 바로 생각입니다. 생각을 바꾸면 모든 것이 바뀌는 것입니다.

사무엘 스마일스는 "생각을 심으면 행동을 거두고, 행동을 심으면 습관을 거두고, 습관을 심으면 성품을 거두고, 성품을 심으면 운명을 거둔다"고 말했습니다. 결국 우리의 운명을 좋은 생각으로 바꾸는 것입니다.

믿음은 온갖 고난과 역경 속에서도 우리에게 하나님의 꿈을 줍니다.

히브리서 11장 1절입니다. "믿음은 바라는 것들의 실상이요 보지 못하는 것들의 증거니" 라고 말했습니다.

할수 있다는 생각을 가지셔야 됩니다. 누구는 태어날때부터 가지고 온 것이 아니라 하나님이 하시면 된다는 가능적인 생각을 해야 합니다.

신학대학에 입학을 했을때 첫수업을 들어가기전에 채플실에서 이렇게 생각을 품었습니다.

시대를 살리는 목회자가 되리라. 기존교회보다 하나님이 운영하시는 교회를 하나 아름답게 개척하여 드리리라 라는 생각이 오늘날 수지 남서울교회를 탄생하게 한 것입니다.

예수를 믿는다면 예수를 믿는 믿음안에서 자신의 생각을 계속품고 나가면 반드시 이루어 주십니다. 즉 성령으로 충만한 믿음만이, 말씀 충만한 그 믿음만이 나도 살고, 너도 살고 이 시대를 구원할 수 있습니다. 더 많은 영혼을 주께로 인도할 수 있습니다.

하나님과 사람들이 모두 인정하는 믿음의 사람들이 많이 일어나야 합니다. 말만 믿는 사람이 아니라 그 믿음을 따라서 헌신하고 생명을 바치는 사람들이 많이 일어나야 합니다.

셋째, 믿음의 말로 한계를 극복 하십시오.

이제 꿈을 소유했다면 그 꿈 때문에 찾아오는 많은 것들을 믿음의 말로 이기시고 승리하십시오.

하나님이 주신 꿈을 그냥 마음속에 가지고 있지 말고 입으로 자꾸만 시인하십시오. 하나님이 주신 말씀을, 하나님으로 말미암아 꿈을 꾼, 그 꿈을 가슴에만 담지 말고, 입에만 담지 말고, 입을 열어 말하는 것으로 당신의 한계를 극복 할 수 있습니다.

우리의 혀는 무서운 힘을 가지고 있습니다. 우리의 온몸을 다스리는 것이 우리의 혀입니다. 인생을 메고 푸는 것도 우리의 혀에 달려 있습니다. 좋은 사람은 좋은 말하기에 좋은 사람입니다. 나쁜 사람은 나쁜 말을 하기에 나쁜 사람이 됩니다.

사실 우리의 믿음과 언어는 함께 갑니다. 우리의 언어에 영향을 끼치는 것은 우리의 믿음입니다. 은혜 스러운 사람은 은혜 스런 말을 합니다. 시험 든 사람은 시험 든 말을 합니다.

물이 필요하다면 큰 강에 가서 얼마든지 마실수 있는 물을 가져 올수가 있습니다. 누구나 사용할 수 있는 강입니다. 그런데 어떤 이는 작은 수저, 작은 컵, 물통, 큰 수도 파이프를 가지고 갑니다. 문제는 물에 있는 것이 아니라 우리 자신에게 있는 것입니다.

그런데 우리는 조그마한 컵을 준비하고서는 모자르다고 불평을 합니다. 당신이 가지고 있는 그릇 그것이 바로 믿음입니다.

"네 입을 크게 열라"하십니다. 하나님이 부족한 분이 아니라 나의 믿음이 부족한 것입니다.

우리가 하는 말이 미래를 창조합니다. 좋은 생각을 가지고 믿음의 말을 하십시오.

원망과 불평의 말을 하지 마시고 적극적인 말, 치료하는 말, 격려하고, 사랑하는 말, 감사하는 말을 하시면 언제나 역사가 있습니다.

목회하면서 순간순간 하나님이 나와 함께 하심을 믿으면서 주어진 한계를 이길 수가 있었습니다. 하나님의 살아 계심을 믿고 나니까 내게 주어지는 모든 일들은 하나님을 만날 수 있는 좋은 기회임을 알게 되었습니다.

하나님은 언제나 좋은 것만을 주시기 때문에 하나님의 꿈을 가진 자는 절대로 부정적일 수가 없습니다. 하나님의 계획을 가지고 있기에 모든 것이 긍정적이 됩니다. 일이 잘 안되어도 "안 된다"고 말하지 않고 잘 되어 가고 있다고 말을 하는 것입니다.

무슨 일을 만나든지 하나님이 주신 꿈의 관점에서 말해야 합니다. 그러므로 내 형편으로, 내 환경으로, 내 힘으로 말하지 아니하고 하나님이 나에게 주신 그 꿈을 가지고 말하면 안 될 것이 아무것도 없습니다.

우리 인생의 크기는 우리가 누구이고 얼마나 공부를 많이 했고, 그 사람의 배경이 어떻고 하는 것이 아닌 우리가 믿는 하나님의 크기에 따라 결정이 되어 지는 것입니다.

우리가 위대한 것이 아니라 위대한 하나님의 일이기에 위대하고, 위대한 사람이 있는 것이 아니라 위대한 하나님께 쓰임 받기에 위대한 것입니다. 하나님이 주신 꿈을 믿고 선포할수록 우리는 긍정적인 사람, 적극적인 사람이 될 수가 있습니다.

하나님의 계획을 믿으면서도 자꾸만 부정적이고 실패의 말을 하면, 그 인생은 그대로 실패하는 인생이 될 수밖에 없습니다.

목회를 하면서 교인들에게 모든일에 긍정적인 방향을 지도했습니다. 이상하게도 교회가 아름다워 지고 부정적인 것은 당연하게 하나님께 기도하는 것으로 바뀌어서 해결되는 것을 보았습니다.

미래를 창조하는 언어의 법칙을 통해 미래를 창조하십시오.

우리의 믿음의 선포는 우리 인생을 이끄는 나침반이 될 수 있습니다.

얼마나 빨리 달려가느냐가 중요한 것이 아니라 얼마나 바르게 가고 있느냐가 중요합니다. 날마다 긍정적인 말을 함으로 말미암아 하나님의 꿈에 이끌리는 인생, 할 수 있다, 하면 된다, 해 보자 하고 우리가 경험한 하나님의 크기로 인생을 승리하십시다.

넷째, 비젼의 대가는 시련으로 다가 올 수도 있습니다.

산이 높으면 골짜기가 깊습니다. 골짜기가 깊으면 물이 맑습니다. 누구나 꿈과 비젼을 갖습니다. 그러나 중간에 포기하고 넘어지는 것은 그 비젼에 대한 대가를 지불하지 않기 때문입니다. 대가를 지불하지 아니하고 꿈을 꾸는 것으로 만족합니다.

꿈을 소유했다면 꿈꾼 것에 대하여 대가를 지불하는 사람이 승리하는 사람입니다.

대가를 지불하는 사람입니다. 이 시대의 아픔이 뭡니까? 이 사회가 어려운 이유가 뭡니까? 꿈은 많이 꾸는데, 긍정적인 말은 많이 하는데 꿈에 대한 대가를 지불하기 꺼려합니다. 꿈에 대한 대가를 지불하기 꺼려합니다. "눈물을 흘리며 씨를 뿌리는 자는 기쁨으로 거두리로다"(시 126:5)고 말씀했습니다. "울며 씨를 뿌리러 나가는 자는 정녕 기쁨으로 그 단을 가지고 돌아오리로다"(시 126:6)고 말씀했습니다.

대가를 지불하지 않는 사람은 "성취자"가 아니라 "망상가"에 불과합니다. 하나님은 공의의 하나님입니다. 꿈꾸는 사람은 시련이라는 물을 마시게 됩니다. 이것이 하나님이 사람을 키우는 원리요, 방법입니다.

저는 목회를 시작하면서 안일한 것보다도 오히려 꿈을 가지고 비젼을 심을 수 있는 어려운 개척의 길을 택했습니다. 부목사로 있으면서 좋은 길, 편안한 방법도 있었습니다. 그러나 좁은길 어렵게 보인 길을 선택했습니다. 이유는 그것 때문에 기도할 수 있었기 때문입니다. 7년만에 교회를 건축하면서 안될 일만 골라서 할 정도로 무모할 정도로 도전했습니다. 결과는 하나님이 하셨습니다.

믿음의 그릇은 하나님의 축복과 비례한다는 것을 알았습니다.

이제 헌당을 위해 기도합니다. 반드시 이루어 질 줄로 믿습니다.

그리고 우리는 새로운 비전을 가지고 댓가를 지불하고 있습니다.

비전랜드 20,000평 입니다. 꿈대로 역사하시는 그분을 믿고 나가는 것입니다.

예수 믿는 것, 구원받는 것도 공짜가 아닙니다. 우리편에서는 공짜이지만, 하나님 편에서는 엄청 큰 대가를 지불했습니다. 하나밖에 없는 독생자 예수, 한 분밖에 안 계신 독생자 아들 예수를, 하나님 되신 예수를, 아들 되신 예수를, 죄도 없으신 예수를 이 땅에 죄 지은 인간으로 태어나게 하셨습니다. 어떤 결과를 보면은 쉬운 것 같아도 해보면 쉽지 않은 것을 볼 수 가 있습니다.

우리를 구원받게 하기 위해 우리 하나님이 치루신 대가, 예수님이 치루신 대가는 세상 무엇으로도 바꿀 수 없는 무서운 대가를, 너무 큰 댓가를 우리 하나님이 치루신 거예요. 예수님이 치루신 거예요. 그러므로 우리의 구원조차도 예수님의 피라는, 예수님의 죽음이라는 대가가 지불된 것입니다.

우리 모두 믿음으로 꿈에 댓가를 지불함으로 비전을 이루시기를 바랍니다.

꿈꾸는 사람은 시련이라는 물을 먹고 자랍니다. 꿈꾸는 사람은 고난이라는 댓가를 지불해야 합니다. 댓가를 지불하지 아니하고 꿈을 성취하기 원하는 사람은 꿈꾸는 사람이 아니라 몽상가에 불과 합니다.

로버트클린턴 교수는 그가 쓴 영적 지도자 만들기에서 하나님이 귀히 쓰셨던 영적 지도자들은 대부분 시련을 통과했다고 합니다.

허드슨테일러는 하나님을 신뢰하는 것을 방해하는 최대의 적은 모든 상황이 내게 불리하게 보이는 듯한 부정적인 생각입니다.

문제와 어려운 상황이 하나님보다 더 크게 보이는 것입니다. 신앙생활 가운데 시험에 드는 사람들의 대부분은 하나님의 은혜보다 문제를 더 크게 보기 때문입니다. 황소가 사람의 말을 듣는 것은 황소의 눈에는 사람이 엄청나게 크게 보인다는 것입니다.

비젼이 있는 사람은 시련과 역경을 두려워해서는 안됩니다.

로키산맥 해발 3000미터 높이에 수목 한계선 지대가 있습니다. 이 지대의 나무들은 매서운 바람으로 인해 곧게 자라지 못하고 "무릎을 꿇고 있는 모습"을 한 채 서 있어야 합니다. 열악한 조건 이지만 생존을 위해 무서운 인내를 발휘합니다. 그런데 세계적으로 가장 공명이 잘되는 명품 바이올린은 바로 이 무릎을 꿇고 있는 나무"로 만들어진다고 합니다. 비젼이 있는 사람도 마찬가지입니다.

때로 찾아오는 매서운 바람 때문에 무릎을 꿇고 기도하다가 가장 아름다운 선율을 내는 사람이 됩니다. 비전을 가진자로 댓가를 지불하는 것은 어쩌면 당연한 하나님의 원리입니다.

비젼 말만들어도 가슴이 벅차오르는 단어입니다. 우리에게 새하늘과 새땅을 허락하시고 생육하고 번성하라, 모든 것을 다 이루신 주님의 말씀을 믿고 멋지게 인생을 살아가는 아름다움이 있다면 당신에게 미래는 현실로 다가올것입니다.

안 희 흥 목사

대한예수교 장로회 **신길제일교회**

✝ 주소 : 서울 영등포구 신길5동 417-88
✝ TEL : 02)841-6493~4
✝ E-mail : ahn0107@hanmir.com

학력 및 신력

- 상지대학 사회사업학과 졸업
- 장신대학원 졸업
- 장로회신학대학원 졸업
- 연합신학대학원 졸업

- 신길제일교회 담임목사
- 신길6동사무소 내 심리치유상담소 대표
- 법무부 보호관찰 전문위원
- 서울특별시교육청 위촉 상담전문위원

고난 중에 기쁨

내 의의 하나님이여 내가 부를 때에 응답하소서 곤란 중에 나를 너그럽게 하셨사오니 나를 긍휼히 여기
사 나의 기도를 들으소서 인생들아 어느 때까지 나의 영광을 변하여 욕되게 하며 허사를 좋아하고 궤휼을
구하겠는고(셀라) 여호와께서 자기를 위하여 경건한 자를 택하신줄 너희가 알지어다 내가 부를 때에 여호와
께서 들으시리로다 너희는 떨며 범죄치 말지어다 자리에 누워 심중에 말하고 잠잠할지어다(셀라) 의의 제사
를 드리고 여호와를 의뢰할지어다 여러 사람의 말이 우리에게 선을 보일 자 누구뇨 하오니 여호와여 주의
얼굴을 들어 우리에게 비춰소서 주께서 내 마음에 두신 기쁨은 저희의 곡식과 새 포도주의 풍성할 때보다
더하니이다 내가 평안히 눕고 자기도 하리니 나를 안전히 거하게 하시는 이는 오직 여호와시니이다

하나님께서 인간을 구원하시려고 예수 그리스도를 이 땅에 보내셔서 십자가를 지심으로 만민을 구원하셨습니다. 그래서 예수 그리스도를 믿는 자는, 또 그를 구주로 영접하는 자는 하나님의 자녀가 되는 권세를 주셨습니다(요 1:12). 우리는 이 "구원의 비밀"을 가지고 있어야 됩니다. 또 하나님의 자녀는 자신의 모든 문제를 예수님 이름으로 기도 할 자격을 주셨습니다(요 14:14,15:15,16:24). 그래서 주님은 우리에게 모범적 기도를 가르쳐 주셨습니다.(주기도문). 그러므로 하나님의 자녀된 우리들은 "기도의 비밀"을 가지고 있어야 되는 것입니다.

다윗은 어릴 때부터 구원의 비밀과 기도의 비밀을 알고 있었기 때문에 여러 가지 조건 속에서 많은 응답을 받았습니다. 우리도 구원이 비밀과 기도의 비밀을 안다면, 어떤 문제도 해결 할 수 있을 것입니다.

다윗의 어린시절, 목동으로 있을 때, 기도의 비밀을 알았기 때문에 굉장한 목동 생활을 했습니다. 그는 목동으로 있을 때 하나님의 인정을 받았고, 하나님은 그를 이스라엘의 왕이 될 계획을 세우셨습니다(시 78편).

또 기도의 비밀이 없으면 들판에 나가 양을 지키는 것은 상당히 힘들고 지루한 일입니다. 그러나 다윗은 기도의 비밀을 알고 있었기 때문에 행복함으로 많은 시를 쓰고 많은 응답을 받을 정도로 축복을 누렸습니다. 구원의 비밀과 기도의 비밀을 알면 어떤 상황에서도 축복을 누리게 될 것입니다.

다윗은 그 두가지 비밀을 모두 알고 있었기 때문에 이스라엘이 골리앗 앞에서 위기에 처했을때 다윗에겐 그것이 큰 문제가 되지 않았습니다. 그는 돌 하나로 골리앗을 쓰러뜨리는 세계적인 역사를 이루었습니다.

그러나 다윗이 실수가 없었던 것은 아니었습니다. 그는 여러 크고 작은 실수를 범했고, 특히 남의 여자를 빼앗기 위해 충신인 우리아 장군을 죽이는 큰 실수도 했습니다. 그러나 다윗은 나단 선지자가 와서 그것에 대해 충고 할 때 그는 진정으로 회개 하였습니다. 다윗은 여러모로 볼 때 기도의 비밀을 가진 사람이 분명하고 구원의 비밀을 가진 사람이 분명합니다.

다윗이 왕궁에 들어가 일을 하던 중에 시기와 질투에 사로잡힌 사울 왕이 다윗을 죽이려 할 때 그는 약 20여년을 쫓겨 다니면서 굉장한 응답을 받았습니다.

만약 다윗에게 구원의 비밀과 기도의 비밀이 없었다면 어떻게 그것을 해 낼 수 있었겠습니까? 그는 마태복음 1:1절에서 보듯이 "아브라함과 다윗의 자손 예수 그리스도의 세계라"라는 예수 그리스도의 조상이 되는 자리에 설수 있었습니다.

여러분이 구원의 비밀과 기도의 비밀을 안다면 모든 상황을 축복으로 바꿀 수 있고, 어떤 환경도 누릴 수 있는 축복의 문이 열리게 될 것이고, 세원이 지나고 나면 큰 응답의 문이 열릴 것입니다.

다윗은 그의 아들 압살롬의 반란으로 생각지도 않은 고난도 받았습니다. 그러나 다윗은 기도의 비밀을 알고 있었기에 염려하지 않았습니다.

그의 백성 시므아가 돌던지며 저주함에도 하나님이 시켜서 하는 것이기 때문이라고 가만히 놔두라고 했습니다.

아히도벨이 반란자 압살롬을 임금이라고 부르면서, 다윗을 없애고자 할 때 후세의 마음 속에 하나님이 역사하셔서 후세 장군이 말렸습니다. 아히도벨은 밀려나면서 자살했습니다. 사울 왕이 다윗을 죽이려 할 때도 사울의 아들 요나단이 그를 도와주었습니다.

그러던 중에 다윗은 하나님께 더욱 열심히 기도 했고 아비셀을 중심으로 많은 충성된 신하들이 다윗을 따르기 시작 했습니다. 다시한번 전쟁이 일어날 때 다윗은 자기 신하들에게 압살롬을 죽이지 말라고 부탁합니다. 그러나 압살롬은 말을 타고 도망가다가 머리가 상수리 나무에 걸려 졸병에게 발각되어 요압 장군에 의해 죽임을 당합니다.

사무엘하 18장 33절에 보면 이 보고를 받은 다윗은 애통하고 있습니다. 그러나 사무엘하 19장에 보면 다윗이 기도했던 대로 승리하고 왕궁으로 돌아옵니다. 오히려 전보다 더 막강한 왕이 되어서 돌아옵니다.

이때 돌 던지고 저주했던 시므이가 다시 나타나서 절을하고 환영하며 다윗을 맞이합니다. 이는 진실로 세상의 모습이 아닐 수 없습니다. 자기 이익을 위해서 조석지변으로 변하는 세상입니다.

그러나 다윗은 모든 것을 포용하고 쓸모 없는데 시간을 낭비하지 않았습니다. 그는 기도의 사람이요, 언약을 가지고 있는 중요한 사람이었습니다.

본문을 보면 다윗이 이런 고난 중에 기도한 내용이 있습니다. 그는 기도의 비밀을 알고 있는 큰 인물입니다.

첫째, 기도의 비밀을 깨닫는 사람이 되어야 합니다.

기도의 비밀을 깨달은 사람은 일하는 시간도, 영적 축복을 받는 시간이요. 잠이 안 오는 시간도 기도의 시간이 되며, 사건이 일어날 때도 하나님의 귀중한 답을 찾아내는 눈이 생깁니다.

하나님이 성경에 이렇게 기록해 놓고 우리에게 응답을 주시려고 성경을 읽도록 만들어 주신 것입니다. 이 언약을 잘 붙잡아야 합니다. 우리는 다윗처럼 귀중한 큰그릇이 되어야 합니다. 기도의 비밀을 아는 축복의 사람이 되어야 합니다. 그래서 주님께서도 모든 역사는 "기도 외에 다른 것으로는 이런 유가 나갈 수 없느니라"(막 9:29)고 하셨습니다. 특별히 "주기도문"을 애 주셨는지를 깨달아야 됩니다.

역사에 승리한 사람들의 특징이 무엇입니까? 모두 기도의 사람입니다. 기도의 비밀을 깨달으십시오.

둘째, 다윗이 왕궁에서 쫓겨나서 큰 어려움을 당하고 있을 때 어떤 한 사람이 찾아왔습니다.

남을 어렵게 하는 사람이 있고, 어려운 사람을 편하게 해주는 사람이 있습니다. 다윗을 도운 그 사람은 바르실래라는 사람인데, 다윗은 그에게 큰 감동을 받았습니다.

다윗은 왕궁으로 돌아와서 자기를 도왔던 바르실래를 불어 소원을 말하라고 하니까 소원은 없고 나라가 잘 되는 것 뿐이라고 했습니다. 다윗은 죽기전 유언할 때 바르실래 가문을 기억하라고 했습니다. 또 시므이 가문도 기억하라고 했습니다.

다윗은 시편 23편에서 "사망의 음침한 골짜기를 다닐 지라도 두려워하지 않겠다"고 말했습니다. 왜냐하면 "주의 지팡이와 막대기가 나를 안위하시기 때문"이라고 했습니다. 주님께서 자기와 함께 하심을 믿었습니다.

다윗은 고난 중에 현악에 맞추어서 노래를 불렀습니다. 자신이 작곡, 작사해서 하나님께 찬양을 드렸습니다. 역시 다윗은 기도의 비밀을 가진 하나님과 함께 하는 여유 있는 믿음의 인물입니다. 그는 어려움을 당할 때도, 위기에 처 할때도, 사울 왕을 죽일 기회가 많았지만 죽이지 않았습니다. 하나님이 기름 부어서 세우셨기 때문입니다. 다윗은 하나님의 시간표를 잘 알고 있었기에 언약을 붙잡고 기도하는 가운데 승리했습니다.

셋째, 여기서 우리는 중대한 것을 깨달아야 합니다.

그것은 바로 성공하는 자들과 실패하는 자들과의 특징입니다.

실패하는 사람들은 원망을 잘하고 감사보다는 불평을 많이 합니다. 그리고 사람만 살피고, 의지하며 현실만 봅니다.

그러나 성공한 자들은 늘 감사가 넘쳤고 고난 중에도 기뻐하고 원망하지 아니하고 잘못한 사람을 불쌍히 여기며 기도하고 모두 용서했습니다.

하나님을 모르는 사람들은 어려움이 오면 원망합니다. 그러나 하나님을 아는 사람은, 기도의 비밀을 알고 있는 사람은, 어려움이 오면 더 큰 응답을 받습니다.

하나님을 모르는 사람은 불치병에 걸리면 낙심하지만, 하나님을 아는 사람은 기도의 비밀을 아는 사람은 더 큰 응답을 받습니다.

요셉은 최고의 응답을 받았습니다. 다니엘도 포로되었지만 시대적인 응답을 받았습니다. 모세도 광야에 숨어살았지만 시대적인 응답을 받았습니다.

그렇기에 우리에게는 어려움이 문제가 아닙니다. 하나님이 왜 다윗에게 그런 고난을 주셨습니까?

그것은, 후대의 왕을 똑바로 세우라는 하나님의 메시지입니다. 그래서 세운 왕이 솔로몬입니다. 미래를 내다본 사람이었습니다. 우리들도 이 시대를 살릴 후대를 세우기 위하여 다윗의 언약을 굳게 붙잡아야 합니다.

다윗은 또한 겸손한 사람이었습니다. 다윗은 왕궁보다 교회가 더 좋다고 했습니다. 하나님의 은혜를 알기에 겸손할 수 있었습니다. 겸손할 때 하나님의 지혜가 옵니다. 어려울 때, 응답이 올 때, 그 사람을 알 수 있습니다. 받은 응답을 겸손히 누리고, 어려움이 올 때 하나님의 축복을 누려야 될 것입니다. 구원의 비밀과 기도의 비밀을 가지고 축복을 누리는 새 은혜가 넘치기를 주님의 이름으로 축원합니다.

대한예수교장로회 신 창 교 회

✤ 주소 : 서울 도봉구 창2동 581-2
✤ 전화 : 02)902-7480, 992-8625

황 원 택 목사

학력 및 신력

● 명지대 영문과 졸업
● 연세대학교 연합신학대학원 졸업
● 총신대학교 신학대학원 졸업
● Acts 및 플러신학대학원 졸업
● Acts 및 플러신학대학원 박사학위 취득

● 총회부흥사회 부회장
● 한국기독교부흥협의회 실무회장

● 대한예수교장로회 함남노회(합동) 노회장 역임
● 대한예수교장로회 총회 고시부장, 교육부장, 서기 역임
● 교경중앙협의회 부회장
● 총신대학교 신학대학원 운영이사
● 기독신문 실행이사
● 한국교회 신문 논설위원
● 신창교회 담임목사

나를 찾으면 만나리라

예레미야 29장 12~14절

너희는 내게 부르짖으며 와서 내게 기도하면 내가 너희를 들을 것이요 너희가 전심으로 나를 찾고 찾으면 나를 만나리라 나 여호와가 말하노라 내가 너희에게 만나지겠고 너희를 포로된 중에서 다시 돌아오게 하되 내가 쫓아 보내었던 열방과 모든 곳에서 모아 사로잡혀 떠나게 하던 본 곳으로 돌아오게 하리라 여호와의 말이니라 하셨느니라

"너희가 마음을 다하여 전심으로 하나님을 찾고 찾으면 만나리라."하신 이 말씀은 예레미야를 통해 유다에게 전하고자 한 국한된 말씀이 아닙니다. 오늘날 전 인류에게 주시는 하나님의 메시지입니다.

1983년 KBS 방송국이 "이산가족 찾기" 프로그램을 방영하여 전세계의 이목을 집중시키고 국민들에게 큰 감동을 주었습니다.

하나님께서는 잃어버린 여러분과 저의 영혼을 찾기 위해서 오늘도 마음 졸이며 우리가 하나님 앞에 진심으로 돌아오기를 기다린다는 사실을 예레미야를 통하여 볼 수 있습니다.

파스칼은 말하기를 "하나님을 만나지 못한 인생은 불쌍한 우주의 고아"라고 했습니다.

오늘날 인류는 땅과 권력과 돈, 그리고 행복과 직장과 향락 등을 찾아나서지만 하나님을 찾지는 않습니다. 하나님을 찾고 만나는 일이 중요함에도 불구하고 하나님을 찾는 일에는 등한히 하고 있습니다.

예레미야는 아나돗의 제사장 힐기야의 아들로서 부족함이 없는 생활을 했으나 하나님 앞에 특별한 부르심을 받고 모든 것을 버리고 민중의 선지자로, 눈물의 선지자로 생애를 끝마쳤습니다.

그는 당시 유다 백성이 하나님 말씀을 떠나고 우상을 섬겨서 유다 나라 전체가 망할 것을 바라보고 예루살렘 거리를 향하여 "예루살렘 성민들아! 너희가 우상을 버리고, 죄악을 버리고, 베옷을 입고, 하나님께 돌아오라. 너희가 만일 회개하지 아니하면 북방의 끓는 가마가 멀지 않아서 남쪽을 향하여 기울어지겠는데 너희가 다 멸망하리라"하고 가슴치며 통곡하여 외쳤습니다.

그러나 예레미야의 말에 청종하는 백성은 없었습니다. 그들은 하나님을 멀리 떠났고 자유분방하게 죄악과 더불어 살다가 어떻게 됐습니까? 주전 586년에 나라가 비참하게 망해 버렸습니다.

포로로 붙들려가 수십 년 동안 하나님 앞에 예배를 드리지 못하고 하나님 앞에 찬송할 기회를 잃어버렸습니다. 그러자 그때서야 가슴을 치며 통곡하고 회개했습니다.

그때 하나님께서 예레미야를 통하여 너희가 진심으로 나를 찾고 찾으면 내가 만나 주겠고, 포로에서 해방시켜 자유를 주겠다고 약속하신 말씀이 오늘 본문의 내용입니다.

예레미야서를 보면 1~33장까지는 유다의 임박한 심판에 대해서 설명하고, 34~44장은 예루살렘이 범죄하여 함락될 것을 말하며 45~51장까지는 모압, 암몬, 애굽, 블레셋이라 할지라도 하나님의 말씀을 떠나면 하나님이 징계할 것을 내용으로 하고 있습니다. 예레미야서를 통하여 우리의 생애 가운데 언제 하나님을 찾아야 되느냐를 오늘 본문 말씀을 통하여 몇 가지 교훈을 얻고자 합니다.

첫째, 젊은 청년 시절에 하나님을 만나야 합니다.

전도서 12장 1절에 솔로몬은 "너는 청년의 때 곧 곤고한 날이 이르기 전, 나는 아무 낙이 없다고 할 해가 가깝기 전에 너의 창조자를 기억하라"고 했습니다.

내이쇼기라는 세계적인 주일학교 전문가는 말하기를 세계적으로 예수 잘 믿는 목사님·장로님·권사님·집사님을 연구해 본 결과, 90%가 주일학교를 잘 다니고 청년 때에 하나님을 만난 사람이고, 나머지 10%만이 나이가 많이 들어서 예수를 믿었다고 했습니다.

출애굽기 33장을 읽어보면 이스라엘의 가장 탁월한 지도자 모세가 임종을 앞두고 수종자 눈의 아들 여호수아에게 기름을 부어 후계자로 삼았다고 하였습니다. 혈기가 왕성한 젊은 지도자를 세운 뜻은 늙은 사람보다 더욱 열정적으로 충성할 수 있기 때문이었습니다.

훗날 바울이 된 사울도 젊은 시절에 부름을 받았습니다. 스데반 집사를 죽일 때 많은 유대인들이 돌을 던지는 가운데 스데반의 옷을 벗겨서 청년 사울 앞에 둘 정도로(행 7:58) 사울은 예수를 핍박하던 자였습니다. 그러나 예수 믿는 자들을 핍박하러 가던 다메섹 도상에서 하나님의 음성을 듣고 27세의 청년 사울이 예수를 믿어 그 이름이 바울로 바뀌어지고 선교사가 되었습니다. 그는 64세로 순교할 때까지 그의 청년의 때에 전 생애를 바쳤습니다.

"청년이 무엇으로 그 행실을 깨끗케 하리이까"(시119:9)

젊은 시절엔 방종하기 쉽습니다. 타락하기 쉽습니다. 세상과 짝하기 쉽습니다. 그래서 하나님 말씀에 따라 삼감으로 그 행실을 깨끗케 해야 한다고 했습니다.

사랑하는 독자 여러분!

창세기 37장에 보면 요셉도 청소년기에 또한 다니엘 1장에 보면 다니엘도 청소년기에 하나님을 열심히 믿었고, 우리나라 김활란 박사도 젊은 시절에 예수를 열심히 믿었습니다.

그러므로 우리는 아무 낙이 없는 많은 나이에 예수 믿는 것도 귀한 일이지만, 청소년기에 믿어야 하나님을 위해서 더 열심히 일할 기회, 봉사할 기회, 충성할 기회가 있습니다.

오늘날 많은 사람들 중에 청년의 때에는 세상과 더불어 죄짓고 타락하고 쾌락을 즐기다가 나이 들어서 믿으면 안 되냐고 하는 이들도 있습니다. 그러나 나이가 들어서 믿을 기회가 있는지는 아무도 알 수가 없습니다. 왜냐하면 사람의 죽음은 나이 순서대로 죽는 것이 아니기 때문입니다.

오늘 여러분은 기회 있을 때, 힘이 있을 때, 능력 있을 때, 하나님을 만나시기를 주님의 이름으로 축원합니다.

둘째, 곤고와 실패 가운데 하나님을 만나야 합니다.

야고보서 5장에서 야고보 사도는 말하기를 "너희 중에 고난당하는 자가 있느냐 저는 기도할 것이요"(약 5:13)라고 했습니다. 이것은 너희 중에 실패하고 곤고한 자가 있으면 하나님을 찾을 것이요. 그러면 하나님께서 곤고에서 건져 주시리라는 말씀입니다. 열왕기하 18장에 보면 히스기야는 우상을 제거하고 안식일을 지키며 하나님 앞에 종교개혁을 단행하고 신당과 우상을 깨뜨리는 등 믿음이 좋은 훌륭한 왕이었습니다.

그런데 하나님 앞에 시험을 받아 앗수르의 산헤립 왕이 18만 5천의 군대를 이끌고 쳐들어와 북쪽 이스라엘을 점령하고 그 여세를 몰아서 남쪽 유다의 성읍들을 겹겹이 포위했습니다. 이때 히스기야 왕은 애굽의 도움을 청했습니다.

그러나 도로 차단으로 양식이 끊겨 유다 백성이 굶어 죽게 되었습니다. 히스기야 왕은 더 이상 어쩔 수 없는 상황에서 성전에 올라가 간절히 기도를 드렸습니다. 하나님이 히스기야의 기도를 들으시고 사자를 보내 앗수르의 18만 5천 군사를 일시에 쳐부수고 수많은 전리품도 얻게 해주셨습니다.

인생을 살다가 실패할 때가 있습니다. 인생을 살다가 곤고할 때 사람을 찾아가면 오히려 멸시당합니다. 하지만 하나님은 치료해 주시고 위로해 주시는 하나님이십니다. 그러므로 하나님은 실패 중에 곤고할 때 만나야 합니다.

누가복음 15장에서 탕자는 아버지를 떠나 그 많은 재산을 창기와 더불어 없애고 굶어 죽게 되었을 때 그 많던 친구들은 다 떠나버렸습니다. 먹을 것이 없어 굶어 죽게 된 탕자는 돼지가 먹고 남은 찌꺼기를 먹다 크게 깨닫고 아버지의 집 머슴으로라도 좋으니 밥만 먹을 수 있다면 좋겠다고 생각하며 아버지 집으로 돌아왔습니다.

아버지는 아들이 집을 나간 다음부터 대문을 열어 놓고 아들을 기다리다가 곤고한 몸으로 돌아오는 아들에게 과거의 잘못을 묻지 않고 그를 용서해 주었습니다. 아버지는 아들에게 새 옷을 입히고 목욕을 시키며 가락지를 끼우고 잔치를 열었습니다.

사랑하는 독자 여러분!

험한 세상에서 지치고 실패하고 곤고할 때 하나님께 나아옴으로써 우리를 만나 주시고, 위로해 주시고, 도와 주시는 하나님을 만나시기를 주님의 이름으로 축원합니다.

셋째, 은혜주실 때 하나님을 만나야 합니다.

기독교 200년의 역사를 자세리 살펴보면 300년 동안은 하나님께서 은혜를 주셨습니다. 주후 300~400년까지는 하나님께서 은혜를 주셔서 교회가 왕성하였지만 그후 약 1100년까지는 하나님께서 은혜를 주시지 않아 중세교회가 타락하고 생명이 끊어졌습니다.

북한에도 많은 교회는 있지만 김일성을 먼저 우상으로 섬기고 그 다음에 하나님을 섬기는 형식적인 교회가 많고, 중국에도 문화혁명 이후 기독교 문이 열려 천만명 신자는 있지만 목사님이 없어서 한국 목사님들이 가면 세례 받기를 원한다고 합니다.

고린도후서에서 바울은 "보라, 지금은 은혜 받을 만한 때라.", "하나님의 은혜를 헛되이 받지 말라"(고후 6:1)라고 했습니다.

여러분! 한국 교회에 하나님이 주신 은혜가 얼마나 큽니까? 이러한 은혜를 주실 때 받아야 합니다.

말라기서를 읽어 보면 예수께서 유대인이 범죄해도 오히려 선지자를 통하여 하나님의 음성을 듣게 했는데 말라기 이후 400년 동안 하나님의 소리가 들리지 않았습니다. 하나님의 음성이 들리지 않아 고통스러워하던 유대인들에게 하나님은 세례 요한을 보내 주셨습니다.

그는 광야에 나타나 "회개하라 천국이 가까웠느니라"라고 외쳤습니다. 유대인들이 이때 세례 요한을 구약에 주시기로 약속한 메시아인 줄로 착각하게 되자 세례 요한이 말하기를 "나는 예수님이 아니고 내 뒤에 예수님이 오시는데 나는 그의 신 끈을 풀기도 감당치 못한다"라고 말했습니다.

사랑하는 독자 여러분!

오늘날 우리나라에 하나님께서 은혜의 단비를 쏟아 부어 주시고 있습니다. 그러므로 이때 은혜를 받아야 합니다.

우리가 세상을 살다보면 하나님께서 은혜 주실 때가 있습니다. 은혜 주실 때 바로 받아야 신앙생활을 바로 할 수가 있습니다. 그 은혜를 늘 주실 것이라고 생각하고 내일로 미룬다면 그 인생은 실패하고 말 것입니다.

오늘 여러분과 저에게 은혜 주실 이 기회에 오늘 이와 같이 신앙생활 하기 좋을 때 하나님을 만나야 합니다.

그 하나님을 만나면 어떤 복을 주실까요?

① 영생을 얻습니다.

요한복음 4장에 나오는 수가 성 여인은 다섯 번이나 결혼에 실패하였지만 예수님을 만나 영생을 얻고 전도자가 되었습니다. 이처럼 오늘 우리도 예수님을 만나면 영생을 얻고 구원을 받습니다.

② 인생 문제를 해결해 주십니다.

야곱은 아버지와 형을 속이고 상속권을 가로채 밧단 아람으로 갔다가 20년 만에 큰 부자가 되어 돌아왔습니다. 그러나 20년 전의 원한이 풀리지 않아 형 에서는 400명의 군대를 이끌고 나와 죽이려 했습니다.

야곱은 에서에게 선물을 보내고 아내와 자식을 먼저 보내어 형의 마음을 달래고자 했습니다. 그래도 형의 마음은 풀리지 않았습니다. 그래서 야곱이 얍복강 나루터에서 기도했습니다. 이때 하나님께서 천사를 통하여 야곱의 이름을 이스라엘로 바꾸어 주시고 에서의 마음에 화평을 주시가 다시금 이들 형제는 화목케 되는 역사가 일어났습니다.(창 32장)

사랑하는 독자 여러분!

하나님을 만나면 여러분의 건강 문제, 물질 문제, 자녀 문제, 가정 문제가 다 해결될 것을 믿으시기를 바랍니다.

③ 인생을 책임져 주십니다.

"네가 여호와의 말씀을 주야로 묵상하고 율법을 다 지키면 하나님이 어디로 가든지 형통하게 하리라"(수 1:8)하신 말씀처럼 하나님의 말씀대로 살고 순종하여 형통한 삶을 이루시기를 축원합니다.

④ 길을 평탄케 하십니다.

⑤ 하나님이 우리와 함께 하십니다.

사랑하는 독자 여러분!

이 세상은 때로는 실패하고, 낙심되고, 곤고합니다. 하지만 그럴 때에 하나님께 나아오면 하나님께서는 우리 인생의 모든 문제를 다 해결해 주십니다.

영생과 우리 인생을 책임져 주시는 주님에게 마음을 다하고 뜻을 다하여 찾음으로써 주님의 복 주심이 여러분과 저에게 임하시기를 주님의 이름으로 축원합니다.

이 정 익 목사

기독교대한
성결교회 **신 촌 교 회**

☩ 주소 : 서울시 마포구 노고산동 49-45
☩ TEL : 3142-6081~9
☩ http://www.eshinchon.org

학력 및 신력

- 서울신학대학
- 고려대학교 대학원
- 아세아연합신학 대학원
- 연세대학교 언론대학원

- 서울신학대학교 겸직교수
- 신촌성결교회 담임목사

야베스의 기도

역대상 4장 9~10절

야베스는 그의 형제보다 귀중한 자라 그의 어머니가 이름하여 이르시되 야베스라 하였으니 이는 내가 수고로이 낳았다 함이였더라.

본문에 야베스라는 사람이 등장합니다. 이 야베스는 미국의 브루스 윌킨스가 "야베스의 기도"라는 책을 쓴 이후로 아주 유명해졌습니다. 이 야베스에 대해서 성경은 아주 짧막하게 유다 자손임을 간단하게 소개하고 있습니다.

단 두절 뿐입니다. 그래서 이 야베스가 어떤 사람인지 구체적으로 자세하게 알 수가 없습니다. 그리고 알 수 있는 것은 그의 이름과 그의 어머니의 증언을 통해서 야베스는 태어날 때 아주 고통스럽게 낳았다는 것만 알 수 있습니다. 야베스라는 뜻은 고통, 슬픔이라는 뜻입니다. 그 어머니가 야베스를 낳을 때 난산해서 죽을 뻔하며 낳았습니다. 그래서 그 이름을 고통이라는 뜻으로 야베스라고 지었다고 했습니다.

옛날에는 이름을 지을 때 의미나 뜻을 부여해서 지었습니다. 딸을 많이 낳는 집에서는 이제 딸은 그만 낳으라는 뜻에서 말순이, 끝순이라는 이름을 지었습니다. 어느 돈에 집착하는 아버지는 아들을 낳아놓고 이름을 "돈"이라고 지은 아버지도 있었습니다. 이스라엘 사람들은 이름을 지을 때 뜻을 부여해서 짓습니다. 성경을 보면 대부분 그렇게 나타납니다.

예를 들면 아브라함은 원래 이름은 아브람이었습니다. 그런데 후에 하나님은 아브라함이라고 고쳐서 지어주셨습니다. 아브람은 그냥 "아버지"인데 "아브라함"은 "많은 사람들의 아버지" "열국의 아버지"라는 뜻입니다. 하나님이 이 장차 아브라함을 사용하시는데 개인적인 차원에서 사용하시는 것이 아니고 민족의 아버지로 사용하시려고 그의 이름을 개인적 차원에서 공적차원의 이름으로 고쳐주십니다.

또 그 아내 사라의 경우도 마찬가지입니다. 원래 이름은 사래였습니다. "여자"라는 뜻입니다. 그런데 하나님은 사래도 "사라"라고 고쳐 주셨습니다. "많은 사람의 여주인"이라는 뜻입니다. 거기에도 공적인 뜻이 부여된 이름입니다.

또 야곱도 마찬가지입니다. "야곱"은 "발꿈치를 잡다"는 뜻입니다. 야곱은 태어날 때먼저 나오는 형의 발꿈치를 잡고 나왔다 해서 붙여진 이름입니다.

그런데 후에 하나님은 그의 이름도 고쳐 주십니다. "발꿈치를 잡다"라는 명예스럽지 못한 이름에서 "이스라엘"이라는 이름으로 개명하십니다. "하나님과 겨룬자"라는 뜻입니다.

그러니까 하나님은 이 야곱을 민족을 위해서 사용하실 계획을 가지고 계셨던 것입니다. 그래서 적어도 민족적인 인물이 되기 위해서는 사기꾼이라는 뜻의 야곱이라는 이름으로는 않된다고 보신 것입니다. 그래서 이름을 바꾸어 주셨습니다. 이름은 이렇게 중요한 뜻을 가지고 있습니다.

여기 야베스도 마찬가지입니다. 야베스라는 이름은 고통, 아품, 슬픔이라는 뜻입니다. 그의 어머니가 그를 낳을 때 아주 고통스럽게 낳았다 해서 그 이름을 고통이라는 뜻으로 야베스라고 이름을 지은 것입니다. 그런데 야베스가 태어날 때 뿐 아니고 그가 자랄 때도 아주 고통스런 환경에서 자랐습니다. 그 말은 아주 보잘 것 없는 사람으로 자랐다는 말입니다. 아주 초라하게 자랐다는 말입니다. 야베스는 그 많은 백성들 중에서 가장 빈약하고 초라하고 가난하게 자랐습니다.

그런데 성경을 보면 후에 야베스는 크게 성공한 사람으로 나타납니다. 그래서 성경을 보면 야베스는 "그 형제들 보다 귀한자"라고 했습니다. 이 야베스가 후에 크게 성공했다는 말입니다.

그 말은 야베스는 자신의 운명을 스스로 개척해서 마침내 성공했다는 말입니다. 그래서 이 야베스는 오늘 성공을 바라는 현대인들의 모델이 될 수 있습니다. 그는 아주 열악한 환경에서 스스로 미래를 개척해서 드디어 크게 성공한 사람입니다.

그러면 야베스는 어떻게 해서 그렇게 성공했습니까?

야베스에게는 몇가지 특징이 있습니다. 금년 한해를 살아가면서 이 특징을 기억하고 명심하시기 바랍니다.

기 대

10절을 보면 야베스가 이렇게 기도합니다. "야베스가 이스라엘 하나님께 기도하기를 주께서 내게 복을 주시려거든 나의 지역을 넓혀 주십시요"하고 기도했습니다.

여러분, 이것이 기대이고 희망이고 비젼입니다. 현재 환경은 고통스럽고 불만족스럽고 어려움이 있고 초라하고 빈약하지만 그런데 야베스는 그런 환경을 보지 않고 미래를 보고 먼 훗날을 보고 장차의 시간을 내다 보았습니다.

그리고 하나님께 기도했습니다. "내게 복을 주시려거든 내 지역을 넓혀 주십시오".

사람은 이같은 미래에 대한 꿈과 계획과 기대가 있어야 합니다. 이같은 생각이나 마음 그리고 기대와 뜻이 있으면 기도하게 됩니다. 그래서 사람은 미래를 위해서 이런 기대나 꿈이나 소망을 가지는 것이 무엇보다 중요합니다. 그러면 반드시 기도하게 됩니다.

킬케골이라는 철학자는 사람으로 하여금 "죽음에 이르게 하는 병"은 다름 아닌 "절망"이라고 했습니다. 절망은 비젼이 없는 삶이고 기대도 꿈도 희망도 없는 삶을 말합니다. 사람에게 이같은 기대나 비젼이 없으면 희망도 없게 됩니다. 그래서 사람들이 때로 삶을 포기하기도 하는 것입니다.

두 아이를 강에 내다 버린 아버지가 있습니다. 그의 마음을 열어보면 분명 그 마음속에는 절망으로 가득차 있었을 것입니다. 그 마음 어디에도 희망의 싹이라고는 없었을 것입니다. 그러니까 자신의 아이들을 강에 던져 버렸을 것입니다.

또 근래에 와서 자살자들이 얼마나 많습니까?

지난해에는 1만 3천명이나 스스로 목숨을 끊어 삶을 포기했습니다. 그들은 하나같이 어딜 봐도 희망이 없으니까 에라 모르겠다 하고 약을 먹고 불을 질러 죽고 철길에 떨어져 죽고 아파트에서 떨어져 죽었을 것입니다. 이 무소망이 문제입니다. 절망이 문제입니다.

내년은 경제가 더 어렵다고 하는데 많은 사람들이 지금 지레 겁을 먹고 있습니다. 그러니까 새해가 되었는데도 별로 반가운 것이 없는 것입니다.

사람에게는 이 기대와 믿음과 소망과 비젼을 가지고 살아가는 것이 중요합니다. 사람은 미래를 생각하며 살아가는 존재이기 때문입니다.

야베스는 꿈과 기대와 소망과 비젼이 있었습니다. 그래서 기도했습니다. "내게 복을 주시려면 내 지역을 넓혀 주십시요." 이 꿈이 있으면 현재 상황이 아무리 어려워도 모두 극복할 수가 있습니다.

그래서 사람들이 살아가는데는 반드시 이 희망과 꿈과 비젼과 기대와 소망이 있어야 합니다. 야베스에게는 이 희망이 있었습니다. 그래서 결국 야베스는 그 꿈을 이루어 형제들 가운데서 가장 유력한 자가 되었다고 했습니다.

여러분은 이런 꿈과 기대와 비젼이 있습니까. 씨를 심으면 반드시 싹이 나듯이 기대가 있는 사람은 반드시 뜻을 이루게 되어 있습니다. 이런 꿈과 기대를 가지고 살아가는 것이 중요합니다.

기 도

10절을 보면 "야베스가 이스라엘 하나님께 아뢰어 이르되 .. 주의 손으로 나를 도우사 나로 환난을 벗어나 내게 근심이 없게 하옵소서"하고 기도했다고 했습니다.

지금 야베스가 처한 환경은 어려움과 고난과 힘든 환경이었습니다. 환경이 어려우면 살아가기가 참 힘듭니다. 배고픔의 고난, 열악한 환경에서 자랄 때의 아픔, 추위, 더위는 상당히 무섭습니다.

여러분, 자랄 때 방학이 얼마나 반가웠습니까?

여름방학, 겨울방학 얼마나 신나게 기다려 집니까?

그런데 오늘 가난한 아이들은 방학이 두렵습니다. 방학이 되면 학교에서 먹던 점심을 굶어야 하기 때문입니다.

가난은 그렇게 아픈 것입니다. 오늘 고시원, 하숙집, 셋방으로 전전하면서 살아가는 기댈 곳 없는 젊은이들은 남들의 평안함을 보게 되면 자신의 모습은 더욱 초라하게 보일 수 밖에 없습니다. 그 삶에는 먼 훗날이 잘 안보입니다. 오늘 현재가 너무 힘겹기 때문입니다. 그래서 낙심하게 되고 도중에서 삶을 포기하는 경우가 발생하는 것입니다.

그런데 야베스는 참 대견합니다. 그가 처한 환경은 열악하고 가난하고 고통스럽고 낙심의 요소들만 있었습니다. 그러나 그에게는 꿈이 있었고 기대가 있었습니다.

그래서 야베스는 그때 하나님께 기도했습니다. "내게 복을 주시려거든 나를 도우사 환난을 벗어나 내게 근심이 없게 하소서."야베스는 환경을 탓하지 않고 꿈을 이루려고 기도했습니다.

사랑하는 독자 여러분, 우리 신앙인에게는 이런 기도하는 복이 주어져 있습니다. 이것은 생각해 보면 참으로 굉장한 복입니다. 고아의 아버지라고 일컫는 조지 뮬러는 고아를 양육하다가 먹을 것이 떨어지면 얻으려 가지 않고 기도굴로 들어갔다고 합니다.

돌아다니며 먹을 것을 교섭하고 보조청원을 해야 하는데 그는 기도굴로 들어갔습니다. 기도하고 나오면 먹을 것을 실은 마차가 왔다는 것입니다.

어느 건축가의 아내는 남편이 집을 짓는데 지어 놓은 집이 팔리지 않으면 남편은 아내에게 빨리 산에 갔다 오라고 안달했습니다. 그러면 아내는 짐을 싸들고 산으로 가서 기도했습니다. "집이 팔리게 하옵소서. 이 집이 팔려야 선교지에 보내던 선교비를 제때 보낼 수 있습니다. 팔리지 않으면 선교지에 보낼 돈이 없습니다. 그러면 모두 굶습니다." 그렇게 기도하고 내려오면 집이 팔렸다고 합니다.

그 기도에 명분이 있지 않습니까? 그렇다고 매사 선교비 보낸다고 거짓말하고 기도하면 안됩니다.

다윗은 어려울 때 마다 하나님께 기도했습니다. 기쁠 때 하나님께 기도했고 감사할 때 하나님께 기도했습니다. 예수님도 가장 힘들 때 산으로 가서 기도하였습니다. 십자가 지기 전날 밤에도 산에 올라가 밤새 철야기도를 했습니다. 공생애를 시작하던 때도 먼저 산으로 올라가 40일 금식기도하고 사역을 시작하였습니다.

그리스도인들이 이렇게 기도할 수 있다는 것은 복이고 은혜이고 특권입니다. 어떤 때는 답답할 때 골방에 들어가 조용히 기도하고 싶을 때가 있습니다. 그때 조용히 들려오는 하나님의 격려의 음성을 들을 수 있습니다.

그런가 하면 어떤 때는 조용히 기도해서는 시원찮을 때가 있습니다. 그 때는 산에 가서 부르짖어 기도해야 합니다. 소리를 높여서 주여, 여호와여, 아버지여 하고 기도하면 마음이 시원해집니다. 자신감이 생겨납니다. 확신도 주어집니다. 우리들이 그렇게 하나님께 소리를 높여 기도할 수 있다는 것도 복입니다.

우리들이 어디 가서 누굴 붙잡고 그렇게 부르짖을 수 있습니까? 성경은 "네 입을 크게 열라"고 했습니다. 그 말은 부르짖으면 응답하겠다는 메시지입니다.

야베스는 그 어려운 환경에서 하나님께 기도했습니다. "내게 복을 주시려거든 주의 손으로 나를 도우사 나로 환난을 벗어나 내게 근심이 없게 하옵소서." 야베스가 그 상황에서 기도할 때 조용 조용히 기도했겠습니까? 아마 그는 큰소리로 부르짖어 기도했을 것입니다.

어느 시부모가 며느리 자랑을 했습니다. 아들 집에 가느라 미국엘 갔습니다. 며느리가 참 잘하더라고 합니다. 방문을 마치고 오는데 며느리가 편지 한통을 주면서 비행기 안에서 보라고 하더라고 합니다.

그래서 비행기를 타고 편지를 뜯어 보니까 그렇게 써 있더라고 합니다. "저는 부모님을 만나게 된 것을 하나님께 감사드립니다. 이번 저희들을 찾아주셔서 저희들에게는 상당한 용기가 되었습니다. 부모님을 만나게 해 주신 하나님께 감사드립니다.”하고 써 있습니다.

그 며느리가 얼마나 사랑스러웠겠습니까?

그 며느리가 결혼전에 결혼을 위해서 상당기간동안 기도했다고 합니다. 기도 내용은 세가지입니다. 첫째는 권사 시어머니가 아닌 집사 시어머니를 만나게 해 주시고, 둘째는 가슴이 넓은 남편을 만나게 해 주시고, 세 번째는 가능하면 미국에 가서 살게 해 주십시오”하고 기도 했다는 것입니다.

그런데 그 기도내용이 그대로 이루진 것입니다. 그러니 얼마나 그 마음이 만족했겠습니까?

사랑하는 독자 여러분, 우리 신앙인에게 이렇게 기도할 수 있다는 것이 복이고 은혜입니다. 그래서 야베스는 지금 처한 환경을 원망하고 탓하지 않고 기도했습니다. “내게 복을 주시려거든 근심에서 벗어나 평안하게 해 주십시오.” 이것이 희망과 꿈과 비젼의 근거이고 소망입니다.

이것이 있는 사람은 오늘 살아가는데 문제가 없습니다. 다 이길 수가 있습니다. 장래를 바라보며 비젼이 있고 꿈이 있고 기대가 있는 사람은 기도하게 됩니다. 여러분분의 가슴에, 입술에 이 기도가 있기를 기원합니다.

응 답

야베스의 기도는 마침내 응답을 받습니다. 9절을 보면 “야베스는 그의 형제들보다 귀중한 자라”고 했습니다. 10절을 보면 “하나님이 그가 구하는 것을 허락하셨더라”고 했습니다. 그 말은 하나님이 그로 하여금 응답하셔서 만족하게 하셨다는 말입니다. 뜻과 기대를 이루었다는 말입니다. 그래서 마침내 야베스는 아주 초라하던 자리에서 일어나 그의 형제들 가운데서 가장 귀중한 자가 되었다고 했습니다.

여러분, 우리 신앙인은 무엇보다도 이 응답받는 복을 받아야 합니다. 이사야는 웃시야 왕이 죽던 해 나라를 걱정하면서 성전에서 뜨겁게 기도를 합니다. “이 백성을 기억하소서” 그때 환상속에서 하늘 문이 열립니다. 그리고 하늘 보좌가 나타납니다. 그 보좌에서 시작된 하나님의 옷

자락이 자신이 앉아있는 성전지붕을 덮은 것을 보았습니다.

무슨 뜻입니까? 그 뜻은 "걱정하지 마라, 내가 이렇게 지키고 있다" 그 말입니다. 그것이 응답의 생활입니다. 기도생활에는 이런 응답받는 생활이 주어져야 합니다.

성경에 보면 한나라는 여인이 나옵니다. 이 여인은 아이가 없었습니다. 그래서 날마다 성전에 나가 "나에게 아들을 주세요, 주시면 나실인으로 바치겠습니다"하고 기도했습니다.

여기 나실인이라는 말은 하나님께 바쳐진 사람이라는 뜻입니다. 나실인이 되면 평생 독주를 마시면 안되고 몸에 병들어도 약을 먹어서도 안됩니다. 그리고 죽은 시체를 보거나 만져도 안됩니다. 그 말은 어머니가 죽어도 갈 수가 없다는 말입니다. 한나는 그래도 내 몸으로 아이를 낳게 해 달라고 기도합니다.

저는 세상에서 가장 절실하고 간절한 기도는 아이없는 부인이 아이를 달라고 기도하는 기도라고 생각합니다. 그 기도가 얼마나 간절하고 절실하겠습니까? 한나가 얼마나 간절하게 기도했으면 음성도 없이 얼굴이 벌겋게 달아오른 상태로 기도했겠습니까? 그러니까 엘리 제사장이 그 모습을 보고 오늘도 술취했구나 하고 제발 술을 끊으라고 큰소리로 책망을 했을 정도입니다.

그때 한나의 심정을 이해한 엘리가 이렇게 말합니다. "평안히 가라 이스라엘의 하나님이 네가 기도하여 구한 것을 허락하시기를 원하노라"(17). 그리고 나서 얼마 있다가 아들 사무엘을 낳지 않습니까? 그것이 응답의 생활입니다.

우리 신앙인에게는 이 야베스 처럼 분명한 꿈과 기대가 있어야 합니다. 환경을 탓하고 원망하고 현실만 바라보면 가지고 있던 꿈도 상실되기 쉽습니다. 현실만 보면 그 어디에도 희망은 보이지 않습니다. 그래서 꿈을 갖는 것이 중요합니다. 그리고 기도가 있어야 합니다. 꿈은 저절로 이루어지는 것이 아닙니다. 그래서 기대와 꿈을 갖고 그것을 이루기 위한 기도가 있어야 합니다.

또 모든 기도에는 하나님이 이루어 주시는 응답의 복을 받아야 합니다. 그래서 성경은 "구하라, 찾으라, 두드리라"고 했습니다. 그러면 응

답해 주시겠다고 약속했습니다. 이렇게 응답받고 꿈을 이루고 성취하며
살아가는 축복의 삶이 되시기를 기원합니다.

기독교대한
하나님의성회 **아브라함순복음교회**

✢ 주소 : 서울시 송파구 삼전동 40-14 현대아트빌라
✢ TEL : (02)412-8226

이 병 남 목사

학력 및 신력

- 감리교 신학대학교 졸업
- 감리교 신학대학교 신학대학원 수료
- 연세대학교 연합신학대학원
  기독교윤리 석사
- 미국 샌잭신론 S.B.T. 신학대학교
  철학박사 취득
- 박사학위 등록(제1997~0465호)
  교육부산하 학술진흥 재단

- 여의도순복음교회 교육연구소 시무
- 여의도순복음교회 서초교구장 시무
- 선교사파송, 호주시드니 순복음교회 시무
- 선교사파송, 오크랜, 뉴질랜드 연합교회 시무
- 한국예술신학교 기독교윤리, 초대교회배경사 강의
- 총회신학대학교 고고학,구약학,신약학,전도학 강의
- (현)침례교대학원대학교 구약학교수
- (현)아브라함 순복음교회 목사

구약성경개론의 5개 고찰

하나님이 노아와 그와 함께한 아들들에게 일러 가라사대 내가 내 언약을 너희와 너희 후손과 너희와 함께한 모든 생물 곧 너희와 함께한 새와 육축과 땅의 모든 생물에게 세우리니 방주에서 나온 모든것 곧 땅의 모든 짐승에게니라 내가 너희와 언약을 세우리니 다시는 모든 생물을 홍수로 멸하지 아니할 것이라 땅을 침몰할 홍수가 다시 있지 아니하리라 하나님이 가라사대 내가 나와 너희와 및 너희와 함께하는 모든 생물 사이에 영세까지 세우는 언약의 증거는 이것이라 내가 내 무지개를 구름 속에 두었나니 이것이 나의 세상과의 언약의 증거니라 내가 구름으로 땅을 덮을 때에 무지개가 구름 속에 나타나면 내가 나와 너희와 및 혈기 있는 모든 생물 사이의 내 언약을 기억하리니 다시는 물이 모든 혈기 있는 자를 멸하는 홍수가 되지 아니할찌라 무지개가 구름 사이에 있으리니 내가 보고 나 하나님과 땅의 무릇 혈기 있는 모든 생물 사이에 된 영원한 언약을 기억하리라 하나님이 노아에게 또 이르시되 내가 나와 땅에 있는 모든 생물 사이에 세운 언약의 증거가 이것이라 하셨더라 방주에서 나온 노아의 아들들은 셈과 함과 야벳이며 함은 가나안의 아비라 노아의 이 세 아들로 좇아 백성이 온 땅에 퍼지니라

인간들에게 보이시기를 기뻐하시는 하나님께서는 자신을 계시하시기로 구약에서 영감(Inspiration)으로 사람을 택하시고 그를 선지자로 혹은 예언자(Navi)로 쓰시기로 그들을 인용하여 하나님께서 인간에게 베푸시는 사랑의 편지를 기록토록 하셨습니다.

계시([Apocalypse] 희랍어에서 번역한 용어이며, 라틴어로 [Revelaio], 독일어로 [Offenhasung], 불어로 [Evelation], 영어로 [Revelation]입니다. 희랍어에서 번역한 용어들이며 문자적으로는 "뚜껑을 열다. 벗기다. 밝힘(계1:1). 벌거벗기다"를 의미합니다. 신학자들은 계시된 것에 관하여 의견을 달리하고 있지만 계시의 근본적인 의미는 변함이 없습니다.

이렇게 생각할 때 계시가 전제 조건으로 하는 것은

① 어떤 사람 혹은 어떤 것이 감추어져 있다.

② 이러한 사람이나 물건은 발견되지 않았으나 노출되고 있다.

계시는

① 초자연적 진리를 나타내는 계시

② 하나님께서 자기 뜻을 인간에게 상징적으로 나타내시는 영광된 큰 사랑입니다.

이 계시의 사랑의 편지가 성경인데, 어떤 시대엔 동물의 껍질 가죽(양피)에 기록하시고, 토판에, 또는 파피루스와 갈대 숲에도 기록시켜 인간에게 조명(Hlumination)시키셨습니다. 구약에서의 이 조명은 신약엔 성령을 말합니다. 다시 말해 성령을 받아야만 하나님이 인간에게 밝히신 사랑의 서한을 확실히 알고 전달 할 수 있습니다. 그런 구약은 다섯 가지로 구분 분류합니다.

첫째, 원역사-原歷史 [Primal (original) History]

(창세기 1:1로 11:32)에 나오는 인간이 하나님 앞에 불순종함으로 인한 "노아 홍수"의 물심판(B.C 3500~3000), (창세기 1:27, 2:7) 하나님이 사람을 흙으로 지으시고 그 코에 생기, 생령, 오늘날 성령을 부으시니 생령이 되어 움직여 활동시키셨는데 그 옛날 구약시대에 Jehovah 성부 하나님이 베일에 숨어 인간 눈에 안보이셨으나, 신약에는 같은 동일하신 성자 하나님이 육신을 입고 지상에 강림하시어 12제자를 훈련시키시고 인류 구원을 위하여, 십자가에서 죽으시고 부활 하시어 500인에게 보이시고(고전 15:6) 예루살렘에서 두려워 숨어 있는 제자들에게 나타나사 숨을 내쉬며(창 2:7에 바람) 히[Ruach], 헬[Punuma], 라[Spiritus Sanctus], 독[Heiliges Geist], 영[Holy spirit] 하시는 그 하나님이 성령을 받아라(요 20:22)하시고, 똑같은 행동으로 바람을 내부셨습니다.

성경을 설명할때는 먼저 꼭 성삼위 하나님의 해석이 선행되야 합니다. 성령 하나님은 성부 하나님과 성자 하나님의 이름으로 보내신 성령,

보혜사를 보내십니다. 중생을 성자 하나님을 통해 새 생명을 얻게 하시는 성령 하나님의 최초의 시작이십니다.(창 4:1-17)

Cain, Abel의 형제의 살인극을 보신 하나님은 격노하여 인간 지으심을 한탄하사 진노하시고 물로서 싹쓰리 심판을 결심하십니다.

40일간 장대비를 내리사 150일간 물이 빠질 때 노아의 방주만 살게 하셨습니다.(창 9:13~16) 그리고 다시는 인간 심판을 않으시기로 약속하시고, 그 언약의 징표로 무지개를 보이사 확정하셨습니다.(창 6:5~7) 노아는 아담의 9대손 이며 하나님의 언약성취로 인간의 후손을 등단케 하셨습니다.

둘째, 족장사-族長史[Tribal History](B.C 2000~600)

창세기 12:1으로부터 50:26에서 하나님께서는(창 12:1~5), 75세의 아브람을 갈대우르의 부친 데라의 집을 떠나라 명하시니, 아브라함이 조카 롯과 많은 목축을 이끌고 가나안으로 향하는 중 하란에서 만물이 타는 것을 보고는 애굽으로 향하였습니다. 아브람의 부친은 데라요, 조부는 나훔이요, 10대 중조부가 노아입니다.

하나님께서(창 15:13~21) "너 아브람은 정영히 알라 400년 후 4대만에 너희의 후손이 이방 나라의 종(從)이 되어 돌아올 것이다. 그 곳에는 죄악이 관용한 곳인데 그 곳 가나안 지역에는 10개의 거인들이 살고 있다.

그들은 다른 신을 섬기는 자들이니, 너희는 그들을 진멸해야만 주인이 되리라." 그래서 출애굽시에 하나님은 40년간 광야에서 전쟁 훈련을 시키셨습니다.(창 15:17) 그리고 아브람 후손들에게 축복을 주셨습니다.

그 언약의 징표로(창 17:13b) 8일만에 할례를 실시하라 하셨습니다. 그 언약의 성취로는 아브라함 100세, 사라 90세에 이삭을 언약의 자손으로 주고(창 21:3), 이삭이 40세에 리브가와 결혼해서, 야곱을 주셨습니다.

아브라함은 순종의 훈련을 마치고(창 22:14) 이방인에 복의 근원으로 삼으셨으며, 야곱을 20년 동안 꺾어 쓰시고, 요셉은 13년 동안 순종으로 꺾어 쓰셨습니다. 좋으신 하나님께서 인간을 순종으로 꺾어 쓰십니다. 종국엔(히 5:8) 아들 예수 그리스도까지도 순종으로 꺾어 쓰셨습니다. 인간은 하나님 앞에 꺾어져야 쓰십니다.

셋째, 정복사-征服史[ubdue History](B.C 1600~1500, 출애굽기 1:1에서 사사기 21:25)

물에서 건진 모세를 통해 이스라엘 민족을 애굽인에게서 해방시키시는 역사적인 큰 일을 행하셨습니다.

나의 백성을 내 놓아라 하신 하나님은 그 첫 언약으로(출 19:24) 십계명 선포, 둘째 언약으로(출 32:19) 나무 십계명 반포, 호렙산 중에서 하나님을 반역한 3000명을 레위 자손이 칼로 죽임(출 32:28), 언약의 징표로 안식일(출 31:17)을 주시며 이 안식일은 하나님이 6일간 일하시고 제 7일에 쉬셨음을 뜻합니다. 안식일에 일하는 자는 반드시 죽일지라 하셨습니다. 하나님의 언약을 성취하심은 모세와 아론을 바로 왕에게 보내사 "내 백성이 광야에서 나를 섬기리니 내 놓아라" 하니 바로 왕이 완강히 거절을 하자 10번째 애굽 장자들을 모두 죽이니(출 12:30) 그제서야 바로는 이스라엘 백성을 내놓았습니다.

이와 같이 모세는 40년간 하나님의 순종의 훈련을 받고 꺾어졌습니다. 이상의 출애굽 사건의 큰 은총을 위해 유월절(Passoer) 제사를 드리고 있습니다.

넷째, 왕국사-王國史
[Kingdom History](B.C 1020~922)

사무엘상 1:1부터 열왕기하 25:30에 통일왕국시대 다윗 왕조 시에 저 유명한 왕궁 예언자(Courtprophet)나 단선지를 사용하셨습니다.

엘가와의 아내 한나가 기도로 낳은 사무엘이 늙고 아들 둘을 이스라엘 사사로 삼아, 요엘과 아바야로 브엘세바에서 사사로 임명한 후, 아비의 행위를 따르지 않고, 뇌물을 취하고, 또 그때 그룹(Group) 열광 예언자들이 광야 사막에 명석 자리에서 옷을 다 벗고 알몸으로 포도주를 마신 후 뒹굴다가 일어나 각기 하나님의 말씀이라 하고, 이스라엘 장로들 앞에서 횡설수설하니, 장로들은 우리가 다른 나라들 같이 왕을 세우소서 한 대, 사무엘은 기뻐치 않으니, 하나님이 사무엘을 위로하심이, 이는 그들이 내게 한 말이라, 너를 버림이 아니요, 나를 버려 자기들의 왕이 되지 못하게 한 것이라 하셨습니다.(삼상 8:4~7)

하나님은 베냐민 지파의 기스가의 아들 사울을 기름 부어 왕을 삼으셨습니다.(삼상 11:15), 이스라엘 병력 21만을 데리고 아말렉을 쳐 모두 진멸하도록 명령하셨고(삼상 15:4~5), 사울왕이 불순종하자 하나님이 후회하셨습니다.(삼상 15:11)

오늘날 많은 학자들의 질문이 어떻게 거룩한 하나님이 성서(Torah)토라에 신접한 여인의 기록들이 있나요? 라는 질문에 대답한다면 본인 생각에는 우리 크신 하나님은 무에서 유를 창조하시는 창조주이시니, 때론 마귀, 사탄, 귀신도 쓰시는 전능하신 만군의 왕 하나님이 십니다. 불가능이 없으시다라고 합니다.

왕국사의 첫 언약은(삼하 7:7~17)의 나단 선지자가 1, 2, 3차에 걸쳐 왕궁에 입궁하여 법괴를 백향목으로 건축하자 한점을 취소토록 명령하셨습니다. 우리아 소령을 죽이고, 바세바를 간음하고, 솔로몬왕 기름 부음 등을 일사천리로 잘 해낸 통일왕국시대의 궁전 대예언자 나단의 능력을 혹평합니다. 둘째, 언약(왕상 8:18) 의 왕조와 성전 건축 허가와 언약의 징표로 예루살렘 성전 건축 및 성취 솔로몬 왕으로 건축시키셨습니다. 셋째, 북 이스라엘 국의 멸망(왕하 25:1~7)이었습니다.

다섯, 망국사-亡國史[Ruined (perdition) History](B.C 922~722, 왕하 25:1, 렘 52:34)

은혜를 배반한 언약 백성 이스라엘은 바벨론 왕국의 느부갓네살왕의 동 예루살렘 침공으로 함락되어 모두 포로로 잡혀가 70년간 포로 생활을 했습니다.

유대국 마지막 시드기야왕(22대왕)은 18세 즉위한 지 3개원 만에 포로로 잡혀가 바벨론 포로 수용소에서 37년 만에 왕의 득죄함을 하나님께 고백하니, 하나님은 즉시 그를 석방하여 느브갈네살 왕 보다 더 좋은 환경에서 더 좋은 음식을 먹게 하시고, 그를 동 예루살렘에 귀환 시키셨습니다.

좋으신 하나님은 인간의 실제 지은 자범죄(The actual sins), 회개하면 용서하시고 하늘에 궁휼(가장 높으신 하나님께서 가장 낮은 인간에게 베푸시는 사랑)을 주십니다.(렘 52:20~34, 왕하 25:27~30, 렘 31:31) 우리 마음판에 새겨질 "새 언약(messiah)"은(새 언약은 힘마누엘 하나님이 육신을 입고 직접 다스림의 약속) 첫 언약은, 기록된 예언말씀(렘 25:1~26) 예레미야에게 하나님의 말씀임함(1~3), 금식선포, 회개 메시지, 둘째 언약은, 기록된 예언말씀(렘 36:27~32) 엄중한 하나님의 심판의 선포(취소되지 않는 하나님의 엄한 말씀) 입니다.

언약징표 : 시드기야 왕의 37년간 포로에서 석방 하나님의 크신 은총으로 원수 나라에서 큰 영광을 누리게 하셨습니다. 회개하면 용서하시고 언약을 성취시키는(렘 33:14~22) 하나님, 새 계약은 다윗왕의 뿌리에서 하나님이 세우신 목자(로이), 포이멘, 예수 그리스도(Jesus Christ), 메시야(messiah)가 오신다는 예언, 목자장과 유다 나라의 관계는 나의 선택한 선민이요 백성이니 나는 영원히 그들의 하나님이니라(렘 23:5~6)

신법(新法) ,새 계약(렘 31:32)은 신랑되신 예수 그리스도가 오셔서 영원하신 하나님으로 내 언약 백성 이스라엘을 다스리실 것이다.(슥 9:9~11), 영감으로 부르신 12소선지 예언들은 오시는 메시야 예언과 400년간의 중간사(Inetrtestamental Period)가 있고, 난 후에 주님께서 12제자를 택하여 천국 복음을 전하신 4복음서로 이어지고 있습니다.

연세대학교 제 1 회 학위수여식(1958)

연세대학교 초대 총장 :
백낙준(1895~1985)

한 진 희 목사

안동동문교회

✚ 주소 : 경북 안동시 용상동 1431-1
✚ 전화 : 054)821-5890
✚ E-mail : jhhan9191@hanmail.net
✚ http://www.dong-mun.or.kr

학력 및 신력

- 총신대학교 신학대학원 졸업
- 연세대학교 연합신학원 졸업
- 총신대학교 목회대학원 졸업

- 안동경찰서 경목
- 법무부 청소년 선도위원
- 안동시 기독교연합회 회장
- 안동문교회 담임목사

어리석은 부자

누가복음 12장 13~21절

무리 중에 한 사람이 이르되 선생님 내 형을 명하여 유업을 나와 나누게 하소서 하니 이르시되 이 사람아 누가 나를 너희의 재판장이나 물건 나누는 자로 세웠느냐 하시고 저희에게 이르시되 삼가 모든 탐심을 물리치라 사람의 생명이 그 소유의 넉넉한데 있지 아니하니라 하시고 또 비유로 저희에게 일러 가라사대 한 부자가 그 밭에 소출이 풍성 하매 심중에 생각하여 가로되 내가 곡식 쌓아 둘 곳이 없으니 어찌할꼬 하고 또 가로되 내가 이렇게 하리라 내 곡간을 헐고 더 크게 짓고 내 모든 곡식과 물건을 거기 쌓아 두 리라 또 내가 내 영혼에게 이르되 영혼아 여러 해 쓸 물건을 많이 쌓아 두었으니 평안 히 쉬고 먹고 마시고 즐거워하자 하리라 하되 하나님은 이르시되 어리석은 자여 오늘 밤에 네 영혼을 도로 찾으리니 그러면 네 예비한 것이 뉘 것이 되겠느냐 하셨으니 자기 를 위하여 재물을 쌓아 두고 하나님께 대하여 부요치 못한 자가 이와 같으니라

서론

누가복음 제12장 13절~21절 말씀은 우리가 너무나 잘 아는 "어리석은 부자"에 관한 내용을 담고 있습니다. 무리 중에 한 사람이 이르되 "선생님 내 형을 명하여 유업을 나와 나누게 하소서" 라고 요청을 했습니다.

그때 예수님께서 "이 사람아 누가 나를 너희의 재판장이나 물건 나누는 자로 세웠느냐 삼가 모든 탐심을 물리 치라 사람의 생명이 그 소유의 넉넉한데 있지 아니하니라" 말씀했습니다.

여기서 예수님은 영적인 것과 육적인 것을 구별하시면서 세상 법에 속한 일에 간섭하거나 나라의 지정한 관리의 직책을 침해 할 뜻이 없음을 분명히 말씀했습니다.

오늘 우리들은 예수님의 이 말씀 속에서 교회와 국가의 일, 종교와 정치를 혼동해선 안 된다는 사실을 알아야 하겠습니다. 교회의 직무는 하나님의 신령한 일이지 세상정치에 관여하여 결정짓는 기관이 아니라는 것을 분명히 말씀했습니다.

김하진 목사의 저서 "주제별 칼빈주의" 218쪽 칼빈주의 교회 정치관에서 "하나님의 교회가 국가와 관계에 있어서 서로 간섭을 삼가야 한다"고 기록했습니다. 국가는 교회에 대하여 말씀 선포의 자유를 보장해 주어야 하며, 하나님의 교회도 국가의 법률을 제정하는 관습은 잘못이라고 지적하였습니다.

하나님의 교회는 말씀을 통해 성도들로 하여금 이 나라의 국민으로서 의무를 다 할 수 있도록 가르쳐야 한다고 말했습니다.

그러므로 예수님은 본문 말씀에서 상속받은 재산 분배는 거절하셨지만, 그 요구와 동기를 파악하시고 "삼가 탐심을 물리 치라 사람이 사는 것이 그 소유의 넉넉한데 있지 아니하다"고 말씀했습니다. 예수님께서 이 교훈을 더 힘있게 하시기 위하여 "어리석은 부자"를 비유로 말씀했습니다.

첫째, 어리석은 부자는 "하나님의 은혜를 모르는 사람이라"했습니다.

본문 말씀 17절~21절 가운데 "내가"란 단어가 세 번 나오고, "내"란 단어가 세 번 사용되어 모두 여섯 번의 "내가" 혹은 "내" 라는 단어가 사용되었습니다.

본문에 나타난 어리석은 부자는 자기의 심중에 생각하기를 내 곡간, 내 곡식, 내 영혼 더 나아가 내가, 내가, 내가로 일관하고 있습니다.

내가, 내가란 이 말은 내가 제일이라는 개인주의 사상인 동시에 형제도 이웃도 더 나아가 하나님도 안중에 없는 유물론자인 것을 보여주고 있습니다.

본문 말씀에 분명히 어리석은 부자는 하나님의 은혜를 받아 소출이 풍성하였는데도 자기의 만족과 즐거움뿐이지 하나님께 대한 감사는 일언반구도 없었습니다. 믿는다고 하면서도 하나님의 은혜를 모르는 자는 어리석은 부자와 같이 감사가 없는 자라 말씀했습니다.

욥기 1장 20-21절에 "욥이 일어나 겉옷을 찢고 머리털을 밀고 땅에 엎드려 경배하며 가로되 내가 모태에서 적신이 나왔사온즉 또한 적신이 그리로 돌아 가올지라 주신 자도 여호와 시요 취하신 자도 여호와 시오니 여호와의 이름이 찬송을 받을 지니이다"라고 고백했습니다.

신명기 8장17-18절 "또 두렵건대 네가 마음에 이르기를 내 능과 내 손의 힘으로 내가 이 재물을 얻었다 할까 하노라 네 하나님 여호와를 기억하라 그가 네게 재물 얻을 능을 주었음이라" 말씀했습니다.

믿는 성도라 하면서 하나님의 은혜를 알지 못하면 어리석은 자입니다. 하나님의 은혜를 모르는 어리석은 자가 아니라 하나님의 은혜에 감사하는 성도들이 되시길 바랍니다.

둘째, 어리석은 부자는 "재물을 바로 활용할 줄 모르는 사람이라" 했습니다.

본문 말씀 18절에 "또 가로되 내가 이렇게 하리라 내 곡간을 헐고 더 크게 짓고 내 모든 곡식과 물건을 거기 쌓아 두리라"

본문 말씀에 어리석은 부자는 자기의 논과 밭에 소출이 풍성함을 보고 하나님께 감사하지 아니하고 이 모든 것이 자기의 노력과 힘으로 된 줄로 알았습니다.

그리하여 이 어리석은 부자는 백년대계를 꿈꾸면서 자기의 곡간을 헐고 더 크게 짓고 모든 곡식과 모든 물건을 쌓아두고 영원히 살기를 원했습니다. 재물만 많이 있으면 영원히 죽지 않고 백년만년 불로장생하는 줄로 착각하며 살고 있었습니다. 여기서 우리는 말씀의 중요한 교훈을 받아야 하겠습니다. 성경의 교훈은 재물을 절약하고 저축하는 것도 중하나 그 재물을 바로 활용할 줄 아는 것이 더 중하다고 말씀했습니다.

그러므로 재물이란 쌓아두는데 가치가 있는 것이 아니라 바로 활용할 줄 아는 데 가치가 있습니다. 어떤 이는 재물을 모으는데 일평생 주력하였지 그 재물을 바로 쓰지 아니하여 구두쇠라는 칭호를 받기도 합니다.

반면에 어떤 이는 재물을 열심히 모아서 그 재물을 가지고 하나님 앞에 바로 활용함으로 말미암아 하나님께 영광을 돌리고 이웃에게 빛이 되는 믿음의 성도들도 있습니다.

디모데전서 6장 17절에 "네가 이 세대에 부한 자들을 명하여 마음을 높이지 말고 정함이 없는 재물에 소망을 두지 말고 오직 우리에게 모든 것을 후히 주사 누리게 하시는 하나님께 두며"라고 말씀했습니다. 재물을 모으는 것도 중요하지만 바로 활용하여 하나님께 영광을 돌리시기를 바랍니다.

셋째, 어리석은 부자는 "영혼의 만족을 물질을 통하여 얻으려고" 했습니다.

본문 말씀 19절에 "또 내가 내 영혼에게 이르되 영혼아 여러 해 쓸 물건을 많이 쌓아 두었으니 평안히 쉬고 먹고 마시고 즐거워하자 하리라 하되" 그는 영과 육을 구별할 줄 몰라서 영혼의 만족을 물질로 얻으려 했습니다. 어리석은 부자는 소출이 풍성함에 곡식을 많이 쌓아두고 영혼에게 이르기를 내 영혼아 여려해 쓸 것을 많이 쌓아 두었으니 평안히 먹고 마시고 즐거워하자 했습니다.

그 때 예수님께서 어리석은 자여 오늘밤에 네 영혼을 도로 찾으리니 네 예비한 것이 네 것이 되겠느냐 자기를 위하여 재물을 쌓아두고 하나님께 대하여 부요치 못한 자가 이와 같으리라 말씀했습니다.

아모스 8장 11절에 "주 여호와께서 가라사대 보라 날이 이를 지라 내가 기근을 땅에 보내리니 양식이 없어 주림이 아니며 물이 없어 갈 함이 아니요 여호와의 말씀을 듣지 못한 기갈이라" 말씀했습니다. 영혼의 만족은 물질로는 절대로 얻을 수 없습니다.

오직 하나님의 말씀으로만 영혼의 만족을 얻을 수 있습니다. 만약 영혼의 만족을 물질로 얻는다면 부자는 모두가 하나님의 나라에 들어 갈 수 있습니다. 그러나 성경은 영혼의 만족은 물질이 아니라 하나님의 말

씀을 통하여 하나님 앞에 간절히 기도하므로 더나가 자신의 영성을 통하여 얻을 수 있다고 말씀했습니다,

넷째, 어리석은 부자는 "삶의 주권이 하나님께 있음을 알지"못했습니다.

본문 말씀 20~21절에 "하나님은 이르시되 어리석은 자여 오늘밤에 네 영혼을 도로 찾으리니 그러면 네 예비한 것이 뉘것이 되겠느냐 하셨으니 자기를 위하여 재물을 쌓아 두고 하나님께 대하여 부요치 못한 자가 이와 같으리라"

본문 말씀에 어리석은 부자는 자기의 재물과 영혼까지 주장하려 했습니다. 만일 사람이 세상을 살아가면서 모든 것을 자기 마음대로 주장하면서 산다면 명예와 권세와 부귀와 재물을 한 몸에 가지고 살아 갈 것이 분명합니다. 그러나 유약하고 무능하기 때문에 자기의 머리카락 하나 검게 희게 하지도 못하는 것이 사람입니다.

이사야 38장 12절에 "내가 내 생명을 말기를 직공이 베를 걷어 말음 같이 하였도다 주께서 나를 틀에서 끊으시리니 나의 명이 조석간에 미치리이다" 라고 말씀했습니다.

이사야 40장 6~8절에 "말하는 자의 소리여 가로되 외치라 대답하되 내가 무엇이라 외치리이까 가로되 모든 육체는 풀이요 그 모든 아름다움은 들의 꽃 같으니...풀은 마르고 꽃은 시드나 우리 하나님의 말씀은 영영히 서리라" 말씀했습니다.

주경 신학자 박윤선 박사는 사람이 세상을 살아가는데 행복한 생활은 재산이 많은 데 있지 않으며, 재산이 많으면 근심과 걱정이 많아지는 경우가 있다고 주석 하였습니다.

그 뿐만 아니라 사람이 아무리 부자라도 사망을 물리 칠 수 없으므로 어리석은 부자가 아니라 영적인 부자가 되라고 말씀했습니다. 어리석은 부자는 하나님의 은혜를 몰랐습니다. 하나님께서 주신 재물을 바로 활용할 줄 몰랐습니다. 사람의 영혼을 물질로 만족하려 했습니다. 나아가 삶의 주권이 하나님께 있음을 알지 못했습니다. 그러므로 이런 사람을

어리석은 사람이라고 말씀했습니다.

　사랑하는 독자 여러분!

　이제 우리들은 하나님의 은혜를 깨닫고 감사해야 합니다. 하나님께서 주신 재물을 바로 활용할 줄 알아야 합니다. 하나님께서 주신 제물을 바로 활용하는 믿음의 성도들은 모두가 하나님의 복을 받아 승리했습니다.

　우리의 영혼이 물질로 만족함이 아니라 삶의 주권이 오직 하나님께 있음을 깨달아 정직하고 진실한 성도로서 육체의 남은 때를 신자답게 살기를 주님의 이름으로 축원합니다.

언더우드관 전경

신 화 석 목사

☩ 주소 : 서울 강서구 내발산2동 673-1
☩ TEL : 02)3664-6924, 2065-6787
☩ E-mail : seok903@yahoo.co.kr
☩ http://www.antiochcenter.org

학력 및 신력

- 성결대학교 졸업
- 성결교 신학대학원 졸업
- 연세대학교 연합 신학대학원 졸업
- 미국 A.T.S(Alliance Thelogical Seminary)에서 명예신학박사 학위 취득

- 한국 기독교 목회자 협의회 상임회장
  (대표 옥한흠 목사)
- 한국세계선교협의회 공동회장
  (대표 박종순 목사)

- 고양시 교경협의회 경목위원
- 21세기 세계부흥선교협의회 공동회장
  (대표총재 백문현 목사)
- 세계한민족복음화협의회 대표회장
  (총재 노태철 목사)
- AWF 극동지역 실행위원
- 학교법인 성결학원 이사
- AFC 이사장
- 2003년 한국미래목회포럼 부회장
  (회장 이성희 목사)

부활의 선물

이날 곧 안식 후 첫날 저녁 때에 제자들이 유대인들을 두려워하여 모인 곳에 문들을 닫았더니 예수께서 오사 가운데 서서 가라사대 너희에게 평강이 있을찌어다 이 말씀을 하시고 손과 옆구리를 보이시니 제자들이 주를 보고 기뻐하더라 예수께서 또 가라사대 너희에게 평강이 있을찌어다 아버지께서 나를 보내신 것 같이 나도 너희를 보내노라 이 말씀을 하시고 저희를 향하사 숨을 내쉬며 가라사대 성령을 받으라 너희가 뉘 죄든지 사하면 사하여질 것이요 뉘 죄든지 그대로 두면 그대로 있으리라 하시니라

예수 그리스도께서 사망의 권세를 이기시고 다시 살아나셨습니다. 사람이 죽으면 소멸되지 않고 다시 살아날 수 있다는 것이 사실이라면 사람에게 이보다 더 기쁜 소식이 어디 있겠습니까?

그것도 더 좋은 몸으로 모든 장애가 회복 되고 시간과 공간을 초월하는 부활이 있다는 것이 사실이라면 사람에게 이보다 더 큰 행복이 어디 있겠습니까?

이것이 사실이라면 창조주 하나님께서 타락한 인간에게 주신 최고의 선물이요 최고의 복음임에 틀림이 없을 것입니다.

그런데 이 사실을 확인시켜준 사건이 일어났습니다. 그것은 인류의 죄를 대속하시기 위해 사람의 몸으로 오신 하나님의 아들 예수 그리스도께서 십자가 대속의 죽음을 당하신지 삼일 만에 부활하신 것입니다.

이 사실은 역사가 증거하고 있고 로마 정부가 부활의 반대 증거물인 예수의 시체를 제시하지 못한 것입니다. 그리고 예수 그리스도가 살아 있을때 배신했던 제자들이 예수 그리스도의 부활을 증거하다 참혹한 순교자들이 되었다는 것이 예수 부활을 증거해 주고 있습니다. 예수 그리스도의 부활은 그 자체만으로도 범죄한 인간들에게 엄청난 하나님의 선물인 것입니다.

그러나 부활은 장차 있을 우리들의 희망이며 행복입니다. 물론 이 세상에 살면서 부활의 소망을 갖고 사는 것 자체가 행복입니다.

그렇지만 이 험난한 세상에서 사는 우리들에게 끝없이 부딪혀 오는 고통스러운 일들이 많습니다. 이 모든 것들에게서 자유로워지지 않는다면 부활의 소망만으로 행복할 수가 없습니다. 이 사실을 아신 주님은 부활의 선물과 함께 보너스로 우리들이 이 세상에서 행복하게 살 수 있는 커다란 선물을 부활하신 날 주셨습니다.

부활의 아침을 맞이하는 여러분들에게는 똑같이 이 좋은 선물을 주셨습니다. 모두 받아 가지고 가서서 가장 행복한 삶을 사시기를 축원합니다.

첫째 부활의 주님이 주신 선물은 "평강"입니다.
〈20:19, 26 마 28:9, 눅 24:36〉

예수 그리스도께서 붙잡히시고 십자가에서 사망하셨을 때 제자들은 극도의 공포감에 사로잡혀 예수 그리스도를 부인하고 저주하고 도망가서 방 문을 걸어 잠그고 떨고 있었습니다.

자신들에게 부딪힐 불이익과 어쩌면 죽어야 할지 모르는 현실 상황은 견딜 수 없는 두려움이었습니다. 이성을 잃어버릴 공포였습니다.

이런 제자들에게 안식 후 첫날 예수 그리스도가 부활했다는 여인들의 소식도, 직접 달려가서 예수님의 시체가 없는 빈 무덤을 확인한 베드로와 요한의 이야기를 듣고서도, 두려움은 사라지지 않았습니다.

엠마오로 내려가던 두 제자가 부활의 주님을 만났다고 이야기 해도 공포에 싸인 제자들에게는 믿음이 생기지 않았고 여전히 두려움에 떨고 있었습니다.

사람이 극도의 공포감을 느낄 때의 상황은 죽음이 차라리 더 낫다는 자살 충동까지도 생기는 것입니다.

이런 모습의 제자들에게 부활의 주님이 나타나셨습니다. 그리고 저들에게 첫 번째로 주신 선물이 "너희에게 평강이 있을찌어다"였습니다.

사람이 가장 행복할 때가 "평강"할 때 입니다. 제자들에게 최고의 행복 평강을 선물하셨습니다. 제자들의 공존의 원인은 시시각각 날아오는 죽음이었는데 죽음을 이기신 예수님의 모습은 충분히 평강이었습니다. 평강은 주님이 주시는 것입니다. 우리들의 공포의 원인, 불안의 원인을 주님이 제거해 주실 때 우리들은 평강할 수 있습니다.

주님은 사람의 최고 공포의 대상 죽음을 이기시고 생명을 주시는 분이심을 믿게 해 주셨습니다. 주님을 믿는 믿음이 있을 때 불안과 공포는 사라지고 평강이 물밀 듯이 찾아오는 것입니다.

무엇 때문에 불안하십니까? 무엇 때문에 공포에 떨고 있습니까? 당신이 두려워하고 있는 그것을 우리 주님이 해결해 주시는 창조주이십니다. 부활의 주님이십니다. 그 분이 당신이 두려워 하고 있는 그 문제를 충분히 해결해 주십니다. 믿으십시요. 그때 평강이 넘칠 것입니다.

"너희에게 평강이 있을찌어다" 이 말씀은 너희가 공포에 떨고 있는 그 문제를 내가 해결하였으니 평강하라는 주님의 말씀입니다. "험난한 세상에 살고 있는 성도여" 부활의 주님이 당신에게 주신 고귀한 선물은 네 모든 문제를 내가 해결할 수 있다. 그러므로 평강하라는 것입니다. 믿음의 손으로 받으십시요. 그리고 평강하십시요.

둘째, 부활의 주님이 주신 선물은 "성령을 받으라"입니다.

〈요 20:22〉

요16:7에 "내가 떠나가는 것이 너희에게 유익이라 내가 떠나가면 보혜사 성령을 너희에게 보내리라"라고 말씀하셨습니다.

예수님이 십자가에 죽으시고 부활 승천하시는 것이 사람에게 유익이라고 말씀하셨습니다. 그 이유는 보혜사 성령을 선물로 보내 주신다는 것입니다. 그런데 부활하신 예수님께서 제자들에게 나타나셔서 숨을 내쉬며 말씀하시기를 "성령을 받으라" 하셨습니다.

저들에게 성령을 선물로 주신 것입니다. 그리고 승천하시기 전에 너희는 예루살렘을 떠나지 말고 아버지의 약속하신 것을 기다리라. 요한은 물로 세계를 베풀었으나 너희는 몇날이 못되어 성령으로 세례를 받으리라〈행 1:4~5〉라고 말씀하셨습니다.

공포에 떨고 있는 제자들에게 "성령을 받으라"고 선물을 주신 이유는 요 16:13 "그러하나 진리의 성령이 오시면 그가 너희를 모든 진리 가운데로 인도하시리니 그가 자의를 말하지 않고 오직 듣는 것을 말하시며 장래일을 너희에게 알리시리라"라고 말씀하신 데서 발견할 수 있습니다.

성령 충만을 받으면 성령이 우리들을 진리 가운데로 인도하여 하나님의 말씀이 믿어지게 하시므로 두려움과 공포가 사라지고 평강과 기쁨과 소망이 생겨나게 하는 것입니다.

또한 행1:8의 말씀처럼 성령이 오시면 우리들에게 권능을 주셔서 모든 공포를 이길 수 있는 힘을 주시는 것입니다. 힘이 없을 때 두려움이 생기는 것입니다. 그러나 힘이 넘칠 때는 담대함과 평안이 있는 것입니다.

성령 충만할 때 언제든지 담대히 주의 복음을 전했다고 사도행전에서는 기록하고 있습니다.

행 4:31 "빌기를 다하매 모인 곳이 진동하더니 무리가 다 성령이 충만하여 담대히 하나님의 말씀을 전하니라"

험악한 세상을 사는 독자 여러분!

성령을 선물로 주셨으니 기도의 손, 믿음의 팔을 펴서 성령 충만을 받으십시오.

당신의 생각이 예수 그리스도의 진리의 말씀으로 채워져 항상 강하고 담대하며 평강이 넘쳐 최고로 행복한 삶을 살 것입니다.

셋째, 부활의 주님이 주신 선물은 "갈릴리"에서 만나 주신 것입니다. 〈마 28:10〉

예루살렘에서 부활하신 주님은 제자들보다 먼저 갈릴리에서 있으시겠다고 하시면서 갈리리에서 만나자고 하셨습니다. 갈리리는 예수님과 제자들이 처음 만났던 장소이며, 삼년을 함께 살며 지냈던 곳입니다. 함께 사랑을 나누고 함께 신앙을 고백하고 함께 생사를 같이 하겠다고 고백했던 장소입니다.

그런데 지금 제자들의 모습은 주님을 처음 만났을 때의 모습에서 너무 멀리 있습니다. 주님께 신앙을 고백하고 제자로서 헌신을 다짐하고 함께 죽겠다고 고백했던 그때의 모습과는 전혀 다른 변절자들이었습니다. 주님은 저들을 책망하시지 않고 갈릴리에서 조용히 스스로 잘못을 깨닫고 초심으로 돌아갈 수 있는 기회를 주신 것입니다.

그리고 초심때의 그 행복, 그 소망, 그 기쁨, 그 담대함을 선물로 주시고 싶었던 것입니다. 힘든 인생 여정에서 너무 힘들고 고달퍼서 주님과 처음 만났을 때의 감격, 죄사함 받고 구원 받았을 때의 그 행복을 지금도 간직하고 있습니까?

주님은 지금도 찬송하고 기도하며 말씀을 읽고, 듣고 있는 당신을 그 현장으로 인도하십니다. 이것이 사랑의 주님이 당신에게 주시는 선물입니다.

초심으로 돌아가십시오. 그리고 행복하십시오.

넷째, 부활의 주님이 주신 선물은 "증인이 되라" 입니다.
〈막 16:15, 눅 24:48, 요 20:21〉

영광의 선물입니다. 전능하신 하나님이시고, 인류의 구주가 되시는 예수 그리스도의 증인으로 나를 불러 주셨다는 것은 최고의 영광입니다.

아무에게나 증인이 되라고 할 수 없습니다. 나를 가장 잘 알 수 있는 사람, 나를 가장 잘 대변해 줄 수 있는 사람이라고 믿어지는 사람에게 증인이 되어 달라고 요청할 수 있습니다.

확실한 목격자에게 증인이 되어 달라고 할 수 있습니다.

예수님은 부활의 사실을 목격한 제자들에게 이 모든 일의 증인이라고 하셨습니다. 그리고 너희는 온 천하에 다니면서 이 부활의 사실, 복음중의 복음을 증거하는 증인이 되라고 강력히 요청하셨습니다. 배신자에게 가장 큰 신뢰를 표시하신 것입니다. 이것은 감동이며 주님의 선물입니다. 그래서 제자들은 이 큰 선물, 이 큰 감동에 박해자들이 너무나 잔혹한 방법으로 죽였어도 예수의 증인되어 순교 당하는 것을 영광으로 알았고 기쁨으로 알고 순교하며 증인이 되었습니다.

예수님은 죄인인 우리, 용서받을 수 없는 우리들을 용서해 주시고 죄사함 받을 수 있고 죽어도 다시 살 수 있는 복음이 있음을 증거하라고 하셨습니다. 이것은 죄인인 우리를 신뢰하시는 증거입니다.

부활의 아침, 부활의 선물만으로도 너무나 복에겨운 선물인데 주님은 이 험한 나그네 세상을 살아가는 우리에게 부활의 소망과 함께 행복한 인생을 살아가도록 평강의 선물, 성령충만의 선물, 초심을 회복하는 선물, 증인으로 불러 주시는 선물을 주셨습니다. 최고의 행복을 누리고 있는 우리들은 이 생명 다하도록 복음의 증인되어 살아야 할 것입니다.

故 元杜尤博士銅像
The late Rev. Dr. H. G. Underwood, LL. D., D. D.
Founder of the College

언더우드 상

김 중 기 박사

연세대학교

- ✛ 주소 : 서울시 서대문구 신촌동 134
- ✛ TEL : 02)734-4981
- ✛ E-mail : kimjk@yonsei.ac.kr
- ✛ http://www.yonsei.ac.kr

학력 및 신력

- 1962년 연세대학교 신과대학 신학과 학사
- 1964년 연세대학교 대학원 조직신학 석사
- 1967년 Harvard University Divinity School & Boston Univ. School of Theol. 기독교윤리학 S.T.M
- 1971년 McCormick Theol. Seminary 기독교윤리학 M.Div.
- 1976년 Northwestern Univ. Grad. School 사회윤리학 Ph.D.
- 미국 Boston Presbyterian Church Team Ministry Pastor
- 미국 Midwest Presbyterian Church Team Ministry Pastor
- Hawaii Christian Church Pastor in Charge
- 연세대학교 신과대학 조교수, 부교수, 교수
- 연세대학교 학생처 학생처장
- 연세대학교 한국기독교문화연구소 연구소장
- 연세대학교 신과대학 신과대학장
- 연세대학교 기획위원회 기획위원
- 연세대학교 연합신학대학원위원회 위원
- American Society of Christian Ethics 위원
- 연세대학교 연합신학대학원 연합신학대학원장
- 연세대학교 교학부총장

능력 주시는 분 안에서

내가 주 안에서 크게 기뻐함은 너희가 나를 생각하던 것이 이제 다시 싹이 남이니 너희가 또한 이를 위하여 생각은 하였으나 기회가 없었느니라 내가 궁핍하므로 말하는 것이 아니라 어떠한 형편에든지 내가 자족하기를 배웠노니 내가 비천에 처할 줄도 알고 풍부에 처할 줄도 알아 모든 일에 배부르며 배고픔과 풍부와 궁핍에도 일체의 비결을 배웠노라 내게 능력 주시는 자 안에서 내가 모든 것을 할 수 있느니라

본문 말씀은 사도 바울이 주의 복음을 전하다가 감옥에 갇혀 있을 때, 그가 일찍이 세운 빌립보 교회의 교우들에게 쓴 편지 중의 한 대목입니다.

제가 본문을 해석하여 드리기 전에 우리가 몇 가지 미리 알고 있어야 할 것들이 있습니다.

첫째, 상대방의 처지와 입장을 알아야

① 편지 쓴 이의 처지를 봅시다.

우리가 평소에 잘 알고 있는 것처럼 이 글을 쓴 사도 바울은 그리스도인들이 본받아야 할 가장 힘있는 믿음의 역군입니다. 그러나 이 대목을 쓸 때, 그는 옥중에 갇혀 있었으며 감방으로 옮겨 다니며 로마에까지 이감되느라고 지칠대로 지쳐있었습니다.

그가 아무리 강한 믿음의 역군이라 하여도 언제 처형을 당할지 모르는 형편에 처하여 있어서 이때 만큼은 좌절과 피곤으로 인한 노쇠한 기색을 숨길 길이 없었던 때라고 봅니다.

② 편지를 받아 보는 빌립보 교회의 입장을 봅시다.

빌립보 교회 교인들은 좋은 목자가 있을 때는 믿음이 왕성하고 활발했었을 것입니다. 그러나 현재 상태는 그렇지 못하였습니다. 모든 활동이 시들해져 갔고, 교회 생활에 열심이 식어 갔을 것입니다. 그래서 옥중에 갇혀 있는 그들의 옛 지도자 바울에게도 한동안 무심했던 것입니다.

그러다가 우연히 이 교회 교우들이 옛 목자 바울을 다시 생각하고 그의 감방에 에바브로디도라는 사람을 보내 위문하였던 것 같습니다. 사도 바울이 이런 경우를 맞아서 다시 불현듯 힘을 내어 그와 가장 친근하였던 빌립보 교회 앞으로 글을 띄웠던 것입니다. 그는 이제 그 글 속에서 자기가 당한 역경을 통해 경험한 가장 귀한 신앙 생활의 한 토막을 전하고 있습니다.

그가 사랑하는 믿음의 형제들에게 그의 신앙생활의 한 비결을 간곡한 권면으로 토해 놓고 있습니다.

같은 성경 구절을 읽어드리는 것 보다, 제가 이곳에 나오기 전에 개인역을 하여 보았는데 그 대목을 읽어드리겠습니다(빌립보서 4:10~13).

내가 주 안에서 평생 가진 그 기쁨, 얼마나 큰지 이루 말할 수 없습니다. 그런데 이제 내가 더욱 크게 기뻐함은 나에 대한 여러분의 관심이 한동안 끊겼다가 여러분이 다시 나를 보살펴(Care)주기 때문입니다. 물론 나도 그 동안 여러분이 나를 잊었다고 생각해 본 일이 없습니다. 다만 여러분이 나에게 기회가 없었을 줄 알고 있습니다.

내가 이런 이야기를 하는 것조차도 결코 내가 그 동안 섭섭했기 때문에 그런 것이 아닙니다. 오히려 나는 어떠한 형편에서나 내가 가진 것으로 스스로 만조하는 길을 배웠습니다.

이제 나는 비천하게 살 줄도 알고 부요하게 살 줄도 압니다. 배부르거나 배고프거나 풍부하거나 궁핍하거나 그 어떠한 경우에도 적응할 수 있는 비결을 터득하였습니다.

내게 능력 주시는 분 안에서 나는 무엇이든지 할 수 있습니다.

이것이 사도 바울이 평소에 가장 사랑했던 빌립보 교회에 보낸 간곡한 권면의 글이었습니다. 그러면 우리는 이 대목에서 진정으로 사도 바울이 전하려고 하는 것이 무엇이었던가 다시 생각해 보지 않을 수 없습니다.

역경에 처해있는 사도 바울은, 믿음의 노장답게 참 신앙 생활은 어떤 상태에 이르는 것이며 또 어떻게 그 경지에 도달할 수 있는가를 잘 일러주고 있습니다. 다시 말씀드린다면 첫째로 신앙 생활의 내용은 무엇이냐 그리고 둘째로 그 내용을 어떻게 영위할 수 있느냐 하는 비결을 말해주고 있습니다.

바울은 여기서 무엇과 어떻게–내용과 방법을 겸비한 산 신앙 체험을 전해 주는데, 이것은 우리가 흔히 전할수 있는 교훈이 아닙니다.

많은 세상 교훈들이 내용만 전하거나 체험이 없는 이론만을 전할 수 있는데, 여기 사도 바울의 권면은 방법까지 가르쳐 주는 체험담이기에 살아있는 신앙의 비결을 전해 주는 것입니다.

둘째, 감격의 기쁨은 관심과 보살핌에서

무엇이 참 신앙 생활의 상태입니까?
무엇이 참 신앙 생활의 내용입니까?
그것은 기쁨입니다.
본문에 사도 바울은 말하기를 "내가 주 안에서 평생 가진 그 기쁨 얼마나 큰 지 이루 말할 수 없습니다"고 합니다.
믿음은 우리의 생활 속에 기쁨을 가져다 주어야 합니다. 기쁨이 없으면 우리의 믿음은 죽은 것입니다. 신앙 생활이란 일상 생활 속에서 감격을 경험하는 것입니다. 내가 요즘 믿음이 있는가 없는가 한 번 실험해 보시려면 이렇게 스스로 물어보십시오. "내가 최근에 언제 내 생활 속에서 크게 감격했었는가?"라고 감격의 기쁨을 가져보지 못했다면 그것은 신앙이 메말라 있는 증거입니다.

그러면 이 감격의 기쁨이 어떻게 오는 것입니까? 그것은 먼저 관심과 보살핌에서 옵니다. 사도 바울도 이렇게 전하지 않습니까? "그런데 이제 내가 더욱 크게 기뻐함은 나에 대한 여러분의 관심이 한동안 끊겼다가 여러분이 다시 나를 보살펴 주기 때문입니다."라고 분명히 전해주고 있습니다.

남이 나에게 관심을 가져주면 나는 기쁩니다. 또 내가 남에게 관심을 가지고 대하면 남도 기뻐합니다. 남이 나를 보살펴 주면 나는 기쁩니다. 또 내가 남을 보살피면 남도 기뻐합니다. 이렇게 사도 바울은 신앙 생활의 내용인, 기쁨과 그 방법인 관심과 보살핌을 함께 교훈하고 있습니다.

셋째, 자족하는 비결

그러나 이 기쁨의 단계는 신앙의 초보입니다. 이 관심과 보살핌의 단계는 신앙의 초보 단계입니다. 우리의 신앙은 여기서 한 발 더 내어딛고 전진해야 합니다.

진짜 신앙 생활의 깊은 상태는 오로지 남의 관심이나 보살핌에 의해서 오는 기쁨에 그치는 것이 아니고 스스로 만족 할 줄 알아야 합니다. 사도 바울께서는 이렇게 그 깊이를 설명해 갑니다. "내가 이런 이야기를 하는 것조차도 결코 내가 그동안 섭섭했기 때문에 그런 것이 아닙니다. 오히려 나는 어떠한 형편에서나 내가 가진 것으로 스스로 만족하는 길을 배웠습니다. 비천하게 살 줄도 알고 부유하게 살 줄도 압니다. 배부르거나 배고프거나 풍요하거나 궁핍하거나 그 어떠한 경우에도 적을 할 수 있는 비결을 터득하였습니다."

사도 바울은 어떠한 형편에서나 내가 가진 것으로 스스로 만족하는 길을, 그 비결을 배웠다고 합니다.

그의 신앙 생활에는 다만 관심과 보살핌에 의한 기쁨을 맛보는 것이 아니고 그 기쁨을 어떠한 처지에서든지(관심도 보살핌도 없어도) 스스로 발동해 내는 만족을 경험하였다는 것입니다.

빈곤이나 부귀에 상관없이, 배고픔이나 배부름에 상관없이, 궁핍이나 부유함에 상관없이, 그 어떤 형편에서든지 나 스스로 만족하는 진정한 기쁨 속에 산다는 것입니다. 이것이야말로 참 신앙인의 생활 상태이며 그 내용입니다.

그러면 우리가 이 경지에 어떻게 이를 수 있습니까? 사도 바울은 스스로 만족하는 기쁨을 얻는 비결을 배웠다고 합니다. 생활 체험에서 터득하였다는 뜻입니다. 어떻게요?

"주 안에서" 살면 기쁠 수밖에 없다는 것입니다. 본문 맨 처음 그의 고백에 "내가 주 안에서 평생 가진 그 기쁨 얼마나 큰 지 이루 말할 수 없습니다."라고 했던 것을 기억하십니까? 주 안에 거하면 진정으로 기뻐하며 살 수 있습니다.

"주 안에서"란 무슨 뜻입니까? 사도 바울은 이 표현을 그의 많은 글 가운데 이루 헤아릴 수 없이 자주 썼습니다. 요약해서 풀이하면 "주 안에서"란 내가 오직 주님께 의지하여, 주께 속해서, 주님만 따라서, 주만 위해서, 주님께 사로잡혀서 산다는 신앙고백을 의미합니다. 주님을 나의 구주로 확신하며 산다는 말입니다. 그러면 기쁨을 끊임없이 발동하며 자족할 수 있다는 것입니다.

넷째, 약한 것 같으나 강한 힘

마지막으로 사도 바울을 그 기뻐함과 자족함에서부터 무엇이든지 할 수 있다는 힘을 과시하였습니다. 결론적으로 신앙은 힘입니다. 이 신앙의 힘은 눈에 보이는 힘, 완력이나 폭력이 아닙니다. 금력이나 권력이 아닙니다. 기술 과학에서 얻는 전력이나 그 어떤 에너지도 아닙니다. 이 힘은 약한 것 같으면서도 이상할 정도로 강한 힘입니다. 이 힘은 정복의 힘이라기 보다는 설득의 힘입니다. 오히려 그 힘은 삶의 실패와 낙심과 절망 속에서 움트는 힘입니다.

예를들면 이빨같은 힘이라기 보다는 혀같은 힘입니다. 이빨은 겉으로는 강해보이나 쉬 상해서 치과에 자주 가서 땜질을 해야 합니다. 그러나 혀는 약한 것 같으나 그래서 자주 이빨한테 물려 피를 흘릴 때도 있지만 어디 혀를 갈아끼는 적이 있습니까?

이 힘은 우리가 주 안에서 거할 때에만 솟아오르는 힘입니다. 사도 바울의 고백처럼(13절) "이제 나는 확신합니다만 주께서 주시는 능력 안에서라면 어떤 형편에서도 나는 무엇이든지 할 수 있다"고 하는 그 힘입니다. 그 힘은 마치 남성과의 관계에서 견주어 본 한 여인의 힘 같은 것입니다.

여자가 무슨 힘이 있습니까? 여인의 힘은 미스 코리아를 뽑을 때의 표준처럼 진, 선, 미가 그것이라고들 합니다. 그럴는지 모르겠습니다. 머리가 좋은 여인은 남성들로 하여금 자기에게만 흥미를 가지도록 하는 힘이 있는 것 같습니다. 마음이 착한 여인은 남성들로 하여금 그들의 완력이 무기력함을 느끼게 해주는 힘이 있는 것 같습니다. 외모가 아름다운 여인은 분명히 남성들로 하여금 황홀한 매력을 끌리게 하는 힘이 있는 것 같습니다.

그래서 결국 이러한 진선미를 갖춘 여인은 자기가 원하는 남성을 자기 것으로 만들고 마는 힘을 가지고 있습니다. 그러나 그런 "내 것으로 만드는 힘"이 진정 신앙의 힘은 아닙니다. 그런 힘은 행복에까지는 바래다 주지 못합니다.

믿음의 행실이 고운(연약한 듯한) 여인이 오히려 행복한 여인입니다. 그는 결코 남성을 자기 것으로 만들려고 하지 않고 자기가 그 남성의 것으로 되고마는 것이기 때문입니다. 자기가 원하는 남성을 가지는 여인보다 자기가 그분의 것이 되는 여인이 더 행복합니다.

마찬가지로 성숙한 신앙이 가져다 주는 힘은 모든 것을 할 수 있는 실력인데 그것은 내가 내 실력이 있어서가 하는 것이 아니고 주께서 능력 주시기에 내가 모든 것을 할 수 있다는 힘입니다. 즉 나는 그의 것, 그분의 것일 때, 곧 내가 주님의 것이 될 때만이 진정한 삶이 힘이 주어지는 것입니다. 진정한 생의 기쁨, 감격, 그리고 스스로 만족하는 길은 내가 그 분에 속한 자가 될 때가 아니겠습니까?

내가 하나님의 것이 될 때 나는 보다 더 자족할 수 있습니다. 내게 능력 주시는 분 안에서만이 나는 보다 더 힘있는 무엇이든지 할 수 있는 신앙인 됩니다. 그러기에 우리 믿는 이들은 사도 바울의 고백처럼 약한 자 같으나 강하며, 가난한 자 같으나 부하며, 미련한 자 같으나 명철하며, 아무것도 없는 자 같으나 모든 것을 가진 자입니다.

이렇게 능력 주시는 분 안에서라야만 우리는 진정으로 기뻐할 수 있으며, 그 어떤 형편에서든지 자족할 수 있으며, 나아가서 힘있는 자로 모든 것을 할 수 있습니다.

이 양 호 박사

연세대학교

✠ 주소 : 서울시 서대문구 신촌동 134
✠ TEL : 02)2123-2895
✠ E-mail : leeyh@yonsei.ac.kr
✠ http://www.yonsei.ac.kr

학력 및 신력

- 연세대학교 신과대학교 졸업
- 연세대학교 연합신학대학원 졸업
- 연세대학교 연합신학대학원 졸업(신학박사)
- 영국 옥스퍼드대학교 수학

- 연세대학교 연합신학대학원 교회사 교수
- 연세대학교 신과대학 겸 연합신학대학원 원장
- 전국 신학대학 협의회 부회장
- 한국기독교학회 총무
- 한국 칼빈학회 부회장
- 한국 에드워즈학회 부회장

심히 좋은 세계

창세기 1장 29~31절

하나님이 가라사대 내가 온 지면의 씨 맺는 모든 채소와 씨 가진 열매 맺는 모든 나무를 너희에게 주노니 너희 식물이 되리라 또 땅의 모든 짐승과 공중의 모든 새와 생명이 있어 땅에 기는 모든 것에게는 내가 모든 푸른 풀을 식물로 주노라 하시니 그대로 되니라 하나님이 그 지으신 모든 것을 보시니 보시기에 심히 좋았더라 저녁이 되며 아침이 되니 이는 여섯째 날이니라

저는 달을 바라보면서 저 달에 삼림이 울창하고 화초가 만발하고 사슴과 토끼들이 뛰놀며, 맑은 시내물이 흐르고 새들이 지저긴다면 얼마나 아름다울까 하고 상상해 본 적이 있습니다.

그런 달이라면 내 생애에 꼭 한 번 달나라 여행을 하고 싶다고 생각해 보았습니다. 그런 상상을 하다가 문득 지구를 생각해 보았습니다. '아, 지구가 바로 그런 곳이구나!' 그래도 생명체가 있을 법한 곳이라고 하는 달이나 화성과 비교해 본다 해도 지구는 정말 아름다운 곳입니다.

아무리 많은 돈을 들여 우주를 여행한다 해도 지구만한 곳을 찾기 어려울 것이라는 생각이 들었습니다. 우리는 이 아름다운 세계에 살면서도 타성에 젖어 감격을 잃고 살아가고 있지 않나 하는 생각이 듭니다.

윌리엄 워어즈워어드의 시 가운데 "무지개"라는 시가 있습니다.

하늘의 무지개를 바라볼 때면
나의 가슴은 뛰어 오른다.

내 삶이 시작될 때 그러하였고,
어른이 된 지금도 또한 그렇다.
나이 들어 늙어도 그러했으면!
그렇지 않다면야 나는 죽으리!
어린이야말로 어른의 아버지
원컨대 내 생애의 하루하루가
순진한 경건으로 맺어지기를...

저는 이 시를 보면서 제가 무지개를 처음 보았던 어린 시절의 감격을 회상해 보았습니다. 어느날 내리던 비가 멈추고 구름이 걷히면서 하늘이 끝에서 저 끝까지 무지개가 드리웠습니다. 그 큰 무지개를 바라보면서 저는 말로 표현할 수 없는 경이로운 신비감에 휩싸였습니다. 다시 생각해 보면 정말 이 세계는 아름다운 세계입니다.

헬렌 켈러의 저작 가운데 "사흘 보기"라는 작품이 있습니다. 앞을 볼 수 없었던 헬렌 켈러는 하나님이 단 사흘만이라도 자기에게 볼 수 있는 시간을 준다면, 떠오르는 태양과 지는 석양을 보고 싶고, 사랑하는 이의 얼굴을 보고 싶고, 그리고 박물관에 가서 인류의 문화 유산을 보고 싶다고 말했습니다.

저는 헬렌 켈러의 그 글을 읽으면서, 볼 수 있다는 사실 하나만으로도 일생을 감격과 감사로 살아가겠다고 다짐한 적이 있습니다. 어떤 맹인이 앞을 볼 수 있다면 가장 보고 싶은 것이 무엇이냐는 질문을 받고, 자기의 아내의 얼굴을 가장 보고 싶다고 대답하는 것을 들은 적이 있습니다. 자기에게 그토록 헌신적으로 봉사하는 아내의 얼굴을 가장 먼저 보고 싶었을 것입니다.

우리가 사랑하는 아내, 사랑하는 남편, 사랑하는 자녀의 얼굴을 볼 수 있다는 사실 하나만으로도 감사 감격할 수 있다고 생각해 봅니다.

복음송 가운데 "날 구원하신 주 감사"라는 찬송이 있습니다. "날 구원하신 주 감사, 모든 것 주심 감사, 지난 추억 인해 감사, 주 내 곁에 계시네, 향기론 봄철에 감사, 외론 가을 날 감사, 사라진 눈물도 감사, 나의 영혼 평안해... 길가에 장미꽃 감사, 장미 가시도 감사, 따스한 가정 감사, 희망 주신 것 감사, 기쁨과 슬픔도 감사, 하늘 평안을 감사, 내일의 희망을 감사, 영원토록 감사해"

의학자들에 의하면, 사람이 감격의 눈물을 흘릴 때 우리 몸에는 다이모르핀이라는 내분비물이 분비되는데, 그것은 엔돌핀보다 훨씬 더 큰 힘을 가지고 있으며, 강력한 항암 역할을 한다고 합니다. 우리가 감사하고 감격하면서 살아갈 때 우리 영혼도 강건해지고 우리 몸도 강건해지는 것입니다.

독일의 철학자인 라이프니츠의 저서 가운데 「신정론」이라는 저작이 있습니다. 라이프니츠에 의하면 하나님은 원래부터 가능했던 무한히 많은 세계들 중에서 가장 좋은 세계를 골라내어 실현시켰는데, 이는 가장 좋은 것이 하나님의 의지를 결정짓게 했기 때문이라고 했습니다. 최고선인 하나님이 창조한 세계이므로 이 세계는 가장 좋은 세계일 수밖에 없다는 것입니다.

오늘의 본문 말씀은 하나님이 창조하신 태초의 세계의 모습을 그려주고 있습니다. 저명한 구약 학자였던 폰 라트는 이 구절을 이렇게 설명하였습니다. "이 지배권에는 물론 살생과 도살권은 포함되어 있지 않았다. 인간과 짐승들의 식량은 창조자 야웨의 뜻에 따라 식물성에 속하는 것이었다. 이것이 – P에서 얻을 수 있는 바 – 신에 의해 창조된 세계의 태고적 평화로운 상태에 대한 암시이다"

하나님이 창조하신 태초의 세계는 피 흘림이 없는 세계였고, 그 세계는 하나님이 보시기에 심히 좋은 세계였습니다.

이사야 11장을 보면 장차 올 메시야의 세계도 피 흘림이 없는 세계로 묘사되고 있습니다. "그 때에 이리가 어린 양과 함께 거하며 표범이 어린 염소와 함께 누우며 송아지와 어린 사자와 살진 짐승이 함께 있어 어린 아이에게 끌리며 암소와 곰이 함께 먹으며 그것들의 새끼가 함께 엎드리며 사자가 소처럼 풀을 먹을 것이며 젖 먹는 아이가 독사의 구멍에서 장난하며 젖 뗀 어린 아이가 독사의 굴에 손을 넣을 것이라 나의 거룩한 산 모든 곳에서 해됨도 없고 상함도 없을 것이니 이는 물이 바다를 덮음같이 여호와를 아는 지식이 세상에 충만할 것임이니라" 구약 성서에서는 태초의 세계도 종말의 세계도 다같이 피 흘림이 없는 심히 좋은 세계로 묘사되고 있습니다.

저는 이 설교를 준비하면서 병원에서 병으로 고통 받고 있는 수많은 사람들을 생각해 보았습니다. 응급실과 중환자실, 그리고 병실에 있는 환자들에게 과연 이 세계가 심히 좋은 세계일 수 있겠습니까?

또한 우리는 현재 청년 실업을 위시하여 많은 실직자들의 아픔을 보고 있으며, 집을 나와 방황하는 많은 사람들의 고통의 소식을 듣고 있습니다.

또한 경제적 고통을 견디다 못해 일가족과 함께 자살하는 사람들의 기막힌 사연을 듣고 있습니다. 이런 비참한 현실 속에서 우리가 어떻게 "심히 좋은 세계"를 운위할 수 있겠습니까?

오히려 우리는 바벨론 강가의 한 유다 시인처럼 비탄의 시를 읊어야 하지 않겠습니까? "우리가 바벨론의 여러 강변 거기 앉아서 시온을 기억하며 울었도다 그 중의 버드나무에 우리가 우리의 수금을 걸었나니 이는 우리를 사로잡은 자가 거기서 우리에게 노래를 청하며 우리를 황폐케 한 자가 기쁨을 청하고 자기들을 위하여 시온 노래 중 하나를 노래하라 함이로다 우리가 이방에 있어서 어찌 여호와의 노래를 부를꼬"

라이프니츠는 이 세계가 있을 수 있는 최선의 세계라고 하였지만, 이 세상의 악의 문제를 간과하지는 않았습니다. 그는 하나님이 계시다면 악은 어디로부터 오는가 하는 문제에 대해 그 나름으로 진지하게 다루었습니다.

하나님은 "때로는 죄에 대한 벌로서, 또 때로는 어떤 목적을 달성하기 위한 수단으로서, 즉 보다 더 큰 악을 저지하거나 또는 보다 더 큰 선을 실현할 수 있기 위해, 자연의 악을 원하신다. 그리고 벌은 착하게 되는 것과 위협을 하는 데 쓸모가 있고, 악은 선이 한층 더 강하게 나타나게 하는 데 이바지하는 때가 자주 있다. 또 악은 괴로움을 당하고 있는 자에게 완덕을 가져다 주기도 한다. 이것은 씨앗이 싹트기 전에 썩어 버릴 위험에 내버려져 있는 것과 같다"하고 라이프니츠는 말했습니다.

현대 신학의 아버지라 불리우는 쉴라이에르마허의 「종교를 경멸하는 문화인들에게 주는 종교론」이라는 책을 보면 하나님과 하나가 된 인간의 상태를 이렇게 묘사하고 있습니다. "나는 무한 세계의 가슴에 깃든다. 나는 이 순간 무한 세계의 영혼이다.

왜냐하면 나는 무한 세계의 모든 힘과 무한한 생명을 나 자신의 것인 것처럼 느끼기 때문이다. 이 순간 무한 세계는 나의 몸이다. 왜냐하면 나는 무한 세계의 근육과 사지를 나 자신의 것인 양 꿰뚫고, 그 가장 중심부의 신경은 마치 나 자신의 것인 것처럼 나의 감각과 예감에 따라 움직이기 때문이다.” 우리가 쉴라이에르마허처럼, 우주의 주재자와 하나가 되어 우주를 나의 우주로 인식하고 산다면 넉넉한 마음으로 살아 갈 수 있을 것입니다. 우주를 소유한 이상 더 소유할 것이란 없을 것입니다.

저는 텔레비전에 방영되는 자연 세계의 아름다운 모습을 보면서 하나님의 창조에 감격하곤 합니다. 푸른 초원에 아름다운 꽃들이 피어 있고 야생 동물들이 마음껏 뛰노는 것을 볼 때 자연의 평화를 느끼고 하나님을 찬양합니다. 하나님이 주관하시는 이 세계가 얼마나 아름다운가?

그러나 그 평화로운 초원에 맹수들이 뛰어들어 그 초원을 피로 물들일 때, 하나님의 섭리에 대한 신앙이 흔들릴 수 있습니다. 과연 이 세계를 하나님이 섭리하고 계신가?

중세기의 성자 프랜시스와 그의 동료들에 관한 일화를 모아 놓은 책으로「성 프랜시스의 작은 꽃들」이라는 책이 있습니다. 그 일화 가운데는 구비오라는 마을의 사나운 늑대 이야기가 있습니다. “프랜시스가 구비오 마을에 머무르고 있을 때 아주 기적적이고 오랫동안 기억할 만한 사건이 발생했다. 그 도시 주변에는 굶주림으로 광포한, 사납고 큰 늑대가 한 마리 살고 있었다. 그리고 그 늑대는 짐승 뿐만 아니라 사람까지도 잡아먹곤 했다. 그래서 그 도시의 모든 주민들이 그 늑대를 큰 고민과 공포의 대상으로 여겼다.”

“프랜시스가 그 도시에 머무르게 되었을 때, 그는 그 시민들에게 동정을 가지고 그 늑대를 가서 만나 보기를 결심하였다.” “프랜시스는 모든 피조물의 주인인 주님 예수 그리스도께 모든 희망을 두고 있었다. 방패나 투구에 의해서가 아니라 오직 십자가로 무장을 한 채 그는 용감하게 그의 제자와 함께 성문 밖으로 나갔다.” “그 때에 늑대가 나타났다.” “프랜시스는 늑대를 부르면서 말했다. ‘나에게 오라, 늑대여. 그리스도의 이름으로 명하노니 나와 누구도 해치지 말라.’”“형제 늑대여, 너는 이 지방에서 많은 해를 끼쳤다. 그리고 너는 무자비하게 하나님의 피조물을 파괴함으로써 크나큰 죄악을 저질렀다. 너는 극악무도한 강도나 살인자처럼 사형을 받기에 합당하다. 그러나 형제 늑대여, 나는 너와 그 시민들 사이에 평화를 맺어 주기를 원한다. 그래서 그들이 너로 말미암아 더 이상 해를 받지 않게 되고 그들도 너의 지나간 모든 죄를 용서한 후에 사람이나 개들조차도 너를 더 이상 미워하지 않게 되기를 바란다.”“그 늑대는 그 몸과 꼬리와 귀를 움직임으로써 그리고 그 머리를 끄떡임으로 프랜시스가 그에게 말한 것을 기꺼이 받아들이고 지키겠다는 의사 표시를 하였다.”“늑대는 2년을 더 살았고, 늑대는 이 집 저 집으로 음식을 얻어 먹으러 다녔다. 늑대는 어느 누구도 해치지 않았으며, 또한 어느 누구도 늑대를 해치지 않았다. 결국 늑대가 늙어서 죽게 되었을 때 사람들은 서운하게 생각했다.”

저는 구비오의 늑대 이야기를 있을 법한 이야기로 받아들입니다. 사도 바울은 로마서에서 피조물의 간절한 희망을 이렇게 말한 적이 있습니다. “피조물의 고대하는 바는 하나님의 아들들의 나타나는 것이니 피조물이 허무한 데 굴복하는 것은 피조물도 썩어짐의 종노릇한 데서 해방되어 하나님의 자녀들의 영광의 자유에 이르는 것이니라” 인간이 구속받아 변화될 때 자연도 변화될 수 있을 것이며, 구비오의 늑대 이야기는 이런 변화의 선취적 사건일 수 있습니다.

칼빈의 전기를 보면 칼빈은 생애 말년에 극심한 병고와 씨름하면서 “하나님, 언제까지나, 언제까지나” 하고 계속 기도한 것으로 되어 있습니다. 칼빈은 죽음 너머에 있는 평화를 인지했으므로 죽음을 기다렸던 것 같습니다. 프랜시스가 죽음에 이르러 죽음을 자매라고 부르면서 “자매 죽음이여, 어서 오라”고 말했을 때 그는 죽음 너머의 고요한 평화를 미리 보았던 것 같습니다.

지구를 중심으로 하는 이 세계는 이 광활한 우주 가운데 아마 최선의 세계일 것입니다. 경제적 빈곤 때문에 고통받을 때에라도 우주의 주재자와 하나가 되어 우주를 나의 우주라고 생각하고 넉넉하게 살아간다면 그 고통은 극복할 수 있는 고통이 될 것이며, 더구나 경제적 풍요 속에 있는 사람들이 내가 가진 것이 다 하나님의 것이라고 자각하고 함께 나눌 때, 그 고통은 더 쉽게 극복될 것입니다. 정신적 고통과 육체적 질병으로 고통받을 때에라도 하나님 안에서 누릴 고요한 평화를 깨닫게 된다면 그 고통은 극복될 수 있을 것입니다.

우리가 마치 신비로운 별나라에 여행을 온 사람인 양, 그리고 사흘 뒤에 앞을 볼 수 없는 흑암 속에 들어갈 사람인 양 생각하면서, 이 아름다운 세계를 볼 수 있다는 사실 하나만으로도 하루하루를 감격과 감사로 살아간다면, 이 세계는 우리에게 심히 좋은 세계가 될 것입니다.

김 철 한 목사

학력 및 신력

- 충북 제천 중 고등학교 졸업
- 목원대학교 신학과 졸업
- 연세대학교 연합신학대학원 졸업
- 감리교 신학대학교 박사원 목회학 박사

- 경기연회 교육상임 위원장
- 수원서지방 감리사 역임
- 감리교 교육국 교과 과정 위원

- 전국 대학생 농촌 봉사 활동 수기
  현상응모 우수작 수상(KBS)
- 《강단과 목회》 편집위원
- 현 감리교 신학대학교 부설 기독교 교육 연구소 이사
- 현 경기신학교 교수
- 현 경기연회 부흥단 단장
- 현 중남미 선교회 회장
- 현 오목천교회 담임

십자가의 길

모든 사람이 죄를 범하였으매 하나님의 영광에 이르지 못하더니 그리스도 예수 안에 있는 구속으로 말미암아 하나님의 은혜로 값 없이 의롭다 하심을 얻은 자 되었느니라 이 예수를 하나님이 그의 피로 인하여 믿음으로 말미암는 화목 제물로 세우셨으니 이는 하나님께서 길이 참으시는 중에 전에 지은 죄를 간과하심으로 자기의 의로우심을 나타내려 하심이니 곧 이 때에 자기의 의로우심을 나타내사 자기도 의로우시며 또한 예수 믿는 자를 의롭다 하려 하심이니라 그런즉 자랑할 데가 어디뇨 있을 수가 없느니라 무슨 법으로냐 행위로냐 아니라 오직 믿음의 법으로니라 그러므로 사람이 의롭다 하심을 얻는 것은 율법의 행위에 있지 않고 믿음으로 되는줄 우리가 인정하노라

청년들이 즐겨듣는 복음성가를 소위 CCM이라고 합니다. CCM 가운데 제목이 "십자가의 길 순교자의 삶"이라는 곳이 있는데 그 가사는 이렇습니다.

> 내 마음에 주를 향한 사랑이
> 나의 말엔 주가 주신 진리로
> 나의 눈엔 주의 눈물 채워주소서
>
> 내 입술에 찬양의 향기가
> 두손에는 주르 닮은 섬김이
> 나의 삶에 주의 흔적 남게 하소서
> 하나님의 사랑이 영원히 함께하리

십자가의 길을 걷는 이에게
순교자의 삶을 사는 이에게

조롱하는 소리와 세상 유혹속에도
주의 순결한 신부가 되리라
내 생명 주님께 드리리

이 찬양의 노랫말에는 우리에게 던져진 질문에 우리가 어떤 대답을 해야하는지가 담겨있습니다. 조롱하는 소리와 세상 유혹 속에서 생명까지도 주님께 드릴수 있으십니까? 주님을 위해서라면 하나뿐인 생명까지라도 내어 놓을 수 있는 믿음의 소유자가 되시기를 주님의 이름으로 부탁드립니다.

바울은 십자가의 길을 걷겠노라고 다짐한 그리스도인이라면 무엇을 어떻게 해야하는지 빌립보서 2장에서 설명하고 있습니다. 특별히 빌립보서 2:5~11은 신학적 용어로 "그리스도 찬가"라고 불리며 중요하게 다루어지는 본문이기도 합니다.

저는 여기에서 오늘 우리가 십자가의 길을 걷는 순교자의 삶을 살기 위해 갖추어야 할 3가지 요건을 발견했습니다. 십자가를 등에지고 순교자의 삶을 살기 원하십니까? 십자가의 길을 걷기를 원하십니까?

첫째, 그리스도 예수의 마음을 품으시기 바랍니다.

성경이 말하는 "그리스도의 마음"은 거창한 것이 아닙니다. 이 말을 다른 말로하면 "죽기위해 살라는 것"입니다. 예수님의 삶을 보면 말 그래도 "죽기위해 사셨던" 분임을 알 수 있습니다. 예수님은 약속 그 자체였습니다. 약속대로, 특별히 성경대로 이 땅에 오셨습니다.

행전 13:23 "하나님이 약속하신 대로 이 사람의 씨에서 이스라엘을 위하여 구주를 세우셨으니 곧 예수라"

이것을 통해 본다면 예수님께서는 십자가에 죽기위해 살았다고 해도 과언이 아닐것입니다. 하지만 이 말은 동시에 예수님께서는 자신의 사명이 무엇인지 확실하게 알고 계셨다는 뜻이기도 합니다. 무엇을 해야 할지를 안다는 것은 삶의 목표를 정하게 합니다.

지금 극장에서 상영되고 있는 「태극기 휘날리며」라는 제목의 영화가 있습니다. 한국전쟁을 배경으로 하는 그 영화는 따뜻하면서도 처절한 형제애가 그려지고 있습니다.

이 영화는 1950년 6월 서울 종로가 배경이 됩니다. 형 '진태'는 동생 '진석'을 대학에 보내려는 목표를 이루기위해 힘든 일도 마다하지 않습니다. 그런데 그때 한국전쟁이 터졌고, 두 형제는 의용군이 되어서 국군 최후의 보루인 낙동강 방어선에 실전 투입되었습니다. 동생을 집으로 보내려거든 "무공훈장"을 받으면 된다는 대대장의 말을 듣고는 형 진태는 목숨을 걸고 무공훈장을 받기위해 전쟁터에서 싸워 전쟁영웅이 되어 갑니다.

형 진태가 전쟁터에서 목숨을 각오한 이유는 삶의 목적이 분명했기 때문입니다.

삶의 목적이 분명한 것은 분명히 한 사람의 살아가는 삶의 태도를 정하게 합니다. 예수님의 삶의 목표는 십자가를 지는 것입니다. 십자가를 지고 죽는 것이 예수님의 삶의 유일한 목적이었습니다.

우리는 생각할 때, 예수님이 십자가를 지실 때 아무 고민이나 두려움 없이 무덤덤한 모습으로 죽음의 자리에 서 있었을 것이라는 상상을 합니다.

33세의 "청년 예수"를 상상해 보시기바랍니다. 무엇이든지 해 낼 것 같은 젊음이 있는 때입니다. 너무 어리지도, 그렇다고 너무 늙지도 않은 나이입니다. 또한 자신을 선생님으로 부르며 따르는 숱한 사람들과 목숨까지도 바쳐가며 따르겠다던 제자들, 예수님을 만나겠다고 모여드는 수천명의 사람들!

그러나 예수님은 그것들을 버려야했습니다. 심지어는 정치적 메시야로 왕을 삼으려는 이들의 손을 뿌리쳐야 했습니다.

십자가를 지는 것이 하나님의 구원을 이루는 유일한 길이 됨을 아시는 예수님은 순종의 눈물을 흘리시면서 그 십자가의 길을 가셨습니다.

바로 우리가 품어야 할 "그리스도의 마음"은 이것입이다. 자신의 생각을 버리셨던 예수님의 마음! 하나님의 뜻이 이루어진다면, 꿈도 사랑도 심지어는 목숨까지도 주 하나님 아버지를 위해서 바치셨던 그 마음을 오늘 우리는 본받아야합니다. 사실 순종하는 것은 쉽지 않습니다. 그러나 사명을 분명하게 깨닫고 있는 사람은 어려운 순종을 결단합니다. 심지어는 순교자가 되기도 합니다.

1885년 구한말 조선은 결핵과 콜레라, 천연두 등이 만연했던 미개한 나라였습니다. 외국에 소문이 나기를 조선에 가면 석달안에 병에 걸려 세상을 떠난다고 하기까지 할 정도였습니다. 외국인들에게 그때 당시의 한국은 "죽음을 위한 땅" 정도였습니다. 서울시 마포구 합정동 145-8번지에 가면 묘비들이 즐비하게 놓여져 있는 것을 보게 됩니다. 일명 "양화진"이라고 불리기도 하는 이곳은 외국인의 묘비가 있는 "외인 공동묘역"입니다. 그런데 그 묘비문에 쓰여진 글귀에 시선이 멈추게 됩니다.

"섬김을 받으러 온 것이 아니라 섬기러 왔습니다"(A.D. 아펜젤러)

"주님! 길고 긴 여행을 끝내고 이제 나는 안식을 얻었습니다"(G.A. 테일러)

"나는 웨스터 민스터 사원에 묻히기보다 한국에 묻히기를 원하노라"
(H.B. 헐버트)

"나에게 천의 생명이 주어진다해도 그 모두를 한국에 바치리라"(R. 켄드릭)

이들에게 한국행은 분명 "십자가"를 지는 죽음의 길이었습니다. 하나님을 위하여 자신의 고국을 버리고 떠나와서 한국에서 순교했습니다. 최초로 매장된 선교사는 존 헤론입니다.

그는 미국 테네시 의과대학을 개교이래 최우수성적으로 졸업한 수재입니다. 그래서 그가 한국에 선교사로 가겠다고 했을 때, 그 주변에서 극구 말렸습니다. 모교에 남아서 후학을 길러내는 교수가 되어달라는 요청을 뿌리치고 1885년 한국에 의료선교사로 파송 받아왔습니다. 의사였기에 한국행이 얼마나 생명에 위험한 일인지 누구보다도 잘 알았지만 예수님을 따라 한국에 가는 배에 올라탔습니다. 1890년 한국에 도착한지 채 5년이 되지 않아서 존 헤론은 "이질"에 걸려 한국에서 순교했습니다.

양화진에는 400여개의 묘비가 있는데 그 중 상당수는 어린이의 것입니다. 묘지 한쪽에는 조그마한 묘비들이 옹기종기 모여있는게 그 묘비의 주인공들은 선교사의 자녀들입니다. 바로 이 땅에서 태어나자마자 죽어간 선교사의 아기들의 무덤입니다. 어떤 아기는 죽은 날과 태어난 날이 같고, 태어난지 3일만에, 한달정도만 살다가 죽은 아이 등이 있습니다.

(출처: www.enjoygod1.com/bible/acts/acts21.htm)

선교사들은 자신뿐만 아니라 사랑하는 아내와 자녀들까지도 생명의 위협이 되는 한국행을 왜 이렇게 선택했습니까? 그들은 철저하게 "그리스도의 마음"을 품었기 때문입니다. 오늘 우리가 품어야할 것이 있다면 바로 이 "그리스도 예수의 마음"입니다.

둘째, 십자가의 길을 걸으려면 버릴 수 있는 믿음이 있어야 합니다.

버린다는 것은 그리스도의 마음을 가슴 속에 품은 사람만이 할 수 있습니다. 예수께서는 버리시는데 앞장 서신 분입니다. 명예, 세상의 부, 심지어는 사랑과 가족, 생명까지 버렸습니다. 그러므로 "버린다"는 것은 진정으로 용기있는 믿음의 사람이 할 수 있는 일입니다.

예수님께서 버리신 것은 무엇입니까?

① 자리를 버렸습니다.

이 자리는 영어로 표현하면 position입니다. 다른 말로하면 "위치"를 포기하셨다는 뜻입니다. 어떤 분들은 당회 후에 직분을 얻지 못하는 것을 대단히 섭섭하게 여기기고 합니다. 사람이라면 누구나 자신의 포지션에 연연하기 마련입니다. 그러나 예수님은 자신의 자리를 버리셨습니다. 그냥 버린 것도 아니고 십자가를 지고 십자가의 길을 걸어가기 위해 버렸습니다. 하나님의 영광을 위해서 자신의 것을 버리셨습니다. 예수님은 자신을 버려 아버지 하나님을 세워드렸습니다.

② 전부다 버리셨습니다.

격언에 "돈을 잃어버리면 반을 잃는 것이요, 건강을 잃어버리면 전부를 잃는 것이다."라는 말이 있습니다. 왜냐하면 '생명'은 단지 한번만 주어지는 것이기 때문입니다. 그런데 에수께서 버리신 것은 다른 어떤 것도 아니라 "생명"이었습니다. "십자가에 죽으심이라" 십자가에 전부 못 박았습니다. 그 버리심이 나를 살렸습니다. 그 버리심이 여러분을 살렸습니다. 그리고 교회와 세상을 살렸습니다.

버릴 수 있어야 합니다. 십자가의 길을 걷는 사람이라면 버리는 일에 익숙해야 합니다. 십자가를 져야하는 사람이 물질의 노예가 되어있다면, 그 사람의 신앙은 거짓입니다. 예수님의 뒤를 따라 십자가의 길을 가겠다고 결단한 사람이 명예, 권력, 자리에 연연하는 것은 거짓을 행하는 것입니다. 버린다는 것은 포기하는 것입니다. 가질 수 없는데, 그럴 능력이 없는데, 그래서 하지 않는 것은 포기가 아닙니다. 그건 단지 못하는 것에 불과합니다.

수능 성적이 400점 만점인데 200점 맞은 사람이 서울대를 안가는 것은 못가는 것이지 포기한 것이 아닙니다. 그런데 400점 맞은 사람이 서울대를 안가고 목회자가 되기 위해 신학대학에 가는 것은 신학을 하기 위해 서울대를 포기한 것입니다. 버릴 것이 없는 사람에게 포기라는 말을 쓸 필요도 없습니다. 그러나 가진 것이 많은 사람에게 버린다는 것은 중요한 것을 위해 그렇지 않은 것을 포기하는 것입니다.

우리는 세상 사람들이 노력하는 수고의 갑절의 수고를 해야합니다. 장사를 해도 갑절의 노력을 쏟아서, "예수 믿는 가게라 다르다"는 소리를 들어야 합니다. 회사를 다녀도 갑절로 일을 잘해서 능력을 인정받아야 합니다. 예수 믿지 않는 사람들도다도 좋은 대학에 더 많이 들어가야 합니다. 뛰어난 사업가도 되야 합니다. 세상 사람들에게 주목받는 정치가, 의료인, 법조인, 교사, 주부가 되어야 합니다. 별볼일 없는 사람은 주목하지 않는 것이 세상의 이치입니다. 특별하게 노력해서 주목받으시기 바랍니다.

이런 사람들이 예수님을 위해서, 그분이 걸어가신 십자가의 길을 걸어가기 위해서 자신의 특권을 포기할 때, "버린다"는 말이 그 의미를 제대로 발휘하는 것입니다.

버린다는 말은 더 중요하고 낳은 것을 택하고, 상대적으로 덜 중요하고 의미 없는 것은 택하지 않는다는 의미입니다. 그러므로 예수님처럼 하나님의 영광을 위해서 "자리"를 버리고, "전부"를 포기한다는 것은 세상 무엇보다도, 그 어떤 것과도 바꾸지 않고 하나님을 선택한다는 뜻입니다.

하나님을 선택하고도 조금의 후회도 없는 것입니다. 하나님을 위해서 그 어떤 것도 무용하게 여기는 것입니다.

오늘을 사는 우리에게 버린다는 말은 "무엇을 선택할 것인가?"를 묻는 말입니다. 주를 위해서 포기한다는 것은 주님을 선택하기 위해 다른 것은 포기하고, 버린다는 말입니다. 우선순위를 어디에 둘 것인가를 묻는 것이기도 합니다. 예수를 영접하지 못하고, 거듭나지 못한 사람은 주님을 선택하기위해 다른 것을 포기하는 것이 이해되지 않습니다. 오히려 어리석은 일로 취급합니다.

그러나 이것이 얼마나 귀한 일입니까? 생명주신 우리 예수님을 위해서 목숨을 버린들 아깝지 않습니다. 그 분을 위해서라면, 그분의 복음이 전파될 수만 있다면 내가 사라져 가루가 되어도 좋은 것입니다. 나는 언젠가 죽습니다. 시간이 흐르면 나이가 들고, 쇠약해져서 세상을 떠나는 것이 자연의 이치입니다. 우리 가운데 누구도 이 자연법칙을 피할 수 없습니다. 어차피 세상을 떠나는데, 우리 주님을 위해서 헌신하고 심지어 순교한다면 이것은 말 그대로 "가문의 영광"입니다.

그러므로 예수님의 뒤를 따라 십자가의 길을 걷기 원하는 사람은 버릴 수 있는 믿음이 있어야 합니다. 버림은 곧 우선순위를 하나님께 두는 것을 의미합니다. 주님을 선택한다는 말입니다.

십자가의 길을 걸어가자는 설교를 하니까 부담스러워하시는 분들도 계실 줄로 압니다. 그런 분들의 심정을 십분 이해합니다. 그러나 좀더 깊이 생각해보면 십자가의 길이 고난과 멸시의 길이 아니라 축복의 길이라는 것을 깨닫게 됩니다.

9~11절을 읽어보면, 십자가의 길을 걸어온 사람에게 주어지는 특권입니다. 영적인 의미로서 주어지는 특권은 먼저 "부활"입니다. 하나님

나라에 들어가서 영원한 안식을 얻는 천국의 삶이 허락됩니다. 많은 신학자들은 "부활"을 "탄생"보다 더 중요하게 다룹니다. 세계에 수만개의 종교가 있지만 "탄생"보다는 죽음과 죽은 이후 부활을 이야기하는 종교는 기독교뿐입니다.

부활을 강조하는 이유는 바로 십자가 사건의 핵심이 바로 죽은자의 살아남이기 때문입니다. 이 부활의 약속이 없다면 십자가의 길을 걸어온 신앙의 선배들의 거룩한 죽음은 모두 헛된 것입니다. 그러나 부활도 참이요, 영생도 참이고, 천국도 참입니다.

요 11:25~26 "예수께서 가라사대 나는 부활이요 생명이니 나를 믿는 자는 죽어도 살겠고, 무릇 살아서 나를 믿는 자는 영원히 죽지 아니하리니" 성경은 단호히 부활 그 자체이신 예수께서 부활을 주실 것을 가르치고 있습니다.

고전 15:20 "그러나 이제 그리스도께서 죽은 자 가운데서 다시 살아 잠자는 자들의 첫 열매가 되셨도다"

예수께서 첫 번째 부활하신 영예를 안으셨습니다. 그렇다면, 우리가 예수님의 뒤를 따라서 십자가를 등에지고 십자가의 길을 간다면, 그렇게 죽는다면 잠자는 자들의 두 번째 열매, 세 번째 열매, 백만번째 열매가 된다는 말입니다. 십자가의 길을 걷는 사람에게 성경은 부활의 열매가 될 것을 보증하고 있습니다.

또한 주어지는 특권은 "높아짐"입니다. 내가 스스로 나 자신을 높이고, 나를 주장하는 것은 교만입니다. 그러나 하나님께서 당신의 영광을 드러내시려고 나를 지극히 높여주시고 인정받게 하시는 것은 은혜입니다.

교회는 자원봉사단체가 아닙니다. 자원봉사단체는 자신에게 돌아올 이익이나 유익함을 기대하지 않고, 시간이나 물질, 때로는 몸을 투자해서 자신을 이롭게하고, 남에게 봉사하는 것입니다. 그러나 교회는 받드시 돌아오는 축복이 있습니다.

반드시 되돌려 주시는 살아계신 하나님이 머리되시는 곳이 교회입니다. 기적이 일어나고, 변화가 생기고, 축복이 임하는 곳이 교회입니다. 하나님이 보장해주시는 은혜가 없다면, 그곳은 교회가 아닙니다. 교회는 하나님이 보장하시고, 특권을 주시는 분이라는 것을 보여주는 진열장입니다.

오늘을 사는 우리는 십자가의 길을 걷는 것을 너무 어렵게 여긴 나머지 십자가를 지는 것 자체를 거부하기도 합니다. 순교자의 삶을 사는 건 일부 구별된 사람들이 해야할 일로 치부하기도 합니다. 그러나 우리는 십자가의 길을 걸어야하는 사람들입니다. 우리 모두에게 하나님께서는 이미 저마다 지고 가야할 십자가를 준비해두고 계십니다. 이것을 거부할 수는 없습니다.

오늘 우리는 이 십자가를 헌신이라고 부릅니다. 또한 사명이라고 부릅니다. 그래서 십자가의 길은 헌신하는 삶, 사명을 감당하는 삶이라고 할 수 있습니다. 물론 이런 삶을 거부하고 피해갈 수도 있습니다. 어떤 이는 아예 십자가의 길을 벗어나서 자기의 소견에 옳은대로 살수도 있습니다.

그럼에도 불구하고 우리가 이 십자가의 길을 피하지 않는 이유는 무엇이겠습니까? 바로 그 길 끝에 우리 주님이 계시기 때문입니다. 힘들게 걸어간 그 길 끝에 우리 예수님이 기다리고 계시기 때문입니다.

이 축복된 십자가의 길, 순교자의 삶을 살아보시지 않으시렵니까?

이 무 웅 목사

대한예수교 장로회 **우이제일교회**

✙ 주소 : 서울 강북구 우이동 139-10
✙ TEL : 904-8112, 993-2746
✙ http://www.uijc.org

학력 및 신력

- 안양대학교 졸업 및 안양신학대학원 졸업
- 고려신학교 신학부 졸업
- 연세대학교 연합신학대학원 졸업(CPE)
- 미 InternationalCollege(D,Min)
- 미 Sanfrancisco Saminary(M.A)
- 미 Sanfrancisco Saminary(D.Min 이수)

- 서울노회장, 수도노회장 역임
- 도봉지역 교회연합회 회장 역임

- 북부지역 교경협의회 회장 역임
- 북부경찰서 교경협의회 회장 및 경목실장 역임
- 대한예수교장로회(대신) 총회장 역임
- 대신목회대학원 이사장 역임
- 우이제일교회 당회장
- 강북구청 교구협의회 회장
- 대신총회 신학대학원 원장
- 안양신학대학원 겸임교수
- 교회신보 논설위원

꿈은 이루어진다
잠언 29장 18절

묵시가 없으면 백성이 방자히 행하거니와 율법을 지키는 자는 복이 있느니라

육중한 비행기가 하늘을 나는 것은 기적이라 할 수 있습니다. 그러나 그것을 요즘 기적이라 하는 사람은 없습니다. 멀리 떨어져 있는 상대방의 얼굴을 화상으로 보면서 전화통화를 대화로 할 수 있는 것은 기적입니다. 그러나 그것을 기적이라 하는 현대인은 없습니다.

이처럼 과학의 발달은 순간 순간 기적을 만들어 내며 발전하고 있습니다. 처음의 발견은 기적이 될 수 있지만 시간이 가면 그것은 평범한 사건이 되고 맙니다.

우리의 살아가는 삶 속에서 기적이 기적으로 여겨지지 않는 일들은 너무나 많이 있습니다. 앞으로 첨단과학이 발달하면서 어떤 신기한 기적이 만들어질지 누구도 알 수 없습니다. 그러나 분명한 것은 많은 사람들의 생각이 끝없이 뻗어가고 있기 때문에 앞으로도 계속 기적은 일어날 것입니다. 이 모든 것들은 사람의 생각 속에서 나온 것입니다.

그래서 히브리서 11장 1절에서 "믿음은 바라는 것들의 실상이요 보지 못한 것들의 증거니"라고 말씀을 하십니다. 바라는 생각은 믿음을 통해 실상으로 된다는 말씀입니다. 이는 우리 성도들이 믿음으로 바라는 것은 결국 이루어진다는 것입니다. 이 말씀을 통하여 하나님은 사람의 생각을 사용하시는 분임을 알 수 있습니다.

어려서 공상만화를 통해서 보았고 상상했던 일들이 이제는 우리의 삶의 일부가 되어진 것들이 너무나 많이 있습니다. 이처럼 생각을 집중하고 끊임없이 연구할 때 무엇이든지 이루어지는 것입니다.

작년 월드컵 경기에서 우리는 소중한 경험 하나를 얻었습니다. 온 민족이 하나가 될 수 있다는 경험입니다. 조그만 축구공 하나로 한 나라가 한마음을 이루었습니다. 붉은 옷이 산천을 물들였고 대~한민국이라는 함성이 하늘을 치솟았습니다.

거리마다 태극기가 뒤덮었고 지역마다 응원의 열기가 뜨거웠습니다. 지난 월드컵은 서로에게 믿음을 심어주고 사랑을 나눠주는 한마당 잔치였습니다. 참으로 우리민족의 하나된 모습이 큰 일을 만들어 낸 것입니다.

그리고 우리는 또 하나의 귀중한 경험을 했습니다. 그것은 꿈이었습니다. 꿈을 이룬 자신감이었습니다. 그 동안 한번도 월드컵 경기에 본선에 출전하여 상대를 이겨보지 못한 나라였는데 16강이라는 꿈에 도전을 한 것입니다. 한 경기 또 한 경기를 치룰 때마다 우리의 꿈은 현실로 다가왔습니다. 그리고 그 꿈은 우리의 환호성과 함께 이루어졌습니다. 우리의 꿈이 결국 4강에 머물렀지만 그러나 우리도 하면 된다는 자신감과 더불어 도전하는 꿈은 반드시 이루어진다는 진리를 배우게 되었습니다.

우리의 미래는 밝고 멋진 미래가 될 수도있고 어둡고 불행한 미래가 될 수도 있습니다. 여러분들의 미래는 모두 즐겁고 보람되고 신나는 미래가 되기를 바랍니다. 그럼 어떻게 여러분들의 미래가 보람되고 신나는 미래가 될 수가 있을까요?

첫째, 마음에 원대한 꿈을 가지시기 바랍니다.

앞으로 미래에 바라는 것들을 마음속에 깊이 간직하라는 말씀입니다. 여러분 생애에 꼭 이루고 싶은 꿈이 가슴속에 깊이 박혀 있어야 한다는 것입니다.

비전이 없으면 인간은 방자해 집니다. 망상을 쫓으면 폐가망신 합니다. 그러므로 우리는 꿈을 가져야 합니다.

미국의 흑인 운동가 마틴 루터 킹 목사가 어느 날 자유를 찾으려는 군중들 앞에서 연설을 했습니다. 그 연설문의 제목은 "나에게는 꿈이 있습니다"라는 것이었습니다.

마틴 루터 킹 목사는 1929년에 태어나 1968년 암살 당하기까지 40 여년의 짧은 삶을 살았습니다. 그가 살았던 그 때에는 흑인과 백인사이 에 커다란 인종차별의 벽이 있었습니다.

아브라함 링컨 대통령이 흑인 노예들의 해방을 공식적으로 이루어냈 지만 흑인들에게는 아직도 자유란 없었습니다. 그들은 여전히 백인들에 게 늘 짓밟히며 차별을 당하는 신세였습니다.

백인의 거주지와 흑인의 거처가 따로 있었습니다. 백인이 들어가는 커피숍과 흑인만 들어가는 커피숍이 달랐습니다. 버스에서도 흑인의 노 파는 백인의 어린이에게 자리를 양보해야만 했습니다. 법은 늘 백인의 편에 서서 백인을 위해서 판결을 해 주었습니다. 항상 흑인은 백인에게 당하고만 살아야 했습니다. 마틴 루터 킹 목사는 이러한 백인과 흑인의 사회적 차별의 고리를 끊기 위해 부단히 노력한 분입니다.

인종차별과 경제적 불평등을 해소하고 평등한 사회를 실현하기 위해 열심히 일을 했습니다. 그는 폭력으로 일관하는 백인들을 향해 비폭력 저항으로 맞섰습니다. 그래서 그는 백인들이 운영하는 상품을 불매하는 운동을 벌였고 백인을 우선시하는 버스를 타지 않는 캠페인을 하였습니 다. 그래서 그는 여러번 옥에 갇히면서도 필사적으로 비폭력 저항을 계 속하였습니다. 이런 그의 활동이 흑인들의 인권을 위한 공로로 인정되 어 1964년 세계노벨 평화상 수상자로 결정이 되었습니다.

마틴 루터 킹 목사의 연설은 미국이 당장 인종차별을 중지하지않고, 흑인들의 시민권을 보장하지 않는이상 미국은 자유롭고 평화로운 나라 가 될수없다고 역설하면서 계속해서 말하기를 "나에게는 꿈이 있다고 하였습니다. 피부색이 사람을 평가하는 기준이 되지 않고 흑인 어린이 와 백인 어린이가 나란히 손을 잡게 되는 날이 반드시 올것이라는 꿈을 말했습니다. 그래서 전국의 산골짝이에 자유의 노래가 울리게 될 것이 라 하였습니다." 이러한 그의 꿈은 결국 이루어졌습니다.

바울도 세계 선교의 꿈을 가졌습니다. 온 인류에게 주님의 복음을 전하는 것이 그의 꿈이 였습니다. 그래서 그는 죄수의 몸으로 로마에 들어 갔고 한사람이라도 더 복음을 전하기 위해 때를 얻든지 못얻든지 복음을 전함으로 그의 꿈은 이루어졌으며 오늘 우리가 복음을 믿는 행운을 얻게 되었습니다. 가슴에 큰 꿈을 갖고 노력하면 이루어집니다. 꿈을 가집시다.

둘째, 꿈을 이루기 위해서는 오늘의 준비가 필요합니다.

꿈은 저절로 이루어지는 것이 아닙니다. 오늘을 어떻게 준비하고 사느냐에 따라서 미래가 만들어 집니다. 현재가 미래를 결정한다는 사실입니다.

지금 나의 생각과 생활패턴이 미래를 만들게 된다는 것입니다. 지금 여러분들이 게으르고 나태하고 무질서하게 살면 여러분들의 미래는 공허하고 불행해 지지만 지금 여러분들이 부지런히 공부하고 절제하고 열심히 살면 여러분들의 미래는 풍요롭고 행복하게 될것입니다. 이처럼 우리들의 미래는 우리의 현재에 달려있습니다.

마치 군인이 전쟁터에 나가기전에 훈련을 받는 것과 같습니다. 전쟁터에 나가는 사람이 총을 다룰 줄 모른다면 그는 곧 죽고 말 것입니다. 전쟁에서 이기려면 매일 같이 전술 훈련을 쌓고, 체력을 강화하고, 훈련을 철저히 해야 승리를 이끌어 낼수가 있는 것입니다.

지금 대구 유니버시아드대회에서 메달을 따는 사람들은 그냥 정상에 올라가는 것이 아닙니다. 철저히 훈련을하고 준비를 하는 사람들이 메달을 목에 겁니다. 마찬가지로 우리가 꿈을 이루기 위해서는 지금 준비하고 철저히 훈련하고 미래를 위하여 오늘을 노력해야 하는것입니다.

그렇다면 여러분들은 얼마나 준비를 하고 계시는지요? 여기에 플러스 알파 우리의 꿈이 이루어지기 위해서는 하나님의 도우심이 절대적으로 필요합니다.

계획은 내가 했어도 그 일을 성취하시는 분은 하나님이라고 하셨습니다. 더욱이 하나님의 일을 한다면 이것은 더욱 중요한 것입니다.

예수님도 준비에 철저하셨습니다. 세례를 받는 도중 성령이 예수님께 임하였습니다. 먼저 광야로 나가셔서 금식기도로 공생애를 준비하셨고 마귀의 시험도 하나님의 말씀으로 물리치셨습니다. 이처럼 하나님의 일을 위해서는 준비가 필요한 것입니다.

셋째, 끝까지 인내하고 기다려야 합니다.

꿈은 저절로 이루어지지도 않지만 단숨에 이루어지지도 않습니다. 꿈을 이루기 위해서는 많은 시간이 걸리거나 여러 어려운 난관들을 극복하고 이기어 내야 합니다.

모세는 이스라엘 민족을 40년이란 세월이 흘러서야 그렇게 갈망했던 가나안 땅으로 인도할 수가 있었습니다.

하나님께서 하늘의 별과같이 땅의 모래알같이 아들을 주시겠다고 약속한 아브라함도 이삭을 낳을때까지 25년을 기다렸습니다. 야곱도 20년동안 고향을 떠나 타향에서 외로움과 투쟁하며 벧엘에서 보여주신 꿈을 바라보며 인내하며 기다렸습니다. 요셉은 30세로 총리대신이 될 때까지 13년을 기다렸고, 다윗 역시 10대의 기름부음을 받았지만 사울왕에 쫓기며 긴세월을 인내하며 기다렸습니다.

우리 예수님도 하나님의 구원 사역을 완성하기 위하여 십자가의 고통을 참고 인내하셨습니다. 한마디만 하셨어도 천군천사를 통하여 그 고통은 단번에 사라지게 할 수도 있었습니다. 그러나 주님은 아무 말씀도 하시지 않으셨습니다.

그러므로 십자가의 구원을 완성하셨습니다. 그래서 바울 사도는 "선한 일을 하다가 낙심하지 말라고 하시며 때가 되면 다 거두리라"고 하셨습니다. 끝까지 인내하는 신앙으로 하나님의 축복을 얻으시기를 바랍니다.

언제나 하나님의 축복은 고난과 인내를 통하여 주시는 것입니다. 진주라는 보석은 고통과 인내의 산물입니다. 바다의 조개가 입을벌려 먹이를 먹으려고할 때 프랭크톤과 함께 거친모래가 조개의 몸속에 들어가면 거친 모래는 부드러운 조갯살에 상처를 입히게 됩니다. 그러면 그 조개는 상처를 아물게 하려고 몸에서 진액을 내놓습니다. 그 진액은 상처를 아물게 하면서 이물질인 모래를 감싸게 되는데 그것이 오랜 시간 지나면서 진주가 되는 것입니다.

고통과 상처가 없는 조개는 진주를 만들어내지 못합니다. 고난과 인내가 없는 삶에는 하나님의 은혜와 축복을 이루어 낼 수가 없습니다. 그러므로 성도는 고난이 있어도 주님의 십자가를 바라보며 인내하고 기다려야 합니다.

노예 자식으로 태어나 버려진 아이처럼 자라서 그의 생년월일조차 알지못했던 조지 워싱턴 카버(George Washington Carver)는 1940년 죽을때에는 전 미국인의 존경을 받았던 최초의 흑인 이였습니다. 그는 미국 최고의 농학자였고 계몽가였고 철저한 그리스도인 이었습니다. 마틴루터 킹목사님을 싫어하는 백인들은 있습니다. 그러나 조지워싱턴 카버 박사는 인종을 뛰어넘어 모든 미국인으로 부터 사랑을 받는 사람입니다.

그는 어려운 횐경에서 자랐습니다. 주인집 백인 아들이 공부하는 것을 어깨너머로 배워 마침내 농학 박사학위를 받은 후 좋은 일자리를 마다하고 가난한 흑인 농민들을 돕기 위해 농촌으로 들어갑니다.

미국 남부는 한때 면화 재배로 유명했습니다. 그런데 면화는 땅속에 있는 질소를 잡아먹습니다. 그러므로 땅이 황폐해 집니다. 그러면 면화를 재배하기 위하여 새로운 땅을 개간해야 합니다.

그러나 몇 년을 재배하면 그땅도 또 못쓰게 됩니다. 결국 미국 남부의 모든 땅들이 질소를 잃고 황폐하게 되었습니다. 그때 카버 박사가 질소가 없어진 땅에 땅콩을 심으면 땅콩 재배도 잘될뿐 아니라 없어진 질소 또한 회복된다는 사실을 알아 내었습니다.

그래서 그의 권유에 따라 목화 재배를 하던 남부의 모든 농가들이 땅콩을 재배하였습니다. 카터 대통령의 땅콩 농장도 그때 시작된 것입니다. 땅콩을 심었더니 정말 카버 박사의 말대로 땅콩도 풍년이 들었고 땅도 되살아났습니다. 그런데 문제가 또다시 생겼습니다. 땅콩이 산더미처럼 쌓여 땅콩을 처분할 길이 없었습니다. 그래서 땅콩 때문에 또 망하게 된것입니다.

이 사실을 알게된 카버 박사는 마음이 괴로웠습니다. 자기말을 듣고 수많은 남부의 사람들이 땅콩을 심었는데 그들이 그땅콩 때문에 고통을 받는다는 것이 마음에 괴로웠습니다. 그래서 그는 어느날 새벽 해뜨기 전 산속으로 들어가 산길을 걸어가면서 동쪽에 떠오르는 해를보고 하나님께 기도를 했습니다.

오 하나님이시여! 당신은 무엇을 하시려고 이 우주를 창조하셨습니까? 물었습니다. 하나님께서 말하기를 너는 너의 작은 소견을 가지고 너무 큰 것을 알려 하지말고 네게 알맞은것을 물어보아라. 그래서 다시 묻기를 사람을 무엇에 쓰시려고 세상에 두셨는지 알려주십시오 하였더니 하나님께서 또 말씀하시기를 너는 아직도 네가 감당치 못할 것을 질문을 하고 있구나!

그런 질문하지말고 지금 네 현실과 네 마음속에 걱정하고있는 문제를 말해보려무나 하셨습니다.

그때 카버 박사는 한참 생각을 하다가 하나님 당신은 무엇을 하시려고 땅콩을 심게 하셨습니까?

그때 하나님께서 말씀하시기를 땅콩을 한줌들고 실험실로 들어가서 연구를 계속하라 산에서 돌아온 카버 박사는 땅콩을 한줌들고 자신의 실험실로 갔습니다. 그리고 밤낮으로 연구한 결과 땅콩 버터, 땅콩 크림, 땅콩 식용유, 땅콩 구두약 등 무려 105가지의 식용품과 200가지의 실용품을 만들어 냈습니다.

카버 박사가 발견한 모든 기술로 남부의 경제가 되살아났습니다. 그러나 카버 박사는 단 1달러의 로열티도 받지 않았습니다. 그것은 자신을 통해 남부의 백성들을 구원하시려는 하나님의 비젼이었음을 그는 알았기 때문입니다.

여러분 생각해 보십시오. 카버 박사가 한줌의 땅콩을 들고 실험실로 들어갈 때 그 땅콩의 가치가 몇 불이나 되었겠습니까? 하찮았을 것입니다. 그러나 지금 손안에 든 것의 귀함을 알았을 때 그를 통해 이루시려는 하나님의 비젼은 이루어 졌습니다. 여러분의 손안에 지금 들어있는 것, 여러분의 주머니안에 지금 들어있는것, 그것이야말로 하나님의 소중한 도구임을 알 때 하나님의 비젼은 우리의 삶을 통해서 이루어져 가는 것입니다.

사랑하는 독자 여러분!

언젠가 꿈은 이루어집니다.

그러므로 원대한 꿈을 가지십시오. 혹 내 세대에 이루어지지 않는다고 낙심하지 마십시오. 다음 세대가 이룰 것입니다. 그러므로 초석을 닦고 기초를 준비한다면 기필코 하나님께서는 이루어 주실 것입니다. 오늘을 준비하십시오. 그리고 끝까지 인내하고 참으십시오. 그러면 분명히 꿈은 이루어 질것입니다.

연세대학교 전경(1960년대)

권 병 오 목사

대한예수교 장로회 **원주반석교회**

✤ 주소 : 강원도 원주시 소초면 흥양리 1529-9
✤ TEL : (033)731-6004, 732-4809
✤ E-mail : wjvs@dreamwiz.com
✤ http://www.wjvs.org

학력 및 신력

- 총회신학교 졸업
- 미국 캐롤라이나 대학 졸업
- US총신대 졸업
- 연세대 연합신학원 졸업
- 아세아연합신학대학원 과정졸업
- 미국 핸더슨 대학원 상담학 박사

- 세계복음선교협의회 상임회장
- 아세아 연합신학대학원 동문회 감사
- 검경신문 논설위원
- 크리스챤 연합신문 부사장
- 강남 총신대 이사 및 교수
- 원주 기독교 혼성합창단 지도교수
- 청석 봉사회 회장
- 상담지도사
- 예장 합동통신 부흥강사단장

믿음의 눈
요한복음 3장 11~15절

진실로 진실로 네게 이르노니 우리 아는 것을 말하고 본 것을 증거하노라 그러나 너희가 우리 증거를 받지 아니하는도다 내가 땅의 일을 말하여도 너희가 믿지 아니하거든 하물며 하늘 일을 말하면 어떻게 믿겠느냐 하늘에서 내려온 자 곧 인자 외에는 하늘에 올라간 자가 없느니라 모세가 광야에서 뱀을 든것 같이 인자도 들려야 하리니 이는 저를 믿는 자마다 영생을 얻게 하려 하심이니라

하나님께서 이 세상을 말씀으로 창조 하시고 심히 좋아 하셨습니다. 그리고 지으신 만물 중에서도 가장 보시기에 좋았던 것은 흙을 빚어 하나님의 형상으로 만드신 사람 이었습니다. 그이유는 세상의 많은 피조물 중에 오직 사람만이 하나님을 경배하고 하나님께 영광을 돌리며 찬송을 드릴 수 있었기 때문입니다.

하나님은 사람을 만드실 때 많은 동물과 구분하여 본능적인 기능보다는 이성적이고 창조적인 기능을 더욱 강하게 만들어 주셨습니다. 또한 사람들의 가슴에 영원한 것을 심어 주셨습니다. 이처럼 인간은 본래 하나님께서 지으실 때부터 이미 그분의 성품을 닮아서 창조되었습니다.

그러므로 사람들은 삶다운 삶을 추구하며 지혜를 얻기 위하여 여러 방면으로 연구하고 많은 생각을 하며 애쓰는 중에 각자 나름대로 가치관을 형성하고 있습니다. 그러나 하나님의 신자는 하나님을 경외함이 사람의 본분이며 지혜의 근본임을 알기 때문에 하나님께 속한 삶을 살며 육성이 아닌 신성을 그리고 세속에 속하지 않고 의로운 삶을 추구하며 또한 하나님께 대한 마음의 중심을 가지고 신의 성품을 닮아가기를 원하는 것입니다.

이와 같은 변화는 사람의 지식으로 되는 것이 아니라 오직 형용 할 수 없는 감동의 은혜로 들려주시는 성령의 말씀을 받으므로 되는 것이며 그때부터 우리는 하나님을 알게 되고 또한 믿고 경외하는 신자로 태어나게 되는 것입니다.

하나님께서는 노예생활을 하던 이스라엘 민족을 모세를 세우셔서 출애굽을 하게 하셨습니다. 그들이 출애굽 했을 때에 그들은 하나님께서 해방의 역사에 개입하셨다는 사실에 대해 감사하는 마음으로 가득 했었습니다.

그러나 그 이후에 광야에서 고난스러운 길을 걷게 되자 이스라엘 백성들은 모세와 하나님을 원망했습니다. 배고프다고 원망하고 목마르다고 원망하는 그들에게 하나님은 만나와 메추라기를 주셨고 반석을 두드려 갈증을 면하게 해 주셨습니다. 그들은 그때마다 살아계신 하나님께 감사를 드렸습니다.

그러던 중 그들은 식물도 없고 물도 없는 홍해 길로 좇아 에돔 땅을 두르는 길을 걷게 되었습니다. 그때 그들은 더 이상 견딜 수 없어 "우리를 이 광야에서 죽게 하는고? 이곳은 식물도 없고 물도 없도다"하고 하나님과 모세를 원망하기 시작했습니다.(민21:4~9) "차라리 애굽에서 죽도록 버려 두었으면 오히려 낫지 않았겠느냐"하면서 하나님의 구원의 섭리를 원망으로 대신하게 되었습니다.

그때 하나님께서 그들에게 불 뱀을 보내서 불 뱀으로 하여금 원망하는 자들을 닥치는 대로 물게 하여 광야에서 죽게 되었습니다. 그 불 뱀은 그 독이 아주 강해서 물리는 즉시 온 몸이 퉁퉁 붓고 시력을 잃고 고열이 나며 심한 고통을 겪다가 몇 분 후에 죽게 되는 아주 무서운 독사였습니다.

그들은 광야에서 지칠대로 지친 중에 불 뱀을 만났기에 속수무책이었습니다. 그래서 결국 그 가운데 몇이 모세를 찾아와서 "우리로서는 도저히 감당할 수 없는 고난이니 하나님께 기도하여 이 불 뱀들을 물리쳐 주세요"라고 부탁을 했습니다.

모세가 하나님께 간절히 기도하매 하나님께서 말씀하시기를 "모세야 놋 뱀을 만들어 장대에 높이 달고 불 뱀에 물린 자들에게 보게 하라 그리하면 살리라"라고 하셨고 모세는 장대에 놋 뱀을 달아서 모두 보게 하였습니다.

여러분 생각해 보십시오.

이 구리로 만든 뱀이 무슨 능력이 있어 불 뱀의 맹독을 해독시킬 수가 있겠습니까? 그러나 하나님께서 놋 뱀을 달아 장대 위에 높이 세우고 그것을 보는 자는 살리라 한 것은 하나님의 말씀을 믿는가를 보려 하셨던 것입니다. 불 뱀에 물린 자들이 모세의 말을 믿고 놋 뱀을 볼 때 그 순간부터 맹독이 제거되고 새로운 생명이 들어오기 시작했습니다. 신기한 일이 장대 위에 달린 놋 뱀을 보는 순간부터 이루어지기 시작했던 것입니다.

이 사건에서 우리는 세 가지 교훈을 배우게 됩니다.

첫째, 하나님께 어떠한 일이 있어도 원망하지 않아야 겠다는 것입니다.

원망은 어떤 문제도 해결할 수도 없고 또한 그일에 전혀 도움이 되지 않습니다. 이스라엘 백성들이 식물도 없고 물도 없는 길을 걸으며 원망했을 때 문제가 해결 되었습니까?

식물도 얻고 물도 얻게 되었습니까?

도리어 하나님의 진노를 사게 되어 불뱀에 물리는 엄청난 고난을 겪게 되지 않았습니까? 이스라엘 백성들이 원망 대신에 하나님께 감사와 찬양을 드렸다면 같은 조건에서 더 좋은 하늘의 복을 받았을 것입니다. 그러나 그들은 틈만 나면 원망하여 하나님의 진노를 사게 된것입니다.

둘째, 놋뱀을 보면 살리라 한 그 말씀을 사람의 생각으로는 도무지 믿을 수 없는 일이었습니다.

독사에게 물렸는데 해독제는 주지 않고 고작 못생긴 놋뱀을 만들어

보라 하다니. 어떤 이는 끝까지 믿지 않고 죽어 갔을지도 모릅니다.

그러나 놋뱀을 본 자들은 모두 살아났습니다. 이처럼 놋뱀을 보는 것 그 자체는 별의미가 없을 수 있으나 하나님께서 놋뱀을 보면 살리라 하시는 보이지 아니한 전능하신 하나님의 신기한 능력이 놋뱀을 보는 자들을 소생시킨 것입니다.

셋째, 요한복음 3장에 기록한 모세의 놋뱀의 말씀을 인용하여 하신 말씀 중에 "모세가 광야에서 뱀을 든 것같이 인자도 들려야 하리니 이는 저를 믿는 자마다 영생을 얻게 하려 하심이라"(요3:14~15)는 말씀입니다.

하나님의 아들 예수 그리스도께서 2000년 전에 이 땅에 오셨습니다. 예수 그리스도는 하나님의 전부를 가지고 오셨고, 일문일답도 하셨으며 또한 하늘의 전권을 받으셨으며 모든 능력과 기적을 주셨습니다. 예수 그리스도의 권위는 하늘이 보장하는 것입니다.

예수 그리스도는 이 땅에 오셔서 장님의 눈을 뜨게 했습니다. 벙어리로 하여금 말을 하게 했습니다. 문둥병자를 고치고 억눌린 자에게 자유를, 앉은뱅이를 걷게 하셨습니다. 영원한 불구자의 마른 손을 다시 새로운 생기를 넣어 온전케 하셨고, 죽은 나사로를 불러서 무덤 속에서 이끌어 내기도 하셨습니다.

예수 그리스도는 그 거룩한 하늘의 역사와 전능하신 그의 능력을 모두에게 보이시면서 희망과 빛을 주셨습니다. 그러나 그의 말년에 유대의 원로와 과격분자들에 의해 잡혀가시되 순한 양처럼 끌려 가셨습니다. 나무에 달린 자마다 저주 받은 것이라고 했던 그 십자가를 지시고 갈보리 산을 향해서 마치 털 깎으로 가는 순한 양처럼 끌려 가셨습니다.

그때 곁에 있던 한 제자가 말했습니다. "주여, 죽은 자를 불러내기도 하셨고 장님의 눈을 뜨게도 하셨으며 벙어리와 귀신들과 죽은 자를 살리신 분이 아니십니까? 왜 끌려 가셔야 합니까? 능력을 나타내시어 저들을 진멸시키실 수 있지 않으십니까?"

그러나 주께서는 말씀하시길 "내 이제라도 하늘에 있는 열두 영이나 더 되는 영들을 불러서 이들을 진멸할 수가 있느니라. 그러나 그렇게 하면 마땅히 응하여야 할 하나님의 말씀이 응하여지지 아니 하느니라. 비록 내게 하나님께서 전능한 능력을 있다고 할지라도 나는 그것을 말씀을 이루는데 사용할 뿐 사사로이 내 임의로 사용할 수 없느니라" 예수님께서는 독생하신 아들이지만 하나님 아버지의 말씀과 뜻을 뛰어 넘으려 하지 않았습니다. 그리고 우리 모두의 죄를 짊어지시고 십자가에 달리게 되었습니다.

그 십자가를 보는 이들은 새 삶을 살게 될 것입니다. 우리를 대신해서 죽으신 그리스도의 십자가가 오늘 우리의 죄를 모두 씻어 다시 소생하게 해 주시는 능력이 되는 것입니다. 이처럼 십자가는 우리와 하나님과의 문제를 해결해 주시는 놀라운 힘이 있는 것입니다. 하나님과의 벽이 되어 있던 죄가 해결되므로 우리는 은총과 용서를 받게 되고 나아가서 하나님과 완전한 화해를 이루게 되는 것입니다.

참으로 십자가에 달리신 인자를 봄으로써 모세 시대에 불 뱀에 물린 자들이 불 뱀을 보는 것 같은 놀라운 해독작용이 되는 것이며 그로 인해 오늘을 사는 신자들에게 큰 소망을 갖게 해 주고 영생을 얻을 수 있는 새로운 출발이 되게 하신 것입니다. 우리는 놋 뱀을 보는 것과 인자가 높이 달리신 것을 보고 믿는 믿음의 세계를 다시 한번 생각해 봅니다.

거친 폭풍우 속에서 배를 타고 예수님을 기다리던 제자들은 계속 기다려 보자는 의견과 더 이상 기다릴 수 없다는 의견으로 나뉘어져 있었습니다. 그때 멀리서 바다 위를 걸어오시는 예수님을 보고 유령이라고 하는 자도 있었고 또한 정체를 알지 못해 모두 두려워하고 있었습니다.

그때 예수님께서 그들의 곁을 지나가시자 베드로가 예수님이라는 것을 알아보고는 자신도 바다 위를 걸어 예수님께 가기를 간청합니다. 예수님께서 "베드로야 오라" 하시는 말씀을 듣고 그 말씀에 의지하여 그는 평생 한번도 경험하지 못한 물 위를 걷게 되었습니다.

그런데 세차게 바람이 불어오자 베드로는 자신이 물 위를 걷고 있다는 사실을 의심하기 시작했고 이내 물 속에 빠지게 되었습니다. 예수님은 베드로의 손을 잡으시고 "어찌하여 네가 의심하였느냐" 하시며 베드로와 함께 배에 오르게 됩니다. 여기서 우리는 물 위를 걸을 수 있는 두

가지 방법을 알게 되었습니다.

오라 하시는 예수님의 말씀을 100% 의심하지 않고 믿고 따르는 것과 예수님 손을 잡고 걷는 것입니다. 신앙은 마음이 복잡하면 더 이상 발전할 수가 없습니다. 모든 일을 단순하게 생각하고 말씀을 따라 순종하면 기적도 일어나고 능력도 생기는 것입니다.

남북전쟁 중 치열한 전투의 어려움 가운데서 링컨에게 용기를 주기 위해 부하중 하나가 "우리는 하나님께서 함께 하시기에 반드시 승리할 것입니다"라고 할 때 아브라함 링컨은 "하나님께서 우리와 함께 하심은 물론이거니와 문제는 우리가 하나님을 100% 신뢰하고 하나님과 함께 하고 있느냐 하는 것이다"라고 말했습니다. 아브라함 링컨은 하나님을 단순하게 믿었습니다. 그는 항상 "어떻게 하면 하나님을 더 기쁘시게 할 수 있을까?"하는 마음뿐이었습니다. 그 결과 그는 남북전쟁에서 승리하고 미국 역대 대통령중 가장 존경받는 이가 된 것입니다.

본문으로부터 우리는 모든 일에 원망과 불평하지 않고 늘 감사하는 생활이 되야함을 깨달았으며 하나님이 말씀하시면 아무 능력도 쓸모도 없는 놋뱀도 해독제가 될 수 있음을 알게 되었으며, 인자가 높이 들리는 십자가를 믿는 것이 오늘을 사는 우리들에게 죄와 허물된 것에서 벗어날 수 있는 유일한 방법임을 느끼게 되었습니다.

사랑하는 독자 여러분!

100% 믿음으로 걸으셔서 십자가의 군사가 되시고 주님 앞에 설 때 칭찬과 명성을 얻으시고 하늘의 축복과 은혜가 넘치도록 받으시기를 예수님의 이름으로 축원합니다.

원주캠퍼스

기 독 교
대한성결교회 **이수성결교회**

✝ 주소 : 서울시 서초구 방배본동 755-8
✝ TEL : 02)592-4161~3
✝ http://www.eternalwell.com

임 병 우 목사

학력 및 신력

- 성결대학 졸업(B.A)
- Indiana Christian University Graduate School of Theology 졸업(M.Div.)
- 서울신학대학 대학원 졸업(M.M)
- 연세대학 연합신학대학원 졸업
- Western Conservative Baptist Seminary 선교학박사과정(D.Miss)수료
- Drew University 대학원 졸업 (목회학 박사학위 취득-D.Min)
- Continental Unicersity 대학원 졸업 (대체의학 박사학위 취득-D.AM)
- 장항교회, 함라중앙교회, 대관령교회, 이수교회 시무
- 연세부흥신학협의회 공동의장
- 서울신학대학 겸임교수
- 중앙신학, 성결대학교, 호세대학교, 천안대학교 출강

부활을 본받아 연합한 자

로마서 6장 1~11절

그런즉 우리가 무슨 말 하리요 은혜를 더하게 하려고 죄에 거하겠느뇨 그럴 수 없느니라 죄에 대하여 죽은 우리가 어찌 그 가운데 더 살리요 무릇 그리스도 예수와 합하여 세례를 받은 우리는 그의 죽으심과 합하여 세례 받은 줄을 알지 못하느뇨 그러므로 우리가 그의 죽으심과 합하여 세례를 받음으로 그와 함께 장사되었나니 이는 아버지의 영광으로 말미암아 그리스도를 죽은 자 가운데서 살리심과 같이 우리로 또한 새 생명 가운데서 행하게 하려 함이니라 만일 우리가 그의 죽으심을 본받아 연합한 자가 되었으면 또한 그의 부활을 본받아 연합한 자가 되리라 우리가 알거니와 우리 옛 사람이 예수와 함께 십자가에 못 박힌 것은 죄의 몸이 멸하여 다시는 우리가 죄에게 종노릇하지 아니하려 함이니 이는 죽은 자가 죄에서 벗어나 의롭다 하심을 얻었음이라 만일 우리가 그리스도와 함께 죽었으면 또한 그와 함께 살 줄을 믿노니 이는 그리스도께서 죽은 자 가운데서 사셨으매 다시 죽지 아니하시고 사망이 다시 그를 주장하지 못할 줄을 앎이로라 그의 죽으심은 죄에 대하여 단번에 죽으심이요 그의 살으심은 하나님께 대하여 살으심이니 이와 같이 너희도 너희 자신을 죄에 대하여는 죽은 자요 그리스도 예수 안에서 하나님을 대하여는 산 자로 여길찌어다

선행과 구제하는 일에 열심이던 "도르가"라는 여인이 병들어 죽었습니다. 소식을 듣고 찾아 온 베드로가 무릎을 꿇고 기도하고, "다비다야 일어나라" 할 때에 이 여인은 살아났습니다. 그 여인은 죽고 삶으로 하나님께 영광을 돌렸습니다.

성경에는 죽음과 부활을 경험한 사람들이 소개되고 있습니다. 사렙다 과부의 아들, 수넴 여인의 아들, 엘리사의 뼈에 닿을 때 살아난 사람, 나인성 과부의 아들, 야이로의 딸, 나사로, 유두고, 그리고 주님께서 운명하실 때 무덤들이 열리며 자던 성도들이 많이 일어났습니다. 모든 사람들을 깜짝 놀라게 한 사람들입니다.

그런데 본문 말씀에 보면 우리 역시 죽음을 경험하고 부활을 경험해야 한다고 강조하고 있습니다. 먼저 죽어야 한다고 강조합니다. 그러나 이것은 일반적인 죽음이 아닙니다. 그리스도와 함께 영적으로 죽는 일입니다.

그러나 영적인 죽음이라 할지라도 육적인 죽음과 닮은 점이 많습니다. 죽은 자는 삶이 정지됩니다. 어제의 것으로 괴로워할 이유가 없으므로 어제와의 단절이고, 오늘을 염려할 필요도 없으므로 오늘과의 단절입니다.

물론 내일을 두려워 할 이유도 없으므로 내일과의 단절입니다. 그러기에 "어제의 것은 잃어버리라" 하셨고, "한 날의 괴로움은 그 날에 족하다" 하셨으며, "내일 일은 내일 염려하라" 하셨습니다.

죽은 자에게 남아 있는 일이란 영원이 있을 뿐입니다. 음부 아니면 낙원입니다. 세상적으로 부족할 것이 없었던 부자였다 할지라도 자신만을 위하는 이기주의자, 향락만을 추구하는 육욕 중심의 인생은 물 한 방울을 못내 그리워하는 유황 불 못 음부에 거하게 되며, 비록 세상적으로 있는 것이라고는 누더기 헌 옷 한 벌 뿐이라 할지라도 하나님을 믿고 의지하며 소망하며 살아가던 나사로는 영광스러운 낙원 아브라함의 품안에 안기에 됩니다. 결국 죽은 자는 음부냐 낙원이냐 그것이 문제입니다. 그러기에 그리스도와 함께 죽는 자에게 낙원이 보장된다는 사실이 우리를 영원히 감격하게 하는 것입니다.

뿐만 아니라 죽은 자는 세상적인 모든 것들로부터 자유 함을 얻게 됩니다(눅 16장). 영적으로 죽는 자도 마찬가지입니다. 그리스도와 함께 죽은 자는 세상으로부터 자유하게 되며(골 2:20, 3:2), 율법으로부터 자유하며(롬 7:4), 죄로부터 자유 합니다(롬 6:2, 7).

"그의 죽으심을 본받아 연합한 자"는 "옛 사람이 예수와 함께 십자가에 못 박힌 것"이며, "죄에 대하여 죽은 것"이며, "죄의 몸이 멸한 것"이며, "주님과 함께 장사 된 자"라 했습니다.

이 사실을 바울은 "세상이 나를 십자가에 못 박고 내가 또한 세상을

십자가에 못 박았다"고 간증하고 있습니다(갈 6:14). 나는 세상을 단절
시켰고, 세상은 나를 단절시켰다는 것입니다. 그 결과 바울에게 어떠한
일들이 일어 납니까?

"옛 사람의 나"에게 유익하던 모든 것들을 전부 해로운 것으로 여깁
니다. 그래서 옛 사람으로서 사랑하던 것들을 배설물과 같이 미련 없이
버립니다. 그리고 "새 사람 된 나"의 가치관이 달라집니다. 그리스도 예
수를 아는 지식을 가장 고상하게 여기며, 그리스도를 얻는 것을 가장 큰
성공과 축복으로 여기며, 그리스도 안에 거하게 됨을 가장 큰 기쁨으로
여깁니다(빌 3:8-10). 그리고 이 일을 온전히 이루기 위하여 어찌하든
지 그리스도의 고난과 부활에 동참하고자 합니다(빌 3:11).

그래서 바울은 자기 몸을 쳐서 복종시키는 일을 계속합니다. "나는
날마다 죽는다"고 간증합니다. 이것이 그의 자랑이라고 했습니다(고전
15:31). 옛 사람을 죽이는 만큼 죄에게 종노릇하지 않기 때문이며, 부활
의 권능에 참여할 수 있기 때문입니다.

우리는 여기에서 우리의 문제점을 발견 할 수 있습니다. 버릴 것을
버리지 못하는 문제, 묻어 버릴 것을 묻어 버리지 못하는 문제입니다.

제가 초등학교 5, 6학년 시절에 "싸배기"라는 별명을 가진 반 친구가
있었습니다. 이 친구는 가릴 것을 제 때에 가리지 못합니다. 공부하는
도중에도 나와서는 안 될 것이 몸 밖으로 나옵니다. 창피해서인지 그것
을 깔아뭉개고 있습니다. 그의 몸에서는 지독한 냄새가 떠나지 않습니
다. 버릴 곳이 아닌 곳에 버린 결과이며, 버릴 것을 버리지 못한 결과입
니다.

우리는 "주님의 십자가를 믿노라"라고 하면서도 주님과 함께 죽지를
못합니다. 버릴 것을 버리지 못합니다. 그 결과 그리스도의 향기를 발하
지 못합니다. 여기에서 "아직도 옛 사람이 살아 있는 자"로서의 갈등을
면하지 못하고 있는 것입니다.

바울처럼 주님과 함께 십자가에서 죽읍시다. 쳐서 복종시킵시다. 세
상을 십자가에 못 박고 세상이 또한 우리를 십자가에 못 박기를 자처합
시다. 이를 위해 악은 모든 모양이라도 버려야 합니다.

한 걸음 더 나아가 주님의 죽으심과 연합한 자는 주님의 부활을 본받

아 연합한 자가 됩니다. 그리스도와 함께 죽음을 경험한 자가 그리스도와 함께 다시 살아나는 경험입니다. 그러기에 "만일 우리가 그리스도와 함께 죽었으면 또한 그와 함께 살줄을 믿는다"고 소개하고 있습니다.

그렇다면 주님의 부활을 본받아 연합한 자에게는 어떤 결과가 옵니까?

세상과 율법과 죄로부터 자유 함을 얻을 뿐만 아니라, 새 생명 가운데 행하게 됩니다. 그리스도 예수 안에 있는 생명과 성령의 법이 죄와 사망의 법에서 해방 되었기 때문입니다(롬 8:2).

그러기에 주님의 부활을 본받아 연합한 자는 그리스도의 영으로 살아갑니다(롬 8:9). 다시 말해서 주님 안에서, 주님의 것으로 삶 전체를 엮어 가는 것입니다. 물론 이 때에도 육체적인 본능은 남아 있습니다. 그러므로 연약하여 넘어질 가능성이 있습니다.

그러나 부활의 영으로 살아가는 자는 성령께서 연약함을 도와주십니다(롬 8:26). 성령께서 도와주시기에 모든 것이 합력 하여 선을 이루게 됩니다(롬 8:28). 하나님께서 위해 주십니다. 그러기에 송사할 자가 없으며, 정죄할 자가 없으며, 그리스도의 사랑에서 끊을 자가 없습니다. 환난이나 곤고나 핍박이나 기근이나 칼이라 할지라도 우리를 우리 주 그리스도 예수 안에 있는 하나님의 사랑에서 결단코 끊을 수 없는 것입니다(롬 8:31~39).

이러한 사실을 우리에게 보여주는 한 여인이 있습니다. 그는 바로 시각 장애인인 "크로스비"입니다. 그녀는 수차례 자살을 결심 했으나 그리스도를 영접하고, 그리스도의 죽으심과 합하여 세례를 받고, 그리스도의 부활을 본받아 연합한 자가 되었습니다.

그리스와 함께 죽는 경험과 다시 살아나는 경험을 갖게 된 것입니다. 그는 새 생명 가운데 남은 생애를 엮어 가면서 8천 5백여 편의 찬송 시를 발표합니다. 그리고 그가 만든 204장 찬송처럼 이 세상에서 하늘의 영광을 누리게 됩니다. 사랑의 음성을 들으면서 하늘의 영광을 보게 됩니다. 주님 안에서의 기쁨을 누리면서 마음의 풍랑이 잔잔해 집니다. 세상과 자기는 간 곳이 없고 구속한 주님만 보게 됩니다.

주님과 함께 못 박히고 무덤에 장사지낸바 되는 경험이 있기를 축원합니다. 설 죽으면 본인에게도 이웃에게도 괴로운 일입니다. "완전히 죽음"으로 심각한 불경기시대를 넉넉히 이길 수 있기를 축원합니다.

아울러 주님과 함께 새 생명으로 다시 살아난 임마누엘 성도로써, 환난과 핍박과 역경 속에서도 세상의 빛과 소금의 사역을 감당하며 최선을 다하여 살아갈 수 있기를 축원합니다. 그래서 바울과 실라처럼 감옥에서도 찬송하고 기도할 수 있고, 도르가처럼 과부가 된 상황에서도 이웃을 도울 수 있고, 스데반처럼 순교하면서도 전도할 수 있기를 축원합니다.

김 의 중 목사

인천작전동감리교회

✝ 주소 : 인천 계양구 작전3동 694-4
✝ TEL : 032) 542-2950
✝ E-mail : servingkim@hanmail.net
✝ http://servingjesus.co.kr

학력 및 신력

- 목원대학교 신학과 졸
- 연세대학교 연합신대원 졸(문학석사)
- 트리니티신학대학원 졸(문학석사)
- 싸우스퍼시픽대학교 (철학박사)

- 작전동교회 담임목사
- 중국복지후원회 회장
- 사회복지법인 방산복지재단 이사장
- 사회복지선교회 이사장
- 기독교대한감리회 유지재단 이사

포도나무 그리스도를 배우는 삶

내가 참 포도나무요 내 아버지는 그 농부라 무릇 내게 있어 과실을 맺지 아니하는 가지는 아버지께서 이를 제해 버리시고 무릇 과실을 맺는 가지는 더 과실을 맺게 하려하여 이를 깨끗게 하시느니라 너희는 내가 일러준 말로 이미 깨끗하였으니 내 안에 거하라 나도 너희 안에 거하리라 가지가 포도나무에 붙어 있지 아니하면 절로 과실을 맺을 수 없음 같이 너희도 내 안에 있지 아니하면 그러하리라 나는 포도나무요 너희는 가지니 저가 내 안에, 내가 저 안에 있으면 이 사람은 과실을 많이 맺나니 나를 떠나서는 너희가 아무것도 할 수 없음이라 사람이 내 안에 거하지 아니하면 가지처럼 밖에 버리워 말라지나니 사람들이 이것을 모아다가 불에 던져 사르느니라 너희가 내 안에 거하고 내 말이 너희 안에 거하면 무엇이든지 원하는대로 구하라 그리하면 이루리라 너희가 과실을 많이 맺으면 내 아버지께서 영광을 받으실 것이요 너희가 내 제자가 되리라

기독교인이 된다는 것은 그리스도를 믿어 구원받고, 그리스도를 배워 닮으며 살고, 그리스도를 전하는 사람이 되는 것이다.

오늘 본문은 우리 그리스도인들이 포도나무 그리스도를 배우는 삶을 살아야함을 가르치고 있다.

우리교회 현관에 들어오면 목판에 새겨진 예수님의 발 씻는 조각과 유리벽에 새겨진 포도나무 그림을 만나게 된다. 이는 모두 섬기신 그리스도(Serving Jesus)를 상징하는 것으로 섬기신 그리스도를 본받고자 하는 우리교회의 염원을 보여주는 것이다.

요한복음 15장은 유명한 예수님의 포도나무 비유이다. 포도나무는 구약에서는 이스라엘에 비겼고(겔 15장, 시 80편), 신약에서는 참 교회를 상징하였다. 우리가 사는 시대는 보고 배워야 할 것이 너무 다양한 세상이 되었으며, 지식과 과학이 발달되어 변화와 빠름의 시대이고, 삶의 목적보다 즐김을 추구하는 시대에 살고 있다. 이러한 때에 우리 목회자들과, 그리스도인들은 포도나무 그리스도를 배우는 일이 절대 필요함을 느끼게 된다.

첫째, 섬기신 그리스도를 배우는 삶

예수님께서는 "내가 참 포도나무요…", "나는 포도나무요 너희는 가지니…"라고 선언하시었다. 예수님은 이 선언 속에서 무언의 섬김을 보여주시며, 섬김의 삶을 가르치고자 하셨다.

"섬김"(serve)이란 "남을 귀하게 받들다, 힘써 거들어 주다"이다. 섬김은 포도나무 뿌리처럼, 줄기처럼 크고 강한 사람이 낮아져 작고 약한 사람을 떠받치어 유익하게 하는 것이다. 예수님께서 세상의 모든 인간은 높아져 섬김을 받고, 남을 지배하고 부리려 한다는 것이다(마 20:25). 심지어 예수님의 제자들이 그러하였던 것처럼 오늘날의 목회자들, 교회의 임원들까지도 이런 삶에 물들어가고 있는 것이다.

예수님은 섬기기 위하여 이 땅에 오셨다. 예수님은 "인자의 온 것은 섬김을 받으려 함이 아니라 도리어 섬기려 하고 자기 목숨을 많은 사람의 대속물로 주려함이니라"(막 10:45)라고 하셨고, 잡히시던 밤에는 제자들의 발을 씻겨 섬김의 본을 보이셨다(요13:12). 예수님은 하나님의 아들이시며, 주인이시며, 선생이시면서 제자들의 발을 씻기어 섬기시었다.

예수님께서는 포도나무로 가지인 우리를 섬기신 것처럼 우리도 포도나무 가지로 소지같은 교인들을 섬겨야 하는 것이다. 예수님이 주와 선생이 되어 제자들의 발을 씻기신 후에 "내가 너희에게 행한 것같이 너희도 행하게 하려 하여 본을 보였노라"(요13:15) 하셨다. 그러나 주석가 렌스키는 우리는 로마 교황이 제사직과 왕직을 가진 것을 알고 있으며 개신교인들 중에도 봉사하고 섬기는 자가 되는 대신에 또 다른 작은 법왕이 되려한다고 하였다.

이제 그리스도인 된 우리는 예수님의 섬김을 받고, 배우고 예수님처럼 섬기는 삶에 나가야 한다. 그런 삶이 그리스도인의 삶이며, 복있는 삶이고 거기에 하나님의 나라가 이루어지게 된다.

둘째, 느림의 그리스도를 배우는 삶

요한복음 15장 포도나무 비유는 농사 비유이며 성장과 결과가 늦음을 가르치고 있다. 예수님은 "내가 참 포도나무요 내 아버지는 그 농부라" 하셨다. 포도원 농부이신 하나님 아버지는 참 포도나무 예수님을 이 땅에 메시아로 보내시기 위해 수천년 준비하셔서 보내셨다. 예수님은 이 땅에 오셔서 30년이나 인류 구원을 준비하셨다. 포도나무 비유는 우리에게 좀 늦지만 참된 성장, 참된 열매를 맺어야 할 것을 가르치고 있다. 우리는 하나님과 예수님에게서 늦음(어떤 일이 시간적으로 빠르지 않음)을 배워야 한다.

요즘 우리가 사는 21세기는 속도(speed)시대이다. 컴퓨터와 인터넷, 핸드폰으로 대변되는 정보통신 기술의 발달로 지구촌 시대요, 속도 시대를 열고 있다. 2004년 우리나라는 오랜 공사 끝에 시속 300㎞로 달리는 고속철도의 개통으로 속도시대를 더욱 현실감 있게 만들었다.

우리 목회자들과 교회도 언젠가부터 교회의 빠른 부흥, 성장만이 최선인양 초 speed 성장 세미나가 우리를 끝없이 유혹하고 있으며, 다단계적 교회성장 구조에 물들게 하고 있다. 빠름의 시대 그늘에 수많은 사람들이 낙오되고, 실의와 좌절에 빠지고 수많은 목회자들이 패배감에서 헤어나지 못하고 있다.

이제 우리는 예수님으로부터 느림의 신앙, 느림의 삶을 배워야할 때이다. 이탈리아 로마에 1986년 미국의 패스트푸드(fast food ; 빨리 먹을 수 있는 음식)가 진출하자 이탈리아 음식을 사랑하는 사람들이 3년 후 패스트푸드에 반대하여 슬로우푸드(slow food) 선언문을 공포하여 현재는 전세계 50여 개국에 550여개의 지부를 가지고 있다.

돈을 빨리 벌고, 빨리 부자가 되는 길만을 목표로 삼는 현 사회나, 교회의 빠른 성장에만 골몰하는 우리들에게 느림의 삶은 깊이 생각해야할 예수님의 교훈이다. 느림이 웰빙(Well-Being)을 가져다준다. 사도 야고보는 믿는 형제들에게 "보라 농부가 땅에서 나는 귀한 열매를 바라고 길이 참아 이른 비와 늦은 비를 기다리나니 너희도 길이 참고 마음을 굳게 하라 주의 강림이 가까우니라"(약 5:7~8)라고 하여 농부와 같이 느림과 인내가 필요함을 강조하셨다.

셋째, 과실을 맺게 하는 그리스도를 배우는 삶

예수님께서 참 포도나무로 가지인 우리를 섬기는 목적은 참 과실을 맺게 하게 위함이며, 우리가 가지로서 소지를 섬겨야 하는 이유도 포도원 주인이신 하나님에게 좋은 열매를 많이 맺어 드리기 위함이다. 오늘 우리 사회는 자신의 생존과 자신의 즐김만을 추구하는 결과 없는 삶을 지향하고 있다.

과실(果實)은 열매요, 결과이다. 농부가 포도원을 만드는 이유는 오직 좋은 열매를 거두기 위함이다. 예수님께서는 과실을 맺지 않는 가지는 제해 버림을 당한다 하셨고, 과실을 맺는 가지는 더 과실을 맺게 하려하여 깨끗케 한다고 하셨다. 가지가 포도나무에 붙어있으면 절로 과실을 많이 맺게된다고 하셨다. 우리가 과실을 많이 맺으면 농부이신 하나님이 영광을 받으시는 것이다.

과실을 많이 맺게 되는 오직 한가지 비결은 포도나무 예수님께 가지인 우리가 붙어있는 것이다. 예수님이 우리 안에 우리가 예수님 안에 있는 것이다. 이것은 확고한 믿음을 의미하며, 하나님의 말씀을 지키는 것이다. 우리는 과실을 내기 위해 존재하는 가지여야 한다.

그러면 과실은 무엇인가? 그것은 예수님이 우리를 사랑하신 것같이 우리도 서로 사랑하는 것이다(9~12). 이것이 진정 하나님이 원하시는 열매이다. 또 과실은 삶의 풍요이며, 영혼구원이다. 우리 모두 그리스도 안에 있어 절로 많은 열매 맺는 풍성하고, 축복된 삶에 나가야 하겠다.

예수님은 우리에게 농사의 비유인 포도나무 비유를 통해 섬김의 도를, 느림의 도를, 열매맺는 삶의 도를 가르쳐 주셨다. 자기 중심적이고 조급한 시대에 사는 우리이지만 포도나무 그리스도를 배우며 자연과 사람을 함께 살리는 참 예수님의 제자가 되어 하나님께 영광을 돌리자.

연 고 전

대한예수교
장로회 **장 석 교 회**

✤ 주소 : 서울 노원구 월계4동 873-1
✤ TEL : 02)919-3927, 977-1855
✤ E-mail : victorhee@hanmail.net
✤ http://jangseok.or.kr

이 용 남 목사

학력 및 신력

- 숭실대학 졸업(학사)
- 장로회신학대학 졸업(석사)
- 연세대연합신학대학원 졸업(석사)
- 아세아연합신학대학원 목회학박사 취득

- 영은교회 담임목사
- M.C.C위원
- 장로회신학대학강사
- 총회선거관리위원장
- 총회전도부 부장
- 총회신학교육부장
- 서울북노회장
- 총회서기

예수, 생명의 길!

요한복음 14장 6절

예수께서 가라사대 내가 곧 길이요 진리요 생명이니 나로 말미암지 않고는 아버지께
로 올 자가 없느니라

옛날 인도에 아륙이라 불리는 대왕이 있었습니다. 어느 날 사형수에
게 기름이 가득 담긴 그릇을 주며 "네가 이 기름을 한 방울도 쏟지 않고
온 장안을 다녀오면 살려주겠다."고 하였습니다. 그 죄수는 감사한 마
음으로 그 기름 그릇을 받아 들고 조심스럽게 온 장안을 하루 종일 돌아
다녀 왔습니다. 대왕은 죄수에게 묻기를 "네가 온 장안을 돌아왔으면
몇 가지 묻겠다."고 하였습니다. "장안 큰 통로에는 무엇이 있고 오른
쪽에 있는 큰 건물은 무슨 건물이더냐?"라고 물었습니다. 이 때 죄수는
"아무것도 모르겠습니다!"라고 대답하였습니다.

아륙 대왕은 호통을 치면서 "네가 거짓말로 장안을 돌아왔다고 하는
것이 아니냐? 네가 만일 온 장안을 돌아보았다면 왜 내가 묻는 말에 대
답할 수 없단 말이냐?"라고 하였습니다. 사형수는 "살고 죽는 것은 이
기름에 달려 있다고 생각했습니다. 왕께서 명령하시기를 이 기름을 쏟
지 말고 다녀오라고 하지 않았습니까? 내 생명이 이 기름에 있는데 어
찌 곁눈을 팔 수 있겠습니까? 건물도 사람도 경치도 볼 수가 없었습니
다. 오직 기름 그릇만 조심스럽게 간직하며 돌아왔을 뿐입니다"라고 대
답하였습니다. 왕은 "옳다 됐다"라고 말한 후 석방해 주었다고 합니다.

생명이 달린 문제는 어느 것보다 중요합니다. 그래서 결코 한눈을 팔 수 없었다는 죄수의 말이 옳은 것입니다. 이 시간 영원한 참 생명에 대한 말씀을 나누려고 합니다. 기름 그릇을 들고 거리를 돌아온 죄수처럼 여러분도 그런 마음을 가지고 말씀을 들어야 합니다. 왜냐하면 영원한 참 생명의 길을 발견할 수 있는 소중한 말씀이기 때문입니다.

먼저 오늘 본문에 보면 "예수께서 가라사대 내가 곧 길이요 진리요 생명이니 나로 말미암지 않고는 아버지께로 올 자가 없느니라"고 하셨습니다. 이 구절은 많은 기독교인들이 애송하는 구절입니다.

원어에서는 각 단어마다 정관사가 붙어 있어서 "내가 곧 그 길이요 그 진리요 그 생명"이라고 되어 있습니다. 어디에서도 찾을 수 없는 고유한 것임을 나타내는 것입니다. 다시 말해서 이 길은 오직 예수 안에만 있는 유일한 것이라는 의미를 내포하고 있습니다.

예수께서 이 말씀을 하신 내력을 이해하기 위하여 창조의 기사로 더듬어 올라가보면, 예수가 참 생명의 길이 되심을 발견할 수 있습니다. 태초에 하나님이 천지를 창조하셨습니다. 그래서 창세기 1장 1절은 "태초에 하나님이 천지를 창조하시니라"고 선언하였습니다. 하늘과 땅, 그리고 온 우주 안에 있는 모든 것을 하나님이 만드셨음을 성경은 아주 분명하게 선언합니다.

그래서 시편 33편 6절에서도 "여호와의 말씀으로 하늘이 지음이 되었으며 그 만상이 그 입기운으로 이루었도다"라고 하였습니다. 하나님이 만드셨기에 하나님이 주관하시고 하나님이 다스리시는 세상임을 알 수 있습니다.

하나님은 인간을 창조하실 때 독특한 방법으로 만드셨습니다. 창세기 2장 7절에 보면 "여호와 하나님이 흙으로 사람을 지으시고 생기를 그 코에 불어 넣으시니 사람이 생령이 된지라"고 하였습니다.

다시 말해서 인간의 생명은 그 출발이 바로 하나님에게서였고 하나님은 생명의 근원이 되심을 알 수 있습니다. 욥기 33장 4절에서는 "하나님의 신이 나를 지으셨고 전능자의 기운이 나를 살리시느니라"고 하여 하나님의 생명의 기운으로 말미암아 생명이 되었음을 고백하였습니다.

물고기가 물을 떠나 살 수 없듯이 생명의 근원이 되시는 하나님을 떠나서는 인간에게 참 생명은 없는 것입니다.

꽃꽂이의 꽃들이 아름다움과 생기를 보여주지만 이미 생명의 뿌리에서 잘렸기 때문에 얼마안가 시들게 됩니다. 우리 인생도 생명의 근원이 되시는 하나님을 떠나게 되면 죽음에서 벗어나지 못합니다. 사람에게 생명의 근원은 바로 하나님이시기 때문입니다.

그런데 하나님과 바른 관계를 가지고 살아야 할 인간이 죄를 범하게 되었습니다. 하나님은 분명 인간에게 죄를 범하면 하나님을 떠나게 되고 마침내 죽는다고 하였습니다. 그런데도 인간들은 어리석게도 죄를 범하여 결국 죽게 되었습니다. 이런 죄는 유전인자처럼 인류의 역사 속에 도도히 흘러 내려오게 되었습니다.

그래서 로마서 6장 23절에 "죄의 삯은 사망이요..."라고 하신 대로 모든 인간은 하나같이 하나님의 경고대로 죽음에 이르게 되었습니다. 인류는 벗어날 수 없는 영원히 죽어야 할 운명에 처하게 된 것입니다.

그런데 사랑이 많으신 하나님께서는 이런 인간의 운명을 그대로 보고만 계시지 않고 생명의 길을 준비하셨습니다. 영원히 죽어야 할 인간에게 영원히 살게 되는 생명의 길을 준비하신 것입니다. 왜냐하면 하나님께 범죄한 인간 스스로는 그 길을 절대로 마련할 수 없기 때문입니다. 하나님께 죄를 범한 것이기 때문에 하나님이 해법을 제시하지 않고는 어느 누구도 그 길을 찾을 수 없습니다.

그래서 하나님께서는 특단의 방법을 찾아내어 길을 마련 하셨습니다. 인간이라면 누구든지 그 길로 가면 영원한 참 생명을 얻게 하셨습니다. 그 길이 바로 예수라는 길입니다.

본문에서 "내가 곧 길이요"라는 예수님의 선언이 바로 그런 것입니다. 사도행전 4장 12절에서도 "다른 이로서는 구원을 얻을 수 없나니 천하 인간에 구원을 얻을만한 다른 이름을 우리에게 주신 일이 없음이니라"고 하여 오직 예수만이 유일한 구원의 길이 되심을 더욱 강하게 말씀하셨습니다. 그래서 예수님께서도 "나로 말미암지 않고는" 절대로 안 된다고 분명하게 말씀하신 것입니다.

사람들은 다른 방법을 찾으려고 여러 가지로 시도하였습니다. 그러나 다른 방법을 찾으려는 인간들의 노력과 수고는 모두 허사가 되었습니다. 덕을 쌓음으로 길이 있으리라 생각하는 사람도 있었습니다. 많은 것을 배우고 지혜를 얻음으로 길을 발견할 수 있으리라 기대하는 사람도 있었습니다. 어떤 사람은 막강한 힘을 가짐으로 인생의 문제가 해결되는 것으로 오해합니다. 어떤 이는 재물을 많이 가짐으로 다 해결할 수 있으리라 기대합니다. 그러나 인간의 어떤 수단과 방법도 하나님이 준비하신 예수라는 그 길 외에는 소용이 없습니다.

그래서 요한복음 3장 16-17절 "하나님이 세상을 이처럼 사랑하사 독생자를 주셨으니 이는 저를 믿는 자마다 멸망치 않고 영생을 얻게 하려 하심이니라 하나님이 그 아들을 세상에 보내신 것은 세상을 심판하려 하심이 아니요 저로 말미암아 세상이 구원을 받게 하려 하심이라"고 하신 것입니다. 하나님이 준비하신 예수라는 생명의 길, 그 길을 따르는 사람만이 생명이 되시는 하나님께 이를 수 있습니다.

마태복음 7장 13~14절에서 "좁은 문으로 들어가라 멸망으로 인도하는 문은 크고 그 길이 넓어 그리로 들어가는 자가 많고 생명으로 인도하는 문은 좁고 길이 협착하여 찾는 이가 적음이니라"고 하여 그 길은 좁은 길이요 찾는 사람이 많지 않다고 하였습니다. 사람들이 쉽게 가려 하지 않는 길이요, 아무나 가는 길이 아님을 말씀하였습니다. 그래서 한스 웨버라는 신학자는 예수의 길을 "아무도 가고 싶지 않은 길"이란 표현을 쓰기도 하였습니다.

이사야 35장 8~9절에서도 "거기 대로가 있어 그 길을 거룩한 길이라 일컫는바 되리니 깨끗지 못한 자는 지나지 못하겠고 오직 구속함을 입은 자들을 위하여 있게 된 것이라 우매한 행인은 그 길을 범치 못할 것이며 거기는 사자가 없고 사나운 짐승이 그리로 올라가지 아니하므로 그것을 만나지 못하겠고 오직 구속함을 얻은 자만 그리로 행할 것이며"라고 하여 예수를 자신의 구주로 믿는 사람들, 그래서 영원한 생명의 은총을 누리는 사람들만이 가는 길이 있음을 지적하셨습니다.

제대를 3개월 앞 둔 군인이 부대에서 일어난 차량전복 사고로 크게 중상을 입고 중태에 빠졌습니다. 전남대 병원에 입원 중이었는데 도저히 살 수가 없었습니다. 결국 23살의 김모라는 병장은 회생 불능의 뇌사판정을 받게 되었습니다. 청천벽력 같은 일이 일어난 것입니다. 그런데 김씨의 부모들은 아들이 살아 있을 때 늘 입버릇처럼 "무엇인가 이 사회를 위해 봉사하며 살겠다"는 말을 기억하였습니다. 그래서 아들의 장기를 기증하겠다고 하여 주위 사람들에게 큰 감동을 주었습니다.

의료진들은 고인의 뜻을 최대한으로 살리기 위하여 신속하게 처리를 하여 네 사람의 생명을 구하게 되었습니다. 먼저 적출한 장기 가운데 두 개의 신장은 전남대 병원에 입원 중이던 정 아무개씨와 엄 아무개씨에게 이날 바로 이식하여 두 사람에게 새 생명을 얻게 하였습니다.

그리고 김씨의 심장은 이날 오전 10시 40분 대한항공여객기에 실려 오전 11시 20분 김포공항에 도착했고, 현장에서 대기 중이던 서울시의 소방 헬기를 통해 인천 길병원으로 옮겨져 심장 기증자를 애타게 찾던 말기심부전증 환자 양 아무개씨에게 이식되었습니다. 꺼져가는 등불 같은 양씨에게 새로운 인생을 얻게 한 것입니다.

마지막으로 서울삼성병원으로 이송된 간은 말기 간경화증환자인 최 아무개씨의 생명을 구하였습니다. 불의의 사고로 세상을 떠나기는 했지만 김병장의 죽음으로 죽음 앞에서 희망을 잃고 있던 네 사람은 새로운 생명을 얻게 되었습니다. 생명으로 새로운 생명을 얻게 한 것입니다. 이렇게 생명의 희생은 위대한 생명의 역사를 이루는 것입니다.

예수 그리스도의 생명 헌신에서도 그런 뜻을 찾을 수 있습니다. 영원하고 고귀한 참 생명이신 예수 그리스도께서 십자가에서 죽으심으로 말미암아 전혀 희망을 가질 수 없었던 인간에게 새로운 생명을 얻을 수 있는 길을 열어주신 것입니다. 그런데 이 예수의 구원의 역사는 누구나 할 수 있는 일이 아니라 오직 예수만이 하실 수 있는 일입니다. 그만이 하실 수 있는 일이기 때문에 유일한 것입니다.

산 것이 산 것을 낳습니다. 죽은 것이 산 것을 낳지 못합니다. 생명만이 생명의 역사를 이룰 수 있는 것입니다. 하나님이 예비하신 생명의 길, 예수만이 우리를 참 생명이신 하나님께로 나아가게 하십니다. 그래서 예수만이 참 생명의 길이 되는 것입니다.

예수님의 행적을 보면 그의 공생애 중 장례식을 하신 일이 없습니다. 예수 그리스도와 접촉하면 죽음이 그냥 죽음으로 남아 있지 않았습니다. 죽은 사람을 만날 때마다 반드시 살려 주셨습니다. 왜냐하면 예수 그리스도는 생명에 이르는 길이 되시기 때문입니다. 예수가 계시면 무덤까지도 새 생명이 움트는 생명의 장소가 되는 것입니다. 우리 인생의 참 생명의 길이 되시는 예수를 바로 믿고 생명이신 하나님께 이르는 귀한 믿음들이 되시기를 주님의 이름으로 축원합니다.

예 배

루스채플

고 재 석 목사

학력 및 신력

- 인천 강화 출생
- 협성신학대학교 졸업
- 협성신학대학교 대학원 졸업
- 연세대 연합신학대학원졸업
- 필리핀 아라울러대학교 박사학위수여

- 인천강화 장정감리교회 담임목사(현)

히스기야를 통한 성공과 실패

그 때에 히스기야가 병들어 죽게 되매 아모스의 아들 선지자 이사야가 저에게 나아와서 이르되 여호와의 말씀이 너는 집을 처치하라 네가 죽고 살지 못하리라 하셨나이다 히스기야가 낯을 벽으로 향하고 여호와께 기도하여 가로되 여호와여 구하오니 내가 진실과 전심으로 주 앞에 행하며 주의 보시기에 선하게 행한 것을 기억하옵소서 하고 심히 통곡하더라 이사야가 성읍 가운데까지도 이르기 전에 여호와의 말씀이 저에게 임하여 가라사대 너는 돌아가서 내 백성의 주권자 히스기야에게 이르기를 왕의 조상 다윗의 하나님 여호와의 말씀이 내가 네 기도를 들었고 네 눈물을 보았노라 내가 너를 낫게 하리니 네가 삼일만에 여호와의 전에 올라가겠고 내가 네 날을 십 오년을 더할것이며 내가 너와 이 성을 앗수르 왕의 손에서 구원하고 내가 나를 위하고 또 내 종 다윗을 위하므로 이 성을 보호하리라 하셨다 하라 하셨더라 이사야가 가로되 무화과 반죽을 가져오라 하매 무리가 가져다가 그 종처에 놓으니 나으니라 히스기야가 이사야에게 이르되 여호와께서 나를 낫게 하시고 삼일만에 여호와의 전에 올라가게 하실 무슨 징조가 있나이까 이사야가 가로되 여호와의 하신 말씀을 응하게 하실 일에 대하여 여호와께로서 왕에게 한 징조가 임하리이다 해 그림자가 십도를 나아갈 것이니이까 혹 십도를 물러갈 것이니이까 히스기야가 대답하되 그림자가 십도를 나아가기는 쉬우니 그리할 것이 아니라 십도가 물러갈 것이니이다 선지자 이사야가 여호와께 간구하매 아하스의 일영표 위에 나아갔던 해 그림자로 십도를 물러가게 하셨더라 그 때에 발라단의 아들 바벨론 왕 부로닥발라단이 히스기야가 병 들었다 함을 듣고 편지와 예물을 저에게 보낸지라 히스기야가 사자의 말을 듣고 자기 보물고의 금은과 향품과 보배로운 기름과 그 군기고와 내탕고의 모든 것을 다 사자에게 보였는데 무릇 왕궁과 그 나라 안에 있는 것을 저에게 보이지 아니한 것이 없으니라 선지자 이사야가 히스기야왕에게 나아와서 이르되 이 사람들이 무슨 말을 하였으며 어디서부터 왕에게 왔나이까 히스기야가 가로되 먼 지방 바벨론에서 왔나이다 이사야가 가로되 저희가 왕궁에서 무엇을 보았나이까 히스기야가 대답하되 내 궁에 있는 것을 저희가 다 보았나니 나의 내탕고에서 하나도 보이지 아니한 것이 없나이다

히스기야는 유다의 12대 왕으로서 역대 임금들 중 유능한 사람으로 뽑혔습니다. 유대임금의 자리는 하나님의 은혜에 의해서만 오를 수 있는 자리였기 때문에 그는 아주 훌륭한 왕이라고 할 수 있습니다.

그런데 그의 나이 30대에 인생의 황금기에 그는 중병에 걸렸습니다. 이때 하나님의 종 이사야는 히스기야 임금을 찾아와서 하나님의 말씀을 전달했습니다.

"임금이여! 이제 당신의 집을 정리하시오 당신은 죽고 살지 못할 것입니다." 히스기야 임금은 하나님의 종의 말을 듣고 충격을 받았습니다. 이때 히스기야 임금은 신앙인으로서 최후의 방법을 알고 있었습니다.

첫째, 히스기야는 어려운 형편을 기도로 해결받았습니다.

히스기야 왕은 낯을 벽으로 향하고 결사적인 눈물의 기도를 드렸습니다. 히스기야는 죽음 앞에서 의사나 가족을 부르지 않았고 하나님께 매달렸습니다. 위기 앞에서 하나님만이 문제의 해결자가 되셨습니다.

하나님은 히스기야의 전심을 다한 눈물의 기도를 응답해 주셔서 그의 생명을 15년간 연장시켜 주셨으며 그 징조로 해 그림자를 십도나 뒤로 물러가게 하셨습니다. 이만큼 그의 기도는 간절하여 5절에 보면 "내가 네 기도를 들었고 네 눈물을 보았다"고 말씀하셨습니다.

둘째, 히스기야는 하나님의 은혜를 잊어버리지 말아야 했습니다.

그런데 히스기야의 운명은 여기서부터 문제였습니다.

히스기야 왕이 병이 들었다가 치유되었다는 말을 듣고 경축의 구실로 바벨론 왕이 사신을 보내 군사적 동맹을 맺으려 했습니다. 히스기야는 축하 사절단을 맞이하여 무기고 보물창고를 열어서 세상 것들을 자랑하였습니다. 사실 히스기야의 건강이나 부귀 권력은 하나님으로 말미암은 것이에 그는 사절단들을 성전으로 데리고 가서 여호와 하나님의 은혜를 찬양하고 간증해야 했습니다. 그러나 그는 하나님의 은혜에 대하여는 전혀 언급하지 않았고 자신만을 자랑했습니다. 그 결과 하나님께서는 배은 망덕한 히스기야의 모든 소유들 즉 보물과 나라와 아들들을 바벨론에게 빼앗기게 될 것을 예고하셨습니다.

셋째, 우리는 승리 후에 겸손해야 합니다.

사람에게는 가장 위험한 때가 있습니다. 그것은 성공의 정상에 올랐을 때입니다. 신앙인은 목표가 달성되었을 때, 인기가 절정에 올랐을 때, 소원이 성취되었을 때, 축복을 받았을 때, 아쉬운 것이 없이 평안할 때가 가장 위험한 때입니다. 이 때 더욱 겸손해야 합니다.

히스기야 왕은 하나님의 사랑의 은혜를 잃어 버렸습니다. 그 결과 왕궁의 모든 것과 왕의 열조가 쌓아두었던 모든 것이 바벨론으로 옮긴바 되고 왕의 아들들은 바벨론 왕궁의 환관이 되었습니다.

결론, 사람은 자신의 힘으로 해결 할 수 없는 어려움에 처할 때가 있습니다.

그러나 하나님을 향하여 전심으로 눈물의 기도를 드릴 때 기도의 응답이 열립니다. 그리고 응답되어져서 하나님의 은혜를 기억하고 겸손할 때 하나님의 축복을 빼앗기지 않고 지속 될 수가 있습니다.

김 월 환 목사

예수교대한 하나님의성회 **정부과천청사 경비대교회**

✝ 주소 : 경기도 군포시 당동 909 오성A 101동 202호
✝ TEL : 02)2110-5845~6, 031)395-1192
✝ E-mail : woodang04@hanmail.net

학력 및 신력

- 동대 법대 법학과 (법학사)
- 건대 행정대학원 (행정학 석사)
- 연대 연합신학대학원 목지연과
- California Trinity Bible College and Seminary (D.D)
- Canada Christian College School of Graduate Theological Studies (D.D)

- Christian Journal 사장 (현)
- 한국기독언론사연합 (K.C.P.U) 대표회장 (현)
- (사)한국기독교기도원총연합회 (U.P.M.K) 총재 (현)

선택에 따른 생과 사

신명기 30장 15~20절

보라 내가 오늘날 생명과 복과 사망과 화를 네 앞에 두었나니 곧 내가 오늘날 너를 명하여 네 하나님 여호와를 사랑하고 그 모든 길로 행하며 그 명령과 규례와 법도를 지키라 하는 것이라 그리하면 네가 생존하며 번성할 것이요 또 네 하나님 여호와께서 네가 가서 얻을 땅에서 네게 복을 주실 것임이니라 그러나 네가 만일 마음을 돌이켜 듣지 아니하고 유혹을 받아서 다른 신들에게 절하고 그를 섬기면 내가 오늘날 너희에게 선언하노니 너희가 반드시 망할 것이라 너희가 요단을 건너가서 얻을 땅에서 너희의 날이 장구치 못할 것이니라 내가 오늘날 천지를 불러서 너희에게 증거를 삼노라 내가 생명과 사망과 복과 저주를 네 앞에 두었은즉 너와 네 자손이 살기 위하여 생명을 택하고 네 하나님 여호와를 사랑하고 그 말씀을 순종하며 또 그에게 부종하라 그는 네 생명이시요 네 장수시니 여호와께서 네 열조 아브라함과 이삭과 야곱에게 주리라고 맹세하신 땅에 네가 거하리라

"선택"이란 말은 "자유"란 말과 같은 말이라고 해도 틀린 말은 아니라고 생각합니다. 자유란 남의 구속을 받지 않고 법안에서 자기 뜻대로 자기 마음대로 행할 수 있는 것을 말하는데, 자기 뜻대로 자기 마음대로 할 수도 있고 안 할 수도 있다는 점에서 선택과 자유의 공통점이 있는 것입니다.

태초에 하나님께서 유리 인간의 조상 아담에게 선물로 "자유의지"(自由意志)를 주셨습니다.(창 2:16~17) 그러나 아담과 하와는 선악과를 먹음으로써 할 수도 있고 아니할 수도 있는 자유의지를 그릇되게 행함으로 말미암아 다시 말하면 생명과냐 선악과냐? 하는 두 갈림길에서 선악과를 선택하였기 때문에 하나님의 약속하신 말씀대로 멸망하게 된 것입니다.

이것을 택할 것이냐? 저것을 택할 것이냐?하는 문제를 놓고 그 중에서 한가지를 선택한다는 것은 실로 중요한 것입니다. 사람들이 하는 모든 일에 있어서 성공과 실패의 원인이 어느 것을 선택하느냐에 달려있는 것입니다.

가정을 이루는데 있어서도 남자가 악처를 만나 가정에 실패하는 경우가 있고 혹은 현처를 택하게 됨으로써 행복한 가정을 꾸미는가 하면 여자로서도 남자를 잘못 선택함으로써 일생을 불행하게 사는 경우가 많습니다.

사회생활을 함에 있어서도 사람을 잘못 선택하여 실패하는 사람이 있고 사람을 잘 선택하여 성공하는 사람도 있으며 학설이나 또는 사상을 잘못 선택함으로써 실패하는 사람도 있고 직업을 잘 선택하여 또는 종교를 올바르게 선택하여 인생을 성공적으로 사는 사람들도 있습니다. 그러므로 인간만사는 선택여하에 달려있다고도 말할 수 있습니다.

저는 이 시간 구약성경을 통하여 선택을 잘함으로써 하나님의 생명을 얻은 사람과 선택을 잘못함으로써 사망을 자초한 사람을 각각 대표적으로 한사람씩 거론하여 우리들이 당면하고 있는 현실생활에서 교훈을 삼고자 합니다.

첫째, 선택을 잘함으로 축복을 받은 모세의 경우입니다.

본문 19절 하반절에 "너와 네 자손이 살기 위하여 생명을 택하라"고 말씀하고 있습니다. 히 11:24~25절까지 보면, "모세는 믿음으로 바로의 공주의 아들이라 칭함을 거절하고 도리어 하나님의 백성과 함께 고난받기를 잠시 죄악의 낙을 누리는 것보다 더 좋아하였다"고 기록하고 있습니다.

애굽의 바로 궁전에서 부귀영화를 누리며 장차 세계를 호령하는 애굽의 최고 권력자가 되느냐 아니면 이스라엘 동족을 위해서 고난의 길을 선택하느냐 하는 갈림길에서 모세는 애굽 궁궐을 박차고 나와서 고난의 길을 선택했던 것입니다.

육신의 영화가 눈앞에 있음에도 불구하고 모세는 고난을 택함으로

430년 동안 피나는 투쟁을 하였어도 노예생활에서 해방되지 못한 이스라엘 백성들을 해방시킬 수 있었던 것입니다. 모세가 부귀권세 대신 고난을 택함으로 고난이 변하여 영광이 되어 이스라엘 동족을 살려내는 구원의 역사를 이루었으며 따라서 하나님의 계획이 성취되었음을 볼 때, 선택의 결과가 얼마나 중대한 것인가 하는 것을 알 수 있는 것입니다. 모세는 본문(신30:15~16) 말씀대로 "생명과 복을 택함으로 말미암아 민족의 생존과 번영과 땅의 복"을 가져오도록 선택을 잘한 대표적 지도자인 것입니다.

1,800년대 말 미국에 "클리블랜드"와 '프랜드'란 두 젊은 친구가 있었습니다. 이들이 어느 주일에 등산가기로 약속을 하고 어느 교회 앞에서 만났습니다. 그런데 그 교회 앞 게시판에 "죄 값은 사망"이란 설교제목이 붙어 있었습니다. 이것을 본 '프랜드'란 친구는 "종교란 아편과 같은 것이어서 장래가 촉망되는 젊은이들에겐 필요 없는 것이지"하며 비웃었습니다. 그러나 "클리블랜드"란 친구는 "죄 값은 사망"이란 설교제목을 읽고 감동을 받아 교회에 들어가 예배에 참석하고 싶은 마음이 생겼습니다. 그래서 두 사람이 서로 교회에 들어가자커니 그냥 가자하니 옥신각신하다가 "클리블랜드"는 교회에 들어가고 '프랜드'는 그대로 산행길로 가고 말았습니다.

그 날 교회 예배에 참석한 "클리블랜드"는 목사님의 설교에 큰 감동을 받아 예수님을 구주로 영접하고 일생을 하나님의 뜻대로 살기로 두 손들어 맹세하고 목사님의 기도를 받고 집으로 돌아왔습니다. 그 후 하나님께서 "S.G. 클리블랜드"에게 지혜를 주시고 복을 주셔서 미국의 민주당 출신 대통령에 당선되어 22대(1885~ 1889), 24대(1893~1897) 2대에 걸쳐 미대통령을 역임했습니다.

"클리블랜드"가 22대 대통령에 당선되어 취임식을 하던 날 바로 그 시각에 "프랜드"는 사형수가 되어 감옥에 갇혀있었다는 실화가 오늘 우리들에게 "교회 선택의 중요성"을 일깨워 주고 있는 것입니다.

사랑하는 독자 여러분!

백두산 산정에 오르게 되면 청계정이란 곳이 있다고 합니다. 청계정을 중심으로 물이 서편으로 떨어지면 압록강물이 되고 동편으로 떨어지면 두만강물이 되는 것입니다. 백두산 천지에서 흐르는 물이 서편으로 떨어지는가 동편으로 떨어지는가에 따라 압록강물이 되고 두만강물이 되는 것입니다.

"내가 진실로 진실로 너희에게 이르노니 내 말을 듣고 또 나 보내신 이를 믿는 자는 영생을 얻었고 심판에 이르지 아니하나니 사망에서 생명으로 옮겼느니라"(요 5:24)고 주님께서 말씀하십니다. 할렐루야.

둘째, 아내를 잘못 선택함으로 멸망당한 아합왕의 경우입니다.

본문 17~18절에 "그러나 네가 만일 마음을 돌이켜 듣지 아니하고 유혹을 받아서 다른 신들에게 절하고 그를 섬기면 너희가 반드시 망하리라"고 말씀하고 있습니다.

이스라엘의 제 7대왕 아합왕이 이방의 시돈 임금인 옛 바알의 딸 "이세벨"을 아내로 삼아 바알신을 섬김으로 본문 18절 말씀대로 멸망당한 것을 보게됩니다.

아합이 장성하여 혼인할 시기가 되었을 때 응당 이스라엘 여인을 선택하여 아내로 맞아들여야 하나님 앞에 올바른 도리인데, 우상 바알과 앗세라 상을 섬기는 두로왕 옛 바알의 딸 '이세벨'을 아내로 선택한 것입니다. 아합왕은 하나님의 말씀을 어기고 외모만 아름다운 여인을 고르다가 결국 잘못된 선택을 하게 된 것입니다.

"이세벨"은 아합왕과 혼인하자마자 아합왕을 충동질하여 이스라엘의 정치 군사 종교를 모두 장악했습니다. "이스라엘 나라가 섬기는 여호와 하나님은 참신이 아닙니다. 여호와 하나님은 가짜 신이니까 그를 섬기는 선지자와 제사장을 모조리 죽여 없애고 여호와의 전을 모두다 불살라버리고 그 대신 우리 두로의 바알과 앗세라 신상을 섬기는 제단을 만들고 선지자 850명을 임명하여 이스라엘을 다스리도록 하십시요"하는 "이세벨"의 말에 아합왕은 그대로 실행했습니다.

날마다 우상을 섬기는 선지자 850명과 한 상에서 먹고 마셨습니다. 아내 "이세벨"이 시키는 대로 아합왕은 죄 없는 "나봇"을 죽이고 포도원을 빼앗았습니다. "너는 또 죽이고 빼앗느냐"는 하나님의 진노와 더

불어 엘리야 선지자를 통하여 무서운 재앙이 예고되었습니다.

드디어 아합왕의 죄로 말미암아 이스라엘 땅에 3년 6개월 동안 비가 내리지 않아 산천초목뿐 아니라 짐승과 사람들까지 말라죽게 되었습니다. 아합왕의 세 아들들까지 차례로 죽어갔습니다. 드디어 하나님의 선지자 "엘리야"와 바알의 선지자 간에 누가 섬기는 신이 참신인가 갈멜산에서 종교전쟁이 시작되었습니다. 바알 선지자들이 한나절 동안을 저들이 섬기는 신을 불렀지만 바알신이 내려와 송아지 제물을 태우지 못했습니다.

그러나 저녁 때 엘리야가 하나님 앞에 간절히 기도하니 하늘에서 불이 떨어져 엘리야의 제단을 살랐습니다. 드디어 바알과 앗세라가 우상임이 판명되고 거짓 선지자 850명이 기손시내에서 엘리야의 칼에 진멸 당했습니다. 할렐루야!

아합왕은 전쟁터에서 적의 화살에 맞아 죽고 그의 피는 개들이 핥아 먹었다고 했습니다. "이세벨"도 예후의 손에 무참히 죽고 그의 시체는 개에게 뜯어 먹혔다고 했습니다. 아합왕이 이방 여인을 잘못 선택하고 분수없이 아내의 말을 들음으로 말미암아 결국에는 그처럼 비참한 종말을 가져오고 말았던 것입니다.

사랑하는 독자 여러분!

혼인이란 제2의 인생출발이라고도 하지요. 상대를 사랑하기 때문에 좋아하기 때문에 혼인하는 것 좋습니다. 아름다운 배우자를 선택하는 것 참 좋습니다. 그러나 먼저 하나님 보시기에 또는 신앙 양심상 거리낌이 없는 사람인가부터 먼저 살펴보아야 하는 것입니다. "너희는 믿지 않는 자와 멍에를 같이하지 말라 의와 불법이 어찌 함께 하며 빛과 어두움이 어찌 사귀며 그리스도와 벨리알이 어찌 조화되며 믿는 자와 믿지 않는 자가 어찌 상관하며 하나님의 성전과 우상이 어찌 일치가 되리요 우리는 살아 계신 하나님의 성전이라"(고후 6:14~16)고 말씀하고 계십니다.

아합왕이 하나님을 믿지 않는 "이세벨"을 택한 것은 멸망을 선택한 것이나 다름이 없습니다. 한번 선택하면 돌이킬 수 없는 것이 혼인입니다. 오직 주안에서 하늘나라 기업을 위해서 내 생애와 내 가정을 위해서 기쁘게 동업할 수 있는 그러한 배우자를 선택하는 것이 주님의 바라시는 뜻인 줄 믿습니다.

사랑하는 독자 여러분!

이제 결론을 맺고자 합니다. 빌라도의 법정에 몰려든 바리새인, 사두개인, 서기관, 장로, 제사장들의 무리들에게 빌라도는 물었습니다. "내가 누구를 놓아주기를 원하느냐? 바라바냐, 예수냐" 모여든 민중들은 예수를 못박고 살인강도 바라바를 놓아주라고 선택했습니다. 그 결과는 여러분! 보십시오. 예루살렘은 황폐하여지고 이스라엘은 나라 없는 민족으로 2천년 동안 집시의 유랑생활을 하며 6백만의 유대인들이 학살당하는 민족적 대 수난을 당하게 되었던 것입니다.

가롯 유다나 빌라도 같은 사람도 길을 잘못 선택한 사람들이요. 그러한 결과는 자기 일생을 망친 것은 물론이요 그들의 행적이 영원히 역사에 남아 만인으로부터 저주의 대상이 되고 말아버린 것입니다.

선택은 자유라고 해서 그저 생각 없이, 믿음 없이, 기도 없이 함부로 결정하다가 마귀의 궤계에 넘어가 실패자로 끝나버리는 사람이 되지 않도록 해야할 것입니다. 선택이란 생과 사의 중대한 시발점이란 사실을 명심하고 우리는 매사에 잘 선택할 줄 아는 사람이 되어야 하겠습니다.

사람을 택할 때 어떠한 사람을 선택할 것인가? 배우자? 정치인? 직업? 종교 국체와 정체는? 평화를 택할 것인가, 전쟁을 택할 것인가? 물질인가, 하나님인가? 유물론인가, 유신론인가? 선택은 자유이나 결과는 생명과 사망으로 하나님께서 증거를 삼아놓으셨습니다. "내가 오늘날 천지를 불러서 너희에게 증거를 삼노라 내가 생명과 사망과 복과 저주를 네 앞에 두었은즉 너와 네 자손이 살기 위하여 생명을 택하라"

(신 30:19)

연세상징 독수리탑

이 인 건 목사

대한예수교
장로회 **주 례 교 회**

✛ 주소 : 부산시 사상구 주례동 689-1
✛ TEL : 051)312-8022
✛ E-mail : jpc@jureapc.or.kr
✛ http://www.jureapc.or.kr

학력 및 신력

- 단국대학국어국문과 졸업
- 총신대신학대학원 졸업
- 미캘리포니아신학대학원 졸업
- D.Min. 필리핀 바기오
  중앙대학교 대학원 졸업 Ph.D

- 하남교회
- 초량교회 시무

- 육군군목예편대위
- 부산성경전문학교 강사
- 부산신학교 강사 역임
- 총신대학교이사 역임
- 부산구치소
- 부산지방검찰청 청소년지도위원
- 부산신학교총무서장
- 필리핀바기오 기독대학이사 및 객원교수
- 주례교회 담임목사

금송아지의 교훈

출애굽기 32장 1~6절

백성이 모세가 산에서 내려옴이 더딤을 보고 모여 아론에게 이르러 가로되 일어나라 우리를 인도할 신을 우리를 위하여 만들라 이 모세 곧 우리를 애굽 땅에서 인도하여 낸 사람은 어찌 되었는지 알지 못함이니라 아론이 그들에게 이르되 너희 아내와 자녀 의 귀의 금고리를 빼어 내게로 가져 오라 모든 백성이 그 귀에서 금고리를 빼어 아론 에게로 가져 오매 아론이 그들의 손에서 그 고리를 받아 부어서 각도로 새겨 송아지 형상을 만드니 그들이 말하되 이스라엘아 이는 너희를 애굽 땅에서 인도하여 낸 너희 신이로다 하는지라 아론이 보고 그 앞에 단을 쌓고 이에 공포하여 가로되 내일은 여호 와의 절일이니라 하니 이튿날에 그들이 일찌기 일어나 번제를 드리며 화목제를 드리 고 앉아서 먹고 마시며 일어나서 뛰놀더라

오늘 본문 32장은 이스라엘 백성들이 신앙에 실패하여 하나님 대신 금송아지를 만들어서 섬김으로써 하나님을 광야에서 대적한 일 가운데 가장 무서운 죄악을 저지르는 내용이 나옵니다.

첫째, 금송아지 우상은 무엇이며 언제 만들었는가?

① 언제 만들었는가?

1절 "백성이 모세가 산에서 내려옴이 더딤을 보고 모여 아론에게 이르러 가로되 일어나라 우리를 인도할 신을 우리를 위하여 만들라"고 하였는데 이것을 보면 모세가 시내산을 올라갈 때 하나님께서 30일을 있게 하겠다, 40일을, 80일을 있게 하겠다고 미리 말씀을 하시지 않으셨습니다.

그저 "모세는 내가 맡아 가리라"고 하시면서 하나님이 모세를 맡아가셨습니다. 그런데 이스라엘 백성들은 "더디"다고 생각했습니다.

이것은 무엇을 말하는 것입니까?

"자기들 생각, 자기 소견에 옳은 대로"만 생각한 것입니다.

하나님의 뜻과 하나님의 율례와 질서는 생각지 않고 있는 것이다. 모세가 나갈 때 점심밥도 제대로 안 싸가지고 간 사람이 40일이 되어도 내려오지 않으니 틀림없이 죽었다고 생각한 것입니다. 이는 곧 우리가 하나님을 바라보지 않고 사람을 바라보면 곧 부패해 진다는 것을 알 수가 있습니다.

그 사람이 충성스런 모세이든지, 훌륭한 목사며, 부흥사이던지, 그 사람이 덕망 높으신 장로이든지 간에 사람에게 기대를 가지면 아무것도 안된다는 것입니다. 모세가 없다 해도 하나님은 인도하시고, 아론이 없다 해도 하나님은 인도하신다는 것을 우리가 항상 알아야 됩니다.

루터가 없어도, 칼빈이 없어도 하나님은 그의 일을 하게 하시고 계십니다.

"모세가 산에서 내려옴이 더딤을 보고" 금송아지를 만들었다고 했는데 우리는 끝까지 하나님의 인도하심을 따르며 순종해야지 더디다고 자기 생각대로 해서는 죄를 낳게 될 것입니다.

② 금송아지는 무엇인가?

금송아지는 거짓 신입니다. 하나님 대신 세우는 가증한 우상입니다.

사람은 본 대로 하는 것이 많습니다. 아이들이 소꿉놀이를 할때 여자아이는 어머니 역을 사내아이는 아버지 역을 하면서 부부의 흉내를 내는것은 그들이 배워서 하는 것이 아니고 보아서 하는 행동입니다.

이스라엘 백성들은 애굽에서 수백 년 종 생활을 하면서 애굽 사람들이 소를 신으로 섬기는 것을 보아왔습니다. 애굽 거주신이 금송아지 였기 때문에 다른 것은 모르겠고, 전에 봤던 금송아지만을 생각하게 되었을 것입니다.

로마에서 구두정치를 할 때 쥴리어스 시저를 죽여 놓고 그의 시체도 치우기 전에 안토니오와 궁녀들은 서로 부둥켜안고 춤을 추고 뛰어 놀았습니다.
그런 로마였기에 오래가지 못했습니다.
모세가 없는 동안 좀더 인내하고 하나님의 뜻을 기다리지 않고 하나님 대신 금송아지를 만들어 놓고 먹고 마시고 뛰놀고 춤추었습니다.

오늘 우리는 어떻습니까?
하나님 없는 것처럼, 하나님이 눈에 보이지 않은 것처럼, 하나님이 아니 계신 것처럼, 말하고 행동하고 뛰놀며 세속에 빠져 춤추고 있지는 않습니까?

둘째, 금송아지를 만든 결과는?

6절에 "이튼 날에 일찍이 일어나 번제를 드리며 화목제를 드리고 앉아서 먹고 마시고 일어나 뛰놀더라" 하셨고 7~8절 "여호와께서 모세에게 이르시되 애굽 땅에서 인도하여 낸 네 백성이 부패 하였도다 내가 그들에게 명한 길을 속히 떠나 자기를 위하여 금송아지를 부어 만들고 그것을 숭배하며 그것에게 희생을 드리며 말하기를 이스라엘아 이는 너희를 애굽에서 인도하여 낸 너의 신이라 하였도다"고 했습니다.

금송아지를 만든 결과
① 우상 앞에서 제사를 드리고 먹고 마시며, 일어나서 뛰놀았습니다.
  - 무질서와 쾌락주의로 빠져나가 완전 부패에 빠졌습니다.

② 우상이 자기를 애굽에서 구원했다고 했습니다.
  - 자기에게 은혜 베푸시고 축복하신 하나님을 버린 배신행위에 빠졌습니다.

금송아지 앞에서 먹고 마시고 뛰놀며 춤추는 것은 소위 축제요, 카니발인데, 하나님께는 축제가 있을 수 없습니다.

축제라는 것은 자기를 즐겁게 하는 것이며, 인간에게 흥을 돋구는 것이고, 그 축제의 마지막은 음란에 빠지는 것입니다. 하나님께는 우리 자신을 굴복시키고, 하나님의 뜻에 굴복하는 경배가 있을 뿐입니다.

뒤에 보면 "이스라엘 백성이 방자하여"라고 하였습니다.

마음대로 술을 마시고, 마음대로 번제를 드리고 하면서 하나님께 예배드리는 것하고 비슷하게 번제를 드렸다는 것입니다.

이것은 하나님을 우롱하는 것이요, 하나님을 모독하는 혼합주의 사상에 빠지는 것을 보여 주고 있습니다.

은혜를 받았던 사람들, 하나님을 체험하고 하나님의 말씀을 받았던 사람, 놀라운 하나님의 이적과 축복을 맛보았던 사람들의 신앙이 언제 부패합니까?

사람을 보고 인간을 바라보았기 때문입니다.

사람을 보고 인간을 보고 자기 생각대로 할 때 부패했습니다.

아론은 모세의 형으로 모세가 없을 때 이스라엘 백성을 바르게 지도해야 하는데 이스라엘 백성이 금송아지 만들려 할 때 그 의견이 옳다고 해 버렸습니다. 그래서 그 백성이 부패에 빠지고 헛된 길로 가게 된 것입니다.

삼손은 절제치 못하다가 나실 인의 축복인 머리카락을 기생의 손에 의해 다 짤리우고, 눈알의 빼임을 당하고, 연자 맷돌을 돌리는 마소의 신세가 되고 말았습니다. 그러므로 우리는 하나님의 말씀을 따라서 걸어가지 않으면 부패에 빠지기 쉽습니다.

셋째, 모세 스타일의 성도와 아론 스타일의 성도가 있다.

모세 타입의 성도는 산 위에 있는 성도요, 인내하고 고요히 하나님의 말씀을 기다리는 성도요, 예언자적 입장에 서 있는 성도입니다.

반대로 아론 타입의 성도는 산위에 올라가 보지 못하고 산 아래 속세에 파묻힌 성도요, 현재 하나님이 안 보인다고 조급해하는 성도요, 예언적인 성도가 아니라 샤머니즘적이며 기복적인 신앙의 성도입니다.

오늘의 성도는 모세 타입의 성도가 되어야 되겠는데 아론 타입의 성도가 어쩌면 더 많은 것 같이 보입니다. 모세 타입의 교회보다 아론 타입의 교회가 더 인기 있는 것 같습니다.

다시 말해서 산위에서 하나님의 말씀을 기다리고 그 말씀을 따라 살아가기보다는 산 아래서 하나님의 말씀을 마음대로 조작, 요리해 놓고 춤추고, 날뛰며, 자기도취, 자신을 우한 축제만 있고 예배가 없는 교회가 많은 것 같습니다.

사랑하는 독자 여러분!

옛날 같이 홍해가 갈라지는 눈에 보이는 역사가 없고, 오병이어로 5천명을 먹이는 역사가 안 보인다 하더라도, 주의 말씀을 기다리며 주의 말씀을 따라 가시기를 바랍니다.

우리는 하나님 말씀 없이는 살 수 없습니다.

아론 타입의 성도가 되어 조급하여 기다리지 못해 금송아지를 만들지 말고, 모세 타입의 성도가 되어 무섭고도 고독한 바위틈에서 그 민족에게 전해 줄 말씀을 기다리는 모세같이, 하나님을 사랑하고 그의 말씀에 충실한 복된 교회, 복된 성도가 다 되시기를 주의 이름으로 축원합니다.

한 경 수 목사

기 독 교
대한감리회 **주안감리교회**

✝ 주소 : 인천광역시 남구 주안1동 193-3
✝ TEL : 032)867-0301~3
✝ http://www.jooan.or.kr

학력 및 신력

- 연세대학교 연합신학대학원 졸업
- 일본관사이신학 졸업
- 미국 센터나리 철학박사

- 기독교대한감리회 중부연회 감독

회 개 (METANOIA)
요한복음 8장 1~11절

예수는 감람산으로 가시다 아침에 다시 성전으로 들어오시니 백성이 다 나아오는지라 앉으사 저희를 가르치시더니 서기관들과 바리새인들이 간음 중에 잡힌 여자를 끌고 와서 가운데 세우고 예수께 말하되 선생이여 이 여자가 간음하다가 현장에서 잡혔나이다 모세는 율법에 이러한 여자를 돌로 치라 명하였거니와 선생은 어떻게 말하겠나이까 저희가 이렇게 말함은 고소할 조건을 얻고자하여 예수를 시험함이러라 예수께서 몸을 굽히사 손가락으로 땅에 쓰시니 저희가 묻기를 마지 아니하는지라 이에 일어나 가라사대 너희 중에 죄 없는 자가 먼저 돌로 치라 하시고 다시 몸을 굽히사 손가락으로 땅에 쓰시니 저희가 이 말씀을 듣고 양심의 가책을 받아 어른으로 시작하여 젊은이까지 하나씩 하나씩 나가고 오직 예수와 그 가운데 섰는 여자만 남았더라 예수께서 일어나사 여자 외에 아무도 없는 것을 보시고 이르시되 여자여 너를 고소하던 그들이 어디 있느냐 너를 정죄한 자가 없느냐 대답하되 주여 없나이다 예수께서 가라사대 나도 너를 정죄하지 아니하노니 가서 다시는 죄를 범치 말라 하시니라

들어가는 말

본문은 용서를 전제로 한 회개를 우리에게 가르칩니다. 성이 난 군중들이 간음현장에서 잡힌 여인을 끌고 와서는 모세의 율법에 간음한 여인을 돌로 쳐 죽이라고 하였는데 선생님은 어찌 하시렵니까? 하고 예수님의 대답을 기다리고 있었습니다.

그것은 그 분을 시험하기 위함이며, 고소할 구실을 찾으려는 것 이었습니다. 이론적으로 간음은 죄지음이 분명한 일이었습니다. 그런데 예수께서는 땅에 엎드려 무엇인가를 쓰고 계셨습니다. 한참 만에 고소하려던 사람들이 물러간 후에 예수님은 그 여인에게 물으셨습니다.

너를 고소하는 사람이 없느냐? 그 여인 주님 아무도 없습니다.

나도 너를 벌하지 않겠으니 "이제부터는 죄 짓지 말라" 하셨습니다.

그러므로 요한복음 8장은 다시는 죄 짓지 말라는 예수님의 용서의 사상이 담겨져 있는 것 입니다.

첫째, 회개는 기독교의 출발점이며 결승점 입니다.

톨스토이의 저서에 "부활"이라는 소설이 있습니다. 톨스토이의 "전쟁과 평화"가 그의 절정기를 장식한 작품으로 평가해 본다면, "부활"은 그의 말년의 유언서와 같은 책이라고 할 수 있습니다. 톨스토이는 "부활" 중에서 자신의 과거를 돌아보며 뼈아픈 회개를 하고 있습니다. 그래서 "부활"은 그의 예술적 참회록이라고 말 합니다.

톨스토이는 "부활"을 쓴 다음, 자기가 속해있던 희랍 정교회에서 파문을 당했으며 검열에서 내용의 1/4은 삭제를 당하고 말았습니다. 이 책에 나오는 이야기의 줄거리는 대략 이렇습니다.

재판소에 배심원이 된 네프류 도프는 법정에 서 있는 여자를 바라보는 순간 큰 충격을 받았습니다. 그 여자는 자기에게 강제로 정조를 빼앗긴 다음 헌신짝 같이 버림을 당한 카츄사 바로 그 여자였기 때문입니다. 그런데 강간범인 자기는 배심원이 되어 재판 석에 앉아 있고, 자기에게 유린을 당한 무죄한 처녀는 죄인이 되어 재판을 받고 있는 것이 아닙니까? 그날 그 여자는 억울한 누명을 쓰고 법정에 끌려나와 있었던 것 이었습니다. 네프류 도프는 큰 충격을 받았습니다. 그는 양심에 가책을 받았습니다. 그는 그 자리에서 깊이 회개 하게 됩니다.

참된 회개에는 반드시 행동이 따라야 합니다. 네프류 도프는 가면을 벗어 버렸습니다. 그는 자신의 죄악 된 과거를 청산하기 위해 지금까지 맺어온 모든 불의한 인간관계를 끊어버렸습니다. 그리고 자신의 모든 재산을 팔아 가난한 사람들에게 나눠 주었습니다.

자기와 약혼한 귀족 딸과의 관계도 종지부를 찍었습니다. 그는 옥중에 있는 카츄사를 찾아갔습니다. 그러나 카츄사는 네프류 도프를 일언지하에 거절하였습니다. 그녀는 이 세상에서도 나를 장난삼아 가지고 놀더니, 저 세상까지 나를 미끼로 삼아 구원을 받아 보겠다는 겁니까?

하며 네프류 도프의 청을 냉정하게 거절하였습니다. 그러나 네프류 도프는 갖은 모욕을 당하면서도 시베리아로 유배되어 가는 카츄사를 따라가기로 결심합니다. 회개란 이런 것 입니다.

회개란, 일시적인 감정이 아니라 계속되는 행동입니다. 네프류 도프는 끊임없이 카츄사의 무고함 알리는 수고를 하고 덕분에 카츄사는 결국 무죄 석방을 하게 됩니다. 그는 이 기쁜 소식을 전하기 위하여 카츄사가 있는 수용소로 달려갑니다. 그러나 카츄사는 끝까지 배신자를 거절합니다. 그리고는 정치범인 시몬스의 청혼을 받아들여 시베리아로 떠납니다.

네프류 도프는 깊은 생각에 잠기고, 깊은 회개를 합니다. 그리고 마침내는 영혼의 부활을 체험 합니다. 새아침이 밝았습니다. 참된 회개에는 열매가 있고 참된 믿음에는 행동이 있고 참된 사랑에는 실적이 있습니다. 행함이 없는 믿음은 부도수표 입니다. 열매가 없는 회개는 연극에 불과 합니다. 행동이 없는 목적은 공상에 불과 합니다. "세례요한의 때부터 지금까지 천국은 침노를 당하나니 침노하는 자는 빼앗느니라"(마 11:12) 우리의 목적은 하나님의 나라입니다. 하나님의 나라는 공격하고 행동하는 자만이 쟁취할 수 있는 것 입니다.

성경에는 회개에 대한 미담이 기록되어 있습니다. 두 아들에 대한 비유로 하나는 유대인, 하나는 이방인에 대한 비유로서 큰 아들은 아버지와 함께 살던 아들 이었으나, 작은 아들은 재산을 다 정리하여 도시로 나가서 허랑 방탕하게 생활하여 아버지가 주신 재산을 다 허비하고 거지가 되었습니다.

작은 아들은 방탕한 자신에 대하여 뉘우치고 반성하면서 결심하니, 이제 나는 아버지께로 돌아가라 그리고 아들이라 하지 않고 품꾼의 하나가 되리라 하고 고향으로 돌아오는데, 아직은 고향집과 거리가 먼 곳에 다다랐는데도 아버지는 아들을 보시고 뛰어나와서 환영해 주었습니다.

자기를 낮추고 회개하고 돌아오면 하나님께서 용서해 주신다는 교훈을 줍니다. 사람마다 크고 작은 허물과 죄가 있습니다. 그것을 깊이 뉘우치고 회개하여야 합니다. 그래서 기독교에서는 회개가 구원의 입문이며, 또한 결승점이라고 합니다.

큰 아들은 비웃고 동생을 미워하고 아버지를 원망했으나, 불량했던 작은 아들은 뉘우치고, 반성하며 참회하고 자성한 것을 볼 때에 깊은 회개는 하나님의 사랑을 받게 되는 것 입니다.

둘째, 어리석은 부자의 생각 입니다.

누가복음 12:20~21 "하나님은 이르시되 어리석은 자여 오늘 밤에 네 영혼을 도로 찾으리니 그러면 네 예비한 것이 뉘 것이 되겠느냐 하셨으니 자기를 위하여 재물을 쌓아 두고 하나님께 대하여 부요치 못한 자가 이와 같으니라" 이 본문은 돈만 많고 물질은 부자이지만 믿음이 없는 부자에게 하나님께서 꾸지람을 하신 말씀입니다.

어느 날 아침 한 사내가 신문을 읽다가 자신의 사망기사가 실린 것을 보고는 깜짝 놀랐습니다. "다이너마이트 황제 사망하다."라고 쓰인 커다란 제목부터 기사를 읽어 나갔습니다. 한참 읽다가 자신을 "죽음의 상인"이라고 기술한 글을 발견하고는 크게 당황 하였습니다.

그는 바로 다이너마이트 발명가 이었으며 파괴적인 무기를 발명함으로써 많은 재물을 모은 사람이었는데, 이 신문에 기사는 그에게 엄청난 충격을 주기에 충분했습니다. 그는 일생동안 파괴적이고 엄청난 힘을 과시하는 일에 종사 하였으나 그의 마음에 신문기사는 다이너마이트 보다 더 큰 충격 이었습니다. 그는 그 자리에서 무릎을 꿇고 깊은 회개를 하게 됩니다. 그가 바로 노벨상의 창시자인 알프레드 노벨입니다. 그가 신문에 잘못 나온 기사를 보고 새 삶을 살게 되었으니, 오늘의 영예로운 노벨상 역시 그때 받은 충격이었을 것 입니다. 깊은 회개는 이와 같이 좋은 열매를 맺게 되는 것 입니다.

사람은 어느 때인가 큰 충격과 사건을 만나게 됩니다. 그러나 이런 큰 사건과 시련을 깊이 깨닫는 사람이 있는가 하면 전혀 그것을 모르고 지나쳐 버리는 사람이 있습니다. 다윗은 간음한 사람이었으나 가슴깊이 회개하고 다시는 죄 짓지 아니하고 위대한 사람이 되었습니다. 사울은 좋은 기회를 잡았으나 깨닫지 못하고 회개하지 못하였다가 그만 모든 것을 잃었습니다.

역사적인 인물에 삶을 살펴보면 여러 가지 불행한 사건들을 경험 하였습니다. 그러나 위대한 사람은 그 불행한 사건을 발판으로 또 다른 출발점에 서게 되고 마침내 성공하게 됩니다. 미국에 16대 대통령 아브라함 링컨은 남북전쟁이라는 길고 험한 경험을 통해서 승리하고, 노예 해방을 선언하였습니다. 그는 어떤 상황에 놓인 사람이라도 살아가면서 짐승이하의 대접을 받는 것은 하나님의 뜻이 아니라는 사실을 뼈저리게 인식한데서 나온 결단 이었습니다.

나는 지난주간에 책 한권을 읽었습니다. 폴 부랜트 필립얀시 지음의 "고통이라는 선물"이란 책입니다. 437쪽의 아주 감명 깊은 글이 연속 나오는 책으로서 "나에게 고통을 주시니 참으로 감사합니다."란 구절이 눈에 들어 왔습니다. 그 책의 원저자는 에비릿 쿠퍼란 의학박사로 나병전문의 이었습니다. 그는 일생동안 나환자를 위해 봉사하고 헌신한 의사로서 인도에서 20년간, 영국과 미국에서 30년간 오로지 나병 환자들을 돌봐온 세계적인 의사 이었습니다.

에비릿 쿠퍼는 감각이 없는 나환자와 일생동안 살아가며, 손가락 발가락을 잘라내도 아픈 것조차도 모르는 나환자들과 씨름하였습니다. 만일에 나환자들 중에 통증을 느낄 수 있는 사람은 나환자가 아니었습니다. 그러던 어느 날 에비릿 쿠퍼는 몇 날 동안 몹시 앓다가 손과 발끝에 통증을 잃어버렸습니다. 그는 나도 나환자가 되었구나 하며 절망 중에 여러 날 을 지냈습니다.

그 며칠 후 바늘로 발을 찔러 보니 전혀 아프지 않던 발목에 심한 통증이 느껴져 왔습니다.

그는 그 자리에서 큰 소리로 외쳤습니다. 하나님 나에게 고통을 주시니 참으로 감사합니다. 감사합니다. 참으로 감사합니다. 나병 환자가 아닌 것을 진심으로 감사했습니다.

우리들은 여러 가지 삶의 고통을 가지고 살아갑니다. 그래서 몸이 병들었을 땐 병원을 찾게 되고, 약을 먹고, 또 수술을 받는 경우도 있습니다. 고통이 있다는 것은 살아 있다는 증거요, 고통이 지나면 다시 건강해 진다는 것 입니다. 고통을 감사히 여기는 사람이 되십시오. 다 죽어

가는 사람은 고통을 느끼지 못 합니다. 고통을 아직 느낀다는 것은 삶에 희망이 있다는 것 입니다.

아직 고통을 느낄 수 있는 이때에 회개 합시다. 더 늦기 전에 참회하여 하나님께 용서를 받으십시다. 참회를 하는 것 또한 아직 힘 있고 건강할 때 해야지 죽어가는 사람은 참회할 기운조차 없습니다. 2004년을 회개의 해로 삼고 진정으로 행함이 있는 회개를 하십시다.

「이사야 1:18~20 "여호와께서 말씀하시되 오라 우리가 서로 변론하자 너희 죄가 주홍 같을찌라도 눈과 같이 희어질 것이요 진홍같이 붉을찌라도 양털같이 되리라 너희가 즐겨 순종하면 땅의 아름다운 소산을 먹을 것이요 너희가 거절하여 배반하면 칼에 삼키 우리라 여호와의 입의 말씀이니라"」

1964년에 설립 석사학위과정과 연구과정이 있다.

연합신학대학원

연합신학대학원 조감도

대한예수교 장로회 **주안중앙교회**

✢ 주소 : 인천광역시 남동구 간석4동 617-10
✢ TEL : 032)431-9881~6
✢ E-mail : juan@juanjungang.or.kr
✢ http://www.juanjungang.or.kr

박 응 순 목사

학력 및 신력

- 기독신학대학, 동대학원 졸업
- 연세대 신학대학원 졸업
- 트리니티 신학대학원 문학석사
- 바기오 중앙대학 교육학 박사(Ed.D.)

- 주안중앙교회 당회장
- 인천중앙노회 증경 노회장
- 연세대 총동문회 이사
- 연세 선교신학동문회 회장
- 세계 성신클럽 상임부회장

- 2001 세계 성령복음화 대성회 실무강사단장(전)
- 기독인범죄 예방협의회 실무회장
- 한국기독교성령100주년대회 실무 준비위원장
- 인천 경찰청 중앙경목 위원회 위원
- 21C 영성 목회자 협의회 상임준비위원장
- 법무부 범죄예방 신문 명예회장
- PPP 십자가 대행진 부대회장
- 인천기독교 총연합회 공동회장
- 인천기독교 보수교단 상임회장
- 국민비전부흥사협의회 공동회장

나는 행복한 사람

시 1: 1-3

복 있는 사람은 악인의 꾀를 좇지 아니하며 죄인의 길에 서지 아니하며 오만한 자의 자리에 앉지 아니하고 오직 여호와의 율법을 즐거워하여 그 율법을 주야로 묵상하는 자로다 저는 시냇가에 심은 나무가 시절을 좇아 과실을 맺으며 그 잎사귀가 마르지 아니함 같으니 그 행사가 다 형통하리로다

오늘도 주의 은혜 가운데 살아가는 동안에도 하나님의 크신 은총 가운데 행복한 독자 여러분들이 다 되시기를 간절히 축원드립니다.

예전에 어느 가수가 부른 노랫말 중에 "그대 사랑하는 난 행복한사람"이란 가사가 있습니다. 사람은 사랑을 느낄때가 가장 행복하다고 합니다. 그러므로 사람은 누구나 사랑하며 행복하게 살 권리가 있습니다. 그럼에도 불구하고 불행하게 사는 까닭은 참된 행복이 무엇인가를 잘 알지 못하기 때문입니다.

어떤 사람이 말하기를 "행복의 습관을 가지라. 삶의 습관에 따라서 관계성이 달라지고 삶의 모드가 달라진다. 우리의 행복이라는 것은 습관으로 말미암아 얻어지는 것이다. 외적 요건이 아니라 마음의 자세에 따라서 행복이 좌우된다."라고말을 했습니다. 행복은 바로 우리의 신앙과 마음속에서 창조됩니다. 왜냐 하면 하나님이 행복의 근원이시기 때문입니다.

스펄전 목사님은 "가장 행복하고 단순한 축복을 누리기를 원하는 사람은 시편을 읽으라."라고 말을 했습니다. 오늘 봉독한 시편 1편의 말씀은 구약에서 행복에 대한 위대한 설교를 가장 간단하게, 가장 명료하게 우리에게 말씀해 주고 있습니다. 시편 1편 첫 부분을 보면 행복하고자 하는 사람은 자기를 먼저 살펴야 되며 해야 할 일과 하지 말아야 할 일을 스스로 판단하는 데에서부터 시작된다고 말합니다.

복 받은 사람, 행복한 사람은 과연 어떤 사람입니까?
행복한 사람, 복 받은 사람은 하지 말아야 할 것을 하지 않는 사람입니다.
시편 1편 1절에 '복 있는 사람은 악인의 꾀를 좇지 아니하며 죄인의 길에 서지 아니하며 오만한 자의 자리에 앉지 아니하고'라고 했습니다. 좇고, 서고, 앉는다고 하는 세 가지 단어가 우리의 행복과 축복을 좌우한다는 말씀입니다.

첫째, "악인의 꾀를 좇지 아니하며"라고 했습니다.

시편 10 : 4절 말씀을 보면 "악인은 그 교만한 얼굴로 말하기를 여호와께서 이를 감찰치 아니하신다 하며 그 모든 사상에 하나님이 없다 하나이다" 라고 말씀하고 있습니다.
여기서 악인이라는 말은 하나님을 무시하는 사람, 불경건하고 무신론적인 사상을 가지고 제 멋대로 사는 사람을 말합니다. 불행하게 되거나 큰 죄를 범하는 사람이 처음부터 죄를 범하겠다는 생각을 가지고 악인의 꾀를 좇는 게 아닙니다. 조그마한 호기심 가지고 좇아가다 보니까 자기도 모르는 사이에 깊이 빠져서 축복은커녕 인생이 실패로 끝나게 되는 것입니다.
세상에서 가장 어리석은 자가 악인들의 악한 꾀를 좇아 가는 사람들입니다. 그와 반대로 하나님 편에서 볼 때 가장 복이 있는 자는 바로 악인의 꾀를 좇아가지 않는 사람들입니다. 악인들은 자신이 바로 신적인 존재입니다. 자신의 주먹과 힘 이외는 아무것도 의지하지 않습니다. 또한 악인들에게는 하나님이 없습니다.

하나님이 없기에 그들은 거침없이 악한 일들을 꾀하며 악한 행동들을 서슴치 않고 행합니다. 오로지 자신들의 생각만이 옳으며 최우선으로 생각합니다. 그리고 악한자는 교만합니다.

자기들 외에는 아무도 보이지 않기 때문에 천하에 자기들이 제일인줄로 착각하며 살아 갑니다. 그리고 여호와께서 자신들의 행동을 감찰하고 있음을 전혀 믿지 않고 있습니다.

그렇기 때문에 악인들의 생각과 행동 속에서 선한 것은 나올수가없습니다. 올바른 가치관이나 인생의 참다운 사상은 나올수가 없습니다. 오로지 사악한 생각과 행동들만이 나올뿐입니다.

그러므로 우리 사랑하는 독자 여러분들은 악한생각과 행동에서 떠나 올바른 신앙 안에서 악한 생각과 행동을 분별하여 전능하신 하나님의 은총으로 승리하시기를 간절히 축원합니다.

둘째, "죄인의 길에 서지 아니하고"라고 했습니다.

죄인이란 말은 자기욕망 제일주의로 살아가는 사람을 얘기합니다. 하나님이나 이웃이나 사회에는 아랑곳 하지 않고 도덕과 윤리의 표준도 없이 자기 욕심 따라 살아가는 사람을 말합니다.

죄란 말은 헬라어로 "하말티아" 라고 하는데 이것은 "화살을 쏘았는데 과녁을 맞히지 못한다"라는 뜻입니다. 사람은 누구나 목표를 가지고 있는데 하나님께서 우리에게 주신 과녁을 맞추지 못하고 우왕좌왕하고 빛나간 삶을 살다가 끝나는 사람을 가르쳐 죄인이라고 하는 것입니다.

시인 도종환님의 "가지 않을수 없던 길"이라는 시가 있습니다.

가지 않을 수 있는 고난의 길은 없었다. 몇몇 길은 거쳐오지 않았어야 했고 또 어떤 길은 정말 발 디디고 싶지 않았지만 돌이켜보면 그 모든 길을 지나 지금 여기까지 온 것이다. 한번쯤은 꼭 다시 걸어보고픈 길도 있고 아직도 해거름마다 따라와 나를 붙잡고 놓아주지 않는 길도 있다.

그 길 때문에 눈시울 젖을때 많으면서도 내가 걷는 이 길 나서는 새벽이면 남모르게 외롭고 돌아오는 길마다 말하지 않은 쓸쓸한 그늘 질게 있지만 그 어떤 쓰라린 길도 내게 가지 않을 수 있는 길은 없었다. 그 길이 내 앞에 운명처럼 파여 있는 길이라면 더욱 가슴 아리고 그럿이 내 발길이 데려온 것이라면 발등을 찍고 싶을 때 있지만 내 앞에 있던 모든 길들이 나를 지나 지금 내속에서 나를 이루고 있는것이다.

오늘 아침엔 안개 무더기로 내려 길을 뭉텅 자르더니 저녁엔 헤쳐온 길 가득 나를 혼자 버려둔다 오늘 또 가지 않을 수 없던 길, 오늘 또 가지 않을 수 없던 길 이라고 시인은 말하고 있습니다.

그렇습니다. 우리가 가야하는 길은 우리 스스로가 정해놓고 가는 길이 아닙니다. 운명처럼 다가 오는 길도 아닙니다. 우리 주님께서 우리를 위하여 설계하시고 예비하신 길을 우리는 묵묵히 순종하며 그 길을 걸어가야 합니다.

독자 여러분은 지금 서있는 여러분의 삶에 대한 위치의 중요성을 바로 인식해야 합니다. 여러분은 지금 어디에 서있으며 어떤 길을 걸어가고 있는지 생각해 본적이 있습니까?

내가 지금 어디에 서 있는 가하는 것은 대단히 중요 합니다. 죄인의 길에 서 있는가? 아니면 의인의 길에 서 있는가? 실로 대단히 중요 한 일이 아닐 수 없습니다.

왜냐하면 죄인의 길은 멸망의 길이요 의인의 길은 축복의 길이기 때문입니다. 만약에 지금 여러분들이 죄인의 길에 들어 서 있다면 속히 자신을 그 죄인의 길에서 돌이켜 의인의 길로 돌아오는 복 있는 성도 여러분들이 되시기를 축원합니다.

셋째, "오만한 자의 자리에 앉지 아니하고"라고 했습니다.

이 오만한 자라는 말은 냉소적인 사람, 부정적인 사람, 남을 무시하는 사람, 남을 이용하는 사람을 가르칩니다. 냉소적인 사람은 신앙생활도 냉소적이고 자기 자신의 삶도 냉소적으로 보는 까닭에 결과적으로 축복 대신에 스스로 불행의 함정을 파고 맙니다. 이런 사람은 자기만 불행해지는 것이 아니라 남까지도 불행하게 만들므로 그 사람과는 같이 앉지도 말라고 했습니다. 앉는다는 말은 자기의 생활을 고정시켜 버린다는 말입니다.

복있는 사람은 선을 그을 줄 압니다. 해야 할 일과 하지 말아야 할 일이 분명해야 됩니다. 하지 않아야 할 일을 하므로 말미암아 행복과 축복의 기회를 놓치고 비참하게 인생을 끝내고 마는 사람이 많이 있습니다.

오늘날 마약환자들이 엄청나게 많은데 처음에는 장난삼아 냄새도 맡아보고 먹어보기도 하고 주사를 맞고 그러다가 중독이 돼서 종례에는 큰 패망을 가져오는 겁니다.

세계적인 단편소설작가 오헨리는 그의 자서전에 이런 글을 썼습니다. "하나님을 두려워하지 아니하고 하나님을 무시하고 하나님을 우습게 여기고 살던 그 때가 즐거웠던 것 같았으나 지금 와서 생각해 보니 그 때가 바로지옥생활이었고 지금은 세상을 이미 떠났지만 병석에 누워있던 내 아내와 신앙적인 대화를 나누면서 지낸 몇 개월 그 때가 바로 천국이었다."라고 간증했습니다.

그래서 복 있는 사람은 절대로 악인의 꾀를 좇지 아니하며 죄인의 길에 서지 않고 오만한 자의 자리에 앉지 말아야 합니다. 하지 말아야 할 것을 찾아 다니다 보면 시간 낭비하고 인격이 파괴되고 결국 불행해진다는 것이 시편의 교훈입니다.

그러므로 복 있는 성도 여러분들은 오만한 자의 자리에 앉지 않으시기를 바랍니다. 전능하신 하나님께서는 교만과 거만과 악한 행실과 패역한 삶의 사람들을 싫어하십니다. 그렇기 때문에 우리 믿음의 사람들은 교만과 오만 그리고 거만함은 십자가 밑에 내어놓고 죄악 가운데 나아가지 않도록 조심하며 겸손하게 전능하신 하나님만을 섬기는 복된 독자 여러분이 되시기를 예수 그리스도의 이름으로 축원 드립니다.

넷째, 행복한 사람, 복 받은 사람은 해야 할 일을 바로 할 줄 아는 사람입니다.

시편 1편 2절부터 3절에 "오직 여호와의 율법을 즐거워하여 그율법을 주야로 묵상하는 자로다 저는 시냇가에 심은 나무가 시절을 좇아 과실을 맺으며 그 잎사귀가 마르지 아니함 같으니 그 행사가다 형통하리로다"라고 했습니다.

참된 그리스도인으로서 복 있는 사람은 깨달음과 삶의 태도가 하나 된 사람입니다. 그런데 하나님의 말씀을 읽고 감동받고 설교시간에 마음에 깨달음이 오고 감동은 됐지만 삶의 현장에 나가서 그대로 실천하기가 쉽지 않습니다. 그렇기 때문에 성경 말씀에 말씀을 들은 대로 행하라고 했습니다. 행함이 없는 믿음은 죽은 믿음이라고 했습니다. 그런데도 수많은 사람들이 매주일 말씀을 듣지만 말씀대로 사는 사람은 그리 많지 않습니다. 믿음과 행위가 일치되는 신앙생활을 하시기 바랍니다.

내 삶의 현장에서 주야로 낮이든 밤이든 하나님말씀대로 살기는 어렵습니다. 정말 행복한 사람은 예수님을 믿고 하나님 말씀을 주야로 묵상하는 사람, 삶의 현장에서 실천하는 사람입니다.

축복을 받는 사람을 가만히 보면 그가 자유시간에 무엇을 하는가를 보면 알 수 있습니다. 시간만 있으면 전능하신 하나님과 교제하고 하나님 말씀을 읽고 듣는 사람은 하나님과의 관계, 진리와의 관계, 대인과의 관계, 삶의 관계가 변화돼서 복을 받게 된다고 성경은 말씀합니다.

미국의 16대 대통령 링컨은 "성경은 하나님께서 사람에게 주신 가장 좋은 선물이다."라고 말을 했습니다. 그리고 이어서 "만일 이 성경이 없더라면 우리는 어떻게 옳고 그른 것을 분별할 수 있겠는가?"라고 덧붙였습니다.

독자 여러분, 하나님의 말씀, 성경 말씀은 사람이 해야 될 일과 하지 말아야 될 일을 가르쳐 주는 인생의 안내서입니다. 이 안내서를 잘 보고 그대로살면 축복과 행복의 길이 열리지만 이것을 모르는 체 사는 사람은 우왕좌왕만 하다가 일생을 마치고 맙니다. 인생은 게임입니다.

하나님께서는 여러분에게 인생의 법칙을 주셨습니다. 여호와의 율법을 묵상하고 율법대로 사는 사람은 축복의 길이 무엇인지 알고 행복의 길이 무엇인지 알아서 그 길을 따라가고 그 길에서 복된 삶을 살게 될 것입니다.

오늘 우리는 하나님 말씀 속에서 여호와의 율법을 묵상하는 적극적인 삶의 태도를 배움으로 행복한 사람, 축복받은 사람들이 되시기를 주님의 이름으로 축원드립니다.

다섯째, 하나님 말씀대로 사는 사람에게는 시냇가에 심은 나무처럼 하나님께서 행복한 사람, 축복받은 사람이 되게 하십니다.

행복은 하나님이 우리와 함께 할 때 가능합니다. 즉, 임마누엘 신앙을 믿는 자에게 행복감을 주는 것입니다. 부모님이 함께 있고 사랑스럽고 따뜻한 부모님의 눈길을 느낄 때 자녀들이 행복을 느끼듯이 아버지 하나님이 나와 함께 하신다는 믿음이 우리를 행복하게 하는 것입니다.

오늘도 하나님이 나와 함께 하신다는 마음을 가지면 그 날은 행복한 날로 시작됩니다. 행복의 첫 걸음은 가정에서 얻어야 됩니다. 우리는 잠에서 깨어나고 잠자리에 누울 때까지 행복감을 항상 가져야 됩니다.

시편 3편 5절에 "내가 누워 자고 깨었으니 여호와께서 나를 붙드심이로다"라고 고백합니다. 누워서 자고 깨었다는 이 사실에 대한 감사와 하나님이 나를 붙드셨다고 고백할 수 있으면 그는 오늘도 행복감을 갖고 하루를 시작하는 것입니다. 그러므로 행복은 잠을 청할 때 또 잠에서 깨었을 때 충만히 느껴져야 됩니다.

시편 4편 8절에 "내가 평안히 눕고 자기도 하리니 나를 안전히 거하게 하시는 이는 오직 여호와시니이다" 평안히 눕고 자고 안전히 거하게 하시는 이는 오직 여호와라고 믿고 감사하는 자는 행복한 오늘을 사는 사람일 것입니다. 행복은 새벽부터 느껴져야됩니다.

시편 5편 3절에 "아침에 주께서 나의 소리를 들으시리니 아침에 내가 주께 기도하고 바라리이다"라고 했습니다. 행복감은 우리를 다시 감사하게 만들고 기도하게 만듭니다.

스펄전 목사님은 "아침기도는 하루를 여는 열쇠이고 저녁의 기도는 하루를 닫는 자물쇠다"라고 말을 했습니다. 하루를 열면서 행복을 느끼고 하루를 닫으면서 행복감을 갖는다면 그는 행복한 하루를 사는 것입니다. 하나님이 나와 지금 함께 하신다는 사실을 믿으면 우리는 행복할 수밖에 없습니다. 가정이 평안하고 믿음 안에서 하나가 되어 있다면 역시 행복할 수밖에 없습니다.

눈을 감고 뜰 때 행복하다는 생각이 들면 진정 그는 행복을 소유한 사람입니다. 자신이 하는 일에 보람과 감사가 있고 사랑을 느낀다면 그

역시 행복한 자입니다. 사랑으로 충만하고 기쁨으로 감사하며 행복한 삶을 사시는 여러분들이 다 되시기를 주님의 이름으로 축원합니다.

전도서 2장 24절에 "내가 이것도 본즉 하나님의 손에서 나는 것이로다"라고 했습니다. 또 시편 1편 3절에 "저는 시냇가에 심은 나무가 시절을 좇아 과실을맺으며 그 잎사귀가 마르지 아니함 같으니 그 행사가 다 형통하리로다"라고 했습니다.

저는 시냇가에 심은 나무가 시절을 좇아 과실을 맺으며 그 잎사귀가 마르지 아니함 같으니 그 행사가 다 형통하리로다.

사랑하는 독자 여러분들이여!

날마다 자인하시기 바랍니다. "나는 행복하다" "나는 행복하다" "나는 예수님으로 인하여 행복하다" 믿음으로 바랄때에 실상의 놀라운 축복이 임할줄 믿으시길 바랍니다.

그리고 우리 믿음의 사람들에게는 행복을 찾을 수 있는 가장 가깝고도 정확한 방법이 있습니다. 그것은 우리의 구원자시요 참된 행복의 근원이신 예수 그리스도와 함께 하시기만 하면 됩니다. 그러므로 우리 주 예수님과 늘 동행하는 삶을 살아감으로 행복한 성도, 행복한 인생, 행복한 가정, 행복한 축복의 삶을 살아가시기를 간절히 축원합니다.

신과대학

신학과

정 영 관 목사

기독교 대한감리회 중앙교회

✤ 주소 : 서울 종로구 인사동 194-6
✤ TEL : 02)730-6711
✤ Email : pastorykc@hanmail.net
✤ http://central21.org

학력 및 신력

- 문학사(B.A.), 단국대학교 문리과대학
  (중등학교 2급정교사 자격증 취득)
- 신학사(B.Th.), 감리교신학대학교
- 신학석사(Th.M.),
  연세대학교 연합신학대학원 졸업(신약신학전공)
- 목회학박사(D.Min.),
  Fuller Theological Seminary(도시목회학 전공)

- 학교법인 관악학원(관악여자정보산업고등학교) 이사장

- 한국국제기아대책기구 창립이사
- 사단법인 Good Seeds 이사장
- 이슬람연구소 이사 및 이사장
- 크로스웨이성경연구 주강사
- 서울북지방 감리사 역임
- 종로지방 감리사 및 서울연회 감리사협의회 회장 역임
- 감리교 총회실행위원 역임
- 협성대학교 및 동 신학대학원 강사(19년 간) 역임
- 기독교대한감리회 아랍선교회 회장 및 해외선교단체협의회 회장

말씀하시는 하나님, 행동하시는 하나님
사도행전 27장 9~26절

여러 날이 걸려 금식하는 절기가 이미 지났으므로 행선하기가 위태한지라 바울이 저희를 권하여 말하되 여러분이여 내가 보니 이번 행선이 하물과 배만 아니라 우리 생명에도 타격과 많은 손해가 있으리라 하되 백부장이 선장과 선주의 말을 바울의 말보다 더 믿더라 그 항구가 과동하기에 불편하므로 거기서 떠나 아무쪼록 뵈닉스에 가서 과동하자 하는 자가 더 많으니 뵈닉스는 그레데 항구라 한편은 동북을, 한편은 동남을 향하였더라 남풍이 순하게 불매 저희가 득의한줄 알고 닻을 감아 그레데 해변을 가까이 하고 행선하더니 얼마 못되어 섬 가운데로서 유라굴로라는 광풍이 대작하니 배가 밀려 바람을 맞추어 갈 수 없어 가는 대로 두고 쫓겨 가다가 가우다라는 작은 섬 아래로 지나 간신히 거루를 잡아 끌어 올리고 줄을 가지고 선체를 둘러 감고 스르디스에 걸릴까 두려워 연장을 내리고 그냥 쫓겨가더니 우리가 풍랑으로 심히 애쓰다가 이튿날 사공들이 짐을 바다에 풀어 버리고 사흘째 되는 날에 배의 기구를 저희 손으로 내어 버리니라 여러 날 동안 해와 별이 보이지 아니하고 큰 풍랑이 그대로 있으매 구원의 여망이 다 없어졌더라 여러 사람이 오래 먹지 못하였으매 바울이 가운데 서서 말하되 여러분이여 내 말을 듣고 그레데에서 떠나지 아니하여 이 타격과 손상을 면하였더면 좋을뻔 하였느니라 내가 너희를 권하노니 이제는 안심하라 너희 중 생명에는 아무 손상이 없겠고 오직 배 뿐이리라 나의 속한바 곧 나의 섬기는 하나님의 사자가 어제 밤에 내 곁에 서서 말하되 바울아 두려워 말라 네가 가이사 앞에 서야 하겠고 또 하나님께서 너와 함께 행선하는 자를 다 네게 주셨다 하였으니 그러므로 여러분이여 안심하라 나는 내게 말씀하신 그대로 되리라고 하나님을 믿노라 그러나 우리가 한 섬에 걸리리라 하더라

"말씀하시는 하나님, 행동하시는 하나님"이라는 제목으로 대단히 중요한 말씀을 나누려고 합니다.

먼저 제가 묻는 말에 진지하고도 솔직하게 대답하시기 바랍니다.

첫 번째 질문입니다. "여러분은 하나님의 음성, 하나님의 말씀을 들어보셨습니까?" 그 하나님의 음성, 하나님의 말씀이 어떻게 들려왔습니까? 설명할 수 있습니까?

두 번째 질문입니다. "내가 언젠가 이상한 소리, 무슨 말을 들었는데 그것이 하나님의 말씀이었는지 아니었는지 나는 모르겠다고 생각하시는 분 계십니까?"

세 번째 질문입니다. "지금까지 한 번도 하나님의 음성, 하나님의 말씀을 들어보신 적이 없는 분 손 좀 들어보시겠습니까?"

그러면 이제부터 하나님께서 하시는 말씀, 하나님의 말씀, 말씀하시는 하나님을 생각해 보십시다.

하나님께서 최초로 말씀하신 것이 언제인지 아십니까?

창세기 1:3에 "하나님이 가라사대 빛이 있으라 하시매 빛이 있었고..." 이 말씀은 "하나님이 가라사대라는 말은 하나님께서 말씀하시기를"이라는 말입니다.

이때 하나님께서 말씀하신 말씀 즉, 하나님의 언어는 어떤 언어였을까요? 고대 아람어나 히브리어 혹은 헬라어? 영어? 중국어? 혹시 한국어? 아닙니다. 그 어느 나라 말도 아니었습니다. 왜냐하면 그때의 하나님의 말씀은 이 세상 사람들의 언어가 생기기 전이었습니다. 하나님만의 언어, 하나님의 말씀이었습니다. 천국의 언어였습니다.

그 다음에 하신 하나님의 언어, 하나님이 말씀하신 것이 언제였는가 하면 하나님께서 아담과 하와를 만들어 놓으시고 축복하시면서 말씀하셨습니다. "생육하고 번성하여 땅에 충만하라 땅을 정복하라 바다와 고기와 공중의 새와 땅에 움직이는 모든 생물을 다스리라"(창 1:28)고 말씀하시고 그 후 명령하시기를 "동산 각종 나무의 실과는 네가 임의로 먹되 선악을 알게 하는 나무의 실과는 먹지 말라 네가 먹는 날에는 정녕(반드시) 죽으리라"(창 2:16~17)고 하셨습니다.

이 때의 말씀은 어떤 말씀이었을까요? 이것은 천국에서 하나님과 아담이 사용하신 천국의 언어였을 것입니다. 이 세상의 언어가 아니었을 것입니다.

그날 이후 지금까지 하나님은 말씀하셨습니다. 지금도 말씀하시고 계십니다. 언제 어디서 어떻게 말씀하시고 계십니까? 하나님은 이 우주 만물을 만드시고 자연계를 통해서 지금도 말씀하시고 계십니다. 그리하여 위대한 신앙의 사람들은 이 자연, 우주 만물을 통해서 하나님의 음성을 듣습니다.

첫째, 하나님의 말씀은 이 자연계를 통한 말씀입니다.

그리하여 위대한 신앙의 사람은 이렇게 말했습니다. "하늘이 하나님의 영광을 선포(말)하고 궁창이 그의 손으로 하신 일을 나타내는도다. 날은 날에게 말하고 밤은 밤에게 지식을 전하니 언어도 없고 말씀도 없으며 들리는 소리도 없으나 그의 소리(말씀)가 온 땅에 통하고 그의 말씀(언어)이 세상 끝까지 이르도다. 하나님이 해를 위하여 하늘에 장막을 베푸셨도다"(시 19:1~4) 지금도 하나님은 이 자연계를 통해서 우리에게 말씀하십니다.

둘째, 하나님이 말씀은 기록된 말씀인 "성경"입니다.

모세를 통해서 우리에게 주신 율법, 예언자들이 기록하여 우리에게 전하신 말씀들인 예언서, 성문서집, 그리고 신약시대에 사도들을 통해서 주신 하나님의 말씀인 신약성경이 곧 기록된 하나님의 말씀입니다. 이 구약과 신약에 기록된 말씀을 통해서 우리는 하나님의 말씀, 하나님의 음성을 듣습니다. 율법을 듣고 순종하며 준행하는 것은 우리가 하나님의 말씀을 듣는 것입니다. 율법과 복음, 구약과 신약은 아주 분명한 하나님의 말씀이며 음성입니다. 우리는 이 성경을 통해서 하나님의 말씀을 듣습니다. 이 성경이 하나님의 말씀입니다.

셋째, 하나님의 말씀은 선포된 말씀입니다.

하나님의 말씀을 친히 듣고 그 말씀을 백성들에게 알아듣도록 선포하신 예언자들의 말씀이 곧 하나님의 말씀이었으며, 예수님의 보내심을 받아 주님의 말씀을 선포한 사도들의 말씀이 곧 하나님의 말씀이었으며, 오늘 교회 강단에서 선포되는 목사들의 설교가 곧 선포된 하나님의 말씀입니다. 그래서 여러분들은 목사의 설교를 통해서 하나님의 말씀을 듣습니다.

구약 성경에 따르면 옛날 이스라엘의 예언자들이 하나님의 말씀을 백성들에게 선포하고 전했지만 어떤 사람들은 그 말씀을 하나님의 말씀으로 받아들이고 순종했는가 하면 어떤 사람들은 끝내 그 말씀을 듣고도 순종하지 않았습니다.

그 결과는 반드시 따라오게 되어 있습니다. 하나님의 말씀에 순종하지 아니하면 반드시 불행과 고통과 심판과 형벌이 따라왔습니다. 하나님의 말씀에 순종하면 행복과 평안과 기쁨이 따라왔습니다. 이것이 하나님의 행동하심, 즉 행동하시는 하나님이 하시는 일입니다.

9절~11절 말씀을 보면 "여러 날이 걸려 금식하는 절기가 이미 지났으므로 항해하기가 위태한지라 바울이 그들을 권하여 말하되 여러분이여 내가 보니 이번 항해가 하물과 배만 아니라 우리 생명에도 타격과 많은 손해를 끼치리라 하되 백부장이 선장과 선주의 말을 바울의 말보다 더 믿더라"(행 27:9~11) 바울 사도가 말씀하신 것은 바울 이라는 인간의 말이 아니라 하나님의 종으로 하나님의 말씀을 전했던 것입니다.

그러므로 그 사람들은 바울 사도의 말씀에 따라야 했던 것입니다. "여러분이여, 내가 보니 이번 항해가 화물과 배만 아니라 우리 생명에도 타격과 많은 손해가 있으리라"하였지만 백부장이 선장과 선주의 말을 바울의 말보다 더 믿었습니다.

믿음이 없는 사람들은 대체로 하나님의 말씀과 하나님의 종들의 말보다는 자기의 지식, 자기의 경험, 자기의 힘을 의지합니다. 또 하나님의 종들의 말보다는 권력 있는 사람들의 말, 학식이나 지식이 있는 사람들의 말, 편가르기를 하고 편을 만들어서 자기 편 사람들의 말을 더 잘 듣습니다.

바울 사도의 말보다 선주(그 배는 로마로 양곡을 실어나르는 무역선이었으며 선주는 그 양곡의 주인, 양곡무역상이었기 때문에 하루라도 빨리 가야 비용이 절약, 빨리 팔아야 이익이 남는다는 판단했기에 재촉했습니다)와 선장(전문지식과 자기 경험에 의존해서 강행)의 말을 들었으며 거기 배에 탄 모든 사람들이 겨울을 나기에는 미항이라는 작은 항구보다는 뵈닉스라고 하는 크고 번화한 항구 도시에 가서 과동하는 것이 더 좋을 것이라는 인간적인 생각들이 모두 합쳐져서 바울의 말(하나님의 말씀)을 듣지 않았습니다.

어리석은 군중은 시류와 인기와 자기 이권과 육신적인 쾌락과 영합하게 되어 있습니다. 그래서 그 배는 바울 사도의 말을 듣지 아니하고 미항을 출발하여 남풍이 순하게 불어오는 것을 보고 자기들의 뜻대로 되어서 의기 양양했을 것입니다. 승리의 쾌감에 도취되었을 것입니다.

그러나 얼마 못 가서 갑작스럽게 유라굴로라는 강풍(태풍)이 크게 일어나 배를 조종할 수가 없게 되었습니다. 배는 태풍에 밀려 이리저리 떠내려갔습니다. 지중해 아프리카 북쪽에 있는 스르디스(모래톱, 선박의 무덤, 배들의 공동묘지)에 걸릴 가능성을 무시할 수가 없었습니다.

이튿날에는 배가 침몰하지 않도록 가볍게 하기 위하여 배에 있던 모든 양곡 무역상의 모든 양곡, 하물(재산)들을 바다에 버렸습니다.

사흘째 날에는 배의 기구를 다 버렸습니다. 여러 날 해와 별이 보이지 않았습니다. 계속해서 큰 태풍이 불어닥치고 풍랑은 계속되었습니다. 구원의 소망이 없었습니다. 살 희망이 없어졌습니다. 10여 일이 지나는 동안 아무 것도 먹지 못했습니다. 이제는 완전히 살 희망을 포기했습니다. 살 길이 전혀 보이지 않았습니다.

바로 그 날 밤이었습니다. 하나님의 사자가 바울 사도에게 나타나셔서 "바울아, 두려워 말라. 내가 반드시 너를 가이사 앞에 세워야 하겠고, 이 배 안에 있는 모든 사람의 목숨을 다 네 손에 맡기겠다"고 말씀하셨습니다. 바울 사도는 너무 기뻤습니다. 폭풍 속에서, 풍랑 속에서 삶의 희망이 넘쳤습니다. 날이 밝아오자 바울은 모든 배 안에 있는 사람들을 불러모았습니다. 선장도 왔습니다. 배에 짐을 실은 선주들이 다 모였습니다. 그 모든 죄수들을 인솔하고 가는 책임자인 백부장 율리오와 죄수들도 모였습니다. 바울이 큰 소리로 외쳤습니다. "여러분, 그레데 섬에서 내 말을 듣고 떠나지 않았더라면 이런 고통과 손해와 불행을 당하지 않았을 것입니다. 그러나 이제 안심하십시오. 배만 못쓰게 되고 여러분 가운데 한 사람도 죽지는 않을 것입니다. 어제 밤에 내가 믿는 하나님께서 사자를 내게 보내셔서 내게 말씀하셨습니다. 네가 반드시 가이사 황제 앞에 서게 될 것이다. 그리고 이 배 안에 있는 모든 사람들의 목숨을 네 손에 맡기겠다고 말씀하셨습니다. 여러분, 이제 안심하십시오.”

말씀하시는 하나님은 동시에 행동하시는 하나님이십니다.

지금 우리 나라는 이 바울 사도가 탄 배와 같이 태풍을 만났습니다. 탄핵이라는 태풍 속에서 국회의원 선거를 치렀습니다. 여야의 의석수가 뒤바뀌었습니다. 초선위원들이 많아졌고 젊은이들도 많아졌으며 재야 운동가들이나 인권운동가들, 노동자 농민들의 대표가 국회의 의원이 되었습니다. 공산주의 이념에 가까운 생각을 가진 사람들이 많이 국회의원이 되었습니다.

그 동안 우리는 얼마나 많이 이 사회가 잘못되었는가를 보았습니다. 정치와 재벌의 추악한 결탁(정경유착의 비리) 지금 언론에 보도되고 있는 것은 빙산의 일각에 불과한 엄청난 천문학적인 부정한 돈 거래, 목숨을 건 정치 싸움, 나라나 국민보다는 자기들의 정권 유지나 쟁탈에 혈안이 되어 있는 정치 현실, 경솔한 대통령의 말과 행동의 실수가 몰고 온 사회의 양분화 현상과 자기 가솔들만 챙기려는 편협한 행동, 자기 형의 누명을 벗기기 위해 지각없이 내뱉은 대통령의 말 한마디가 한 사업가의 자살을 몰고 온 불행한 사건, 야당의 숫자로 밀어붙인 힘과 횡포로 몰고 간 탄핵 사태, 이 위기를 모면하려고 젊은이들을 대량 선동하여 여론정치로 몰고 가려는 거리 정치 이 모든 것들이 내일을 예측할 수 없는 혼돈과 불확실성 속에 이 사회를 마구 흔들고 있습니다.

지금 이 나라, 이 사회의 모습은 바울 사도가 탔던 그 배와 꼭 같은 상황입니다. 이런 현실 속에서 우리가 해야 할 일은 무엇입니까? 하나님이 말씀하시는 것을 듣는 일입니다. 어떤 말씀을 들어야 할까요? 여러분은 어떤 말씀이 들리십니까?

첫째, 오만하고 경솔한 언행은 버려야 한다는 말씀을 듣습니다.

하나님의 말씀을 들으십시오.

“교만은 패망의 선봉이요 거만한 마음은 넘어짐의 앞잡이니라”(잠 16:18)

"여호와를 경외하는 것은 악을 미워하는 것이라 나는 교만과 거만과 악한 행실과 패역한 입을 미워하느니라"(잠 8:13)

"사람이 교만하면 낮아지게 되겠고 마음이 겸손하면 영예를 얻느니라"(잠 29:23)

대통령이 헌법재판소에서 탄핵이 부결되었다고 해서 자랑스러울 것이 없으며 이겼다고 생각할 수 없는 것입니다.

둘째, 인간의 힘을 의지하지 말고 오직 하나님만을 의지하라는 말씀을 듣습니다.

"여호와를 의뢰하여 선을 행하라"(시 37:3)

"여호와를 의지하고 그 앞에 마음을 토하라 하나님은 우리의 피난처이시니라"(시 62:8)

"이스라엘아 여호와를 의지하라 그는 너희의 도움이시요 너희의 방패시로다 아론의 집이여 여호와를 의지하라 그는 너희의 도움이시요 너희의 방패시로다 여호와를 경외하는 자들아 너희는 여호와를 의지하여라 그는 너희의 도움이시요 너희의 방패시로다"(시 115:9~11)

하나님을 의지하지 않고 세상 것을 의지하는 사람을 하나님께서 용서하지 않으신다고 이렇게 말씀하셨습니다. "보라 주 만군의 여호와께서 예루살렘과 유다가 의뢰하며 의지하는 것을 제하여 버리시되 곧 그가 의지하는 모든 양식과 그가 의지하는 모든 물과 용사와 전사와 재판관과 선지자와 복술자와 장로와 오십부장과 귀인과 모사와 정교한 장인과 능란한 요술자를 그리하실 것이라"며(사 34:1~3)

"너는 마음을 다하여 여호와를 신뢰하고 네 명철을 의지하지 말라 너는 범사에 그를 인정하라 그리하면 네 길을 지도하시리라 스스로 지혜롭게 여기지 말지어다 여호와를 경외하며 악을 떠날지어다"(잠 3:5~7)

야당이 수와 힘을 가지고 탄핵을 결의했다고 해서 이긴 것이 아닙니다. 힘으로 밀어붙이지 아니하고 가만이 만 있었으면 더 많은 의석을 차지했을 것 아닙니까? 엄청난 돈을 해먹고 들통이 나니까 그것을 만회해 보려고 힘으로 대통령을 탄핵한 것이 결국 자기파멸로 몰고 간 것 아닙니까? 힘이 있는 것 같지만 무슨 유익이 있습니까? 나라를 어지럽혔고 선거에서 참패했습니다. "칼을 쓰는 자는 칼로 망한다"는 것이 우리 주님의 교훈입니다.

악은 악으로 이기는 것이 아닙니다. 악으로 악을 이기려면 더 큰 악을 저질러야 합니다. 악은 선으로 이기라고 성경은 말씀하고 있습니다.

바울 사도가 탄 배의 사람들은 선장과 선주의 말을 의뢰했습니다. 하나님의 말씀을 신뢰하지 않았습니다. 선장은 자기의 경험만을 의지했고, 선주는 자기 이익만 추구했습니다. 배에 탄 사람들은 미항보다 더 호화롭고 쾌락을 즐길 수 있는 뵈닉스에 가서 겨울을 지내자고 했습니다. 더 큰 것을 선택했습니다. 더 짜릿한 쾌락을 택했습니다. 그러나 그들은 모든 것을 잃었습니다. 배와 재산과 명예를 잃었습니다.

이제 우리는 다시 하나님의 말씀을 들어야 합니다. "물고 먹으면 피차 멸망한다" "스스로 분쟁하는 나라마다 황폐하여질 것이요 스스로 분쟁하는 동네나 집마다 서지 못하리라" 우리 사회, 우리 나라, 이 민족의 살 길은 불의와 탐욕, 힘의 논리와 싸움의 승리만을 추구하는 어리석음을 버리고 상호이해하고, "서로 용서하라"하신 주님이 말씀하시는 사랑, 다같이 함께 살고자 하는 상생길만이 참 살 길임을 명심해야 합니다.

"여리고 성의 모든 물건은 하나도 가지지 말라"는 것이 하나님의 말씀이었습니다. 그러나 그 성에서 아간이 물건을 도적질해서 자기 집에다가 숨겼습니다. 행동하시는 하나님은 진노하셔서 이스라엘 전체에게 벌을 내리셨습니다. 패전과 죽음을 초래했습니다.

말씀하시는 하나님께 귀를 기울이시기 바랍니다. 행동하시는 하나님의 엄위하신 행동을 똑바로 보시기 바랍니다. 그리하여 **말씀하시는 하나님, 행동하시는 하나님**을 여러분의 마음에 모시고 살아가시기를 바랍니다.

100주년 기념관, 광혜원, 알렌관, 재활원, 합동기공식

엄 신 형 목사

대한예수교 장로회 **중흥교회**

✝ 주소 : 서울시 강동구 성내동 40-2
✝ TEL : 02)476-7131, 471-9521
✝ E-mail : jhchurch@yahoo.co.kr
✝ http://www.jungheung.org

학력 및 신력

- 총회신학대학원
- 미국국제성서신학대학원
- 연세대연합신학대학원

- 중흥교회 당회장
- 한기총 부흥사연합회 회장
- 기독교세계성령운동본부 총재
- 한민족살리기 범국민운동본부 총재
- 한장연 부흥사협의회 대표회장
- 재미재단 세계복음화협의회 운영총재

3.1정신과 신앙인

마태복음 5장 13~16절

너희는 세상의 소금이니 소금이 만일 그 맛을 잃으면 무엇으로 짜게 하리요 후에는 아무 쓸데 없어 다만 밖에 버리워 사람에게 밟힐 뿐이니라 너희는 세상의 빛이라 산위에 있는 동네가 숨기우지 못할 것이요 사람이 등불을 켜서 말 아래 두지 아니하고 등경 위에 두나니 이러므로 집안 모든 사람에게 비취느니라 이같이 너희 빛을 사람 앞에 비취게 하여 저희로 너희 착한 행실을 보고 하늘에 계신 너희 아버지께 영광을 돌리게 하라

우리 나라는 지금 온 국민이 하나되어 특별히 나라와 민족을 생각하며 기도해야 할 시기입니다. 우리는 지금 하나님을 경외하는 신앙으로 온 국민이 한 마음으로 나라와 민족을 사랑하고, 나라가 안정되고 번영하며, 민족이 화합하여 일치단결을 이루도록 힘써 기도하며 역사 해야 할 중요한 시점에 놓여 있습니다.

이런 시점에서 우리는 1919년 기미년 3월 1일 우리 대한민국의 자주독립을 외쳤던 그날의 기억을 되살리며, 나라와 민족을 더욱 깊이 생각하는 귀한 시간이 되시기를 바랍니다.

삼일운동은 우리 모두가 아는 바와 같이 우리의 선조들이 이 나라의 주권의 회복과 민족의 상실된 자유를 되찾기 위하여 맨 주먹으로 일제에 항거하여 일어난 운동입니다.

일제의 단말마적인 총칼 앞에 우리 선조들은 맨 주먹으로 용감하게 대항하면서 죽음을 불사하였고, 1,542회의 집회를 가지며 200만명이 참가하는 열성을 보였으며, 7,561명이 순국하였고, 46만명이 투옥되었으며, 15,961명이 부상 당했고, 47개의 교회당이 불에 타는 등 실로 엄청난 희생이 치뤄졌던 것입니다. 이토록 수 많은 고귀한 생명들이 치른 값진 희생 위에 우리는 지금 이 나라를 구축하고, 자유와 기쁨을 누리며 살아가고 있습니다.

역사의 흐름 속에 21세기를 살아가며 이 시대의 주인공으로서 주어진 현 시대의 삶을 통하여 또 다른 세대의 증인으로 남아야만 하는 우리 신앙인들은 이 시대 앞에 어떤 자세를 가져야 할까요?

본문 말씀을 중심으로 3.1정신을 기억하며 나라와 민족을 생각하는 마음으로 함께 은혜를 받는 귀한 시간이 되시기를 바랍니다.

첫째, 자기 희생적인 삶에 앞장서야 합니다.

본문에 나타난 소금과 빛의 특성 중 하나는 희생입니다. 소금은 그 형체가 완전히 녹아 없어져야 비로소 맛을 내게 되고, 그 맛을 보는 모든 이에게 기쁨과 유익을 줄 수 있으며, 하나의 촛불 또한 그 자체가 타 들어가는 희생을 통하여 빛을 밝힐 수 있습니다.

예수님은 성도들을 향하여 "너희는 세상의 소금이요 빛이라고 하셨습니다(마 5:13~14)." 세상의 구주로 오신 예수님은 자기 백성을 저희 죄에서 구원하기 위하여 십자가상에서 피흘려 죽으셨고, 그를 좇기를 원하는 자들에게 자기를 부인하고 자기 십자가를 지고 따르라고 명하셨습니다(마 16:24). 그러므로 자기 희생적인 삶의 태도는 주를 따르는 성도의 마땅히 취해야할 자세입니다.

① 동족이 당하는 고난에 동참하는 희생의 자세(히 11:24-26).

모세는 애굽의 바로 왕궁에서의 모든 부귀와 영화와 명예와 권세를 송두리째 포기해 버리고, 애굽의 노예로서 신음하고 고통하는 동족 이스라엘과 함께 걷는 고난의 길을 택했습니다.

이 사실에 대하여 히브리서 11장 24절-26절에는 "믿음으로 모세는 장성하여 바로의 공주의 아들이라 칭함을 거절하고 도리어 하나님의 백성과 함께 고난 받기를 잠시 죄악의 낙을 누리는 것보다 더 좋아하고 그리스도를 위하여 받는 능욕을 애굽의 모든 보화보다 더 큰 재물로 여겼으니 이는 상주심을 바라봄이라"라고 말하고 있습니다.

동족 이스라엘 백성들이 당하는 그 고난을 자신의 생애 속에 끌어들인 믿음의 사람 모세는 그 큰 희생으로 인하여 430년이라는 실로 긴 세월동안 핍박과 학대와 압박 속에 신음하던 이스라엘 백성들을 구출하여 자유와 해방의 기쁨을 안겨주는 위대한 영도자가 되었습니다(출 14장).

개인의 영달과 야욕을 위하여 타인의 희생을 불사하는 이 시대, 이 사회는 바로 이런 모세를 요구하고 있습니다. 동족과 함께 고통을 나누고 슬픔을 함께 하며, 민족의 살 길을 위하여 자신을 희생할 줄 아는 자세가 필요합니다.

백범 김구선생은 말하기를 "우리는 우리의 시체로 성벽을 삼아서 우리의 독립을 지키고, 우리의 시체로 발등상을 삼아서 우리의 자손을 높이고, 우리의 시체로 거름을 삼아서 우리의 문화의 꽃을 피우고 열매를 맺어야 한다"고 했습니다.

이와 같이 선조들의 피와 땀과 수고와 희생을 밑거름으로 자유와 해방의 기쁨을 누리며 오늘을 사는 우리들은 내일의 우리 후손들에게 결코 부끄럽지 않는 조상으로서 보다 나은 미래를 물려줄 수 있도록 오늘의 수고와 희생을 아끼지 말아야겠습니다.

② 나라와 민족을 위하여 기도의 무릎을 꿇는 희생의 자세
(딤전2:1~4,에4:16).

디모데전서 2장 1절~4절에 보면, "그러므로 내가 첫째로 권하노니 모든 사람을 위하여 간구와 기도와 도고와 감사를 하되 임금들과 높은 지위에 있는 모든 사람을 위하여 하라 이는 우리가 모든 경건과 단정한 중에 고요하고 평안한 생활을 하려 함이니라 이것이 우리 구주 하나님 앞에 선하고 받으실만한 것이니 하나님은 모든 사람이 구원을 받으며 진리를 아는데 이르기를 원하시느니라"고 말씀하고 있습니다.

성도는 나라와 민족을 위하여 기도해야 할 책임이 있음을 가르치고 있는 것입니다. 에스더는 위기에 놓인 민족의 구원을 위하여 죽으면 죽으리라는 희생의 각오로 금식하며 기도했고(에 4:16), 사무엘은 이스라엘 백성을 위하여 기도를 쉬지 않았으며(삼상 12:23), 다니엘은 바벨론에 포로로 잡혀간 부자유한 환경 속에서도 민족과 조국의 부흥을 위하여 하루에 세번씩 예루살렘을 향하여 정성 다해 기도했으며(단 6:10), 예레미야는 나라와 민족을 위한 기도의 눈물이 그칠 새가 없었습니다.

기도는 만능이요(막 9:29), 모든 문제에 대한 최선의 해결방법입니다. 하나님은 겸손히 기도의 무릎을 꿇는 자의 편에서 역사하십니다. 우리는 이 나라의 안녕과 민족의 평화와 번영을 위하여 끊임없이 기도하는 나라와 민족의 파숫꾼으로서의 희생의 자세를 가져야 합니다.

둘째, 부정부패를 척결하는 일에 앞장서야 합니다.

소금은 썩는 것을 막는 일에 사용됩니다. 부정부패는 개인의 삶의 행복을 파괴하고, 사회를 좀 먹으며 국가의 장래를 빼앗아 갑니다. 그러므로 이 사회를 병들게 하고 이 민족을 괴롭히는 각종 사회악을 반드시 제거해야 합니다. 음란과 폭행과 향락과 각종 부조리와 불의와 부정 부패 및 우상숭배를 철저히 배격하고 축출해야 합니다. 그리하여 밝고 명랑한 사회, 깨끗하고 건전한 분위기 조성, 참된 자유와 행복이 보장되는 나라를 건설해야 합니다. 그러므로

① 철저한 회개운동이 일어나야 합니다
(애 2:19, 겔 18:30, 마 4:17).

죄는 개인이나 가정이나 사회나 민족이나 국가를 패망케 하는 무서운 독소로써 파멸의 지름길이요, 멸망과 저주와 분열과 사망을 초래하는 암초입니다.

그러므로 로마서 6장 23절에는 "죄의 삯은 사망이요 하나님의 은사는 그리스도 예수 우리 주 안에 있는 영생이니라"고 했습니다. 이 무섭고 지긋지긋한 죄는 반드시 해결해야 하는데, 그것은 예수 그리스도의 피 앞에 철저히 회개하여 씻은바 되어야 해결됩니다(사 1:18, 시 32:1).

민족의 죄를 대신하여 자신의 생명을 담보하고 간절히 기도하는 모세

처럼(출 32:30~35), 범죄하는 민족의 죄를 담당하고 우리의 마음을 주의 얼굴 앞에 물 쏟듯 쏟으며(렘애 2:19), 죄를 통회하고 자복하여 회개해야 합니다. 회개하는 자에게 하나님은 예수 그리스도의 속죄의 보혈로 모든 죄를 눈과 같이, 양털같이 희게 씻어 깨끗하게 하십니다(사 1:18).

② 신앙 부흥운동이 일어나야 합니다 (삼상 7:3~6).

위대한 신앙의 지도자 사무엘은 범죄하고 부패해진 이스라엘 백성들을 돌이켜 주께로 돌아오게 하려고 미스바에서 신앙부흥운동을 일으켰습니다.

그는 이스라엘 백성이 부패하게된 원인이 된 우상숭배로부터 그들의 마음을 돌이켜 오직 전심으로 하나님을 향하게 하였고, 금식하며 기도하므로 모든 죄악에서 성결함을 얻으며, 하나님을 향하여 불붙는 신앙의 역사가 일어나게 했습니다.

이 사무엘을 중심으로 한 미스바의 회개운동, 신앙부흥운동은 민족의 마음 마음에서 부정 부패의 모든 악의 세력을 축출하였으며, 이스라엘 백성을 괴롭히던 블레셋 군대가 진멸되고, 하나님의 도우심의 손길이 함께 하는 에벤에셀의 축복과 외세의 침략이나 범죄없는 평온한 생활을 보장받았습니다(삼상 7:3~14). 우리는 앞장서서 이 사회와 민족과 이 나라 전역에 이 신앙 부흥운동을 전개해야 합니다.

③ 의인 운동이 일어나야 합니다(욥 22:23, 잠 14:34, 시 11:7).

예레미야 시대에 예루살렘이 멸망 당한 것은 공의를 행하며 진리를 추구하는 단 한 사람도 없었기 때문이며(렘 5:1), 아브라함의 간절한 기도에도 불구하고 소돔과 고모라성이 멸망당한 원인도 의인 열명이 없어서였습니다(창 18:22~19:22).

의로우신 하나님은 의로운 일을 좋아하시고(시 11:7), 정의와 공의를 사랑하시며(시 33:5), 공의를 행하는 자와 함께 하십니다(미 6:8). 또한 잠언 14장 34절에는"의는 나라로 영화롭게 하고 죄는 백성을 욕되게 하느니라"고 하셨고, 신명기 16장 20절에는"너는 마땅히 공의만 좇으

라 그리하면 네가 살겠고 네 하나님 여호와께서 네게 주시는 땅을 얻으
리라"고 하셨으며, 욥기서 22장 23절에는 "네가 만일 전능자에게로 돌
아가고 또 네 장막에서 불의를 멀리 버리면 다시 흥하리라"고 하셨습니
다.

하나님이 기뻐하시는 이 의인 운동이 힘차게 전개될 때 이 민족은 소
망이 있으며, 하나님의 보호와 축복 속에 이 나라는 번영하고 영화롭게
됩니다. 또한 믿음으로 의롭다함을 받은 우리로 인하여 악인들도 하나
님이 내리시는 은총 속에 함께 더불어 살게 되는 것입니다.

그러므로 의를 행하는 한 사람의 의인이 얼마나 귀중한가를 명심하고
믿음으로 의롭다함을 얻는 이 의인 운동, 복음 운동을 우리는 쉬지 말고
전개하여 이 민족이 하나님 앞에 의로운 백성이 되어서 이 나라가 더욱
진흥하고 하나님께 영광돌리는 역사가 일어나게 해야 합니다.

셋째, 나라와 민족을 빛내는 일에 앞장서야 합니다(삼상 17장).

빛은 모든 어두움을 몰아내고 온 세상을 밝게 비추는 사명이 있습니
다(마 5:14~16). 성도들의 옳은 행실은 마치 빛과 같아서 주변 모든 사
람들에게 영향을 끼치게 됩니다. 그러므로 성도들은 항상 선한 행위를
통하여 하나님의 이름이 빛나고, 나라와 민족이 영화롭게 되는 일이 일
어나게 해야 합니다.

① 각자의 의무 수행에 충실해야 합니다 (롬 13:2~7).

미국의 유명한 사상가요 문필가인 「헨리. 소로우」에 의하면, 사람에
게는 국가에 봉사하고 헌신하는 방식이 세가지가 있다고 합니다.

첫째는 몸(육체)으로 봉사하는 자들인 바, 공장이나 농장 등 생산업에
종사하는 근로자들이며, 둘째는 머리(두뇌)로 종사하는 자들인 바, 교육
이나 기술이나 지식으로 사회 각 분야에서 종사하는 지성인들이며, 세
째는 양심(마음)으로 봉사하는 자들인 바, 순교자나 각계층에서 역사의
식을 가지고 조국을 위하여 헌신하는 소수의 사람들이라고 분류했습니
다.

이와 같이 한 나라 안에는 여러 계층의 사람들이 각자 맡겨진 분야에서 종사하고 있는데, 학생은 공부에 열심하고, 군인은 국토방위에 전념하고, 제품생산업자는 제품생산에 성실하고, 농민은 농민대로 농사일에 전심하고, 법관은 법관대로, 성도는 성도대로 자기 일에 충실할 때, 그 나라는 번영을 이루고 세계 속에 부상하는 민족으로 그 이름이 빛나게 됩니다.

② 하나님과 국가의 명예를 존중히 여겨야 합니다.

어린 목동 다윗은 양떼를 돌보는 자신의 일에 최선을 다하여 충성했을 뿐 아니라, 하나님과 국가의 명예를 존중히 여기고, 그 이름을 빛낸 사람이었습니다. 그는 하나님과 선민 이스라엘을 모욕하는 블레셋 장수 골리앗의 말에 분개하였고, 전능하신 여호와 하나님의 이름을 의지하고 나아가 대 승리를 거두었습니다(삼상 17장). 여호와의 이름과 민족의 이름을 빛낸 다윗의 이 용맹스러운 행위는 이스라엘 역사와 성경 역사를 통해 찬란히 빛나고 있습니다.

하나님은 하나님을 존중히 여기는 자를 존중히 여긴다고 하셨습니다(삼상 2:30). 민족의 자유와 나라의 주권의 회복으로 국가의 명예를 되찾기 위하여 생명을 버린 유관순의 고귀한 품성과 그 이름은 오늘날에도 대한민국이라는 이 나라의 이름과 함께 빛나고 있습니다. 그리스도인으로서 우리는 어떤 경우에도 하나님과 국가의 이름을 빛내기 위하여 그 명예를 항상 존중히 여기는 자세를 가져야 합니다.

또한 이 시대를 살아가는 우리들은 3.1정신을 되새기며 나라와 민족을 사랑하는 마음과 빛과 소금의 역할을 잘 감당해야겠다는 사명감을 더욱 강하게 가져야 합니다. 그리하여 항상 그리스도 안에서 복음의 진리의 빛, 생명의 성령의 빛, 사랑의 빛, 의의 빛을 항상 밝게 비추는 삶을 살므로 많은 사람들을 구원하는 생명의 역사를 이루며, 하나님과 이 나라를 더욱 영화롭게 빛내는 복된 성도들이 되시기를 축원합니다.

대한예수교 장로회 **천 성 교 회**

✠ 주소 : 서울 강서구 개화동 452-94
✠ 전화 : 02)2666-1258

조 유 준 목사

학력 및 신력

- 피어선 고등 성경학원 졸업
- 장로회신학대학 졸업
  아세아연합신학대학원 1년 수료
- 미국 알라바마주 배다이 종합신학대학
  목회학 신학 박사(명예박사) 학위 취득
- 예장총신(舊중립) 실천신학교수
- 서울 서남노회장 역임, 공로목사 추대
- 금성교회 원로목사
- 서울청(舊치안본부) 특별실행위원
  서울지방청(舊시경) 특별실행위원
- 강서구 기독교 연합회 회장 역임
- 강서구 교구협의회 회장 역임
- 강서구 방화1동 교동협의회 회장 역임
- 법무부 갱생보호 서울협의회 회원
- 통일 기반 조성회 회원
- 강서 선거 관리위원회(乙) 회원
- 교정위원회 회원(재소자)
- 김포국제공항 경찰대 천성교회 담임(경목목사)

심야의 찬송

사도행전 16장 19~34절

종의 주인들은 자기 이익의 소망이 끊어진 것을 보고 바울과 실라를 잡아 가지고 저자로 관원들에게 끌어 갔다가 상관들 앞에 데리고 가서 말하되 이 사람들이 유대인인데 우리 성을 심히 요란케 하여 로마 사람인 우리가 받지도 못하고 행치도 못할 풍속을 전한다 하거늘 무리가 일제히 일어나 송사하니 상관들이 옷을 찢어 벗기고 매로 치라 하여 많이 친 후에 옥에 가두고 간수에게 분부하여 든든히 지키라 하니 그가 이러한 영을 받아 저희를 깊은 옥에 가두고 그 발을 착고에 든든히 채웠더니 밤중쯤 되어 바울과 실라가 기도하고 하나님을 찬미하매 죄수들이 듣더라 이에 홀연히 큰 지진이 나서 옥터가 움직이고 문이 곧 다 열리며 모든 사람의 매인 것이 다 벗어진지라 간수가 자다가 깨어 옥문들이 열린 것을 보고 죄수들이 도망한줄 생각하고 검을 빼어 자결하려 하거늘 바울이 크게 소리질러 가로되 네 몸을 상하지 말라 우리가 다 여기 있노라 하니 간수가 등불을 달라고 하며 뛰어 들어가 무서워 떨며 바울과 실라 앞에 부복하고 저희를 데리고 나가 가로되 선생들아 내가 어떻게 하여야 구원을 얻으리이까 하거늘 가로되 주 예수를 믿으라 그리하면 너와 네 집이 구원을 얻으리라 하고 주의 말씀을 그 사람과 그 집에 있는 모든 사람에게 전하더라 밤 그 시에 간수가 저희를 데려다가 그 맞은 자리를 씻기고 자기와 그 권속이 다 세례를 받은 후 저희를 데리고 자기 집에 올라가서 음식을 차려주고 저와 온 집이 하나님을 믿었으므로 크게 기뻐하니라

언제부터인지는 모르지만 인류에게는 음악이란 것이 존재하고 있습니다. 노래를 부른다는 것은 인류가 존재하는 것과 함께 존재하고 있고, 또한 노래는 사람들의 마음 속을 표현하는 중요한 수단이 되기도 했습니다.

기쁠 때는 기쁨의 노래를, 슬플 때는 마음 속의 슬픔을 노래로 달래보기도 했습니다. 성도들에게는 찬송이 있습니다. 보통 사람들이 부르는 노래와 비슷하게 느껴질 수도 있으나 근본적으로 다른 것입니다. 노래를 부른다는 것은 사람이 불러서 사람이 기쁨을 얻고 위로를 얻는, 즉 모든 것의 주체는 사람이지만 찬송을 부른다는 것은 그 대상자가 하나님이시기 때문입니다.

그러므로 찬송은 성도들만이 가질 수 있는 특권이요, 선물입니다. 성서에 나오는 위대한 인물들의 생활을 살펴보면 그들의 생활이 찬송하는 생활이었던 것을 찾아볼 수 있습니다.

시편 57편에 보면 다윗이 사울왕에게 쫓기는 중에 굴 속에 숨어 있으면서도 시를 지어 하나님을 찬송한 것을 볼 수 있습니다. 오늘의 본문에 바울과 실라는 억울하게 매를 맞고 깊은 감옥 속에 갇혀서도 찬송을 드린 내용이 소개되어 있습니다.

찬송은 마음 속의 풍랑을 잔잔케 하며 마음의 평화를 가져다 줍니다. 찬송은 곡조 있는 기도입니다. 찬송은 하나님과 나 사이를 열어 놓는 은혜의 문이 되기도 합니다. 또한 찬송은 믿음의 간증이기도 합니다. 바울과 실라는 깊은 밤에 하나님을 찬미했다고 했는데, 오늘은 깊은 밤이 가지는 의미와 심야의 찬송과 함께 일어난 그 날 밤의 역사에 대해서 잠깐 생각하며 함께 은혜를 나누고자 합니다.

첫째, 심야의 찬송과 그 의미

낮과 밤이 교체되는 것과 같이 순경과 역경이 시시 때때로 교차되는 것이 세상입니다. 세상을 살아가는 동안이 교차되면서 오는 것입니다. 그런데 기쁜 일이 올 때에 찬송하는 것은 지극히 자연스러운 일이요, 또한 쉬운 일입니다. 그러나 세상 풍파가 험하게 일어 역경이 닥쳐 올 때에 그러한 역경 중에서도 찬송한다는 것은 그리 쉬운 일이 아닙니다. 이것은 보통 사람으로서는 이해조차 할 수 없는 일이요, 깊은 신앙 가운데에서만 할 수 있는 일일 것입니다.

바울과 실라는 빌립보에 가서 전도하다가 귀신들린 사람에게서 귀신을 쫓아 내 주고 그 사람을 온전히 구원하여 주었는데, 그 대가는 실컷 매를 맞고 피투성이가 되어 차디찬 감옥에 들어가 쇠고랑을 차고 감옥살이를 하게 되는 것이었습니다.

어지간한 사람 같으면 "하나님도 너무하십니다. 우리가 도둑질을 했습니까? 강도질을 했습니까? 귀신 들린 사람을 구원하여 준 대가가 바로 이런 것이란 말입니까? 이것이 도대체 무슨 일입니까?" 하면서 원망하며 낙담했을 것입니다.

그러나 바울과 실라는 그 어려운 환경을 어떻게 극복했습니까? 밤중쯤되어 하나님께 기도했으며, 또한 찬미를 불렀다고 했습니다. 이 얼마나 감격스러운 일이요, 또한 아름다운 장면입니까?

여러 해 전에 제가 성가대원들과 조그마한 섬으로 수양회를 갔던 일이 있습니다. 그 때 시원한 바다 바람이 불어오는 해변 자갈밭에 모닥불을 피워 놓고 정다운 이야기를 주고 받는 중에 어디선가 파도 소리를 타고 트럼펫 소리가 들려 왔습니다. 그 때 모두는 누구의 지시도 없이 그 소리에 맞춰 노래를 부르기 시작했고, 그 노래는 꽤 오랫동안 계속되었습니다.

아마도 낮이었다면 그러한 분위기도 없었을 것이지만 밤이었기에 저 바다 건너 외딴 섬에서 부는 소리가 들렸을 것입니다. 밤의 노래 소리는 멀리 멀리 들리는 법입니다. 어두운 밤, 그리고 깊은 밤에 감옥 속에서 부르는 찬송 소리는 하나님 나라에 상달되어 하나님의 마음을 움직이게 되었던 것입니다.

바울과 실라가 깊은 밤을 만나 차디찬 감옥 속에 갇혀 있던 것처럼 우리도 교단적으로 민족적으로 어두운 밤을 당할 때가 있습니다.

며칠전 상당한 저명 인사인 모 국회의원이 엄청난 돈을 부정 축재한 사건이 우리를 놀라게 했습니다.

이것은 무엇을 말합니까? 오늘날 사람들의 양심에 밤이 왔다는 증거입니다. 오늘날 청소년들의 범죄는 날로 심각해져가고 있습니다. 순진하고 깨끗해야 될 그들이 이젠 무서운 아이들로 변모해 가고 있습니다. 이것은 청소년 선도의 밤이 왔다는 증거입니다. 요즘 대학가에도 보면 캄캄한 어두움이 깔리고 있는 것을 느낍니다.

영적으로 보면 교계에도 밤이 깊어가고 있지 않은가 염려가 됩니다. 오늘날 모든 교회들이 대단한 겉치장을 합니다. 수십 억의 돈을 들여 어마어마한 빌딩을 짓고 수만 명의 교인을 확보하고 교회의 외형적인 위세를 자랑하며 조직화되어 가고 있지만 참되고 순수한 믿음이 어둠 속으로 묻혀 버리는 영계의 밤이기도 합니다. 어찌나 캄캄한 밤인지 아무것도 보이지 않는 것만 같습니다.

그러나 이 영계의 캄캄한 밤중에 구약 성서의 다윗과 신약의 바울과 실라가 보여 준 기적의 비결이 있습니다. 기도하고 찬미를 부른 것입니다. 그러면 정녕 그 찬송은 하늘에 상달되고 솟아오르는 아침 해와 같이 승리의 아침이 온 것입니다.

나라가 어지러울 때에 충신이 참으로 귀하고, 가정이 어지러울 때에 어진 아내가 매우 귀한 것입니다. 많은 귀한 꽃들이 피어 있는 꽃밭에서는 한 송이의 백합이 그리 귀한 것을 모릅니다. 그러나 험하고 거친 가시밭 속에서 홀로 향기를 날리는 백합화 한 송이는 그 무엇보다도 귀하고 아름다운 것입니다.

이와 마찬가지로 순풍에 돛을 달고 항해하는 배와 같이 순항 중에 사는 삶 속에서는 그 입에서 저절로 찬양이 나올 수가 있습니다. 평안 할 때에는 누구나 값싼 찬양도 부를 수가 있는 것입니다. 그렇지만 괴로울 때 역경 중에 부르는 찬미는 가시밭에서 가시에 찔려 퍼져 나오는 백합화의 향기와 같이 아름다운 것입니다. 바로 그러한 깊음 속에 찬미는 하나님의 마음을 움직일 수 있는 것입니다. 설사 악한 사람이라도 일이 그쯤되면 마음이 감동될 수밖에 없을 텐데, 하물며 사랑이 넘치는 하나님께서야 어찌 가만히 있으실 수가 있겠느냐는 말입니다.

둘째, 심야의 찬송과 기적의 역사

바울과 실라가 깊은 밤에 부른 찬송은 하나님의 보좌를 움직여서 하나님의 기적적인 역사로 말미암아 큰 지진이 일어났으며, 옥문이 열리고 쇠고랑이 풀어졌습니다.

하나님의 은혜를 구하려면 우선 하나님을 향한 나의 마음의 문이 열려야 합니다. 누가복음 15장의 탕자의 비유에 보면, 둘째 아들이 아버지를 불순종하고 인륜을 저버리자 온 천지에 흉년이 왔습니다. 인륜을 저버리는 것에도 흉년이 왔다면 천륜을 저버리고서야 어찌 평안하기를 바라겠습니까?

사람이 마음의 문을 굳게 닫아 놓고서야 어찌 하나님의 은혜를 기다릴 수 있겠습니까? 아무리 소낙비가 쏟아져 내리는 곳이라도 뚜껑 닫힌 항아리에는 물이 들어갈 수가 없는 것 같이 마음의 문이 닫혀 있는 심령에는 은혜의 소낙비가 내린다고 하더라도 아무 소용이 없는 것입니다. 모든 역사의 시작은 마음 속에서부터 일어나는 것입니다.

우리도 세상을 살다보면 시련의 때가 있습니다. 영적으로 도덕적으로 암흑의 때가 있습니다. 가정적으로 개인적으로 앞이 막혀 캄캄할 때가 있습니다. 직장과 사업도 앞뒤가 막혀 캄캄한 심야가 닥쳐 올 때가 있을 것입니다. 이러한 때가 닥치면 여러분은 어떻게 이 일들을 극복해 나가고 있습니까?

이러한 때야 말로 우리가 모든 것을 포기하고 죽음을 기다릴 때가 아니라 하나님 앞에 찾아 나와 굴복하면서 간절한 마음으로 기도해야 될 때요, 하나님을 향해 찬양을 드려야 할 때인 것을 발견해야 됩니다. 하나님을 의심하거나 절망할 때가 아니라 더욱더 그를 의지하고 하나님께로부터 오는 은혜를 발견하고 찬미할 때입니다.

일찍이 스필젼은 이런 말을 했습니다. "아무리 밤 빛이라고는 도무지 비치지 않는 밤이라고 할찌라도 자세히 밤 하늘을 쳐다보면 거기에는 반드시 희망의 별이 한두 개 비치고 있다."

바로 그 멀리서 비치는 이 빛, 은혜의 빛, 사랑의 빛, 구원의 빛을 바라보아야 합니다. 그리고 찬미하며 마음의 문을 열어야 합니다. 그렇게 될 때에 하나님께서는 하늘 문을 여시고 우리 앞의 꽉 닫힌 문을 열어 주시는 것입니다.

사랑하는 독자 여러분!

여러분 앞에는 무슨 문제가 닥쳐 있습니까? 바울과 실라는 그들의 앞에 닥친 엄청난 문제들을 앞에 놓고도 찬미하였으므로 옥문이 열린 것과 같이 여러분의 앞에 닥쳐진 많은 문제의 문들이 여러분들이 드리는 기도와 찬미에 의해서 활짝 열리기를 바랍니다. 건강의 문, 사업의 문 등 모든 닫힌 문들이 심야의 찬송을 통해 열려지기를 기원합니다.

셋째, 구원의 역사가 일어났습니다.

신약 성서에 나오는 인물 중에 가장 위대한 전도자를 꼽으라면 여러 사람이 있겠습니다만 그 중에서도 바울을 첫 번째로 꼽을 수 있을 것입니다. 대전도자로서의 바울은 감옥 속에서도 변함이 없었습니다.

한밤중에 기도하고 하나님을 찬미하자 지진이 나고 옥터가 흔들리며 옥문이 열리고 착고가 풀어지는 대역사의 소용돌이가 있었습니다.

항상 은혜의 역사가 강하게 일어나는 곳에 사탄의 전세자들이 두려워하게 되는 것은 마치 어두움을 좋아하는 것들은 햇빛을 싫어하는 것과 마찬가지입니다. 이렇게 지축이 흔들리는 놀라운 일이 벌어졌으니, 지난 저녁까지만 해도 바울과 실라를 욕하고 조롱하며 그 세도가 당당해서 큰 소리치던 감옥 간수가 상황이 달라졌습니다. 그는 놀라운 상황 앞에서 혼비백산이 되었습니다. 죄수가 도망한 줄 알고 놀랐던 것입니다.

다시말해서 죄수를 간수가 제대로 지키지 못해서 죄수가 도망하게 되면 그 죄수의 죄값을 간수가 대신 치러야 되는 상황이었습니다. 그래서 그 간수는 자살을 하려고 했습니다.

그 때 바울이 소리쳤습니다. "네 몸을 상하지 말라. 우리가 다 여기 있노라." 그렇게 되니 간수는 자연적으로 바울의 위대함 앞에 불복하게 되었습니다. 그가 하나님의 구원의 잔치에 동참하며 그의 온 가족이 예수를 믿고 세례를 받음으로써 구원 받는 복음의 기쁨이 그의 온 집안에 가득하게 되었습니다.

이렇게 영계의 깊은 밤을 당하여 있을 때에 하나님께 기도하고 찬미함으로써 육신적인 문만 열리는 것이 아니라 회개하고 돌아오는 구원의 역사도 일어나는 것입니다. 인간적으로 생각해 본다고 하면 감옥에 갇힌 죄수, 또 하나는 그 죄수를 지키는 간수, 어떻게 죄수가 간수를 전도할 수가 있겠습니까?

그러나 우리가 믿는 하나님께서는 불가능하다고 생각되는 문제를 가능케 하실 수 있는 분입니다. 우리는 무슨 일을 앞에 놓고 때로는 우리의 환경을 탓하기도 합니다. 선교의 대상이 너무 완악한 것을 한탄해 보기도 합니다. 교회의 주변 인물들이 너무 이 방사상에 물들어 있다고 불평을 하기도 합니다.

그러나 그것이 하나님께는 문제가 되지 않습니다. 아무리 선교의 깊은 밤중이 되었다고 하더라도 기도하고 찬미할 때에 하나님은 이를 외면하지 않으시고 놀라운 구원의 역사를 일으키심으로써 승리하시는 것입니다. 이러한 기적의 역사들을 다 체험할 수 있는 독자 여러분이 되시기를 바랍니다.

사랑하는 독자 여러분!

이제 말씀을 마치려고 합니다. 그러한 역사로 말미암아 사태는 역전되고 바울과 실라는 큰 소리로 재판관을 꾸짖으며 풀려 나와 자유의 몸이 될 수 있었습니다.

매를 맞아 쓰린 몸으로 감옥에 갇힌 죄수 아닌 죄수, 그들의 기도 그리고 심야의 찬송, 아마도 다른 사람들이 이 모습을 보았다면 너무 많이 맞아서 이제 정신이 잘못되었다고 불쌍히 여겨 혀를 찼을 것입니다. 아니면 미쳤다고 놀려댔을 것입니다.

그렇지만 하나님께서 보시기엔 이 심야의 찬송은 수백만이 모여서 외치는 궐기대회, 그곳의 군중들의 함성보다 더 소중하게 느끼셨을 것입니다.

우리도 심야를 만나 고민할 때가 있습니다. 지금도 한밤중에 고민하는 이들도 있을 것입니다. 바로 이 때가 기도할 때요, 감사를 발견할 때요, 찬송이 우리 마음 속에서 우러러 나올 때입니다. 그리하면 옥문이 열리고 착고가 풀려지는 것처럼 모든 고민에서 해방되는 기쁨이 있을 것이고 간수가 회개하고 구원받아 구원의 잔치를 배설했던 것처럼 기쁨의 잔치가 있을 것입니다.

지금도 한밤중을 만나서 괴로워하시는 분이 계십니까? 소망을 가지고 기도하시고 심야의 찬송을 하나님께 드리심으로써 승리하시는 독자 여러분들이 되시기를 주님의 이름으로 축원합니다.

학력 및 신력

- 공주교대 감리회신학교
- 연세대 연합신학대학원

- 월드비젼 천안지부장 역임
- 천안시 기독교 연합회장 역임
- 감리교 충청연회 천안지방 감리사

종말에 대한 성도의 대비책

베드로전서 4장 7~11절

만물의 마지막이 가까왔으니 그러므로 너희는 정신을 차리고 근신하여 기도하라 무엇보다도 열심으로 서로 사랑할찌니 사랑은 허다한 죄를 덮느니라 서로 대접하기를 원망없이하고 각각 은사를 받은대로 하나님의 각양 은혜를 맡은 선한 청지기 같이 서로 봉사하라 만일 누가 말하려면 하나님의 말씀을 하는것 같이 하고 누가 봉사하려면 하나님의 공급하시는 힘으로 하는것 같이 하라 이는 범사에 예수 그리스도로 말미암아 하나님이 영광을 받으시게 하려 함이니 그에게 영광과 권능이 세세에 무궁토록 있느니라 아멘

만물의 종말이 가까왔다는 것은 성경이 우리에게 거듭 언급하고 있는 말씀입니다. 일반 과학자, 역사가, 철학자들까지도 인류 역사의 종말이 가까왔다고 합니다.

본문 7절에도 만물의 마지막이 가까왔다고 했는데, 이 말씀은 예수님의 재림이 가까왔다는 뜻이고, 인류의 역사가 끝나는 심판이 가까왔다는 뜻이고, 우리 성도들의 구원 완성이 가까왔다는 뜻입니다.

그리고 종말의 특징은 많은 적 그리스도가 나타나서 사람들을 미혹하고, 재난이 일어나고, 불법이 성행하고, 사랑이 식어져 거칠고, 잔인한 시대로 전락합니다. 오늘날 현실을 볼 때 종말이 가까운 것 같습니다.

이처럼 세상의 종말기에 들어선 우리 성도들은 만물의 마지막이 가까이 왔음을 피부로 느끼면서 영성의 포구에 내릴 준비를 해야 합니다.

만물의 마지막은 모든 것의 마지막이 될 것입니다. 슬픔도, 시험도, 고난도 그리고 이생의 부와 명예 등 모든 것의 마지막입니다. 마지막의 가까움은 우리 성도들에게 한 동기를 제공하는데 그것은 자기 사명을 위한 최선입니다. 왜냐하면 마지막 날에 "주여 내게 주신 일을 다 이루었나이다" 하고 자랑스럽게 주님께 말할 수 있어야 하기 때문입니다. 그런데 중요한 것은 두 가지 종말이 있다는 것을 알아야 합니다.

하나는 개인의 종말, 한번 죽는 것입니다.(히 9:27)

또 하나는 인류 전체의 종말 예수님의 재림입니다.(벧후 3:10) 그러면 "종말에 대한 성도의 대비책"은 무엇인가 본문을 통해 알아보겠습니다.

첫째, 정신을 차리고 기도해야 합니다.(7절)

"만물의 마지막이 가까웠으니 그러므로 너희는 정신을 차리고 근신하여 기도하라"고 했습니다. "정신을 차리라"는 말은 "제 정신을 가지라"는 말입니다. "근신"이란 "맑은 정신", "건전한 마음"을 가지라는 뜻입니다. 정신을 차리지 아니하고 기도하면 그 기도는 헛수고가 되고 맙니다.

그래서 엡 6:17에 "모든 기도와 간구로 하되 무시로 성령 안에서 기도하고 이를 위하여 깨어 구하기를 힘쓰며"라고 했고, 골4:2에 "기도에 감사함으로 깨어 있으라"고 했으며, 예수께서도 겟세마네 동산에서 제자들에게 "시험에 들지 않게 깨어 있어 기도하라"(마 26:41)고 하셨습니다.

왜냐하면, 우리의 적이 우리 마음을 혼란시키고 우리의 기도를 망치려고 하기 때문입니다. 우리의 기도가 잠꼬대 같은 상태에서 주문 외우듯 하면 안되고, 진실로 피땀 나는 정성어린 간구이어야 합니다.

기도는 마귀와 또한 다른 모든 대적들과의 싸움에서 가장 강력한 무기인데 정신차려 기도하지 않으면 강력한 무기가 될 수 없습니다. 또, 기도는 하나님의 협조와 도우심을 받아 원수들을 막아내는 무기인데 정신을 차리지 않고는 기도 할 수 없습니다.

무디(D. L. Moody)는 "기도는 하나님의 자녀가 가진 가장 무서운 무기"라고 했습니다. 여러분은 이 무기를 많이 사용하시기 바랍니다.

우리는 세상에 살고 있는 한 끊임없이 기도해야 되고, 종말이 가까워

질수록 더 기도해야 합니다.

베드로는 겟세마네 동산에서 깨어 있어 기도하지 못하고 마귀에게 시험에 든 아픈 상처가 있었기에 이처럼 간절한 권면을 한 줄 압니다.

둘째, 열심히 서로 사랑해야 합니다(8절)

"무엇보다도 열심히 서로 사랑할지니 사랑은 허다한 죄를 덮느니라"고 했는데, 여기에 나오는 단어를 먼저 생각해 보겠습니다. "무엇보다도" 이 말은 "어떤 일보다도 사랑을 먼저 해야 한다"는 말입니다. 믿음, 소망보다도, 어떤 은사보다도 더 중요하다는 말입니다.

"열심으로" 이 말은 "전심전력으로 힘써 노력하라"는 말입니다. 감정적인 일시적 사랑이 아니라 의지의 결단을 가지고 사랑을 실천하는 아가페의 사랑을 말합니다.

세상 끝에는 불법이 성함으로 많은 사람의 사랑이 식어지리라(마 24:12)는 예수님의 말씀대로 오늘날 불법이 성하며, 사람들의 사랑이 점점 식어져 서로를 미워하고, 시기하고, 서로 싸웁니다.

"서로" 이 말은 "사랑을 서로 하라"는 것입니다. 짝사랑이 아니요 맞사랑 입니다. 그런데 먼저 하는 사랑이 더 좋습니다. 나중에 하는 사랑은 누구나 할 수 있습니다. "무엇보다도", "열심으로", "서로" 사랑할 때, "사랑의 힘"이 생깁니다.

① 죽음보다 강한 힘이 생깁니다.(아 8:6~7)

"사랑은 죽음보다 강하고, 많은 물도 사랑의 불을 끄지 못하겠고, 홍수라도 엄몰하지 못하나니 사람이 가산을 다 주고 사랑과 바꾸려 할 지라도 오히려 멸시를 받으리라"고 했습니다. 예수께서도 우리를 사랑하셔서 목숨까지 대속물로 주셨습니다.

② 허다한 죄를 덮는 힘이 생깁니다.(벧전 4:8:하)

"사랑은 허다한 죄를 덮느니라" "사랑은 모든 허물을 가리우느니라"(잠 10:12)고 했습니다. 우리가 누구를 진정으로 사랑하면 그 사람의 잘못을 보지 못하게 됩니다. 그 사람의 좋은 것뿐 아니라 나쁜 것도 나쁘게 보이지 않기 때문에 허물이 보이지 않습니다.

그래서 사랑은 모든 허물을 가리우게 되는 것입니다. 우리가 이웃을 진정으로 사랑한다면 그들의 허물도 간과하고, 그들의 미련함도 이해하고, 잘못이 있어도 용서해 줘야 합니다.

사랑하는 독자 여러분!

종말이 가까울수록 무엇보다도 열심히 서로 사랑하여 허다한 죄를 덮기 바랍니다.

셋째, 서로 대접하고 봉사해야 합니다.(9절, 10절)

"서로 대접하기를 원망 없이 하고 각각 은사를 받은 대로 하나님의 각양 은혜를 맡은 선한 청지기 같이 서로 봉사하라"고 했습니다.

① 서로 대접하기를 힘써야 합니다.(9절)

"대접하라"는 말은 "외로이 길가는 여행자(순회전도자)에게 편의를 봐주라"는 뜻입니다. 초대교회에서는 손님, 나그네 대접하는 것을 가장 큰 미덕으로 여겼습니다.

왜냐하면 그 당신 복음 전하는 자들은 유할 곳이 없었습니다. 궁핍과 환난가운데 복음을 전하는 전도자들이 유할 곳은 신자들 집밖에 갈 곳이 없었습니다. 그래서 그들을 잘 대접하라고 한 것입니다.

② 청지기같이 봉사해야 합니다.(10절)

어떻게 봉사해야 합니까? 받은 은사, 받은 은혜가 어떤 것이든 서로 위하여 봉사하라는 것입니다. 그런데 중요한 것은 청지기로 생각하고 봉사해야 한다는 것입니다. "나는 하나님께 각양 은사와 은혜를 받은 청지기이다"

"청지기"는 주인이 맡긴 것을 가지고 주인의 뜻에 맞도록 일하는 사람입니다. 우리가 봉사할 때 내 것 가지고 준다는 자세를 갖고 할 것이 아니라, 주님의 것을 가지고 준다는 마음의 자세가 중요합니다.

은사와 은혜는 하나님이 주신 것입니다. 내가 맡은 것은 나의 소유가 아니고 주인의 것임을 잘 알아야 합니다. 우리 성도들은 물질적인 소유나, 재능을 자신의 것이 아니요 하나님의 것이며, 따라서 우리가 받은 모든 은사와 모든 소유를 우리 자신을 위한 것으로 생각해서는 안되며, 쓸 것을 쓰지 않고 숨겨 놓아서도 안됩니다.

최선의 방법으로 각각 받은 은사대로 각양 은혜를 맡은 대로 봉사해야 합니다. 그런데 최고의 대접, 최고의 봉사는 전도하는 것입니다. 재능이 없고 물질이 없어도 하나님께서 우리에게 주신 복음이 있습니다. 이웃에게 복음을 전하여 천하보다 귀한 영혼을 구원하는 일은 최고의 봉사입니다. 복음을 전하는 일이야말로 성도들의 종말의 최고의 대비책입니다.

넷째, 거룩한 행실과 경건함으로 재림을 사모해야 합니다
(벧후 3:11~12)

"이 모든 것이 이렇게 풀어지리니 너희가 어떠한 사람이 되어야 마땅하뇨 거룩한 행실과 경건함으로 하나님의 날이 임하기를 바라보고 간절히 사모하라"고 했습니다. 거룩한 행실은 거룩한 인물의 결실이기 때문에 거룩한 사람이 되어야 합니다. 예수 그리스도의 보혈과 말씀으로 거룩한 사람이 되어 거룩하게 살기를 바랍니다.

또, "경건함으로", "경건한 태도"를 가져야 하는데, "하나님 앞에 참된 경건은 고아와 과부를 환난 중에 돌아보고 또 자기를 지켜 세속에 물들지 아니하는 이것이니라"(약 1:27) 했으니 불우한 이웃을 돕고, 세속에 물들지 않고, 하나님의 말씀대로 깨끗하고 진실하게 살아야 합니다.

사랑하는 독자 여러분!

만물의 마지막 주님의 재림이 가까워졌습니다. 개인의 종말, 죽음도 멀지 않습니다. 어떻게 살아야 합니까? 대비책이 무엇입니까?

정신을 차리고 기도합시다. 열심히 서로 사랑합시다. 서로 대접하고 청지기 같이 봉사합시다. 거룩한 행실과 경건함으로 주의 날을 사모합시다.

판 권
소 유

연합신학대학원 창립40주년
50인 대표 설교집

2004년 7월 10일 인쇄
2000년 7월 20일 발행

발행인 / 홍재철 외 50인 지음
발행처 / 연합신학대학원 동문회
　　　　서울시 서대문구 신촌동 134
　　　　동문회관(우 120-749)
　　　　02)363-8242
　　　　http://yutaa.org

제작처 / 도서출판 세줄기획

값 13,000원

ISBN : 89-955419-0-3